Beiträge zur Wachstumspolitik

Von

Ernst Dürr, Detlef Lorenz, Wilhelm Meinhold, Gertrud Neuhauser,
Manfred Neumann, Hans K. Schneider, Wilhelm Weber,
Josua Werner, Hans P. Widmaier, Artur Woll

Herausgegeben von Hans K. Schneider

VERLAG VON DUNCKER & HUMBLOT
BERLIN 1970

Schriften des Vereins für Socialpolitik
Gesellschaft für Wirtschafts- und Sozialwissenschaften
Neue Folge Band 55

SCHRIFTEN
DES VEREINS FÜR SOCIALPOLITIK
Gesellschaft für Wirtschafts- und Sozialwissenschaften
Neue Folge Band 55

Beiträge zur Wachstumspolitik

VERLAG VON DUNCKER & HUMBLOT
BERLIN 1970

Beiträge zur Wachstumspolitik

Von

Ernst Dürr, Detlef Lorenz, Wilhelm Meinhold, Gertrud Neuhauser,
Manfred Neumann, Hans K. Schneider, Wilhelm Weber,
Josua Werner, Hans P. Widmaier, Artur Woll

Herausgegeben von Hans K. Schneider

VERLAG VON DUNCKER & HUMBLOT
BERLIN 1970

Gedruckt 1970 bei Berliner Buchdruckerei Union GmbH., Berlin 61
Printed in Germany

Vorwort

Der vorliegende Band enthält die Referate, die auf den Tagungen des Wirtschaftspolitischen Ausschusses der „Gesellschaft für Wirtschafts- und Sozialwissenschaften — Verein für Socialpolitik“ in München-Solln (7. und 8. Juni 1968) und in St. Gallen (17. bis 19. März 1969) zum Themenkreis „Wachstumspolitik“ vorgelegt und diskutiert worden sind.

Die zeitliche Folge der Referate auf den Ausschußsitzungen ist in diesem Band beibehalten worden. Die Diskussion auf den beiden Tagungen wurde von den Autoren bei der Überarbeitung der Beiträge berücksichtigt. Die Mitglieder des Ausschusses sind sich bewußt, daß mit den hier veröffentlichten Beiträgen das überaus komplexe Problem und die vielschichtigen Aspekte der Wachstumspolitik keineswegs erschöpfend behandelt sind. So wurden insbesondere die hinsichtlich einer effizienten Wachstumspolitik bedeutungsvollen Fragen der sektoralen und regionalen Strukturpolitik nur unzureichend diskutiert. Die speziellen Probleme der Wachstumsplanung in unterentwickelten Volkswirtschaften blieben ebenso unberücksichtigt wie die Beziehung der Wachstumspolitik zu den Bereichen Außenwirtschaft und Einkommensverteilung. Auch die außerökonomischen Aspekte der Wachstumspolitik und -planung — z. B. Institutionen, Koordination — wurden ausgeklammert.

Trotzdem hoffen die Mitglieder des Ausschusses, mit der Veröffentlichung dieser Referate einen Beitrag zu den laufenden Diskussionen über die vielgestaltigen Probleme der Wachstumspolitik zu liefern, zumal im deutschen Schrifttum Veröffentlichungen auf diesem Gebiet noch recht spärlich sind.

Der Herausgeber

Inhaltsverzeichnis

Wachstumspolitisch relevante Ergebnisse der Wachstumstheorie
Von Prof. Dr. Ernst Dürr, Erlangen-Nürnberg 1

Wirtschaftspolitisch relevante Ergebnisse der Wachstumstheorie
Von Prof. Dr. Hans K. Schneider, Münster 32

Wachstumspolitik als Rahmenpolitik und als Prozeßpolitik
Von Prof. Dr. Josua Werner, Stuttgart-Hohenheim 50

Die Bedeutung der Konjunktur-, Beschäftigungs- und Währungspolitik für das Wirtschaftswachstum
Von Prof. Dr. Gertrud Neuhauser, Gießen 73

Monetäre Aspekte einer wachstumsadäquaten Stabilisierungspolitik
Von Prof. Dr. Artur Woll, Gießen 90

Arbeitsorientierte Wachstumspolitik (Zur politischen Ökonomie der Arbeit)
Von Prof. Dr. Hans Peter Widmaier, Regensburg 109

Investitionsorientierte Wachstumspolitik
Von Priv.-Doz. Dr. Detlef Lorenz, Berlin 132

Wettbewerb und Wachstum
Von Prof. Dr. Wilhelm Weber, Wien 158

Wachstumsorientierte Wettbewerbspolitik
Von Prof. Dr. Manfred Neumann, Erlangen-Nürnberg 222

Wirtschaftspolitische Planung und Wirtschaftswachstum
Von Prof. Dr. Dr. Wilhelm Meinhold, München und Innsbruck 240

Wachstumspolitisch relevante Ergebnisse der Wachstumstheorie

Von Prof. Dr. *Ernst Dürr* (Erlangen — Nürnberg)

Wenn eine empirisch überprüfte Theorie vorliegt, welche gesetzmäßige Beziehungen zwischen unabhängigen und abhängigen Variablen angibt, kann diese Theorie verwandt werden:

1. *Zur Erklärung*
   Wenn die erklärungsbedürftige Erscheinung mit der abhängigen Variablen der Theorie übereinstimmt, geben die unabhängigen Variablen der Theorie die Ursachen der Erscheinung an.
2. *Zur Prognose*
   Wenn bekannt ist, daß die unabhängigen Variablen der Theorie in der wirtschaftlichen Wirklichkeit gegeben sind oder in Zukunft eintreten werden, geben die abhängigen Variablen der Theorie die Entwicklung an, die hieraus folgt.
3. *Zur Konzeption wirtschaftspolitischer Maßnahmen*
   Wenn die abhängige Variable der Theorie mit dem Ziel der Wirtschaftspolitik übereinstimmt, geben die unabhängigen Variablen der Theorie die Ansatzpunkte der Wirtschaftspolitik an.

Je weniger der in der Theorie hypothetisch formulierte Zusammenhang zwischen abhängigen und unabhängigen Variablen mit der Wirklichkeit übereinstimmt, um so fragwürdiger wird die auf dieser Theorie aufbauende Erklärung einer Erscheinung, um so unsicherer die Prognose der künftigen Entwicklung und der Wirkung wirtschaftspolitischer Maßnahmen.

Leider ist die mangelhafte Übereinstimmung von Theorie und Wirklichkeit nicht das Hauptproblem der Wachstumstheorie. Ein großer Teil der modernen Wachstumstheorie hat tautologischen Charakter und sucht nicht die Wachstumsursachen, sondern die Gleichgewichtsbedingungen des Wachstums aufzudecken oder spaltet die Wachstumsrate lediglich in Komponenten auf, ohne empirisch widerlegbare Aussagen zu machen. Wegen des Mangels an empirisch gehaltvollen Wachstumstheorien soll jedoch versucht werden, durch Umformulierung tautologischer Aussagen zu wirtschaftspolitisch verwertbaren Hypothesen zu gelangen und einen Überblick über die Ansätze zu ihrer empirischen Überprüfung zu geben.

1. Die Harrod-Domarsche-Wachstumstheorie

gibt keine unabhängigen Variablen des Wirtschaftswachstums an, sondern zeigt entweder die Bedingungen des Gleichgewichts im Wachstumsprozeß (Bedingungsgleichung gleichgewichtigen Wirtschaftswachstums) oder die Aufspaltung der Wachstumsrate in Investitionsquote und reziproken marginalen Kapitalkoeffizienten (Definitionsgleichung des Wirtschaftswachstums):

$$\frac{\Delta Y}{Y} = \frac{I}{Y} \cdot \frac{1}{C'}$$

Hieraus könnte die wirtschaftspolitische Schlußfolgerung abgeleitet werden, daß die Wachstumsrate erhöht werden kann, wenn

a) die Investitionsquote erhöht wird,
b) der marginale Kapitalkoeffizient vermindert wird,
c) beide Maßnahmen kombiniert werden.

Da der marginale Kapitalkoeffizient lediglich die statistische Relation zwischen der Investition und der Erhöhung der Produktion angibt, ist er nicht direkt durch die Wirtschaftspolitik manipulierbar. Er kann auch nicht von vornherein als naturgegeben angesehen werden. Daher ist eine Interdependenz zwischen Investitionsquote und Kapitalkoeffizient möglich. Aus der Definitionsgleichung des Wirtschaftswachstums kann also nicht gefolgert werden, daß eine Erhöhung der Investitionsquote die Wachstumsrate erhöht. Es ist möglich, daß die Maßnahmen, die der Erhöhung der Investitionsquote dienen, gleichzeitig den Kapitalkoeffizienten vergrößern, so daß unter Umständen der Wachstumseffekt der wachstumsorientierten Investitionspolitik gleich Null oder sogar negativ ist[1]. Zur Aufdeckung wachstumspolitisch relevanter Gesetzmäßigkeiten

---

[1] Vgl. zur Diskussion über die wirtschaftspolitische Auswertung der Harrodschen Definitionsgleichung des Wachstums: K. *Rose*, Der Erkenntniswert der Wachstumsmodelle. „Jahrbücher für Nationalökonomie und Statistik", Bd. 168 (1956), S. 321 ff. — H. *Albert*, Wachstumsmodelle und Realität. „Jahrbücher für Nationalökonomie und Statistik", Bd. 169 (1957), S. 120 ff. — K. *Rose*, Replik. Ebenda, S. 125. — K. W. *Rothschild*, The Limitations of Economic Growth Models. „Kyklos", Vol. XII (1959), S. 567 ff. — Ch. *Watrin*, Modelle und Hypothesen in der Wachstumstheorie. „Wirtschaftspolitische Chronik", hrsg. vom Institut für Wirtschaftspolitik an der Universität zu Köln, Heft 1/1960, S. 7 ff. — K. *Rose*, Wachstums- und Konjunkturtheorie. „Jahrbuch für Sozialwissenschaft", Bd. 13 (1962), S. 196 ff. — H. *Albert*, Modell-Platonismus. Der neoklassische Stil des ökonomischen Denkens in kritischer

muß die Definitionsgleichung des Wachstums in Funktionsgleichungen umgewandelt werden[2].

a) Die Investitionsquote als unabhängige Variable der Wachstumsrate

Aufschluß über die Beziehung zwischen Investitionsquote und Wachstumsrate des realen Sozialprodukts können Querschnitts- und Zeitreihenanalysen geben. Die Berechnung der Korrelation zwischen Investitionsquote[3] und Wachstumsrate gibt unterschiedliche Ergebnisse, je nach dem, welche Perioden und Länder in die Korrelationsrechnung einbezogen werden[4]. Für 12 Industrienationen[5] in der Periode 1950 bis 1958[6] ergibt sich bei der Gegenüberstellung von Bruttoinvestitionsquote und Wachstumsrate des realen Bruttoinlandsprodukts ein Bestimmtheitsmaß von $r^2 = 0{,}08$, was bedeutet, daß nur 8 v.H. der Wachstumsdifferenzen auf unterschiedliche Investitionsquoten zurückgeführt werden können. Wenn man Investitionen im Wohnungsbau und in der Infrastruktur aus der Investitionsquote herausnimmt, erhöht sich die Korrelation geringfügig auf $r^2 = 0{,}10$. Für 22 Länder[7] in der Periode 1949—1959[8] ergibt sich für die Korrelation zwischen Investitionsquote und Wachstumsrate ein Bestimmtheitsmaß von $r^2 = 0{,}04$.

Beleuchtung. In: Sozialwissenschaft und Gesellschaftsgestaltung. Festschrift für Gerhard Weisser. Hrsg. v. F. Karrenberg und H. Albert. Berlin 1963. S. 60 ff.

[2] Vgl. W. G. *Hoffmann*, Zur Realitätsbezogenheit wachstumstheoretischer Annahmen. „Schweizerische Zeitschrift für Volkswirtschaft und Statistik", 92. Jahrg. (1956), S. 432 ff. — R. Blum (Wechselwirkungen zwischen Wirtschaftspolitik und Wirtschaftstheorie. „Schmollers Jahrbuch", 89. Jg. [1969], S. 395) hält diesen Weg von vornherein für ein „eigentlich nicht sehr erfolgreiches Unterfangen", doch kann über die Fruchtbarkeit von Hypothesen erst nach ihrer empirischen Überprüfung entschieden werden. Es kommt nicht darauf an, wie die Hypothesen gewonnen werden, ob durch Umformulierung einer Definitionsgleichung, durch Enttautologisierung der reinen Theorie mittels Ausschaltung der ceteris-paribus-Klausel, durch historische Forschung oder freie Intuition. Wesentlich ist, daß die Hypothesen falsifizierbar sind.

[3] Zur Problematik der Verwendung von Brutto-Investitionsquoten vgl. die Ausführungen zum Brutto-Kapitalkoeffizienten auf S. 6 f.

[4] Zur internationalen Vergleichbarkeit von Wachstumsraten des Sozialprodukts vgl.: J. *McGibbon*, The Statistical Comparability of Rates of Growth of Gross National Product. „Productivity Measurement Review", Februar 1964. Nach McGibbon werden die internationalen Wachstumsunterschiede nicht wesentlich verändert, wenn die Berechnung des Sozialprodukts auf verschiedenste Weise variiert wird. Selbst die Berechnung nach sowjetischen Methoden (Ausschluß des Staats- und Dienstleistungssektors außer Transport- und Handelsleistungen) hat keinen Einfluß auf die relativen Wachstumsraten.

[5] Japan, BRD, Italien, Niederlande, Frankreich, Kanada, USA, Norwegen, Belgien, Schweden, Dänemark, England.

[6] United Nations World Economic Survey 1959, New York 1960, S. 23.

[7] BRD, Österreich, Griechenland, Italien, Türkei, Jugoslawien, Irland, Spanien, Schweiz, Niederlande, Frankreich, Kanada, Finnland, Portugal, Luxemburg, Norwegen, Schweden, USA, Dänemark, Belgien, England, Irland.

[8] Economic Survey of Europe in 1961, Part II, Chapter II, S. 17.

Für fünf Industrienationen (Großbritannien, USA, Frankreich, Italien, Bundesrepublik Deutschland) hat Hill[9] für die Periode 1953—1961 (für die Investitionsquote) bzw. 1954—1962 (für die Wachstumsrate) das sehr hohe Bestimmtheitsmaß von $r^2 = 0{,}955$ gefunden. Für die gleichen Länder beträgt das Bestimmtheitsmaß in der Periode 1950—1958 jedoch nur $r^2 = 0{,}525$, während die Beziehung zwischen Wachstumsrate und marginalem Kapitalkoeffizient wesentlich enger ist, nämlich $r^2 = 0{,}90$.

Die großen Unterschiede der Korrelationen zwischen Investitionsquote und Wachstumsrate deuten darauf hin, daß nur unter bestimmten Bedingungen[10] eine eindeutige Beziehung zwischen Investitionsquote und Wachstumsrate besteht. Im Periodenvergleich sind durchaus Länder festzustellen, in denen eine Erhöhung der Investitionsquote mit einer Senkung der Wachstumsrate verbunden war:

	Investitionsquote in v.H.		jährliche Wachstumsrate des Bruttoinlandsprodukts zu konstanten Preisen in v.H.	
	1923/29	1950/58	1923/29	1950/58
Kanada	20,6	23,4	4,9	4,0
Norwegen	13,2	28,4	3,4	3,0
Schweden	11,9	19,9	4,2	2,9
Großbritannien	9,8	14,0	2,9	2,2

Quelle: World Economic Survey 1959, a.a.O., S. 19.

In der Bundesrepublik Deutschland (gleitende Fünf-Jahres-Durchschnitte) war die Erhöhung der Investitionsquote von 22 v.H. im Jahre 1953 auf 26 v.H. im Jahre 1961 mit einem Rückgang der Wachstumsrate des realen Bruttoinlandsprodukts von 10 v.H. im Jahre 1953 auf 6 v.H. im Jahre 1961 verbunden[11]. Auch in der Tschechoslowakei waren steigende Investitionsquoten (von 11,7 v.H. im Durchschnitt der Jahre 1950—1954 auf 17,7 v.H. im Durchschnitt der Jahre 1961—1965) mit sinkenden Wachstumsraten (von 7,8 v.H. im Durchschnitt der Jahre

[9] T. P. *Hill*, Growth and Investment According to International Comparisons. „The Economic Journal“, 1964, S. 287 ff.
[10] Vgl. S. 31.
[11] Jahresgutachten 1964/65 des Sachverständigenrats. S. 53.

1950—1954 auf 2,2 v.H. im Durchschnitt der Jahre 1961—1965) verbunden[12].

Trotz dieser Ungewißheit der Beziehung zwischen Investitionsquote und Wachstumsrate ist die Wachstumspolitik in vielen Ländern ausschließlich investitionsorientiert, ohne daß versucht wird, die Bedingungen dieser Beziehung ausfindig zu machen und zu beeinflussen. Der geringen Korrelation zwischen Investitionsquote und Wachstumsrate entsprechend war diesen Versuchen einer ausschließlich investitionsorientierten Wachstumspolitik bisher wenig Erfolg beschieden.

Da in einer Marktwirtschaft die Investitionsquote nicht direkt durch die Wirtschaftspolitik festgelegt werden kann, versuchen die Träger der Wirtschaftspolitik, die unabhängigen Variablen der Investition zu verändern. In den meisten ökonometrischen Investitionsfunktionen spielen als unabhängige Variablen der Gewinn, das Wachstum der Nachfrage (Akzeleratortheorie), das Wachstum der Liquidität der Wirtschaft und der Zinssatz eine Rolle. Entsprechend wird versucht, das Wirtschaftswachstum durch die Begünstigung der Gewinne und der Selbstfinanzierung sowie durch Kreditexpansion und Zinssenkung zu erhöhen.

Zwischen dem Anteil der direkten Steuern an den gesamten Steuern und dem Wirtschaftswachstum ist jedoch kein Zusammenhang erkennbar[13]. Auch die Selbstfinanzierung und das Wachstum zeigen nicht den erwarteten Zusammenhang[14].

Von der OECD wird die Aufrechterhaltung eines ständigen Nachfragedrucks als wesentliche Bedingung hohen Wirtschaftswachstums angeführt[15]. Da in einer Marktwirtschaft ein Nachfrageüberhang nach einiger Zeit in Preiserhöhungen zum Ausdruck kommt, müßte überprüft werden, ob Preissteigerungen das Wachstum fördern. Ein Zusammenhang zwischen der Änderung des Preisniveaus und dem Wachstum des realen Sozialprodukts ist jedoch bisher nicht festgestellt worden[16].

Sprinkel[17] hat versucht, einen Zusammenhang zwischen der Geldmengenexpansion und dem Wirtschaftswachstum zu finden. Seine

---

[12] J. *Goldmann* und J. *Flek*, Economic Growth in Czechoslovakia. „Economics of Planning", Vol. 6 (1966), S. 133.

[13] Vgl. die Zahlenangaben und die hieraus abgeleitete entgegengesetzte Hypothese bei J. *Tumlir*, Über den Einfluß öffentlicher Haushalte auf die Investitionsneigung der Wirtschaft. „Konjunkturpolitik", 7. Jg., 1961, S. 335.

[14] B. R. *Williams*, Factors in Investment Behaviour. Hrsg. v. d. OECD. Paris 1962. S. III, 6.

[15] Policies for Economic Growth. Report to the Economic Policy Committee by Working Party No. 2 on Policies for the Promotion of Economic Growth. Hrsg. v. d. OECD. Paris 1962, S. 17.

[16] Vgl. aus der Fülle der empirischen Untersuchungen: J. Pfanzagl, Über die Parallelität von Zeitreihen. „Metrica", 6. Bd. 1963, S. 101.

[17] B. W. *Sprinkel*, Relative Economic Growth Rates and Fiscal Monetary Policies. „The Journal of Political Economy", Vol. LXXI (1963), S. 154 ff.

empirische „Verifikation" zeigt jedoch nur, daß das Wachstum der Geldmenge parallel zum Wachstum der Nachfrage verläuft, oder mit anderen Worten, daß die Einkommensgeschwindigkeit des Geldes langfristig relativ konstant ist. Ein wachstumshemmender Effekt der restriktiven Geldpolitik in der Hochkonjunktur ist nicht feststellbar. In Großbritannien führte die Beendigung der Politik des billigen Geldes Ende 1951 nicht zu einer Senkung, sondern zu einer Erhöhung der Wachstumsrate. In Japan hatte die Verdoppelung der Geldmenge unter der Regierung Ikeda zwar einer Verfünffachung der Preissteigerung, nicht aber eine Erhöhung der Wachstumsraten der Produktion zur Folge[18].

b) Der Kapitalkoeffizient als unabhängige Variable der Wachstumsrate

Die mangelhafte Korrelation zwischen Investitionsquote und Wachstumsrate des Sozialprodukts bedeutet, daß der marginale Kapitalkoeffizient (ICOR) nicht konstant ist. Er weist große zeitliche und internationale Unterschiede auf.

Die Beziehung zwischen der Wachstumsrate des Sozialprodukts und dem marginalen Kapitalkoeffizienten scheint enger zu sein als die zwischen Wachstumsrate und Investitionsquote. Während sich in der bereits erwähnten Periode 1950—1958 für zwölf Industrienationen zwischen Investitionsquote und Wachstumsrate nur eine Korrelation von $r^2 = 0{,}08$ ergibt, beträgt auf Grund der gleichen Periode und Ländergruppe für die Beziehung Wachstumsrate zu marginalem Kapitalkoeffizient der quadrierte Korrelationskoeffizient 0,61. Für andere Perioden und Ländergruppen ist der Unterschied zwischen diesen beiden Korrelationskoeffizienten nicht so kraß, aber immer noch in gleicher Richtung feststellbar. Auch bei der Zeitreihenanalyse ergibt sich eine engere Beziehung zwischen marginalem Kapitalkoeffizient und Wachstumsrate des Sozialprodukts als zwischen Investitionsquote und Wachstumsrate[19].

Hill behauptet, daß eine Korrelation zwischen Bruttokapitalkoeffizient und Wachstumsrate keine analytische Bedeutung habe, da wegen

---

[18] M. W. *Keran*, Monetary Policy, Balance of Payments, and Business Cycles. The Foreign Experience. „Review of the Federal Reserve Bank of St. Louis", Vol. 49, No. 11, November 1967, S. 11 f. — Vgl. auch die systematische empirische Überprüfung des Zusammenhangs zwischen Geldpolitik und Wirtschaftswachstum bei K. *Wieners*, Geldpolitik und Wirtschaftswachstum. Freiburg 1969.

[19] Vgl. H. *Leibenstein*, Incremental Capital-Output-Ratios and Growth Rates in the Short Run. „The Review of Economics and Statistics", Vol. XLVIII (1966), S. 20 ff.

der Reinvestitionen stets eine bestimmte Bruttoinvestitionsquote erforderlich sei, ehe überhaupt Wachstum einsetze. Das bedeutet nach Hill, daß der marginale Bruttokapitalkoeffizient selbst dann eine sinkende Funktion der Wachstumsrate sein müsse, wenn die Wachstumsrate ausschließlich von der Investitionsquote abhänge. Wenn Unterschiede im marginalen Kapitalkoeffizienten jedoch nur darauf zurückzuführen wären, daß bei der Verwendung von Buttoinvestitionsquoten der marginale Kapitalkoeffizient aus logischen Gründen stets um so geringer ist, je höher die Investitionsquote ist, müßte eine sehr hohe negative Korrelation zwischen dem marginalen Bruttokapitalkoeffizienten und der Investitionsquote bestehen. Das ist jedoch nicht der Fall. Während die Korrelation: marginaler Bruttokapitalkoeffizient zu Investitionsquote für die von Hill benutzten Zahlen[20] schwach negativ ist (r = —0,47), ist sie für die Länder der UNO-Statistik in der Periode 1950—1958 sogar positiv (r = + 0,32). Hill weist selbst darauf hin, daß „Länder mit sehr geringem Wachstum fast immer hohe marginale Bruttokapitalkoeffizienten (und Länder mit hohem Wachstum niedrige Bruttokapitalkoeffizienten) haben, *unabhängig von der Höhe ihrer Investitionsquote*"[21].

Zur Aufdeckung der unabhängigen Variablen des Kapitalkoeffizienten könnte man zunächst versuchen, diese Größe in einer Definitionsgleichung in Komponenten aufzuspalten, in der Hoffnung, daß auf diesem (indirekten) Wege die unabhängigen Variablen der Gesamtgröße Kapitalkoeffizient eher entdeckt werden können. Eine vielfach übliche Aufspaltung setzt den durchschnittlichen Kapitalkoeffizienten gleich dem Produkt aus Kapitalintensität und reziproker Arbeitsproduktivität.

$$\frac{K}{Y} = \frac{K}{A} \cdot \frac{A}{Y}$$

Die Kapitalintensität mag hauptsächlich durch die sektorale Struktur der Wirtschaft und die Auswahl der technischen Verfahren bedingt sein, doch gehen auch alle Faktoren, die die mehr oder weniger rationelle Verwendung von Arbeit und Kapital bedingen, in diese Relation ein. Abgesehen davon, daß die Arbeitsproduktivität selbst eine erklärungsbedürftige Größe ist, sind die Beziehungen zwischen diesen beiden Komponenten des Kapitalkoeffizienten nicht ohne weitere Forschungen klar. Die Aufspaltung des Kapitalkoeffizienten scheint also die Suche nach seinen unabhängigen Variablen nicht zu erleichtern.

---

[20] *Hill*, a. a. O., S. 287 f.
[21] Übersetzung und Hervorhebung vom Verfasser.

Redl[22] versucht, den Kapitalkoeffizienten und seine Veränderungen durch die Verhaltensweisen der Unternehmer, Arbeitskräfte und Verbraucher sowie durch institutionelle Faktoren zu erklären, doch führt er lediglich plausible Variablen auf, ohne die entsprechenden Hypothesen empirisch zu testen. La Tourette[23] stellt die Hypothese auf, daß die Höhe des Kapitalkoeffizienten eine Funktion des Verhältnisses zwischen Anlage- und Betriebskapital, des gewogenen Altersdurchschnitts des Kapitalstocks und eines Zeittrends sei. Die empirische Überprüfung dieser Hypothese zeigt jedoch, daß die entsprechenden Regressionsgleichungen nur bei sehr enger historischer Relativierung hohe Korrelationskoeffizienten ergeben. Für jede der drei Perioden 1909 bis 1922, 1923 bis 1941 und 1946 bis 1959 gelten andere Funktionen, wobei nicht nur die Parameterwerte von Periode zu Periode große Unterschiede zeigen, sondern auch die Vorzeichen aller unabhängigen Variablen wechseln[24]. Die Variation der Parameter deutet darauf hin, daß andere als die aufgeführten unabhängigen Variablen von großer Bedeutung sind für die abhängige Variable Kapitalkoeffizient. Die alternierenden Vorzeichen der unabhängigen Variablen können den Verdacht nahelegen, daß die angeblichen Bestimmungsfaktoren des Kapitalkoeffizienten überhaupt keinen Einfluß auf ihn haben, da ihr Anwachsen den Kapitalkoeffizienten nach diesen Funktionen in einer Periode erhöht, in einer anderen jedoch vermindert. Da auch der sogenannte Zeitfaktor unterschiedliche Werte und unterschiedliche Vorzeichen hat, bleiben die eigentlichen Ursachen der Variation des Kapitalkoeffizienten weiterhin verborgen.

Bićanić[25] hat die Hypothese aufgestellt, daß der Kapitalkoeffizient im ersten Stadium der Entwicklung bei einem durchschnittlichen Pro-Kopf-Einkommen bis 150 I.E.[26] infolge der geringen Kapitalintensität der Produktion bei etwa 2 liege. Wenn die Volkswirtschaft die Schwelle der wirtschaftlichen Entwicklung überschreitet, steige der Kapitalkoeffizient bis zu einem durchschnittlichen Pro-Kopf-Einkommen von rund 300 I.E. infolge der kapitalintensiven Infrastrukturinvestitionen und der Er-

---

[22] F. *Redl*, Versuch einer ökonomischen Theorie des Kapitalkoeffizienten und seiner Veränderung. „Jahrbücher für Nationalökonomie und Statistik", Bd. 176 (1964), S. 436 ff.

[23] J. E. *La Tourette*, Sources of Variations in the Capitol-Output-Ratio in the United States Private Business Sector, 1909—1959. „Kyklos", Vol. XVIII (1965), S. 635 ff.

[24] Ebenda, S. 642.

[25] R. *Bićanić*, The Threshold of Economic Growth. „Kyklos", Vol. XV (1962), S. 7 ff.

[26] *Bićanić* hat den Begriff der internationalen Einheiten (I. E.) von Colin *Clark* übernommen, der darunter diejenige Gütermenge versteht, die man im Durchschnitt der Jahre 1925 bis 1934 in den USA für einen Dollar kaufen konnte. Die Einkommensangaben beziehen sich hier und im folgenden jeweils auf ein Jahr.

schließung der Bodenschätze bis auf 6 an und sinke dann bei fortschreitender Ausdehnung der Konsumgüterindustrie bei einem Pro-Kopf-Einkommen von rund 600 I.E. wieder auf 2,5 bis 3 ab.

Dadurch, daß Bićanić auch in industrialisierten Ländern noch unbestimmt viele Wellen von Investitionen in kapitalintensiven Wirtschaftszweigen für möglich hält, sucht er seine Theorie den beobachteten zeitlichen Schwankungen des Kapitalkoeffizienten in entwickelten Ländern und den Unterschieden zwischen verschiedenen entwickelten Ländern anzupassen. Hierdurch wird seine Theorie auf die Hypothese reduziert, daß der Kapitalkoeffizient von der Kapitalintensität abhängig sei, die er auf die Branchenstruktur zurückführt. Da für die mittelfristig orientierte Wachstumspolitik nicht der durchschnittliche, sondern der marginale Kapitalkoeffizient entscheidend ist, kommt es in diesem Zusammenhang darauf an, inwieweit Unterschiede des marginalen Kapitalkoeffizienten durch Unterschiede der Branchenstruktur erklärt werden können.

Zwar gibt es branchenspezifische Abstufungen in der Größe des Kapitalkoeffizienten, doch kann aus dieser statistischen Beobachtung nicht ohne weiteres geschlossen werden, daß die internationalen oder intertemporalen Unterschiede des gesamtwirtschaftlichen Kapitalkoeffizienten durch die sektoralen Strukturdifferenzen der betreffenden Länder und Perioden bedingt sind. Die Branchenkapitalkoeffizienten sind weder international gleich noch weisen sie eine zeitliche Konstanz auf. In Ländern mit hohen gesamtwirtschaftlichen Kapitalkoeffizienten sind meist auch alle Branchenkapitalkoeffizienten höher als in anderen Ländern, so daß die übliche Rangfolge der Branchenkapitalkoeffizienten vielfach beibehalten wird. So besteht nur eine geringe Korrelation[27] zwischen dem gesamtwirtschaftlichen marginalen Kapitalkoeffizienten und dem Anteil der Infrastrukturinvestitionen an den gesamten Investitionen ($r^2 = 0{,}08$), dem Anteil der Investitionen in öffentlichen Betrieben an den gesamten Investitionen ($r^2 = 0{,}007$) und dem Anteil der Investitionen im Wohnungsbau an den Gesamtinvestitionen ($r^2 = 0{,}009$). Bei der Ordnung der Branchen nach der Höhe des marginalen Kapitalkoeffizienten im Durchschnitt von acht Ländern und der Gleichsetzung des durchschnittlichen marginalen Kapitalkoeffizienten der Versorgungsbetriebe mit 100 können in einer ersten Gruppe von Sektoren mit durchschnittlich hohem Kapitalkoeffizienten außer den Versorgungsbetrieben zusammengefaßt werden: Transport, Verkehr und Lagerhaltung (Index 65) sowie Landwirtschaft (Index 39). In einer zweiten Gruppe erscheinen:

---

[27] Berechnet auf Grund der Periode 1950 bis 1958 aus: UN World Economic Survey 1959. New York 1960. S. 23 und 30 f.

die gesamte Industrie (Index 26) sowie der Handels- und restliche Dienstleistungssektor (Index 18)[28]. Es besteht nur eine geringe Korrelation ($r^2 = 0,05$) zwischen dem Anteil der Sektoren mit überdurchschnittlich hohen Kapitalkoeffizienten (Gruppe 1) an den gesamten Investitionen auf der einen Seite und dem gesamtwirtschaftlichen marginalen Kapitalkoeffizienten auf der anderen Seite. Die unterschiedlichen Wachstumsraten verschiedener Länder und Zeiten können also kaum durch die branchenmäßige Aufteilung der Investitionen erklärt werden.

Da die internationalen Unterschiede und zeitlichen Veränderungen des marginalen Kapitalkoeffizienten darauf zurückgeführt werden könnten, daß der Kapitalzuwachs mit verschiedenen Wachstumsraten der beschäftigten Arbeitskräfte verbunden ist, hat man versucht, die hierauf beruhenden Veränderungen des Verhältnisses zwischen Kapitaleinsatz und Produktion aus dem Kapitelkoeffizienten herauszunehmen[29].

a) Der *ICOR(L):* In diesem Koeffizienten wird der Einfluß der Veränderung der Beschäftigung dadurch ausgeklammert, daß der Kapitalzuwachs nicht dem gesamten Produktionszuwachs gegenübergestellt wird, sondern dieser Produktionszuwachs vermindert wird um das Produkt aus Zuwachs der beschäftigten Arbeitskräfte und durchschnittlicher Arbeitsproduktivität bzw. Produktion im Basisjahr und Wachstumsrate der Beschäftigung.

$$ICOR(L) = \frac{I}{\Delta Y - \frac{\Delta L \cdot Y}{L}}$$

I = Investition
Y = Sozialprodukt
L = Beschäftigte

Die Problematik des *ICOR(L)* besteht darin, daß ihm die Annahme zugrunde liegt, daß die Produktion ohne Rücksicht auf die Höhe der Kapitalbildung proportional zur Zahl der Beschäftigten steigt.

b) Der *ICOR(L)':* Hier wird die Veränderung der Beschäftigung dadurch berücksichtigt, daß der Zuwachs des Sozialprodukts um das Wachstum der Lohnsumme gekürzt wird. Hierbei geht man davon aus, daß die Produktionsfaktoren ihrer Grenzproduktivität entsprechend entlohnt werden.

---

[28] Ebenda, S. 42.
[29] Vgl. W. *Beckerman* and Associates, The British Economy in 1975. Cambridge 1965. S. 33 ff.

$$ICOR(L)' = \frac{I}{\Delta Y - \frac{\Delta L \cdot w \cdot Y}{L}}$$

w = Lohnquote

Die großen internationalen Unterschiede zwischen den Kapitalkoeffizienten werden durch die Berücksichtigung der Veränderung der beschäftigten Arbeitskräfte jedoch nicht vermindert[30]. Das bedeutet, daß die internationalen Wachstumsdifferenzen auch dann nicht durch unterschiedlich hohe Investitionsquoten erklärt werden können, wenn die Veränderung der beschäftigten Arbeitskräfte berücksichtigt wird.

Die negativen Erfahrungen, die man bisher mit einer ausschließlich an der Investitionsquote orientierten Wachstumspolitik gemacht hat, sind zum Teil darauf zurückzuführen, daß die Investitionsförderung vielfach den Kapitalkoeffizienten erhöht.

Die steuerliche Begünstigung der Selbstfinanzierung und die Politik des billigen Geldes fördern vermutlich die Kapitalverschwendung und erhöhen dadurch den Kapitalkoeffizienten[31]. In den Vereinigten Staaten stieg der marginale Kapitalkoeffizient der privaten Investitionen (ohne Landwirtschaft) in der Zeit der Politik des billigen Geldes von 1945 bis 1950 von 1,9 auf 2,6[32]. Auch in der Bundesrepublik Deutschland, wo aus außenwirtschaftlichen Gründen von 1959 bis 1964 trotz Hochkonjunktur eine Politik des billigen Geldes betrieben wurde, stieg der marginale Kapitalkoeffizient von 2,3 in der Periode 1950—1956 auf 4,2 in der Periode 1957—1963[33]. Die Länder, die trotz starker Preissteigerung bis weit in die fünfziger Jahre hinein auf eine restriktive Geldpolitik in der Hochkonjunktur verzichteten, hatten sowohl überdurchschnittlich hohe Kapitalkoeffizienten als auch besonders niedrige Wachstumsraten, während die Bundesrepublik Deutschland und Japan, die in den

---

[30] Vgl. die Berechnung des ICOR, ICOR(L) und ICOR(L)' für 13 Länder in der Periode 1956—62 bei Beckerman, a.a.O., S. 35.

[31] Mit dieser Hypothese wäre der empirische Befund E. *Helmstädters* (Der Kapitalkoeffizient. Eine kapitaltheoretische Untersuchung. Stuttgart 1969, S. 53 ff.) vereinbar, wonach eine enge gegenläufige Beziehung zwischen Lohnquote und durchschnittlichem Kapitalkoeffizienten besteht. Helmstädter (ebenda, S. 109) interpretiert diesen Zusammenhang allerdings dahingehend, daß immer dann, wenn zur Produktion des laufenden Sozialprodukts mehr Kapital je Produktionseinheit benötigt werde, diese Entwicklung ein Sinken der Lohnquote erzwinge.

[32] W. *Krelle*, Bestimmungsgründe der Einkommensverteilung in der modernen Wirtschaft. In: Einkommensbildung und Einkommensverteilung. Verhandlungen auf der Tagung des Vereins für Socialpolitik in Köln 1956. Berlin 1957, S. 95.

[33] G. *Bombach*, Artikel „Wirtschaftswachstum". In: HdSW. 12. Bd., S. 795.

fünfziger Jahren ihre Geldpolitik sehr stark restriktiv einsetzten, sich durch niedrige Kapitalkoeffizienten und überdurchschnittlich hohe Wachstumsraten auszeichneten.

	Durchschnittlicher Diskontsatz 1950—58 in v.H.	Marginaler Kapitalkoeffizient 1950—58	Jährliche Wachstumsrate des realen Bruttoinlandsprodukts 1950—58 in v.H.
Norwegen	2,94	9,8	3,0
Schweden	3,53	6,9	2,9
BRD	4,28	2,8	7,4
Japan	6,47	2,8	7,9

Quellen: United Nations World Economic Survey 1959, a.a.O., S. 34. International Monetary Fund: International Financial Statistics, Vol. XVII (1964/3).

Die forcierte Investitionspolitik in Norwegen war mit einer starken Erhöhung der Investitionsquote und des Kapitalkoeffizienten, jedoch nicht mit einer Erhöhung der Wachstumsraten verbunden. Der außergewöhnlich hohe Kapitalkoeffizient Norwegens und der ebenfalls überdurchschnittlich hohe Kapitalkoeffizient Schwedens können auch nicht auf ein Übergewicht der Branchen mit allgemein hohem Kapitalkoeffizienten zurückgeführt werden, da der marginale Kapitelkoeffizient in *allen* Branchen außergewöhnlich hoch war:

Marginaler Kapitalkoeffizient 1949—1959

	Norwegen	Schweden	BRD
Lebensmittel-, Getränke- und Tabakindustrie	12,4	5,5	1,3
Textil-, Bekleidungs- und Schuhindustrie	4,5	128,5	1,1
Holz- und Möbelindustrie	4,4	10,8	1,8
Papierindustrie und Verlagswesen	6,0	4,3	1,8
Leder- und Gummiindustrie	—	2,0	0,8
Chemische Industrie	4,7	2,8	1,3
Industrie der Steine und Erden sowie Glasindustrie	4,3	5,3	1,6
Metallindustrie insgesamt	4,0	3,3	1,2
Metallerzeugung	5,9	—	3,0
Metallverarbeitung	3,2	—	0,9

Quelle: United Nations Economic Survey of Europe in 1961, a.a.O., Chapter III, S. 17.

Wesentliche Ursache der hohen Kapitalkoeffizienten Norwegens war die geringe Kapazitätsauslastung, die auf strukturelle Engpässe zurückgeführt wird[34], die trotz (oder wegen) der staatlichen Investitionslenkung[35] auftraten.

2. Die Aufspaltung des Wirtschaftswachstums in den Arbeitskräftezuwachs und die Produktivitätssteigerung

Da sich das Sozialprodukt in die Zahl der Beschäftigten und ihre Produktivität aufspalten läßt ($Y = A \cdot \frac{Y}{A}$), kann auch die Wachstumsrate des Sozialprodukts auf den Zuwachs der Arbeitskräfte und die Erhöhung der Arbeitsproduktivität zurückgeführt werden:

$$\frac{\Delta Y}{Y} = \frac{\Delta A}{A}\left(1 + \frac{\Delta a}{a}\right) + \frac{\Delta a}{a}$$

A = Arbeitskräfte

$a = \frac{Y}{A}$ = durchschnittliche Arbeitsproduktivität

Wie bei der Harrodschen Definitionsgleichung des Wachstums handelt es sich auch hier lediglich um eine tautologische Aufspaltung der Wachstumsrate, ohne eine Erklärung ihrer Ursachen.

a) Der Arbeitskräftezuwachs als unabhängige Variable des Wirtschaftswachstums

Korrelationsrechnungen ergeben teilweise eine höhere Korrelation zwischen der Wachstumsrate der Arbeitskräfte bzw. der Wachstumsrate der Beschäftigten und der Wachstumsrate des Sozialprodukts als zwischen Investitionsquote und Wachstumsrate des Sozialprodukts. Die UNO[36] kommt für 22 Länder[37] in der Periode 1949—1959 zu einem Be-

---

[34] K. *Kleps*, Langfristige Wirtschaftspolitik in Westeuropa. Freiburg 1966, S. 216.

[35] Der norwegische Handelsminister Brofoss erklärte 1952, daß das knappe Kapital dort investiert werden müsse, wo es am raschesten zur Produktionsausweitung beitrage. Diese Aufgabe könne nicht dem Marktmechanismus überlassen werden, da dieser in der Zeit zwischen den beiden Weltkriegen seine Schwächen offenbart habe. Daher müßten Regierung und Parlament Vollbeschäftigung und volle Ausnutzung der Ressourcen durch eine geplante Wirtschaft erreichen. (K. *Kleps*, Wirtschaftsplanung in Norwegen. „Hamburger Jahrbuch für Wirtschafts- und Gesellschaftspolitik", 10. Jahr [1964], S. 177.)

[36] Economic Survey of Europe in 1961, a.a.O., Chapter II, S. 13.

[37] BRD, Österreich, Griechenland, Italien, Türkei, Jugoslawien, Island, Spanien, Schweiz, Niederlande, Frankreich, Kanada, Finnland, Portugal, Luxemburg, Norwegen, Schweden, USA, Dänemark, Belgien, England, Irland.

stimmtheitsmaß von $r^2 = 0,50$ für die Korrelation zwischen dem Wachstum der Arbeitskräfte (Beschäftigte und Arbeitslose) und dem Wachstum des realen Bruttoinlandsprodukts, während der quadrierte Korrelationskoeffizient für die Beziehung zwischen Investitionsquote und Wachstumsrate des realen Bruttoinlandsprodukts für die gleiche Periode und die gleichen Länder nur 0,04 beträgt. Für zwölf Länder[38] ergibt sich für die Periode 1958 bis 1965 ein noch etwas engerer Zusammenhang zwischen dem Wachstum des realen Bruttoinlandsprodukts und dem Wachstum der Arbeitskräfte von $r^2 = 0,58$. Dieses Bestimmtheitsmaß bleibt gleich, wenn den Wachstumsraten des realen Bruttoinlandsprodukts die Wachstumsraten der Beschäftigten gegenübergestellt werden. Wenn aber die weniger entwickelten Länder dieser Gruppe (Spanien und Jugoslawien) herausgenommen werden, sinkt der Korrelationskoeffizient auf Null[39]. Wenn aus der Gruppe der 22 Länder für die Zeitspanne 1949 bis 1959 die weniger industrialisierten Länder[40] ausgeklammert werden, sinkt für die Industrieländer das Bestimmtheitsmaß r^2 von 0,50 auf 0,25, während es für die weniger industrialisierten Länder auf $r^2 = 0,89$ steigt. In der Gruppe der zwölf Länder der Periode 1958 bis 1965 zeigen Irland und Italien einen Arbeitskräfterückgang um 3 % bzw. 8 % (und einen Beschäftigungsrückgang von 1,7 % bzw. 5,5 %), der jedoch mit einem Zuwachs des realen Bruttoinlandsprodukts von 34 % bzw. 42 % verbunden war. Arbeitskräfte- bzw. Beschäftigungszuwachs ist also keine notwendige Bedingung des Wirtschaftswachstums.

Kaldor[41] hat die Hypothese aufgestellt, daß das Wachstum des Sozialprodukts weitgehend vom Wachstum der industriellen Produktion und dieses wiederum von der Zunahme der Beschäftigten in der Industrie abhänge. Für zwölf entwickelte Länder[42] in der Periode 1953 bis 1964 berechnet er ein Bestimmtheitsmaß für die Beziehung zwischen den Wachstumsraten des realen Bruttoinlandsprodukts und den Wachstumsraten der industriellen Produktion von $r^2 = 0,959$[43], für die Beziehung zwischen den Wachstumsraten der industriellen Produktion und den

---

[38] Kanada, USA, Österreich, Belgien, Spanien, Frankreich, BRD, Irland, Italien, Norwegen, England, Jugoslawien.

[39] Berechnet von G. *Kühlewind* (Die Beziehungen zwischen Arbeitskräftezuwachs und Wirtschaftswachstum. Diplomarbeit Nürnberg 1968) auf Grund von United Nations: Statistical Yearbook 1966. New York 1967, S. 546 ff. und International Labour Office: Yearbook of Labour Statistics 1966. Genf 1966, S. 268 ff. und 374 ff.

[40] Griechenland, Türkei, Jugoslawien, Island, Spanien, Finnland, Portugal und Irland.

[41] N. *Kaldor*, Causes of the Slow Rate of Economic Growth of the United Kingdom. London 1966.

[42] Japan, Italien, BRD, Österreich, Frankreich, Niederlande, Belgien, Dänemark, Norwegen, Kanada, Großbritannien und USA.

[43] *Kaldor*, S. 5.

Wachstumsraten der Beschäftigten in der Industrie von $r^2 = 0{,}844$[44]. Dabei fällt allerdings auf, daß Kaldor der zweiten Korrelationsrechnung andere Zahlen des Produktionswachstums zugrunde legt als der ersten, ohne daß er diese Abweichung begründet. Zwischen der Wachstumsrate der Beschäftigung in der Industrie und der Wachstumsrate des realen Bruttoinlandsprodukts ergibt sich eine Korrelation von $r^2 = 0{,}81$.

Kaldor begründet seine Hypothese über den engen Zusammenhang zwischen dem Wachstum der Beschäftigung in der Industrie und dem Wachstum des Sozialprodukts damit, daß der vermehrte Einsatz von Arbeitskräften und die dadurch ermöglichte Erhöhung der Produktion nur in der Industrie über die Ausweitung der Erfahrung (Learning by doing) zu einer Erhöhung der Produktivität führe. Die Produktivität wachse um so rascher, je stärker die Produktion steige. Kaldor dreht also die Hypothese, daß die Wachstumsrate von der Produktivitätssteigerung abhängt, um. Daher forscht er auch nicht nach weiteren unabhängigen Variablen des Produktivitätsfortschritts, da er ihn hauptsächlich durch das Wachstum der Produktion und damit durch das Wachstum der Arbeitskräfte in der Industrie verursacht sieht.

Entsprechend erklärt er die großen internationalen Wachstumsdifferenzen der Nachkriegszeit mit unterschiedlichen Wachstumsraten der Beschäftigung in der Industrie, die er sowohl auf entsprechende Wachstumsraten der Gesamtbeschäftigung als auch auf die Abwanderung landwirtschaftlicher Arbeitskräfte in die Industrie zurückführt.

Nach seiner Hypothese sollten die wachstumspolitischen Maßnahmen in einer Förderung des Wachstums der industriellen Produktion durch die Erhöhung der Beschäftigten in der Industrie bestehen. Für den Fall, daß der Zuwachs der Arbeitsbevölkerung versiegt, Vollbeschäftigung erreicht ist und der Anteil der Landwirtschaft an der Gesamtbeschäftigung bereits ein Minimum erreicht hat, schlägt er als wachstumspolitische Maßnahme den rationelleren Einsatz des Faktors Arbeit in allen Sektoren vor. Da nach seiner Ansicht die Produktivitätseffekte einer wachsenden Industrieproduktion auch durch internationale Spezialisierung und entsprechende Wachstumsraten in den kostengünstigsten Wirtschaftszweigen erreicht werden können, empfiehlt er ferner zur Erhöhung des Wirtschaftswachstums eine Verstärkung der internationalen Arbeitsteilung. Wir möchten hinzufügen, daß allerdings die Spezialisierung nicht zur Einschränkung des Wettbewerbs führen dürfte, da dann der Zwang zum rationellen Einsatz der Produktionsfaktoren fehlt.

---

[44] *Kaldor*, S. 12.

Für eine andere Ländergruppe[45] und eine andere Zeitspanne[46] ist der Zusammenhang zwischen dem Wachstum der Arbeitskräfte in der Industrie und dem Wachstum des realen Bruttoinlandsprodukts jedoch geringer, wenn auch höher als der zwischen dem Wachstum der *gesamten* Arbeitskräfte und dem Wachstum des realen Bruttoinlandsprodukts, nämlich $r^2 = 0{,}76$ für die erste Beziehung gegenüber $r^2 = 0{,}58$ für die zweite Beziehung. Wenn die weniger entwickelten Länder Spanien und Jugoslawien herausgenommen werden, sinkt das Bestimmtheitsmaß auf $r^2 = 0{,}07$ (während beim Vergleich mit dem Wachstum der *gesamten* Arbeitskräfte der Korrelationskoeffizient gleich Null ist). Wenn, wie bei Kaldor, nicht der Zuwachs der Arbeitskräfte, sondern nur der Zuwachs der *Beschäftigten* in der Industrie der Korrelationsrechnung zugrunde gelegt wird, sinkt das Bestimmtheitsmaß für alle zwölf Länder auf 0,62, für alle außer Jugoslawien und Spanien auf Null[47]. Die Kaldor-Hypothese scheint also entweder falsch oder nur unter Bedingungen gültig zu sein, die noch unbekannt sind, in seiner Stichprobe aber gegeben waren.

b) Der Produktivitätsfortschritt als unabhängige Variable des Wirtschaftswachstums

Wie bei der Untersuchung der Beziehung zwischen Kapitalkoeffizient und Wachstumsrate des Sozialprodukts können auch für die Beziehung zwischen Produktivitätsfortschritt und Wachstumsrate des Sozialprodukts höhere Korrelationen festgestellt werden als für die Beziehung zwischen Faktoreinsatz und Wachstumsrate des Sozialprodukts: Für die bereits angeführte Gruppe von 22 Ländern ergibt sich ein quadrierter Korrelationskoeffizient von $r^2 = 0{,}74$[48] (gegenüber $r^2 = 0{,}50$ für die Beziehung zwischen Arbeitskräftezuwachs und Wachstumsrate des Sozialprodukts), der auf $r^2 = 0{,}79$ (gegenüber $r^2 = 0{,}25$ für die Beziehung zwischen Arbeitskräftezuwachs und Wachstumsrate des Sozialprodukts) steigt, wenn die weniger industrialisierten Länder[49] ausgeschieden werden. Allerdings findet Kaldor für die von ihm ausgewählten zwölf Länder sowohl für die Beziehung Produktivitätsfortschritt in der Industrie zu Wachstumsrate der industriellen Produktion als auch für die Beziehung zwischen Wachstumsrate der Beschäftigten in der Industrie und

---

[45] Kanada, USA, Österreich, Belgien, Spanien, Frankreich, BRD, Irland, Italien, Norwegen, England und Jugoslawien.

[46] 1958 bis 1965.

[47] Berechnet von *Kühlewind* auf Grund der in Fußnote 39 angegebenen Quellen.

[48] Berechnet von *Kühlewind* nach United Nations: Some Factors of Economic Growth in Europe, a.a.O., Chapter II, S. 12.

[49] Griechenland, Türkei, Jugoslawien, Island, Spanien, Finnland, Portugal und Irland.

Wachstumsrate der industriellen Produktion hohe Bestimmtheitsmaße: für die erste Beziehung $r^2 = 0{,}826$, für die zweite $r^2 = 0{,}844$[50].

Es ist interessant, daß die Länder mit dem höchsten Produktivitätsfortschritt auch den niedrigsten Kapitalkoeffizienten haben. Die Korrelation zwischen Arbeitsproduktivität und *ICOR(L)* beträgt für elf Industrieländer in der Periode 1956 bis 1962 $r^2 = 0{,}69$[51], wobei r negativ ist.

Svennilson[52], Hill[53] und die Vereinten Nationen[54] führen die Wachstumsrate der Arbeitsproduktivität auf die Höhe der Investitionsquote zurück. Die Vereinten Nationen ziehen hieraus die wirtschaftspolitische Schlußfolgerung, daß Länder mit geringem Wachstum der Zahl der Arbeitskräfte durch eine höhere Investitionsquote über die Erhöhung der Arbeitsproduktivität die Wachstumsrate ihres Sozialprodukts steigern könnten. Für eine Stichprobe von fünf industrialisierten Ländern stellt Hill die hohe, aber ungesicherte Korrelation von $r^2 = 0{,}67$ für die Beziehung zwischen Investitionsquote und Wachstumsrate der Arbeitsproduktivität (Bruttosozialprodukt pro beschäftigte Arbeitskräfte) fest. Für zwölf entwickelte Länder[55] (außer Norwegen) sinkt das Bestimmtheitsmaß jedoch auf $r^2 = 0{,}11$[56]. Eine andere Gruppe von zwölf Ländern ergibt für die Periode 1950—1958 ein Bestimmtheitsmaß von $r^2 = 0{,}07$[57], eine Gruppe von 22 Ländern für die Zeitspanne 1949—1959 das Bestimmtheitsmaß von $r^2 = 0{,}04$[58]. Die positive Wirkung der Investitionsquote auf die Wachstumsrate der Arbeitsproduktivität ist also ebenso unsicher wie ihre Wirkung auf die Wachstumsrate des Sozialprodukts. Auch die Ausgliederung der Infrastrukturinvestitionen und der Investitionen im Wohnungsbau aus den gesamten Investitionen ergibt für die letztgenannte Gruppe von zwölf Ländern nur eine unwesentliche Er-

[50] *Kaldor,* S. 12.

[51] *Beckermann,* a.a.O., S. 38.

[52] J. *Svennilson,* What Makes an Economy Grow? In: OECD-Observer, Nov. 1962. S. 6.

[53] *Hill,* a.a.O., S. 292.

[54] United Nations, World Economic Survey 1959, a.a.O., S. 26.

[55] Großbritannien, USA, Belgien, Dänemark, Frankreich, Österreich, Italien, Schweden, BRD, Niederlande, Kanada und Irland. Für die Berechnung der durchschnittlichen Investitionsquote nimmt *Hill* die Periode 1953—61, für die Berechnung der Wachstumsraten des Bruttosozialprodukts die Jahre 1954—62.

[56] *Hill,* a.a.O., S. 296.

[57] Es handelt sich um die Länder der Gruppe, die in Fußnote 5 aufgeführt ist. Die Korrelation wurde berechnet von H. *Rapp* (Die unabhängigen Variablen der Arbeitsproduktivität. Hypothesen und ihre empirische Überprüfung. Diplomarbeit Nürnberg 1968) nach United Nations: World Economic Survey 1959, a.a.O., S. 23 und 26.

[58] Es handelt sich um die Ländergruppe, die in Fußnote 7 aufgeführt ist. Berechnung der Korrelation von Rapp, a.a.O., nach United Nations: Some Factors in Economic Growth, a.a.O., Chapter II, S. 12 und 31.

höhung des Bestimmtheitsmaßes von $r^2 = 0,07$ auf $r^2 = 0,08$[59]. Rapp hat den interessanten Versuch gemacht, durch eine Relativierung der Hypothese zu einem engeren Zusammenhang zu kommen. Er ging davon aus, daß möglicherweise nur bei einem Nachfragedruck, der für die volle Auslastung des Kapitals sorgt, die Investitionsquote die Wachstumsrate der Arbeitsproduktivität bestimmt. Die Höhe des Nachfragedrucks hat er an der Höhe der Preissteigerungsrate (Index für die Lebenshaltung) gemessen und entsprechend die Gruppe der 22 Länder in zwei Untergruppen mit höherer bzw. niedrigerer Inflationsrate eingeteilt. Für die Gruppe mit stärkerer Inflation ergibt sich ein Bestimmtheitsmaß von $r^2 = 0,07$, für die Gruppe mit niedrigerer Inflationsrate ein Bestimmtheitsmaß von $r^2 = 0,014$ (für die gesamte Gruppe war wie erwähnt $r^2 = 0,04$). Danach besteht also auch bei stärkerer Inflationierung kein allgemein feststellbarer Zusammenhang zwischen Investitionsquote und Wachstumsrate der Arbeitsproduktivität.

Wie bereits erwähnt, ist nach Kaldor der Produktivitätsfortschritt in der Industrie hauptsächlich vom Zuwachs der Beschäftigten in der Industrie abhängig ($r^2 = 0,45$). Wenn alle Sektoren einbezogen werden, besteht für die 22 Länder der UNO-Statistik eine wesentlich geringere Korrelation ($r^2 = 0,05$)[60] zwischen Zuwachsrate der Arbeitsproduktivität und Wachstumsrate der Arbeitskräfte. Für die 13 industrialisierten Länder innerhalb dieser Gruppe erhöht sich diese Korrelation geringfügig auf $r^2 = 0,10$[61].

Wie bei der investitionsorientierten Wachstumspolitik sind auch bei der arbeitsorientierten Wachstumspolitik Nebenwirkungen möglich, die die Produktivität des zusätzlich eingesetzten Produktionsfaktors vermindern. Überbeschäftigung kann die Flexibilität der Wirtschaft verringern und zur Hortung von Arbeitskräften führen.

Der Sachverständigenrat hat in einem anderen Zusammenhang eine enge gegenläufige Entwicklung von Preisniveau und Arbeitsproduktivität festgestellt[62]. Rapp[63] hat die Beziehung zwischen Wachstumsrate der Arbeitsproduktivität und Preissteigerungsrate für zwölf entwickelte Länder in der Periode 1950 bis 1962[64] berechnet und in allen Fällen negative Korrelationskoeffizienten ermittelt, die von $r = -0,162$ für Norwegen

---

[59] Berechnet von *Rapp*, a.a.O.

[60] Berechnet von *Kühlewind* nach United Nations, a.a.O.

[61] *Beckerman*, a.a.O., S. 22.

[62] Jahresgutachten 1966/67, Tabelle 40 und Schaubild 52.

[63] *Rapp*, a.a.O.

[64] Für Belgien: 1953—1962 und für Frankreich 1951—1962. Quellen: International Monetary Fund: International Financial Statistics und OECD: Manpower Statistics 1950—1962.

bis r = —0,786 für Großbritannien reichen; im Durchschnitt der zwölf Länder beträgt der Korrelationskoeffizient r = — 0,462. Im internationalen Querschnittsvergleich ergibt sich allerdings kein statistischer Zusammenhang zwischen der durchschnittlichen jährlichen Wachstumsrate des Preisindex für die Lebenshaltung und der durchschnittlichen jährlichen Steigerungsrate der Arbeitsproduktivität[65].

Nach Denison[66] wird in den USA die Wachstumswirkung einer Erhöhung der Arbeitszeit über 48,6 Stunden pro Woche hinaus voll durch den Produktivitätsrückgang kompensiert.

Ein positiver Zusammenhang zwischen Ausbildung und Arbeitsproduktivität ist plausibel, jedoch nicht eindeutig in der wirtschaftlichen Wirklichkeit festzustellen. Schumpeter hat die entgegengesetzte Hypothese aufgestellt, daß Arbeitskräfte mit höherer Ausbildung ungeeignet sind für die Routinearbeiten der Massenfabrikation. Die Unzufriedenheit mit der Arbeit, die ihrem Ausbildungsniveau nicht entspricht, verringere ihre Arbeitsproduktivität[67]. Vermutlich erhöht nicht jede Art der Ausbildung die Arbeitsproduktivität, sondern nur eine solche, die an der Nachfragestruktur des Arbeitsmarktes, also dem wirtschaftlichen Bildungsbedarf, orientiert ist.

Untersuchungen[68], nach denen eine enge Beziehung zwischen dem Anteil der Studierenden bzw. höheren Schüler an der Bevölkerung auf der einen Seite und der Industrieproduktion bzw. dem Volkseinkommen pro Kopf der Bevölkerung auf der anderen Seite besteht, lassen auch die umgekehrte Kausalbeziehung zu, wonach erst bei hohem Pro-Kopf-Einkommen die finanziellen Bedingungen für die Erhöhung der Zahl

---

[65] Die Stichprobe umfaßt 20 europäische Länder einschließlich der Vereinigten Staaten in der Periode 1949—1959. Berechnet von *Rapp* nach United Nations: Some Factors in Economic Growth, a.a.O., Chapter II, S. 12 und 31 und International Monetary Fund: International Financial Statistics.

[66] E. *Denison*, The Sources of Economic Growth and the Alternative before us. New York 1962. S. 40. Derselbe, Measuring the Contribution of Education (and the Residual) to Economic Growth. In: OECD-Study Group on the Economics of Education (Hrsg.), The Residual Factor and Economic Growth. Paris 1964. S. 15 f.

[67] J. A. *Schumpeter*, Kapitalismus, Sozialismus und Demokratie. München 1950. S. 245 ff. — Vgl. auch Art. „Betriebspsychologie" in: P. H. *Hofstätter*, Psychologie. Das Fischer-Lexikon. Frankfurt 1957. S. 76. Hofstätter weist dort auf die besonderen Schwierigkeiten hin, die im industriellen Sektor aus der Tatsache entstehen, „daß auch übermäßige Begabung (und wohl auch Ausbildung. E. D.) für einzelne Arbeitsfunktionen abträglich sein kann, da diese oftmals den Ansprüchen nicht gerecht werden, die das Individuum an sich selbst und an seinen Lebenserfolg stellt".

[68] W. G. *Hoffmann*, Erziehung und Forschungsausgaben im wirtschaftlichen Wachstumsprozeß. In: Freundesgabe der Wissenschaft für Ernst Hellmut Vits. Frankfurt 1963. S. 122 f. — C. *Quetsch*, Die zahlenmäßige Entwicklung des Hochschulbesuchs in den letzten 50 Jahren. Berlin 1960. S. 24 ff.

der Studierenden gegeben sind. Nach den Daten von Edding[69] und Maddison[70] ergibt sich für eine Gruppe von neun entwickelten Ländern[71] eine Rangkorrelation für die Beziehung zwischen Ausgaben für Schulen und Hochschulen in v.H. des Volkseinkommens und dem Produktions*niveau* von $\varrho = 0{,}22$. Für die Beziehung der Bildungsausgaben zu den *Wachstumsraten* der Arbeitsproduktivität ist die Rangkorrelation jedoch negativ, und zwar $\varrho = -0{,}33$. Wegen der geringen Anzahl von Ländern und der niedrigen Korrelationen ist diese Feststellung jedoch wenig aussagekräftig. Sie mag jedoch den Schluß stützen, daß das Einkommens- bzw. Produktivitätsniveau den tragbaren Bildungsaufwand bestimmt, aber keine direkte Wirkung der Ausbildung auf die Arbeitsproduktivität festgestellt werden kann.

Wenn die Veränderung der Nachfragestruktur zu einem erhöhten Arbeitskräftebedarf in Wirtschaftszweigen und Betrieben mit höherer Arbeitsproduktivität führt, fördert die Mobilität der Arbeitskräfte die gesamtwirtschaftliche Arbeitsproduktivität, während mobilitätshemmende Faktoren wachstumshemmend wirken.

Zwar zeigen statistische Analysen der Wirkung sektoraler Verschiebungen der Arbeitskräfte meist nur eine geringe Erhöhung der durchschnittlichen Arbeitsproduktivität als Folge dieser sektoralen Verlagerungen[72], doch wird dieses Ergebnis wesentlich durch die Art der Berechnung des „Shift-Effektes" (bzw. Struktureffektes) bedingt. Hierbei wird die in der gesamten Volkswirtschaft verwirklichte Produktivitätssteigerung derjenigen gegenübergestellt, die sich dadurch ergibt, daß man die verwirklichte Produktivitätssteigerung in den einzelnen Branchen einer Berechnung der gesamten Produktivitätssteigerung zugrunde legt, die von der Konstanz der sektoralen Aufteilung der Arbeitskräfte ausgeht. Die Differenz zwischen diesen beiden Produktivitätssteigerungen wird der sektoralen Verlagerung der Arbeitskräfte zugeschrieben. Wenn hierbei die beiden Produktivitätssteigerungen nicht stark voneinander abweichen, kann das dadurch bedingt sein, daß entweder infolge der mangelhaften Flexibilität der Wirtschaft oder infolge geringer intersektoraler Lohnunterschiede größere sektorale Verschiebungen der Arbeitskräfte verhindert wurden. Ferner liegt der Berechnung des Struktureffekts die ceteris-paribus-Klausel zugrunde; man betrachtet

---

[69] F. *Edding*, Ökonomie des Bildungswesens. Lehren und Lernen als Haushalt und als Investition. Freiburg 1963. S. 83.

[70] A. *Maddison*, Economic Growth. The Role of Policy. In: OECD-Observer, Nr. 11/1964, S. 36 f.

[71] USA, Kanada, Norwegen, Schweden, BRD, Niederlande, Dänemark, Vereinigtes Königreich und Italien.

[72] Vgl. Some Factors in Economic Growth in Europe During the 1950s, a.a.O., Chapter II, S. 38. — Jahresgutachten 1964 des Sachverständigenrats, Ziff. 94; Jahresgutachten 1965, Ziff. 234.

die Veränderung der Branchenproduktivität als unabhängig von der Veränderung der sektoralen Verteilung der Arbeitskräfte, obwohl ihre Einfrierung zu Engpässen führen kann, die die Produktivität in einzelnen Branchen vermindern, während auf der anderen Seite in stagnierenden Branchen die Arbeitsproduktivität vielfach erst durch die Abwanderung von Arbeitskräften steigt (z. B. bei der Verringerung der Zahl der Arbeitskräfte in der Landwirtschaft und im Steinkohlenbergbau). Ferner enthält der Netto-Shift-Effekt nicht nur positive, sondern auch negative Struktureffekte. Diese tauchen dann auf, wenn die Veränderung der Nachfragestruktur Wirtschaftszweige begünstigt, die eine unterdurchschnittliche Produktivität aufweisen. Hierdurch wird der produktivitätserhöhende Effekt von Verlagerungen der Arbeitskräfte zu Sektoren mit überdurchschnittlicher Produktivität verdeckt. Die Abwanderung von Arbeitskräften zu Sektoren mit unterdurchschnittlicher Produktivität wird in einer funkionierenden Marktwirtschaft dadurch herbeigeführt, daß die Sektoren mit unterdurchschnittlicher Arbeitsproduktivität die Löhne von Branchen mit höherer Arbeitsproduktivität überbieten können, wenn sich die Nachfrage auf die Wirtschaftszweige mit unterdurchschnittlicher Arbeitsproduktivität verlagert und hierdurch deren Preis sowie ihre nominale Arbeitsproduktivität steigen. Zwar könnte eine sektorale Wachstumspolitik diese wachstumshemmende Verlagerung von Arbeitskräften verhindern und die Abwanderung von Arbeitskräften ausschließlich in die Branchen mit überdurchschnittlicher Arbeitsproduktivität fördern, doch würde diese Lenkung die Struktur der Nachfrage nicht berücksichtigen und eine zusätzliche sektorale Nachfragelenkung erfordern. Damit würden die Wünsche der Nachfrager mißachtet und das Ziel Wirtschaftswachstum seinen Sinn verlieren.

Hohe Wachstumsraten der industriellen Produktion sind im allgemeinen mit großer branchenmäßiger Differenzierung des Produktionswachstum verbunden. Im internationalen Vergleich ergibt sich für beide Größen in zehn entwickelten Ländern für die Periode 1950 bis 1960 eine Rangkorrelation von $\varrho = 0{,}56$[73]. Hohes Wachstum ist also vermutlich mit einer starren Branchenstruktur unvereinbar. Hieraus darf allerdings nicht auf eine gleichgroße Veränderung der Beschäftigtenstruktur geschlossen werden, da gerade die Wachstumsindustrien besonders hohe Zuwachsraten der Arbeitsproduktivität haben. Immerhin kann auf Grund der Ausführungen zum Shift-Effekt die Vermutung geäußert werden, daß mobilitätsfördernde Maßnahmen das Wirtschaftswachstum erhöhen.

---

[73] Berechnet von *Rapp* (a.a.O.) nach K. *Dorner*, Strukturverschiebungen in modernen Industriewirtschaften. Diss. Köln 1964. S. 328.

Mobilitätshemmend wirken Erhaltungsinterventionen für stagnierende Wirtschaftszweige (z. B. protektionistische Agrar- und Energiepolitik), Berufsgewerkschaften (in England und zum Teil in den USA), eine starre Lohnpyramide und die Bindung der Lohnerhöhungen in allen Branchen an einheitliche Lohnleitlinien (z. B. den durchschnittlichen Produktivitätsfortschritt in der Volkswirtschaft)[74].

3. Die makroökonomische Produktionsfunktion

Da der Kapitalkoeffizient nicht unabhängig vom Arbeitseinsatz ist und die Arbeitsproduktivität durch den Kapitaleinsatz beeinflußt wird, ist es sinnvoll, das wirtschaftliche Wachstum auf den Einsatz beider Produktionsfaktoren zurückzuführen:

$$\frac{\Delta Y}{Y} = m \cdot \frac{\Delta K}{K} + n \cdot \frac{\Delta A}{A} + b$$

Nach der makroökonomischen Produktionsfunktion wären also sowohl die Erhöhung des Kapitalstocks als auch die Vermehrung der Zahl der Arbeitskräfte geeignete wachstumspolitische Ansätze. Ökonometrische Untersuchungen zeigen jedoch, daß ein erheblicher Teil der Wachstumsraten (bis zu 80 %) nicht durch den Zuwachs des Kapitals und der Arbeitskräfte erklärt werden kann[75]. Die Bedeutung der Restgröße (technischer Fortschritt genannt) für das Wirtschaftswachstum geht auch daraus hervor, daß zwischen beiden Größen sowohl im internationalen Querschnittsvergleich[76] als auch bei der Zeitreihenanalyse[77] eine hohe Korrelation besteht.

---

[74] Auf diese Fragen ist der Verfasser an anderer Stelle näher eingegangen. Vgl. E. *Dürr*, Wachstumstheorie und Wachstumspolitik. „Jahrbücher für Nationalökonomie und Statistik", Bd. 176 (1964), S. 533 ff.

[75] Vgl. H. *Leibenstein*, Allocative Efficiency vs. „X-Efficiency". „The American Economic Review". Vol. LVI (1966), S. 414 und die dort aufgeführte Literatur.

[76] Für die Länder USA, Belgien, Dänemark, Frankreich, BRD, Niederlande, Großbritannien und Italien ist in der Periode 1950—62 r = + 0,95, in der Periode 1950—55 r = + 0,98 und in der Periode 1955—62 r = + 0,91. Berechnet von R. *Eisenmann* (Die Erklärung der Restgröße in der makroökonomischen Produktionsfunktion. Diplomarbeit Nürnberg 1968) nach *E. Denison*, Why Growth Rates Differ. Postwar Experience in Nine Western Countries. Washington 1967. S. 298—316.

[77] Für die Bundesrepublik Deutschland ergibt sich in der Periode 1951—1966 ein Korrelationskoeffizient von r = 0,97. (*Eisenmann*, a.a.O.)

Die von Solow[78] behauptete enge Beziehung zwischen der Restgröße und dem Kapitalzuwachs ist zwar plausibel, da der technische Fortschritt im engeren Sinne wohl hauptsächlich in neuen Produktionsanlagen verkörpert ist (embodiment effect). Es sprechen jedoch zahlreiche empirische Fälle gegen diese Beziehung, vermutlich deshalb, weil die Restgröße nur zum geringen Teil aus diesem technischen Fortschritt im engeren Sinne besteht. Ein großer Teil enthält wohl organisatorischen Fortschritt im Betrieb und in der Volkswirtschaft, der von neuen Produktionsanlagen unabhängig ist.

Land	Periode	Wachstumsraten des Kapitals in v.H.	Restgröße b („technischer Fortschritt")
Belgien	1949—54	2,4	2,5
	54—59	2,7	1,6
Niederlande	1949—54	4,0	2,7
	54—59	5,5	1,6
Frankreich	1949—54	2,9	3,8
	54—59	3,9	2,8
Italien	1949—54	3,0	4,4
	54—59	3,4	4,1
BRD	1950—54	4,8	5,6
	54—59	6,9	3,5

Quelle: O. Aukrust, Factors of Economic Development: A Review of Recent Research. „Weltwirtschaftliches Archiv", Bd. 93 (1964/II), S. 39.

Die Querschnittsanalyse zeigt für verschiedene Ländergruppen und Perioden Korrelationen zwischen Wachstumsraten des Kapitals und Restgröße von r = + 0,23 bis r = + 0,51. Das bedeutet, daß höchstens 25 % der Unterschiede der Restgrößen auf die unterschiedlichen Wachstumsraten des Kapitals zurückgeführt werden können[79].

---

[78] Einen einfachen, kritischen Überblick über die moderne Ausgestaltung der makroökonomischen Produktionsfunktion, insbesondere durch Solow und Denison, gibt R. R. *Nelson*, Aggregate Production Functions. „The American Economic Review", Vol. LIV (1964), S. 575 ff.

[79] Berechnet von *Eisenmann*, a.a.O., nach:
Aukrust, Factors of Economic Development, a.a.O., S. 39.
United Nations, Some Factors in Economic Growth in Europe, a.a.O., Kapitel II, Seite 36.
Nelson, a.a.O., S. 577.
Denison, Why Growth Rates Differ, a.a.O., S. 192.

Die makroökonomische Produktionsfunktion bietet also ebenfalls keine theoretische Unterstützung der allein auf die Erhöhung der Investition konzentrierten Wachstumspolitik.

Der von Denison unternommene Versuch, die Restgröße auf die Ausbildung der Arbeitskräfte zurückzuführen, könnte ein breiterer Ansatzpunkt für die an der Arbeitsproduktivität orientierte Wachstumspolitik sein als die Aufspaltung der Wachstumsrate des Sozialprodukts in Arbeitskräftezuwachs und Erhöhung der Arbeitsproduktivität, welche den Kapitaleinsatz nicht berücksichtigt. Die von Denison selbst durchgeführten Untersuchungen[80] zeigen jedoch, daß keine eindeutige Beziehung zwischen der Verbesserung der Qualität der Arbeitskräfte auf Grund zusätzlicher Ausbildung und der Restgröße, die nicht auf mengenmäßige Veränderungen der Produktionsfaktoren zurückzuführen ist, besteht. Die Rangkorrelation zwischen beiden Größen ergibt den negativen Wert von —0,285; das Bestimmtheitsmaß ist $r^2 = 0,08$, wobei der Korrelationskoeffizient ebenfalls negativ ist. Wegen der geringen Zahl von Ländern, die bei dieser Berechnung berücksichtigt sind (Belgien, Frankreich, Großbritannien, Norwegen, die Niederlande, Dänemark, BRD) darf aus der leicht negativen Korrelation allerdings nicht auf die Richtigkeit der Schumpeterschen Hypothese geschlossen werden, daß vermehrte Ausbildung die Arbeitsproduktivität vermindert. Die fehlende Übereinstimmung von Denisons Hypothese mit der Wirklichkeit mahnt jedoch zur Vorsicht gegenüber allzu großen Hoffnungen, die auf den wachstumsfördernden Effekt verbesserter Ausbildung (ohne nähere Spezifikation) gesetzt werden, zumal auch die Beziehung zwischen Schulausgaben pro Kopf der Bevölkerung bzw. Besuchsfrequenz der Volksschulen und Universitäten einerseits und Restgröße andererseits negative Korrelationskoeffizienten ergibt[81].

Ferner kann die Einbeziehung des Ausbildungseffektes in den Einsatz des Produktionsfaktors Arbeit die großen internationalen Unterschiede

---

[80] *Denison*, Why Growth Rates Differ, a.a.O., S. 103 und S. 192.

[81] Berechnet von *Eisenmann*, a.a.O., nach:
Aukrust, Factors of Economic Development, a.a.O., S. 39.
United Nations: Some Factors in Economic Development, a.a.O., Chapter II, S. 36.
Nelson, Aggregate Production Functions, a.a.O., S. 577.
F. *Edding*, Internationale Tendenzen in der Entwicklung der Ausgaben für Schulen und Hochschulen. „Kieler Studien", Nr. 47. Kiel 1958. S. 30.
International Labour Organization: The Quality of Labour and Economic Development in Certain Countries. Genf 1964. S. 100 f.
Dabei tritt allerdings das Problem auf, daß von der Ausbildung erst nach längerer Zeit Wachstumseffekte erwartet werden dürfen. Immerhin ist die Gegenüberstellung von Schulausgaben und Restgrößen in der gleichen 10-Jahres-Periode nicht völlig unberechtigt, da sich die internationale Rangfolge der Ausbildungsausgaben über längere Zeiten nicht wesentlich ändert.

Wachstumsquellen 1950—62	USA	Nordwesteuropa	Belgien	Dänemark	Frankreich	BRD	Niederlande	Norwegen	Großbritannien	Italien
Volkseinkommen	3,32	4,76	3,20	3,51	4,92	7,26	4,73	3,45	2,29	5,96
Gesamter Faktoreinsatz	1,95	1,69	1,17	1,55	1,24	2,78	1,91	1,04	1,11	1,66
Arbeit	1,12	0,83	0,76	0,59	0,45	1,37	0,87	0,15	0,60	0,96
Beschäftigung	0,90	0,71	0,40	0,70	0,08	1,49	0,78	0,13	0,50	0,42
Arbeitsstunden	—0,17	—0,14	—0,15	—0,18	—0,02	—0,27	—0,16	—0,15	—0,15	0,05
Alters- und Geschlechtszusammensetzung	—0,10	0,03	0,08	—0,07	0,10	0,04	0,01	—0,07	—0,04	0,09
Ausbildung	0,49	0,23	0,43	0,14	0,29	0,11	0,24	0,24	0,29	0,40
Kapital	0,83	0,86	0,41	0,96	0,79	1,41	1,04	0,89	0,51	0,70
Restgröße	1,37	3,07	2,03	1,96	3,68	4,48	2,82	2,41	1,18	4,30

Quelle: Denison, a.a.O., S. 192.

des Beitrages der Restgröße zum Wirtschaftswachstum nicht vermindern und damit unterschiedliche Wachstumsraten nicht erklären. So war z. B. nach Denisons Berechnungen in der Periode 1950 bis 1962 zwar der Beitrag der Ausbildung zum Wirtschaftswachstum in England mehr als doppelt so hoch wie in der Bundesrepublik Deutschland, doch waren die gesamte Wachstumsrate und der Restbeitrag, der weder durch den mengenmäßigen Einsatz der Produktionsfaktoren, noch durch die Ausbildung der Arbeiter erklärt werden kann, in der Bundesrepublik Deutschland mehr als dreimal so groß wie in Großbritannien.

Andere Untersuchungen zeigen, daß ein Zusammenhang zwischen Forschungsausgaben und Wachstumsraten des Sozialprodukts ebenfalls nicht feststellbar ist[82]. Vielleicht ist es wachstumspolitisch günstiger, die Ergebnisse der Forschungen anderer Länder, zum Teil im Wege der Lizenzierung, zu übernehmen, als entsprechende eigene kostspielige Forschungen durchzuführen[83].

Helmstädter[84] zerlegt die gesamte Wachstumsrate des realen Sozialprodukts (W_y) in die Skalenkomponente (W_A), die Substitutionskomponente (W_S) und die Fortschrittskomponente (W_F):

$$W_y = W_A + W_S + W_F.$$

Die Skalenkomponente W_A bezeichnet den Teil der Wachstumsrate, der dem Wachstum des Faktors Arbeit entspricht. Wenn der Faktor Kapital eine mindestens ebenso hohe Wachstumsrate aufweist wie der Faktor Arbeit, werden im Rahmen der Wachstumsrate des Faktors Arbeit konstante Skalenerträge angenommen, d. h. im Umfang des Wachstums W_A von Arbeit und Kapital steigt auch das Sozialprodukt um W_A. Wenn die Wachstumsrate des Kapitals (W_K) höher ist als die des Faktors Arbeit ($W_K > W_A$), wirkt sich der Überschuß der Wachstumsrate des Kapitals im Ausmaß der partiellen Produktionselastizität des Kapitals (k), die gleich der Differenz zwischen 1 und der Lohnquote ist $\left(k = 1 - \frac{L}{Y}\right)$, auf das Wachstum des Sozialprodukts aus ($W_S = k\,[W_K - W_A]$). Wenn die Wachstumsrate des Sozialprodukts höher ist als $W_A + W_S$, wird der verbleibende Rest als Fortschrittskomponente (W_F) bezeichnet ($W_F = W_y - W_A - W_S$).

---

[82] Vgl. F. J. *Clauß*, Streit um den technischen Fortschritt. „Der Volkswirt", 21. Jg., 1967, Nr. 14, S. 540 f.

[83] Vgl. *Hoffmann*, Erziehungs- und Forschungsaufgaben im wirtschaftlichen Wachstumsprozeß, a.a.O., S. 133, Fußnote 31.

[84] E. *Helmstädter*, Komponenten des Wachstums. „Der Volkswirt", 21. Jg. (1967), Nr. 36, S. 1961 f.

Auf diese Weise kann die gesamte Wachstumsrate jedes Landes und jeder Periode aufgespaltet werden. Für die BRD nimmt Helmstädter folgende Aufspaltung vor:

Komponenten der Wachstumsraten der BRD in v.H.

	1952—1956	1957—1961	1962—1966
W_A	4,1	2,1	1,1
W_S	0,4	1,3	1,7
W_F	4,2	2,6	1,5
W_y	8,7	6,0	4,3

Da jedoch keine Hypothesen über die Größe oder die unabhängigen Variablen der Restgröße (Fortschrittskomponente) aufgestellt werden, enthält die Formel keine empirisch widerlegbaren Behauptungen und kann deshalb auch keine Aussagen über die Wirkungen wachstumspolitischer Maßnahmen machen. Eine Erhöhung von W_A oder W_S durch die Vermehrung der Arbeitskräfte oder die Erhöhung der Investitionsquote kann die Fortschrittskomponente W_F verändern, und zwar unter Umständen (die hier offen bleiben) in einem solchen Maße, daß W_y unverändert bleibt oder sogar verringert wird. Trotzdem leitet Helmstädter wachstumspolitische Schlußfolgerungen aus seiner Aufspaltung ab: „Hohe Investitionen sind ... gerade wegen der gestiegenen Substitutionskomponente erforderlich, wenn ein angemessenes Wachstum verwirklicht werden soll. Auch die Fortschrittskomponente, die das Wachstum heute im wesentlichen mitträgt, ist nur bei hohen Investitionen realisierbar", obwohl mit steigender Substitutionskomponente die Fortschrittskomponente sehr stark abnahm.

4. Schumpeters Theorie der wirtschaftlichen Entwicklung und die Theorie des funktionsfähigen Wettbewerbs

Nach Schumpeter[85] können nicht die Mengen der Produktionsfaktoren das Wachstum erklären und beeinflussen, sondern der Einsatz und die

---

[85] J. *Schumpeter*, Theorie der wirtschaftlichen Entwicklung. München — Leipzig 1926.

Kombination dieser Produktionsfaktoren durch dynamische Unternehmer. Nach den Untersuchungen von McClelland[86] kann die Dynamik der Unternehmer (im weitesten Sinne) auf die Erziehung der Kinder zu Selbständigkeit und Leistung zurückgeführt werden. Das Leistungsstreben zeigt eine positive Korrelation mit der Wachstumsrate und eine negative Korrelation mit dem marginalen Kapitalkoeffizienten. Aus diesen beiden Theorien können folgende wachstumspolitische Schlußfolgerungen abgeleitet werden:

a) Beseitigung von Zugangsbeschränkungen zum Markt. Solche Zugangsbeschränkungen können sowohl durch die Einschränkung der Gewerbefreiheit als auch durch die sektorale Wirtschaftslenkung (Rohstoff-, Arbeitskräfte-, Devisen- und Kapitalzuteilung; Genehmigungsverfahren für Investitionspläne der Unternehmen) herbeigeführt werden. Die Benachteiligung planinkonformen Verhaltens (wie z. B. in Frankreich) hemmt ebenfalls die Entscheidungsfreiheit der Unternehmen und damit ihre Dynamik.

b) Versorgung der dynamischen Unternehmer mit Krediten. Diese wird nicht nur durch die selektive Kreditpolitik, sondern auch durch mangelhaften Wettbewerb im Kreditsektor beeinträchtigt. Positiv formuliert sollte eine Vielfalt von Finanzierungsinstituten gefördert werden. Kreditplafondierung als Instrument der restriktiven Geldpolitik schaltet den Wettbewerb im Bankensektor weitgehend aus.

c) Verhinderung von Monopolrenten. Dynamische Pionierunternehmer können die Neigung haben, auf ihren Lorbeeren auszuruhen und sich gegen nachfolgende Wettbewerber (Nachahmer) durch monopolistische Praktiken abzuschirmen. Eine solche Einschränkung des Leistungswettbewerbs kann durch entsprechende Vorschriften über marktbeherrschende Unternehmen, durch eine liberale Außenwirtschaftspolitik (sowohl in bezug auf den Außenhandel als auch auf die Niederlassungsfreiheit und den internationalen Kapitalverkehr) und durch die Förderung dynamischer Unternehmer[87] verhindert werden. In diesem Zusammenhang hat die staatliche globale Investitionsförderung sowie die steuerliche Begünstigung von Betrieben mit hohen Wachstumsraten[88] möglicherweise wachstumsfördernde Wirkung, wenn hierdurch kein Nachfrageüberhang entsteht, der den Wettbewerb einschränkt.

---

[86] D. *McClelland,* Die Leistungsgesellschaft. Stuttgart — Berlin — Köln — Mainz 1966.

[87] Vgl. K. *Schiller,* Der Ökonom und die Gesellschaft. Stuttgart 1964. S. 57.

[88] Vgl. den steuerpolitischen Vorschlag bei W. J. *Baumol,* Proposals for Increasing the Growth of National Output. In: „What Price Economic Growth". Hrsg. v. K. *Knorr* und W. J. *Baumol,* Englewood Cliffs 1961, S. 33 ff.

Die Bedeutung der Wettbewerbsfreiheit für die Neuerungsaktivität wird auch in der Theorie des funktionsfähigen Wettbewerbs hervorgehoben. Freiheit des Wettbewerbs ist vermutlich nur eine fördernde, nicht aber eine hinreichende Bedingung des Wirtschaftswachstums. Die Dynamik der Unternehmer bzw. Betriebsleiter und damit die von McClelland aufgezeigten sozialen Faktoren müssen hinzutreten. Wenn das Wirtschaftswachstum als Marktergebnis in der Definition des funktionsfähigen Wettbewerbs enthalten ist, können die unabhängigen Variablen des so definierten Wettbewerbs Ansatzpunkte für wachstumspolitische Maßnahmen sein. Wenn das Wachstum neben anderen Marktergebnissen nicht in der Definition des funktionsfähigen Wettbewerbs enthalten ist, sondern der funktionsfähige Wettbewerb auf Grund der Marktsituation definiert wird und die Marktergebnisse hieraus abgeleitet werden, gibt die Definition des funktionsfähigen Wettbewerbs selbst die Ansatzpunkte einer wachstumsorientierten Wettbewerbspolitik an.

Görgens[89] hat Hypothesen über die Beziehungen zwischen Wettbewerb und Wirtschaftswachstum systematisch empirisch überprüft. Für die Bestimmung der wachstumsrelevanten Wettbewerbsintensität werden folgende Kriterien verwandt:

a) Der Umfang der Einflußnahme des Staates auf den Wirtschaftsprozeß;
b) die Einstellung zum Wettbewerb;
c) die wettbewerbspolitischen Maßnahmen und Institutionen im Inland;
d) wettbewerbsrelevante Maßnahmen, welche die Beziehungen mit dem Ausland betreffen.

Zur Bestimmung der Wettbewerbsintensität eines Wirtschaftszweiges werden insbesondere Informationen über Preisentwicklung, Kapazitätsentwicklung und Schwankungen der Marktanteile ausgewertet. Die Kriterien a), c) und d) werden ergänzend herangezogen.

Görgens kommt zu dem Ergebnis, daß die Hypothese, daß eine strenge Wettbewerbsgesetzgebung (insbesondere Kartellgesetzgebung) oder eine Verschärfung der Wettbewerbsgesetzgebung wachstumshemmend wirken, durch das empirische Material widerlegt wird. Die tatsächliche Entwicklung deutet auf den umgekehrten Zusammenhang hin. Bei Verwendung des umfassenderen Wettbewerbskonzeptes [siehe oben: a), b), c) und d)] ergeben sich folgende Rangkorrelationen zwischen Wettbewerbsintensität *(W)* und Wirtschaftswachstum sowie dessen Komponenten[90].

---

[89] E. *Görgens*, Wettbewerb und Wirtschaftswachstum. Freiburg 1969.
[90] *Görgens*, a.a.O., S. 227.

W / Periode	Anzahl der Länder	$\frac{\Delta Y}{Y}$	$\frac{I}{Y}$	C′	T	T′
1950—1965[91]	15	0,71	0,11	—0,74	—	—
1950—1965[92]	15	0,60	0,33	—0,61	—	—
1950—1965	10	0,84	0,23	—0,82	—	—
1950—1962	9	—	—	—	0,75	—
1950—1962	8	—	—	—	—	0,79

T = Restwert in der Produktionsfunktion (nach Denison)
T′ = „verbesserter Faktoreinsatz" und „beschleunigte Realisierung des technischen Fortschritts" (nach Denison)

Die geringere Wettbewerbsintensität der amerikanischen Stahlindustrie im Verhältnis zu der der Montanunion geht mit niedrigerem Wachstum und geringerer Produktivität parallel.

Die Rangkorrelationen zwischen Wettbewerbsintensitätsgraden der Stahlindustrien der Montanunion (einschließlich Japan) und Wachstumsraten der Stahlkapazitäten sowie den Kapitalkoeffizienten sind nach Görgens 0,74 und — 0,75. Die Rangkorrelation zwischen Wettbewerbsintensität und Neuerungsaktivität beträgt 0,77[93].

Auf Grund einer Analyse der deutschen Wettbewerbspolitik seit 1880 stellt Görgens[94] ebenfalls eine eindeutige Beziehung zwischen der Wettbewerbsintensität und dem Wirtschaftswachstum und seinen Komponenten in dem Sinne fest, daß Wettbewerb wachstumsfördernd wirkt.

Der Wettbewerb wird nicht nur durch Kartelle und monopolistische Praktiken marktbeherrschender Unternehmen ausgeschaltet, sondern auch durch Inflationspolitik, die einen Verkäufermarkt schafft, sowie durch staatliche sektorale Wirtschaftslenkung, insbesondere wenn sie sich zur Erreichung ihrer sektoralen Produktionsziele der Investitionsabsprachen unter den Unternehmen bedient. Der Wachstumseffekt der Investitionen hängt vermutlich davon ab, wie sie zustande gekommen sind, ob durch staatliche Lenkung unter Abschwächung des Unternehmerrisikos oder dadurch, „daß der Unternehmer in der heutigen Wirtschaft in erster Linie um seinen Marktanteil kämpft und daß er annehmen muß, dieser sei gefährdet, wenn er nicht weiterhin investiert oder nach Neuerungen

---

91 Perioden höchster Wettbewerbsintensität.
92 Perioden niedrigster Wettbewerbsintensität.
93 *Görgens*, a.a.O., S. 266.
94 *Görgens*, a.a.O., S. 235 ff. — Unabhängig von Görgens kommt M. *Neumann* (Kapitalbildung, Wettbewerb und ökonomisches Wachstum. Berlin — Heidelberg — New York 1968, S. 191 f.) zum gleichen Ergebnis.

in seiner Produktion Ausschau hält"[95]. Die Schillersche Hypothese wird durch die Untersuchung von Görgens gestützt, wonach bei hoher Intensität des Wettbewerbs die Korrelation zwischen Investitionsquote und Wachstumsrate wesentlich höher ist als bei einem Vergleich dieser beiden Größen ohne Berücksichtigung der Wettbewerbsintensität.

[95] *Schiller*, Der Ökonom und die Gesellschaft, a.a.O., S. 226. „Wenn ich höre, daß dabei (bei der Planification) detaillierte Investitionsempfehlungen ausgegeben werden, daß der allergrößte Teil der Investitionskredite vom Plankommissar attestiert werden muß und daß der Plan im Gespräch mit 90 v.H. der Unternehmer aufgestellt wird, so komme ich zu dem Schluß: Hier nimmt man Abschied von jenem System, in dem der Fortschrittswille der Unternehmer sich am Markt und seinen Chancen orientiert, und hier geht man über zu einem Verfahren, in dem der Unternehmer sich am Plan und seinen Vergünstigungen orientiert." (Ebenda, S. 227.)

Wirtschaftspolitisch relevante Ergebnisse der Wachstumstheorie

Korreferat — von Prof. Dr. *Hans K. Schneider* (Münster)

1. Die wirtschaftspolitische Relevanz der Wachstumstheorie soll unter zwei sich ergänzenden Aspekten geprüft werden. Erstens unter dem Aspekt ihres empirischen Gehalts: Informiert die Theorie über die Determinanten des Wirtschaftswachstums, über die Stärke der von ihnen ausgehenden Einflüsse, über die zwischen ihnen bestehenden Interdependenzen? Zweitens unter dem Aspekt ihres Beitrags zur Klärung des Wachstumszieles und seiner Implikationen: Welche Bedingungen müssen erfüllt sein, damit ein optimales Gleichgewichtswachstum bei Preisniveaukonstanz erreicht oder gesichert wird?

Eine Wachstumstheorie, die empirisch gehaltvolle Informationen über die Wachstumsdeterminanten vermittelt und außerdem noch die Bedingungen der Zielerfüllung aufdeckt, erleichtert die Aufgabe der Wirtschaftspolitik entscheidend. Sie ermöglicht Diagnosen und Prognosen des Wirtschaftswachstums, führt daher zum rechtzeitigen Erkennen wirtschaftspolitischer Problemlagen und orientiert die Mittelwahl auf die strategisch aussichtsreichen Ansatzpunkte. Eine Wachstumstheorie, die weder das eine noch das andere zu leisten vermag, ist wirtschaftspolitisch nutzlos, ja sogar gefährlich, wenn sie mit dem Anspruch vertreten wird, einen „guide to policy" abzugeben.

2. Weder das *Domar*-Modell noch das *Harrod*-Modell zielen auf die Klärung der Frage ab, welche Faktoren Wirtschaftswachstum bewirken. Eine wachstumspolitische Relevanz kann ihnen daher dann und nur dann zuerkannt werden, wenn die Bedingung $w_Y = s/v$ (bei Harrod zusätzlich: $w_Y = w_n$)[1] wirklich ein störungsfreies Wachstum bei Preisniveaukonstanz kennzeichnet. Wir lassen hier undiskutiert, daß die formale Identität der Gleichgewichtsbedingung $w_Y = s/v$ bei Domar und Harrod einen ökonomisch verschiedenen Inhalt verdeckt. Vielmehr sei allein gefragt, ob die Zielimplikationen des sog. Harrod-Domar-Modells wirtschaftspolitisch relevant sind.

---

[1] w_Y = Wachstumsrate des Einkommens, s = Sparquote, v = Kapitalkoeffizient, w_n = natürliche Wachstumsrate.

Wird die übliche Definition für das Preisniveau zugrunde gelegt:

$$\text{Preisniveau} = \frac{\text{kaufkräftige Nachfrage}}{\text{„Gütermenge“}},$$

so stimmt die Gleichgewichtsbedingung des Modells mit der aus dieser Definition abzuleitenden Bedingung überein, daß Angebot und Nachfrage mit derselben Rate wachsen müssen, damit Preisniveaukonstanz erhalten bleibt. Hieran ändert sich nichts, wenn das Preisniveau als gewichtete Summe der sektoralen Preisniveaus und Nachfrage sowie Angebot sektoral definiert werden. Mithin stellt die Gleichgewichtsbedingung des sog. Harrod-Domar-Modells eine notwendige Bedingung für die Preisniveaukonstanz dar. Sie ist hingegen keine notwendige und zugleich hinreichende Bedingung, weil sie nicht sämtliche Faktoren erfaßt, die auf eine Veränderung des Preisniveaus einwirken.

Das Modell gibt dem Wirtschaftspolitiker außerdem keine Auskunft, wo er seine Maßnahmen ansetzen muß, um ein Ungleichgewicht $w_Y \neq s/v$ zu beseitigen. Maßnahmen, die auf die Ersparnis (S) einwirken, müssen durch Maßnahmen der Investitions(I)-Beeinflussung ergänzt werden, und dabei ist zu beachten, daß dadurch sowohl v (marginaler Kapitalkoeffizient) als auch w_Y verändert werden (können). Über Richtung und Intensität dieser für die Maßnahmenplanung entscheidenden Interdependenzen trifft das Modell keine Aussage.

3.1 Auch die *neoklassische Wachstumstheorie* ist Gleichgewichtsanalyse. Sie versucht, die Instabilität des Harrod-Modells („Wachstum auf des Messers Schneide“) dadurch zu überwinden, daß sie die Starrheit des Kapitalkoeffizienten aufhebt; zu diesem Zweck postuliert sie die Existenz einer linear-homogenen substitutionalen Produktionsfunktion und das Preissystem der vollkommenen Konkurrenz.

Das neoklassische Modell „erklärt“ w_Y aus den Wachstumsraten von Arbeit und Kapital, w_L bzw. w_K, den partiellen Produtionselastizitäten der Faktoren, E_L bzw. E_K, und der Rate des „technischen Fortschritts“ λ. Für exogenen Harrod-neutralen technischen Fortschritt (Quasi-Vergrößerung des Arbeitsangebots) und Konkurrenzbedingungen ($E_L = 1 - E_K$ und E_K = Profitquote) gilt:

(1) $$w_Y = E_K\, w_K + (1 - E_K) \cdot w_L + (1 - E_K) \cdot \lambda$$

Da der Kapitalbestand bei Harrod-Neutralität auf lange Sicht nicht schneller, aber auch nicht langsamer wachsen kann als Y, mithin $w_K = w_Y$, ergeben sich als langfristige Wachstumsrate des Volkseinkommens:

(2) $$w_Y = w_L + \lambda$$

und als langfristige Wachstumsrate des Pro-Kopf-Einkommens:

$$w_{Y/L} = \lambda$$

Neoklassisches Gleichgewichtswachstum bei Harrod-Neutralität impliziert: Konstanz des Kapitalkoeffizienten (im Gleichgewicht), Gleichentwicklung von Kapitalintensität und durchschnittlicher Arbeitsproduktivität, konstante Einkommensverteilung bei gemäß Arbeitsproduktivität steigendem Lohnsatz und konstanter Kapitalrendite[2].

3.2 Diese Aussage über das, genau genommen, in einer nicht definierten Zukunft zu erwartende Gleichgewichtswachstum des „golden age" wird von einigen Autoren als eine Realaussage über schon heute verwirklichte Entwicklungstendenz gedeutet. So *Fellner:* „it will make a case for interpreting American data as relating to an economy which is moving toward Golden Age conditions but, as a result of parametric shifts, is always at some distance (probably not a great distance) from these conditions"[3]. Ähnlich Walther Hoffmann: „Viele Aussagen der neoklassischen Gleichgewichtstheorie (stehen) mit unseren empirischen Vorstellungen über eine wachsende Wirtschaft gut in Einklang — beispielsweise, daß langfristig

— die Kapitalintensität im gleichen Ausmaß wie die durchschnittliche Arbeitsproduktivität steigt,

— der Kapitalkoeffizient relativ stabil,

— die Rendite relativ konstant und

— die funktionale Einkommensverteilung unverändert bleibt"[4].

Wenn diese Interpretation im Sinne einer Tendenzaussage zutrifft, scheidet die Möglichkeit einer langfristigen Wachstumsbeschleunigung durch Erhöhung der I-Quote aus. Die Beeinflussung der I-Quote kann

---

[2] Welche Neutralitätsform des technischen Fortschritts tatsächlich vorliegt, versuchen *Beckmann* und *Sato* in einer empirischen Untersuchung für die USA, Japan und Deutschland zu ermitteln. (Vgl. R. *Sato,* M. *Beckmann,* Aggregate Production Functions and Types of Technical Progress: A Statistical Analysis, American Economic Review, März 1969, S. 88—101. Zu den theoretischen Grundlagen dieses Artikels vgl. R. *Sato,* M. *Beckmann,* Neutral Inventions and Production Functions, Review of Economic Studies, Jan. 1968 S. 57—67.) Der Wert ihrer Ergebnisse muß bezweifelt werden, da sie jedenfalls in der Untersuchung für Deutschland einen falschen Datensatz verwenden und die Höhe des Korrelationskoeffizienten zum Entscheidungskriterium für die Neutralitätsform machen, was diesen entschieden überfordert. (Vgl. dazu das bislang unveröffentliche Manuskript von W. G. *Hoffmann* und B. *Gahlen,* The Case of Neutral Technical Progress, welches als Gegendarstellung zu Beckmanns und Satos statistischer Analyse im American Economic Review erscheinen soll.)

[3] W. *Fellner,* Measures of Technological Progress in the Light of Recent Growth Theories. The American Economic Review, Vol. LVII (1967), S. 1075.

[4] W. G. *Hoffmann,* Komponenten des Wachstums. Zur Diskussion des Artikels von E. *Helmstädter.* Der Volkswirt, 21. Jg. (1967), S. 2708.

unter golden-age-Bedingungen nur dem Zwecke dienen, das *Niveau* von Einkommen *(Y)* und Konsum *(C)* zu erhöhen; hierzu s. 3.3. Ungeklärt läßt die golden-age-Theorie die Beeinflußbarkeit der Wachstumsrate des Pro-Kopf-Einkommens durch eine bewußte Förderung des technischen Fortschritts. Der technische Fortschritt wird als exogene Variable behandelt, was soviel bedeutet wie „nicht durch Faktoreninputs produzierbar" — eine Vorstellung, die als empirisch widerlegt angesehen werden muß. Wenn es sich aber zumindest bei λ um eine im Prinzip beeinflußbare Variable handelt, dann kann auch die Wachstums*rate* des Pro-Kopf-Einkommens selbst unter golden-age-Bedingungen nicht als ein Datum hingenommen werden.

Im übrigen läßt sich die Korrektheit der Aussage, nach der die golden-age-Bedingungen in den hochentwickelten Ländern heute schon wenigstens annäherungsweise erfüllt sind, so lange nicht überprüfen, als für die technische Fortschrittsrate nicht eine eindeutige unabhängige Meßanweisung gegeben wird (vgl. 4.1 und weiter unten).

3.3 Die durch λ bestimmte gleichgewichtige Wachstumsrate des Pro-Kopf-Einkommens ist mit einer Vielzahl von I-Quoten vereinbar. Ein höheres *I* bzw. *S* erhöht zwar nicht die gleichgewichtige Wachstums*rate,* wohl aber das *Niveau* des Wachstumspfades. Da aber $C = Y - S$, kann *C* bei gegebenem *L* trotz höherem *Y* sinken, nämlich dann, wenn die Zunahme von *I* bzw. *S* die Zunahme von *Y* übertrifft. Es stellt sich also die Frage, welche *I*-Quote den Konsum pro Kopf in jedem Zeitpunkt maximiert. Dieser Frage geht die *neoklassische Theorie der optimalen I-Quote* (goldene Regel der Kapitalakkumulation) nach[5]. Sie maximiert *C(I)* und kommt zu dem Ergebnis, daß der golden-rule-Pfad mit maximalem Konsum durch die Gleichheit von *I*-Quote und Produktionselastizität des Kapitals sowie durch die Gleichheit von (konstanter) sozialer Zinsrate und technischer Fortschrittsrate gekennzeichnet ist. Eine Volkswirtschaft, deren *I*- und *S*-Quote ständig niedriger ist als die Produktionselastizität des Kapitals, hat ihren golden-rule-Wachstumspfad nicht erreicht[6]. Daraus folgt jedoch nicht, daß durch eine Erhöhung der *I*- und *S*-Quote der golden-rule-Wachstumspfad erreicht werden könnte — die Theorie ist ein Optimalkalkül, der keine wirtschaftspolitische Anweisung gibt.

Die Theorie der optimalen *I*-Quote trifft keine Aussagen über die wachstumspolitisch relevante soziale Zeitpräferenzrate; sie kann des-

---

[5] J. E. *Meade,* A Neo-Classical Theory of Economic Growth, 2. Aufl. London 1962; C. Chr. *v. Weizsäcker,* Wachstum, Zins und optimale Investitionsquote, Tübingen 1962.

[6] J. *Tobin* schätzt das Verhältnis I-Quote zu Produktionselastizität des Kapitals für die USA auf mindestens 1,5. In: National Economic Policy, New Haven 1965, S. 109.

halb hierauf verzichten, weil sie sich darauf beschränkt, den in jedem Zeitpunkt konsummaximalen Wachstumspfad zu kennzeichnen. Wenn es aber darum geht, den Wohlstandseffekt von Änderungen einer empirisch gegebenen *I*-Quote zu beurteilen, muß das Kriterium der sozialen Zeitpräferenzrate eingeführt werden. *Tobin* schlägt als soziale Zeitpräferenzrate die golden-rule-Rate λ vor. Eine zusätzliche Investition bzw. Ersparnis wird bei Verwendung dieses Maßstabes dann den Wohlstand (Konsum) erhöhen, wenn ihre interne Verzinsung die Rate λ übersteigt. Selbst wenn die künftige technische Fortschrittsrate prognostiziert werden könnte — was voraussetzen würde, daß λ nicht wie bisher als Residualfaktor behandelt wird (s. u.) — bleibt offen, ob die Politik bereit ist, diese Rate als Zeitpräferenzrate zu akzeptieren. Eine höhere *I*-Quote wird während der Ausreifungszeit der Investitionen Konsumverzicht erzwingen. Ist die soziale Zeitpräferenzrate λ ein geeigneter Maßstab für die Bewertung dieses Konsumverzichts im Verhältnis zu dem erwarteten Mehrkonsum der Zukunft? Und welche Investitions*struktur* (u. a. öffentliche/private Investitionen) ist anzustreben, damit die zusätzlichen Investitionen langfristig eine λ übersteigende Rendite erwirtschaften? Schließlich: Wie groß ist der Fehlerbereich bei der Abschätzung der Produktionselastizität des Kapitals? Die übliche Abschätzung durch die Profitquote muß zumindest als eine grobe Vereinfachung angesehen werden.

Von den empirisch eindeutigen Fällen einer krassen Diskrepanz von Investitionsquote und Profitquote abgesehen, dürfte sich die „goldene Regel" der Wirtschaftspolitik kaum als Handlungsmaxime empfehlen können.

3.4 Auch dem Optimalzins fehlt in unserm nicht-goldenen Zeitalter die Eindeutigkeit der Aussage. Unter den Voraussetzungen eines golden age wird der Optimalzins um so höher sein, je größer λ ist. Er zeigt also die „wachstumsbedingte Knappheit des Kapitals"[7] an und empfiehlt sich somit als eine Information, die es ermöglichen soll, „to come closer to a policy of truth in prices"[8]. Wie soll die Information über den Optimalzins unter golden-age-Bedingungen jedoch wirtschaftspolitisch interpretiert werden? Wiederum ist auf die empirische Unbestimmtheit der „technischen Fortschrittsrate" zu verweisen: Solange diese nicht unabhängig gemessen werden kann und solange ungeklärt ist, inwieweit die Wirtschaftspolitik technischen Fortschritt „machen" kann, scheidet eine auch nur einigermaßen verläßliche Aussage über den „Optimalzins" aus. Hinzu kommt, daß die wirkliche Welt nicht die des

---

[7] Vgl. G. *Bombach*, Zins und wirtschaftliches Wachstum, Weltwirtschaftliches Archiv 1966. Heft 2, S. 230.

[8] Vgl. P. *Massé*, The French Plan and Economic Theory, Econometrica 1965, S. 274.

goldenen Zeitalters ist — wie kann der Optimalszins i. S. einer second-best-Lösung für unvollkommene Märkte bestimmt werden? Es kann daher nicht überraschen, daß die auf der Wachstumstheorie aufbauenden Versuche der französischen Planer, den Optimalzins (i. S. eines Schattenpreises für Kapital) zu bestimmen, bisher noch nicht zu politisch anwendbaren Ergebnissen geführt haben.

4. Die vor allem interessierende Frage, welche Aussagen die Wachstumstheorie über die Determinanten des Wirtschaftswachstums trifft, blieb bisher offen. Auf sie ist nunmehr einzugehen. Dabei soll auch die Entwicklung der Theorie in Umrissen dargestellt werden.

4.1. Produktionstheoretische Hypothesen, die Wirtschaftswachstum allein durch Kapitalakkumulation und vermehrten Arbeitseinsatz erklären, sind unbrauchbar, weil sie entscheidende Determinanten des Wachstums nicht erfassen. Deshalb war die auf *Solow* zurückgehende Einführung des technischen Fortschritts als „dritten Produktionsfaktor" ein Meilenstein auf dem Wege zu einer empirischen Theorie des Wirtschaftswachstums[9]. Solow verwendet die substitutionale Produktionsfunktion (homogen vom Grade 1):

$$Y = e^{\lambda t} \cdot F(K, L) = F(K \cdot e^{\lambda t}, L \cdot e^{\lambda t}) \quad (3)$$

Das heißt: Der technische Fortschritt ist Hicks-neutral, autonom und „not embodied". Aus (3) folgt:

$$w_{Y/L} = E_K \cdot w_{K/L} + \lambda \quad (4)$$

Das heißt: Die Wachstumsrate der Arbeitsproduktivität hängt ab vom Wachstumsbeitrag der Kapitalintensität[10] und von der technischen Fortschrittsrate[11].

Solow berechnet aus Zeitreihen die Größen w_Y, $w_{K/L}$ und die Profitquote[12]. Die Differenz zwischen $w_{Y/L}$ und $E_K \cdot w_{K/L}$ bezeichnet er als durch technischen Fortschritt verursachtes Wachstum, kurz: als „technische Fortschrittsrate"[13]. Nach den Berechnungen von Solow geht nur $1/8$ des beobachteten US-Wirtschaftswachstums auf die Zunahme der Kapitalintensität zurück, dagegen $7/8$ auf „technischen Fortschritt".

[9] R. M. *Solow*, Technical Change and the Aggregate Production Function. Rev. Econ. Stat. 1957, S. 312—320.

[10] E_K = Produktionselastizität des Kapitals, $w_{K/L}$ = Wachstumsrate der Kapitalintensität.

[11] Gleichung (4) geht unter der Voraussetzung der *Harrod*-Neutralität des technischen Fortschritts im langfristigen Gleichgewicht in Gleichung (2) über.

[12] Schwierigkeiten der statistischen Ermittlung umgeht er durch Notbehelfe, über deren Problematik er sich völlig im klaren ist, auf die an dieser Stelle jedoch nicht eingegangen werden soll.

[13] Ursache und Wirkung in einer Größe!

Der methodische Ansatz macht deutlich, daß es Solow nicht gelingt, eine produktionstheoretische Beziehung zwischen Output einerseits und Faktoreninputs sowie technischem Fortschritt andererseits herzustellen. Sein Versuch kann vielmehr nur als der Vorschlag einer Definitionsgleichung für den Residualfaktor „technischer Fortschritt" interpretiert werden. Definitionsgleichungen besitzen aber keine explikativen Eigenschaften und sind daher unbrauchbar für Erklärungen und Prognosen. Ein brauchbarer produktionstheoretischer Ansatz mit dem technischen Fortschritt als drittem Produktionsfaktor müßte aufzeigen, wie die in *getrennten* Untersuchungen zu ermittelnden Größen $w_{K/L}$ und λ auf w_Y einwirken, was u. a. voraussetzt, daß für λ eine unabhängige Messung gefunden werden kann. Aber gerade hier liegt die fundamentale Schwierigkeit: Weil λ eine Vielzahl von heterogenen Determinanten ausdrückt und nicht angenommen werden kann, daß die relative Bedeutung der einzelnen Determinanten im Zeitablauf konstant bleibt, wird es unmöglich sein, in einer einzigen Variablen die Wirkung aller Wachstumsdeterminanten adäquat zu erfassen, die nicht Inputvermehrungen darstellen.

4.2 Es wäre für die Wachstumspolitik aber immerhin von einer gewissen Bedeutung, wenn sie auf die Information vertrauen könnte, daß die Kapitalintensivierung nur geringe Chancen für eine extra gewünschte Wachstumsbeschleunigung (⅛ der Wachstumsrate) bietet und daher der Hauptansatzpunkt bei einer von der Investitionspolitik unabhängigen Förderung des „technischen Fortschritts" liegen müßte. Dies muß jedoch bezweifelt werden. Jeder Fehler in der Abschätzung der Produktionselastizität des Kapitals über die Profitquote muß sich auf den geschätzten Wachstumsbeitrag des technischen Fortschritts auswirken; dasselbe gilt für die statistischen Unzulänglichkeiten der Messung des effektiven Einsatzes des heterogenen Kapitalbestands und des heterogenen Arbeitseinsatzes. Hinzu kommt noch, daß der technische Fortschritt zu einem erheblichen Teil *durch* die Neu-Investitionen verwirklicht wird — die Bedeutung der Brutto-Investitionen erscheint dann in einem völlig anderen Licht als im Solow-Modell von 1957. Dieses Modell muß daher auch als Grobinformation über die Hauptansatzpunkte einer Politik der Wachstumsförderung zurückgewiesen werden.

4.3 Der undefinierte Sammelbegriff „technischer Fortschritt" im Solow-Modell von 1957 hat mit dem technischen Fortschritt der Produktionstheorie, der als Einführung effizienterer Produktionsverfahren verstanden wird, nur den Namen gemeinsam. Dies wurde u. a. deutlich in der Diskussion des *Helmstädter*-Artikels im „Volkswirt"[14]. Die Dis-

[14] Nr. 36, 39, 41, 42, 44, 49, 51, 52/1967.

kussion legte auch offen, daß bei dem Verfahren von Helmstädter, den „technischen Fortschritt" analog Solow zu erfassen, dieser Residualfaktor in erheblichem Maße von der konjunkturellen Komponente abhängt. In reifen Volkswirtschaften kann eine Politik der Nachfrageexpansion, die den durchschnittlichen Ausnutzungsgrad der Faktorenpotentiale erhöht, vorübergehend sehr hohe Wachstumsraten des Sozialprodukts bewirken. Wenn es statistisch nicht gelingt, den Einfluß des höheren Ausnutzungsgrades abzuschätzen, muß der Beitrag des „technischen Fortschritts" höher erscheinen, als es der wirklichen Effizienzsteigerung in der Produktion entspricht.

5.1 Produktionsfunktionen, wie sie Solow (1957) und Helmstädter verwenden, unterstellen die Unabhängigkeit von technischem Fortschritt und Kapitalakkumulation. *Kaldor* und im Anschluß an ihn *Arrow* haben die Zulässigkeit dieser Hypothese kritisiert[15]. Nach Kaldor ist es theoretisch und praktisch nicht möglich, die Wachstumseffekte von technischem Fortschritt und Kapitalakkumulation zu trennen. Deshalb ersetzt er die Produktionsfunktion durch die sog. Technische Fortschrittsfunktion, die auf diese Trennung verzichtet. Er geht dabei von der Annahme aus, daß nicht der jeweilige Horizont des technischen Wissens, sondern allein die Möglichkeiten der tatsächlichen Umsetzung dieses Wissens in Neuerungen limitierend auf das Wachstum wirken; technischer Fortschritt i. S. dieser Innovationen manifestiere sich aber hauptsächlich in *neuen* Kapitalgütern, d. h. sowohl in Erweiterungs- als auch in Ersatzinvestitionen. Somit wird das *neue* Kapital zum „Vehikel" des technischen Fortschritts, und die Technische Fortschrittsfunktion Kaldors führt konsequenterweise die Wachstumsrate des Sozialprodukts auf die Wachstumsrate der Neukapitalbildung zurück, die zugleich den technischen Fortschritt erfaßt.

5.2 Kaldor nimmt weiter an, daß die Technische Fortschrittsfunktion ertragsgesetzlich verläuft: Die Wachstumsrate des Sozialprodukts nimmt nur unterproportional zu, wenn die Wachstumsrate der Brutto-Investitionen steigt, weil die Grenzproduktivität der Neukapitalbildung *und* des technischen Fortschritts abnimmt. Eine plausible Hypothese! Für die Wachstumspolitik ergibt sich daraus eine interessante Folgerung:

Angenommen, ein und derselbe absolute Betrag der Neukapitalbildung werde in einem gegebenen Zeitraum einmal durch konstante und im Gegenfalle durch verschieden hohe Raten der Neukapitalbildung bewirkt. Im ersten Falle ist die durchschnittliche Wachstumsrate w_Y Jahr

---

[15] N. *Kaldor*, A Model of Economic Growth, Ec. Journ. 1957, S. 591—624; Capital Accumulation and Economic Growth, in: The Theory of Capital, London 1961, S. 177—222; und J. *Mirrlees*, A New Model of Economic Growth, Rev. Ec. Stud. 1962, S. 174—192.

für Jahr konstant, im zweiten Falle liegt sie zeitweilig höher, sonst niedriger als w_Y. Wegen des ertragsgesetzlichen Verlaufs der Technischen Fortschrittsfunktion muß die für den gesamten Zeitraum berechnete *durchschnittliche* Wachstumsrate des Sozialprodukts im zweiten Falle niedriger sein als im ersten. Diese Implikation stützt und verstärkt somit die meist nur konjunkturpolitisch begründete Forderung nach Verstetigung der Investitionstätigkeit.

5.3 *Arrow* führt den Ansatz von *Kaldor* in einer Richtung weiter, die unter dem Stichwort „learning by doing" bekannt geworden ist[16]. Lernen findet nach Arrow als Nebenprodukt der gewöhnlichen Produktion infolge der im Produktionsprozeß gesammelten Erfahrung statt, und zwar ausschließlich in der Kapitalgüterindustrie (beim *Gebrauch* eines einmal hergestellten Kapitalguts findet kein Lernen statt). Als Index der Erfahrung, die sich in Form abnehmender Arbeitsinputs pro Outputeinheit der neuen Kapitalgüter niederschlägt, verwendet er die kumulierten Bruttoinvestitionen. Lernen bedeutet, daß ein Investitionsakt zukünftigen Investoren nutzt, ohne daß dieser Nutzen vom Markt bezahlt wird. Daraus folgt, daß sich die produktivitätssteigernden Lerneffekte der unternehmerischen Entscheidungen nur zum Teil in den privaten Erträgen niederschlagen, was heißt, daß das gesamtwirtschaftlich optimale Investitionsniveau nicht erreicht wird[17]. Bei Bewährung dieses Modells in einem Test an der Realität könnte aus ihm die wirtschaftspolitische Folgerung abgeleitet werden, die private Investitionstätigkeit zu fördern.

Eine weitere Implikation ist: Wenn der zusätzliche Lerneffekt positiv mit der Bruttoinvestition korreliert ist, wird *jede* Beschleunigung der Bruttoinvestitionstätigkeit, werden also auch z. B. steuerliche Erleichterungen der Ersatzinvestitionen, die Wachstumsrate des Sozialprodukts erhöhen.

Solange es aber nicht gelingt, die externen Lerneffekte empirisch zu bestimmen, bleibt unklar, wie stark die so begründete Investitionsförderung sein sollte. Darüber hinaus muß die Frage, ob sich dieses Modell an der Realität bewährt, als nach wie vor ungeklärt betrachtet werden, wenngleich *Sheshinskis*[18] Test an Hand von Daten einiger verarbeitender Industrien der USA eine Bestätigung der Hypothese ergeben hat. Er wandelt jedoch eine Reihe von Voraussetzungen des Arrowschen Ansatzes aus Einfachheitsgründen ab; als schwerwiegend

---

[16] Vgl. K. *Arrow*, The Economic Consequence of Learning by Doing. Rev. Ec. Stud. 1962.

[17] Vgl. R. *Solow*, Capital Theory and the Rate of Return. Amsterdam 1963, S. 65 ff.

[18] E. *Sheshinski*, Tests of the „Learning-By-Doing-Hypothesis", Review of Economics and Statistics, 1967, S. 577—586.

muß dabei die unrealistische Annahme Hicks-neutralen Fortschritts gelten, durch die der Wert seiner Ergebnisse beeinträchtigt wird.

In Widerspruch zu Sheshinskis Testergebnissen stehen die Untersuchungen von *Jorgenson* und *Griliches*[19]. Nach Korrekturen der bisherigen Meßverfahren — Jorgenson beseitigt u. a. insbesondere Fehler bei der Aggregation von Investitions- und Konsumgütern zum Output, führt „korrektere" Preise für die Investitionsgüter an und versucht, den wirklichen Ausnutzungsgrad von K und L mit anderen Ansätzen als z. B. Solow und Okun genauer zu schätzen — ergibt sich, daß für den Zeitraum von 1945—1965 in den USA 96 v.H. des Wachstums des realen Outputs durch die so gemessene Inputzunahme erklärt werden kann. Jorgenson und Griliches interpretieren dieses Ergebnis einer kaum steigenden totalen Faktorproduktivität nicht in dem Sinne, daß die Fortschritte des Wissens vernachlässigbar klein wären, sondern dahingehend, daß die Akkumulation von Wissen von denselben ökonomischen Gesetzen beherrscht wird wie jeder andere Prozeß der Kapitalakkumulation, so daß die alte Theorie gerechtfertigt erscheint. Eine weitere Implikation des geringfügigen totalen Faktorproduktivitätswachstums ist die, daß der Beitrag der Investition zum wirtschaftlichen Wachstum als weitgehend durch den privaten Zinsertrag dieser Investition kompensiert gelten muß. Letzteres ist unverträglich mit einer Erklärung des Wirtschaftswachstums, wie Arrows Modell des „learning-by-doing" sie liefert, die auf höheren sozialen als privaten Zinserträgen auf Sachkapital basiert. Da sowohl Jorgenson und Griliches auf der einen als auch Sheshinski auf der anderen Seite ihre Ergebnisse als empirisch bestätigt ansehen, und zwar an Hand von Daten der amerikanischen Wirtschaft etwa des gleichen Zeitraums, muß mindestens einem von ihnen ein Irrtum unterstellt werden, ohne daß man in der Lage wäre zu entscheiden, auf wessen Seite dieser liegt.

5.4 Kaldors These von der Manifestation des technischen Fortschritts in der *Neu*kapitalbildung führte zum sog. *embodiment-Konzept:* Der technische Fortschritt „geht ein" in die jeweils *zusätzlichen* Kapitalgüter. Solow[20] greift diesen Gedanken auf, indem er die Zugänge zum Kapitalbestand ihrem Jahrgang entsprechend mit einem Qualitätsfaktor gewichtet. Das höchste Qualitätsniveau erreichen dementsprechend die jüngsten Kapitalgüter, und jede Zunahme im Durchschnittsalter des Kapitalbestandes wird sein durchschnittliches Qualitätsniveau verringern, jede Verjüngung es erhöhen. Der Zusammenhang zwischen

---

[19] D. W. *Jorgenson,* Z. *Griliches,* The Explanation of Productivity Change, Review of Economic Studies, 1967, S. 249—283.

[20] R. *Solow,* Investment and Technical Progress, in: K. Arrow, S. Karlin, P. Suppes (Hrsg.): Mathematical Methods in the Social Sciences, Stanford 1960.

der Wachstumsrate des Sozialprodukts und den „Wachstumsdeterminanten“ läßt sich dann wie folgt schreiben[21]:

$$(5) \qquad \frac{\Delta Y}{Y} = [\lambda' + E_K \cdot \lambda_K - E_K \cdot \lambda_K \cdot \Delta \bar{a}] + (1 - E_K) \cdot \frac{\Delta L}{L} + E_K \cdot \frac{\Delta K}{K}$$

Der Ausdruck in der eckigen Klammer entspricht der Wachstumsrate der totalen Faktorproduktivität λ und setzt sich zusammen aus der Wachstumsrate des nicht im Kapital verkörperten technischen Fortschritts λ', dem Wachstumsbeitrag der Qualitätssteigerung des Kapitals bei unverändertem Durchschnittsalter $E_K \cdot \lambda_K$ und dem positiven oder negativen Wachstumseinfluß, der von einer Veränderung des Durchschnittsalters $\Delta \bar{a}$ ausgeht.

Konzeptionell kann dieser neue Ansatz als Fortschritt bezeichnet werden, theoretisch — i. S. einer *empirischen* Theorie aufgefaßt — haftet auch ihm die fundamentale Schwäche aller bisherigen auf Produktionsfunktionen basierenden Erklärungsversuche an. Die Wachstumsrate der totalen Faktorproduktivität (eckige Klammer) wird nach wie vor als Restgröße bestimmt und nimmt daher alle Fehler auf, die sich aus Fehlschätzungen der Wachstumsraten der Faktoren und ihrer Produktionselastizitäten ergeben. Die Wachstumsrate des nicht im Kapital verkörperten technischen Fortschritts kann nicht unabhängig, sondern günstigenfalls als Restgröße im eckigen Klammerausdruck bestimmt werden — was aber eine unabhängige Schätzung von λ_K verlangen würde, für die indessen bisher kein Ansatz gefunden werden konnte. Deshalb wird λ' einfach gleich Null gesetzt und λ_K als Restfaktor bestimmt.

5.4 Der Informationsgehalt der Produktionsfunktion wird auch dadurch nicht erhöht, daß für den Faktor Arbeit ebenfalls ein Maß des Produktivitätsfortschritts eingeführt wird, wie es *Nelson* im Anschluß an *Denison* vorschlägt[21a]. Konzeptionell wird dadurch zwar der Restfaktor λ' weiter reduziert zu λ'' und damit zur „organisatorischen Fortschrittsrate“, theoretisch ist aber nichts gewonnen, solange offenbleibt, wie die Maßgrößen für den Produktivitätsfortschritt der Faktoren empirisch bestimmt werden können.

5.5 Als Fazit ergibt sich, daß auch die mit dem embodiment-Konzept arbeitenden Versuche bisher nicht in der Lage waren, die von der

---

[21] R. *Nelson*, Aggregate Production Functions and Medium-Range Growth Projections. Am. Ec. Rev. 1964, S. 583 (andere Symbole!).

[21a] Vgl. E. *Denison*, The Sources of Economic Growth in the United States and the Alternatives before Us. New York 1962. R. *Nelson*, Aggregate Production Functions ..., a.a.O.,

Wachstumspolitik gewünschte Information über die Wachstumsdeterminanten und deren Bedeutung zu liefern. „Der gegenüber dem älteren neoklassischen Modell ‚realistischere' Ansatz des embodiment-Modells verführt dazu, diesem Modell einen empirischen Aussagegehalt zuzuschreiben. Angesichts der Tatsache, daß an der prinzipiellen Richtigkeit der Vorstellung von der Kapitalbildung als notwendigem Vehikel des technischen Fortschritts kaum zu zweifeln ist, erliegen wir allzu leicht dem empirischen ‚appeal' dieses Ansatzes, der Verwechslung von Realitätsbezug und informativem Gehalt."[22] Und vorher (S. 235): „Die einzige tatsächliche Modifikation gegenüber dem früheren Modellansatz ist somit eine veränderte ‚Zurechnung' des Produktionswachstums auf die Faktoren Arbeit, Kapital und angewandter technischer Fortschritt: aber diese Zurechnung ist eine rein fiktive ..."

Diese Kritik wird vielleicht nur vorläufig aufrechterhalten werden können. Wenn es gelingen sollte, geeignete Methoden zur direkten Messung der Qualitätsverbesserungen von Arbeit und Kapital zu entwickeln, die Ursachen dieser Qualitätsverbesserungen und deren Wirkungen auf das Wachstum des Sozialprodukts aufzudecken und den „organisatorischen technischen Fortschritt" direkt meßbar zu machen, dann dürfte mit diesem Konzept die Aufstellung einer empirisch gehaltvollen Produktionsfunktion möglich sein.

Eine Gruppe von wachstumstheoretischen Untersuchungen verfolgt ein Ziel, das in dieser Linie liegt: die *Bildungsökonomie.*

6.1 Nur der auf eine *„Produktionsfunktion des technischen Fortschritts"* ausgerichtete Versuch der Bildungsökonomie soll hier behandelt werden. Die Ansätze zu einer Bildungs*planung* wie z. B. manpower approach, social demand approach, returns to education approach usw. bleiben außer Betracht, und zwar vor allem deshalb, weil sie sich nicht in die umfassenderen Wachstumsmodelle einfügen lassen. Ihre Bedeutung für die Wachstumspolitik indessen dürfte erheblich sein, größer jedenfalls als die aller Modelle der neoklassischen Wachstumstheorie.

6.2 Die bisher umfassendste Analyse ist von *Denison* unternommen worden[23]: Er operierte mit den folgenden Annahmen:

---

[22] H. *Walter*, Investitionen und technischer Fortschritt in der neueren Wachstumstheorie und die Problematik wirtschaftspolitischer Rezepte, in: Theoretische und institutionelle Grundlagen der Wirtschaftspolitik, Berlin 1967, S. 235.

[23] E. F. *Denison*, The Sources of Economic Growth in the United States and the Alternatives before Us. Comittee for Economic Development, Supplementary Paper No. 13, New York 1962. Siehe auch seinen Artikel Measuring the Contribution of Education (and the Residual) to Economic Growth. In: The Residual Factor and Economic Growth. OECD Study Group in the Economics of Education. Paris 1964. S. 13—55 und die anderen Beiträge dieses Sammelwerkes.

„1. Ausgaben für das Schul- und Hochschulwesen stellen ‚investments in human beings' dar.

2. Der Ertrag dieser Humankapitalinvestitionen wird durch das zusätzliche Lebenseinkommen repräsentiert, das den Absolventen eines bestimmten Bildungsabschnittes auf Grund ihrer verbesserten Ausbildung gegenüber den Schulabgängern einer niedrigeren Ausbildungsstufe zufließt.

3. Der Begriff ‚verbesserte Ausbildung' wird aus Gründen der statistischen Erfaßbarkeit stets mit dem Terminus ‚verlängerte Ausbildung' gleichgesetzt.

4. Für jede Ausbildungsstufe werden drei Fünftel des erzielten Einkommensunterschieds hypothetisch der empfangenen Schulbildung zugerechnet.

5. Die auf die unterschiedliche Dauer des Schulbesuchs zurückzuführenden Einkommensdifferenzen werden in ihrer Relation zueinander sowohl für die Vergangenheit als auch für die Zukunft als relativ konstant unterstellt."[24]

Diese Annahmen verwendet Denison, um einen Teil des Restfaktors der Produktionsfunktion in Qualitätssteigerungen durch verringerte Arbeitszeit, bessere Ausbildung, Fortschritte des Wissens, economies to scale und sonstige Faktoren aufzuspalten und ihren Beitrag zum wirtschaftlichen Wachstum für die Zeit von 1909 bzw. 1929 bis 1957 zu berechnen[25].

6.3 Die Arbeit von Denison enthält somit eine Vielzahl von ad-hoc-Hypothesen, aber nicht allgemeine Hypothesen (oder zumindest Quasigesetze) im Sinne einer Theorie. Ihre Informationsleistung für die Wirtschaftspolitik ist zumindest ungeklärt, wenn nicht sogar fragwürdig[26]. Einige Ergebnisse dieser Arbeit stehen im übrigen in krassem Gegensatz zu denen anderer Untersuchungen[27]. Während Solow (1962, 1963) z. B. den Beitrag der Kapitalakkumulation zum Wachstum sehr hoch veranschlagt —Bruttoinvestition als „Vehikel" des technischen Fortschritts! —, schätzt Denison ihn nur gering, den direkten Beitrag von

---

[24] Diese Sammlung der Annahmen findet sich bei Armin *Hegelheimer*, Bildungsökonomie und Bildungsplanung. Eine kritische Untersuchung der Ansätze zu einer ökonomischen Theorie der Bildungspolitik. Konjunkturpolitik, 14. Jg. (1968), S. 36 f. Hierzu auch Robert N. *Nield*, Summary of the Discussion. In: The Residual Factor and Economic Growth. OECD Study Group in the Economics of Education. Paris 1964. S. 272.

[25] E. F. *Denison*, United States Economic Growth. In: Economic Growth, An American Problem, ed. by P. M. Gutman, Englewood Cliffs 1964. S. 87.

[26] Vgl. die Kritik von Friedrich *Edding*, Comments on Mr. Edward F. Denison's Paper. In: The Residual Factor and Economic Growth. OECD Study Group in the Economics of Education. Paris 1964. S. 56.

[27] Hierzu z. B. H. *Correa*, The Economics of Human Resources, Amsterdam 1963.

Vergrößerungen des Produktionswissens hingegen hoch. Wie soll sich der Wirtschaftspolitiker zurechtfinden, wenn die Analyseergebnisse sich widersprechen und es keine Möglichkeit gibt, die Korrektheit der Behauptungen empirisch zu überprüfen?

6.4 Abgesehen von den statistischen Meßschwierigkeiten[28], auf die hier nicht eingegangen werden soll, ist an den bisher vorgelegten Beiträgen der Bildungsökonomie allgemein zu kritisieren, daß sie die Frage der *Komplementarität von Realkapital- und Humankapitalinvestitionen* einfach negieren[29]. Für die Existenz dieser Komplementarität spricht zunächst nur eine durch zahlreiche Einzelbeobachtungen gestützte Vermutung, statistisch verifiziert ist sie bisher jedoch nicht. Der aktuelle Stand des Nichtwissens über diese Beziehungen wird im Vorgehen von Nelson[30] besonders deutlich. Nelson teilt die als Restgröße bestimmte Wachstumsrate der totalen Faktorproduktivität „roughly fifty-fifty" als verkörperten technischen Fortschritt auf Kapital und Arbeit auf!

Für die Wachstumspolitik kann es auch kaum relevant sein, wenn partielle Optima für Sachkapital- und Humankapitalinvestitionen bestimmt werden[31], weil die ungeklärten empirischen Interdependenzen zwischen den beiden Investitionstypen es ausschließen, die Kompatibilität dieser partiellen Optima zu überprüfen.

7. Als weitere Schwäche der modernen Wachstumstheorie ist ihr hoher Aggregationsgrad zu nennen. Da aber Strukturwandlungen nicht nur einfach Begleiterscheinungen, sondern vielmehr auch Voraussetzung des Wachstumsprozesses sind, könnte eine Sektoralisierung und Regionalisierung den Informationsgehalt der Theorien verbessern, allerdings nur wenn Strukturwandlungen als Erklärungsvariable benutzt werden. Wegen des sehr großen Abstraktionsgrades der Zwei- und Mehrsektorenmodelle[32] sind diese außerordentlich schwer testbar und müssen gegen sich die gleiche schon zuvor geübte Kritik gelten lassen: keine wachstumspolitische Relevanz, weder als Zieldefinition noch als Erklärungsmodell.

---

[28] Zu dieser Problematik siehe Gerhard *Fürst*, Sind Investitionen im Menschen meßbar? Allgemeines Statistisches Archiv, 50. Bd. (1966), S. 33—46.

[29] Auf diese Problematik weisen hin: Hans-Joachim *Bodenhöfer*, Carl Christian *von Weizsäcker*, Bildungsinvestitionen. Pfullingen 1967, S. 51—55.

[30] R. R. *Nelson*, Aggregate Production Functions and Medium-Range Growth Projections. The American Economic Review, Vol. LIV (1964).

[31] Franz *Gehrels*, Wachstum durch Investition in Wissenschaft und Bildung. Weltwirtschaftliches Archiv, Bd. 94 (1965), S. 215—233.

[32] Siehe z. B. H. *Uzawa*, On a Two-Sector Model of Economic Growth, Review of Economic Studies, Vol. 29 (1961—62), S. 40—47. *Derselbe*, On a Two-Sector Model of Economic Growth II, Review of Economic Studies, Vol. 30 (1963), S. 105—118, und R. M. *Solow*, Note on Uzawa's Two-Sector Model of Economic Growth, Review of Economic Studies, Vol. 29 (1961—62), S. 48—50.

8.1 Die hier geübte Kritik sollte nicht mißverstanden werden: Sie richtet sich nicht gegen das embodiment-Konzept als solches oder gegen die Bildungsökonomie, sondern sie will lediglich den wissenschaftlich noch unbefriedigenden Status der bisher entwickelten Ansätze herausstellen. Wenn die Wachstumstheorie den Wirtschaftspolitiker mit brauchbaren Informationen versorgen will, dann muß sie ihre empirische Leere überwinden — möglicherweise auf dem Wege, der mit dem embodiment-Konzept beschritten worden ist, möglicherweise aber auch auf völlig anderen Wegen.

8.2 Damit ein wirklicher Fortschritt der Wachstumstheorie erzielt werden kann, muß es gelingen, zum Erkennen der eigentlichen Wachstumsfaktoren durchzubrechen[33]. Angesichts der Heterogenität der Wachstum verursachenden Faktoren wäre es eine unzulässige Problembegrenzung, wenn diese Ursachen ausschließlich im Ökonomischen gesucht würden. Man sollte sich vielmehr nicht scheuen, in den soziologischen, individual- und sozialpsychologischen Bereich, sogar in den administrativen und politischen Bereich einzudringen, um brauchbare Hypothesen über die empirischen Ursachen des Wachstumsphänomens zu gewinnen. Sonst müßte eines Tages über die Vertreter der neoklassischen (und der postkeynesianischen) Wachstumstheorie dasselbe Verdikt verhängt werden wie über die Theoretiker der Wohlfahrtsökonomie, nämlich daß sie „ihre Energien auf Aufgaben verwenden, die unbedeutend erscheinen mögen, die sie aber mit ihrem Apparat lösen können, statt auf die wesentlicheren Punkte des Untersuchungsobjektes, die sich der Analyse zu entziehen scheinen“[34].

Die Wachstumstheorie hat sich bisher nur der Entwicklung scheinbar technologischer Hypothesen zugewandt (insbesondere Produktionsfunktion), institutionelle und Verhaltenshypothesen dagegen, wenn überhaupt, nur in schlichtester Form berücksichtigt. So wird fast durchgehend mit der Annahme der vollkommenen Konkurrenz gearbeitet, die ein Rationalverhalten bei vollkommener Voraussicht und solche institutionelle Gegebenheiten impliziert, die einen Marktmechanismus mit vollkommen flexiblem Preissystem und unendlich schnellen Anpassungsvorgängen ermöglichen. So wird ein Gesellschaftsmodell konstruiert, das allein durch den Lenkungsmechanismus Markt geregelt ist. Alle nicht in dieses System passenden Effekte werden in die „Randbedingun-

---

[33] Vgl. J. *Schmookler*, Invention and Economic Growth, Harvard University Press, Cambridge, Massachusetts 1966.

[34] Kenneth E. *Boulding*, Einführung in die Wohlfahrtsökonomik. Zuerst erschienen als „Welfare Economics“, in: A Survey of Contemporary Economics, Vol. II, ed: Bernard F. Haley, Homewood Ill., 1952. Wieder abgedruckt in: Grundlagen der Wirtschaftspolitik. Hrsg. von Gérard Gäfgen. (Neue Wissenschaftliche Bibliothek 11, Wirtschaftswissenschaften.) Köln und Berlin 1966, S. 78.

gen" verwiesen und als gegeben und konstant unterstellt. Ein gegebenes soziales Milieu und die mit ihm verbundenen Verhaltensmuster können für eine kurzfristige Analyse akzeptiert werden, langfristig stecken aber gerade in den Randbedingungen die Impulse und Determinanten des Wachstums. Das zeigt recht deutlich der große Anteil des Zuwachses des Sozialprodukts, der bei den meisten empirischen Zurechnungsversuchen in die Restgröße „Wachstum der totalen Faktorproduktivität" eingeht. Dies unterstreicht die Notwendigkeit einer expliziten Erfassung der bisher in den Randbedingungen erscheinenden Faktoren. Dazu wird eine interdisziplinäre Zusammenarbeit vor allem mit Soziologen und Psychologen notwendig sein. Eine Wachstumstheorie, will sie politische Relevanz haben, muß also wichtige „außerökonomische" Faktoren als verursachende Größen berücksichtigen und ihre Wirkungen auf das Wachstum aufdecken.

8.3 Daher ist es zunächst einmal erforderlich, den Wachstumsprozeß nicht nur durch den Marktmechanismus zu erklären, sondern auch andere Lenkungsmechanismen[35] wie Gruppenverhandlung, zentrale Lenkung und vor allem Wahl in die Erklärung einzubeziehen; denn nur auf diese Weise kann z. B. die Aktivität (oder fehlende Aktivität) demokratischer Regierungen auf dem Gebiete der Infrastrukturinvestitionen berücksichtigt werden. Außerdem müßten Hypothesen entwickelt werden, die das Wachstum mit dynamischen Verhaltensweisen bestimmter Gruppen (etwa der Unternehmer, aber auch der Gewerkschaften) und mit dem Wandel institutioneller Bedingungen (wie z. B. den Wandel der Organisationsform bestimmter gesellschaftlicher Gruppen) in Verbindung bringen; hierbei könnte die Organisationssoziologie gute Dienste leisten. Ob diese Öffnung für weitere wachstumstheoretisch relevante Informationen allerdings noch im Rahmen der neoklassischen Wachstumstheorie möglich sein wird, muß bezweifelt werden.

Im folgenden sollen kurz einige Ansätze dargestellt werden, die einer solchen Neuorientierung dienen könnten.

8.4 Der Beitrag von *McClelland* dürfte, oberflächlich geurteilt, mehr für Entwicklungsländer relevant sein als für wirtschaftlich hochentwickelte Länder. Man wird ihm indessen auch eine Relevanz für Industrieländer mit akuten Wachstumsschwierigkeiten zuerkennen müssen, z. B. für Großbritannien.

Eine entscheidende Ursache des wirtschaftlichen Wachstums sieht McClelland in einer hohen Leistungsmotivation[36]. Aus motivationstheoretischen Experimenten mit einer großen Anzahl von Personen gewann

---

[35] Hierzu u. a. Philipp *Herder-Dorneich*, Zur Theorie der sozialen Steuerung. (Sozialtheorie und Sozialpolitik 2) Köln 1965 und Mancur *Olson* Jr., The Logic of Collective Action. Cambridge, Mass. 1965.

[36] David C. *McClelland*, The Achieving Society. Princeton (N. J.) 1961.

er die zentrale Hypothese seiner Untersuchung. Er fand heraus, daß Personen mit hohem „Bedürfnis nach Leistung" sich besonders hervortun bei bestimmten Aufgaben ohne Routinecharakter und ohne besondere Belohnung, bei denen sie aber ihre Leistung an einem Gütemaßstab messen können. Die zentrale Hypothese der Arbeit stellt eine Verallgemeinerung der Max Weberschen Hypothese über die protestantische Ethik und den Geist des Kapitalismus dar, nach der die der Prädestinationslehre anhängenden Unternehmer eine treibende Kraft der wirtschaftlichen Entwicklung im letzten Jahrhundert waren. Nach den Untersuchungen McClellands ist nun überall dort ein beschleunigtes wirtschaftliches Wachstum zu erwarten, wo im Durchschnitt der Bevölkerung ein höheres „Bedürfnis nach Leistung" besteht. Diese Hypothese wurde für verschiedene Raum-Zeit-Gebiete getestet und bewährte sich dabei nach Ansicht McClellands recht gut. Allerdings sind seine Testmethoden sehr anspruchslos.

McClelland zieht zwei wirtschaftspolitische Konsequenzen: das Niveau des „Bedürfnisses nach Leistung" müsse langfristig erhöht und das vorhandene Potential an „Bedürfnis nach Leistung" kurzfristig besser genutzt werden. Als Instrumente schlägt er eine durch die Kommunikationsmittel unterstützte leistungsorientierte Erziehung vor und ein Ausleseverfahren, bei dem gewährleistet ist, daß nur die Besten in Unternehmerpositionen aufrücken und verbleiben.

Diese nicht gerade überwältigenden wirtschaftspolitischen Ergebnisse könnten sicherlich dadurch verbessert werden, daß die Hypothese McClellands im Rahmen eines anderen Erklärungsmodells verwendet wird, was im Zusammenwirken mit anderen Hypothesen erlaubt, neue Implikationen zu gewinnen.

8.5 Bruno *Frey* versucht in seiner politischen Theorie des wirtschaftlichen Wachstums[37], den Staat in ein neoklassisches Modell einzubeziehen, um so die Wirkungen von Infrastrukturinvestitionen auf den Kapitalkoeffizienten erfassen und eine bessere Erklärung des Wachstumsprozesses geben zu können. Die Infrastrukturinvestitionen werden dabei über einen neuen Lenkungsmechanismus eingeführt: Neben den Markt tritt der Wahlmechanismus, der das Verhalten demokratischer Regierungen und damit die Höhe der Infrastrukturinvestitionen bestimmt. Den Zusammenhang zwischen Infrastrukturinvestitionen und Wachstum sieht Frey so: „Wenn die Infrastruktur in reichlichem Maße vorhanden ist (Überkapazität), ist das Wachstum des Sozialprodukts und der Produktivität hoch; wenn die Infrastruktur hingegen knapp ist (Kapazitätsmangel), besteht eine Tendenz zu langsamem Wachstum und

---

[37] Bruno *Frey*, Eine politische Theorie des wirtschaftlichen Wachstums. Kyklos, Vol. XXI (1968), S. 70—101.

niedrigem Produktivitätsanstieg."[38] Ausgehend von der Downsschen Theorie der Demokratie[39], nach der die Parteien nach Stimmenmaximierung und die Wähler nach Nutzenmaximierung in der Weise streben, daß sie die Partei wählen, von deren Programm sie sich den größten Nutzen versprechen, kommt Frey zu folgenden Resultaten:

Eine Überkapazität im Infrastrukturkapital ermöglicht ein rasches Wachstum bei geringem Preisanstieg. In einer solchen Situation wird die Regierung wiedergewählt werden, da die Wähler keinen Grund zur Unzufriedenheit haben. Bei Vollausnutzung des Infrastrukturkapitals hingegen wird sich das Wachstum wegen der auftretenden Engpässe verringern und die Preise werden steigen; die Wähler werden unzufrieden. Da nur die Oppositionspartei mehr Infrastrukturinvestitionen fordert, die Regierungspartei aber an ihrem alten Programm des Infrastrukturausbaues festhält, um ihr Gesicht zu wahren, wird es bei der nächsten Wahl einen Regierungswechsel geben. Die neue Regierung wird die Knappheit beseitigen und wieder ein Überangebot an Infrastrukturinvestitionen schaffen.

Frey ist daher der Ansicht, daß ein gleichförmiges Wachstum, wie in der neoklassischen Wachstumstheorie behauptet, unmöglich ist, „da entweder *kein* Interesse (bei Überkapazität) oder ein *sehr starkes* Interesse (bei Kapazitätsmangel) für derartige Anlagen besteht: die Wirtschaft muß notwendigerweise in (langfristigen) Zyklen expandieren"[40]. Frey glaubt, daß sich die von ihm postulierten Hypothesen für die Nachkriegsentwicklung in der BRD und Großbritannien gut bewährt hätten[41].

Man mag der Methodik dieser Arbeit kritisch gegenüberstehen. *Ein* Fortschritt des Ansatzes dürfte aber unbestreitbar sein: Zum ersten Male werden auch politische Faktoren über einen neuen Steuerungsmechanismus eingeführt. Vielleicht lassen sich durch Verfeinerungen des Modells differenziertere Ergebnisse erzielen.

9. Die Wachstumspolitik kann sich heute noch nicht auf eine breite, relativ gesicherte Informationsbasis stützen. Die Wachstumstheorie vermag der Politik heute nur sehr grobe, im Fehlerbereich unbestimmte Informationen über die strategisch aussichtsreichen Ansatzpunkte einer Wachstumsförderung und -erhaltung zu liefern. Auch ihre Aussagen über gleichgewichtiges und optimales Wachstum besitzen einen für die praktische Politik recht dürftigen Informationswert. Völlig ungeklärt bleibt die Frage nach der Effektivität der Maßnahmen.

Soll trotzdem eine aktive Wachstumspolitik betrieben werden, dann muß diese Politik sich ad hoc erst eine Informationsbasis für ihre Planung der Ansatzpunkte und der Maßnahmen schaffen.

---

[38] Bruno *Frey*, a.a.O., S. 79.
[39] Anthony *Downs*, An Economic Theory of Democracy, New York 1957
[40] Bruno *Frey*, a.a.O., S. 98.
[41] Ebenda, S. 90 f., S. 95—97.

Wachstumspolitik als Rahmenpolitik und als Prozeßpolitik[1]

Von Prof. Dr. *Josua Werner* (Stuttgart-Hohenheim)

I. Der Inhalt der Rahmen- und der Prozeßpolitik

Alle wirtschaftspolitischen Maßnahmen setzen an bestimmten Orten innerhalb des Wirtschaftsganzen an. Die Theorie der Wirtschaftspolitik hat verschiedene Gliederungen entwickelt, um die Orte bzw. Sachbereiche des Ansatzes zu systematisieren. Den nachfolgenden Ausführungen liegt die Zweiteilung in Rahmenpolitik und Prozeßpolitik zugrunde.

Zunächst ist eine kurze Klärung der teilweise unterschiedlich verwendeten Begriffe erforderlich. Eucken[2], auf den die Zweiteilung zurückgeht, spricht selbst nicht von Rahmenpolitik. Vielmehr verwendet er die Bezeichnung „Ordnungspolitik“ und versteht darunter die Gestaltung der rechtlich-organisatorischen Normen, welche den Rahmen für das gesamtwirtschaftliche Geschehen abgeben. Ordnungspolitik besteht für Eucken im wesentlichen in der Verwirklichung der konstituierenden Prinzipien der Wettbewerbsordnung.

Im Anschluß an Eucken hat der Inhalt der Ordnungspolitik eine gewisse Ausweitung erfahren. Nicht allein die Wirtschaftsverfassung als Inbegriff der grundlegenden Rechtsnormen stellt den Rahmen für den Wirtschaftsprozeß dar, auch Elemente struktureller und personaler Natur gehen in den Datenkranz ein. Aus diesem Grunde hat beispielsweise Seraphim[3] eine Dreiteilung in Ordnungs-, Grundlagen- (Struktur-) und Prozeßpolitik entwickelt, die hier allerdings nicht aufgenommen werden soll. Jedenfalls hat die weitere Diskussion dazu geführt, daß dem Begriff der Ordnungspolitik jener der Rahmenpolitik und der Strukturpolitik an die Seite gestellt wurden. Die drei Begriffe werden teilweise synonym verwendet[4]; nimmt man jedoch die notwendige Diffe-

---

[1] Seinen Mitarbeitern, den Herren Dr. rer. pol. W. *Richtberg* und Dipl.-Volksw. K. H. *Sedlarz* möchte der Verfasser für ihre Mitwirkung herzlich danken.

[2] Walter *Eucken*, Grundsätze der Wirtschaftspolitik, hrsg. von Edith Eucken und K. Paul Hensel. Hand- und Lehrbücher aus dem Gebiet der Sozialwissenschaften, Bern und Tübingen 1952, insbes. S. 254 ff.

[3] Hans Jürgen *Seraphim*, Theorie der allgemeinen Volkswirtschaftspolitik,

renzierung vor, so erweist sich der Begriff der Rahmenpolitik als am besten geeignet, die weiteren, über das spezifisch Rechtliche hinausreichenden Elemente des Datenkranzes ebenfalls zum Tragen zu bringen.

Der Begriff der Prozeßpolitik steht inhaltlich eindeutiger fest. Zur Prozeßpolitik gehören alle wirtschaftspolitischen Maßnahmen, die sich auf das wirtschaftliche Geschehen selbst richten und die Prozesse in gewünschter Stärke in die beabsichtigte Richtung lenken. Die dabei verwendeten Instrumente setzen also nicht an den Rahmenbedingungen an, sondern beeinflussen direkt den Vorgang der Produktion und Verteilung der Güter. Die Prozeßpolitik, auch Ablaufspolitik genannt, zielt also auf bestimmte Veränderungen der quantitativen Relationen. Weiter unterscheidet etwa Tuchtfeldt[5] zwischen einer mikroökonomischen und einer makroökonomischen Ablaufspolitik. Die mikroökonomische Ablaufspolitik ist gerichtet auf Preis-Mengen-Beziehungen auf einzelnen Märkten, die makroökonomische Ablaufspolitik dagegen will den Gesamtprozeß steuern.

Die Zweiteilung in Rahmenpolitik und Prozeßpolitik stellt wohl eine nützliche Gliederung dar, um den Ort des Ansatzes besser qualifizieren zu können. Ganz konsequent läßt sich die Unterscheidung allerdings nicht durchführen. Zwischen Rahmen und Prozeß besteht eine gegenseitige Abhängigkeit. Auf die Beeinflussung des Rahmens ausgerichtete Maßnahmen wirken in der Folge auch auf den Prozeß ein, während umgekehrt prozeßgezielte Maßnahmen wiederum zu Veränderungen der Rahmenbedingungen führen können. „Eben weil die realisierten Ordnungsformen Bedingungskonstellationen des wirtschaftlichen Handelns sind" — so hält Hensel[6] fest —, „bedeutet wirtschaftliche Ordnungs-

2. Auflage. Grundriß der Sozialwissenschaft, Bd. 5, Göttingen 1963, S. 268 ff. Noch vor Seraphim ist von Hartog eine ähnliche Dreigliederung entwickelt worden: „Diese Einteilung basiert auf der wohlbekannten Tatsache, daß sich der ökonomische Prozeß innerhalb eines dreigliederigen Datenkranzes vollzieht, von außen nach innen gesehen bestehend aus der Form (Wirtschafts- und Marktordnung), der Struktur (physische und psychische Koeffizienten) und der faktischen Lage der ökonomischen Größen. In Übereinstimmung hiermit kann man zwischen formeller, struktureller und quantitativer Wirtschaftspolitik unterscheiden, je nach der Anwendung der verschiedenen Arten der Instrumente." Floor *Hartog*, Zur Lehre von der Wirtschaftpolitik. „Zeitschrift für die gesamte Staatswissenschaft", Tübingen, Bd. 110 (1954), S. 409.

[4] Vgl. Rolf *Krüger*, Das wirtschaftspolitische Instrumentarium, Volkswirtschaftliche Schriften, Heft 110, Berlin 1967, S. 64. Ferner Hans *Ohm*, Allgemeine Volkswirtschaftspolitik II. Sammlung Göschen, Bd. 1196 a, Berlin 1967, S. 142 ff.

[5] Egon *Tuchtfeldt*, Das Instrumentarium der Wirtschaftspolitik, Ein Beitrag zu seiner Systematik. „Hamburger Jahrbuch für Wirtschafts- und Gesellschaftspolitik", 2. Jahr, Tübingen 1957, S. 55 f. Vgl. ferner Rolf *Krüger*, Das wirtschaftspolitische Instrumentarium, a.a.O., S. 61 f.

[6] K. Paul *Hensel*, Über wirtschaftliche und wirtschaftpolitische Willensbildung und Willensverwirklichung in verschiedenen Ordnungen. In: Pro-

politik stets zugleich auch mittelbare Beeinflussung und Lenkung des Wirtschaftsprozesses."

Durchweg setzt aber das so verwendete Begriffspaar „Rahmenpolitik — Prozeßpolitik" die Marktwirtschaft als grundlegendes Koordinationssystem voraus. Zu koordinieren sind hier die Pläne der einzelnen Wirtschaftssubjekte, was eben durch die Funktionsweise der Marktwirtschaft geschieht. Überflüssig zu sagen, daß die marktwirtschaftliche Koordination in dieser reinen Form nicht verwirklicht ist. Daß Rahmenpolitik und insbesondere daß Prozeßpolitik betrieben werden, besagt, daß das Marktgeschehen der Gestaltung durch wirtschaftspolitische Maßnahmen unterliegt. Die Wirtschaftspolitik soll das Wirken der Marktkräfte ergänzen und wo notwendig verbessern, nicht aber die Marktwirtschaft als Koordinationsinstrument außer Kraft setzen. Mit anderen Worten: Sowohl die Maßnahmen der Rahmenpolitik als auch jene der Prozeßpolitik müssen der marktwirtschaftlichen Ordnung angepaßt, also ordnungskonform sein.

Ist jedoch denkbar, daß die Wirtschaftspolitik allein mit rahmenpolitischen Maßnahmen auskommen könnte? Reicht die Schaffung eines genügend flexiblen Preismechanismus', gut funktionierender Wettbewerbsgesetzgebungen, anpassungsfähiger Strukturen usw. aus? Wenn Eucken zunächst noch dezidiert erklärt hat: „Staatliche Planung der Formen — ja; staatliche Planung und Lenkung des Wirtschaftprozesses — nein!"[7], so hat er später diese Aussage merklich abgeschwächt: „Die strenge Befolgung der konstituierenden Prinzipien kann nicht verhindern, daß die konkreten Wettbewerbsordnungen gewisse systemfremde Ordnungsformen enthalten ... Auch soweit die vollständige Konkurrenz verwirklicht ist, enthält sie Schwächen und Mängel, die der Korrektur bedürfen"[8]. Ebenso hat Röpke[9], einer der profiliertesten Verfechter neoliberalen Gedankengutes, durch seine Begriffsbestimmung der „marktkonformen Interventionen" zu erkennen gegeben, daß er gewisse Arten von prozeßpolitischen Eingriffen für notwendig erachtet.

---

bleme der Willensbildung und der wirtschaftspolitischen Führung, hrsg. von H. J. Seraphim. Schriften des Vereins für Socialpolitik, N.F. Bd. 19, Berlin 1959, S. 35.

Jochimsen, der diese Beziehungen zwischen Rahmen und Prozeß — wenn auch von einer etwas andersartigen Fragestellung ausgehend — in besonderer Weise herausgearbeitet hat, charakterisiert diese gegenseitige Abhängigkeit mit dem Terminus der „Rückkopplung". Reimut *Jochimsen*, Theorie der Infrastruktur, Tübingen 1966, insbes. S. 147 ff.

[7] Walter *Eucken*, Die Wettbewerbsordnung und ihre Verwirklichung. ORDO, Jahrbuch für die Ordnung von Wirtschaft und Gesellschaft, 2. Bd. (1949) S. 93.

[8] Walter *Eucken*, Grundsätze der Wirtschaftspolitik, a.a.O., S. 291.

[9] Wilhelm *Röpke*, Die Gesellschaftskrisis der Gegenwart, Erlenbach-Zürich 1942, S. 252 ff.

Die Wirtschaftspolitik kann auf Prozeßpolitik nicht verzichten. Zur Diskussion steht somit lediglich, welchen Umfang die prozeßgerichteten Maßnahmen annehmen sollen. Positiv ist dieser Umfang bestimmt durch jene von der Wirtschaftspolitik angestrebten Ziele, die bei einer noch so guten Rahmenpolitik von dieser allein nicht oder nur sehr begrenzt realisiert werden. Negativ ist er bestimmt durch die Möglichkeit, daß eine zu weitreichende und insbesondere gewisser direkter Eingriffe sich bedienende Prozeßpolitik die Funktionsweise des Marktes ungünstig beeinflussen kann. Die Forderung nach konformen Interventionen, nunmehr aber auf die Gesamtheit der Eingriffe bezogen, taucht hier erneut auf.

II. Die Konfrontierung mit der Wachstumspolitik

Die kurz skizzierte Zweiteilung der Wirtschaftspolitik in rahmenpolitische und in prozeßpolitische Maßnahmen ist nachfolgend zu konfrontieren mit dem spezifischen Gehalt der Wachstumspolitik. Wirtschaftliches Wachstum bemißt sich nach der Zunahme der gesamten Güterproduktion während einer bestimmten Periode. Die Wachstumsrate, in der Regel auf ein Jahr bezogen, drückt aus, in welchem Ausmaße das Sozialprodukt von einer Periode zur anderen zugenommen hat.

Demzufolge ist das Anliegen der Wachstumspolitik unmittelbar darin zu erblicken, die kontinuierliche Ausweitung der gesamten Güterproduktion sicherzustellen resp. die Ausweitung noch zu intensivieren. Daraus erwächst die Fragestellung, ob das Ziel der Wachstumspolitik in der Verstetigung der Wachstumsrate bestehe, oder ob die Wachstumspolitik gar ihre Steigerung anstreben solle. Die Diskussion hierüber ist im wesentlichen zum Ergebnis gelangt, es sei in der Wachstumspolitik ein optimales, d. h. gleichzeitig auf weitere wirtschaftspolitische Ziele Rücksicht nehmendes Wachstum anzustreben[10]. Daß das Sozialprodukt zunehmen soll — und zwar pro Kopf der Bevölkerung zunehmen soll —, ist als wachstumspolitisches Ziel unbestritten. Erörterungen finden lediglich statt über das Ausmaß dieser Zunahme.

---

[10] Vgl. insbesondere das einen der Ausgangspunkte dieser Diskussion bildende Referat von Andreas *Paulsen*, Wirtschaftliche und soziale Grundprobleme stetigen Wachstums. In: Finanz- und währungspolitische Bedingungen stetigen Wirtschaftswachstums, hrsg. von Walther G. Hoffmann, Schriften des Vereins für Socialpolitik, N.F., Bd. 15, Berlin 1959, S. 18 ff.; weiter die einleitenden Passagen bei Hans-Jürgen *Vosgerau*, Über optimales wirtschaftliches Wachstum. Veröffentlichungen der List Gesellschaft e. V., Bd. 43, Basel und Tübingen 1965, S. 4 ff.; ferner Artur *Woll*, Wachstum als Ziel der Wirtschaftspolitik. Walter Eucken Institut, Vorträge und Aufsätze, 22, Tübingen 1968.

Eine gleichermaßen geistreiche wie pointierte Stellungnahme zum Wachstumsziel hat uns Preiser mit seinem, anläßlich der Verleihung des Reuchlin-Preises gehaltenen Vortrag hinterlassen. Erich *Preiser*, Wirtschaftliches Wachstum als Fetisch und Notwendigkeit. „Zeitschrift für die gesamte Staatswissenschaft", Tübingen, 123. Bd. (1967), S. 586 ff.

So betrachtet ist der Inhalt der Wachstumspolitik sehr allgemeiner Natur. Denn es geht hier um eines der Grundprobleme des Wirtschaftens und damit auch der Wirtschaftspolitik — nämlich um die Frage, wie die Produktion von Gütern gesteigert werden kann. Wachstumspolitik ist im Prinzip nichts anderes als Politik der Wohlstandsförderung[11], es dominiert dabei lediglich der zeitliche Aspekt einer solchen Politik. Wegen dieses allgemeinen Gehalts lassen sich die von der Theorie der Wirtschaftspolitik entwickelten Lehren am Beispiel der Wachstumspolitik besonders deutlich darstellen. Die Fragen nach den Möglichkeiten des instrumentalen Einsatzes, nach dem Ort des Einsatzes, nach der Konformität der einzusetzenden Mittel, nach der Fristigkeit der Wirkungen von Maßnahmen und nach der Länge ihrer Durchführungsphase; sie alle tauchen auf, wenn die Problemstellung der Wachstumspolitik einigermaßen umfassend dargelegt werden soll.

Im besonderen ist nunmehr zu untersuchen, welche Rolle der Rahmenpolitik und welche Rolle der Prozeßpolitik innerhalb der Wachstumspolitik zukommen soll. Ist Wachstumspolitik nur als Rahmenpolitik zu betreiben, drängen sich darüber hinaus auch Maßnahmen der Prozeßpolitik auf, oder ist letzteren gar eine Vorzugsstellung einzuräumen? Erhöhen prozeßpolitische Maßnahmen die Effizienz der Wachstumspolitik oder führt hier eine Häufung von Eingriffen dazu, daß die Wachstumskräfte insgesamt eine Schwächung erfahren, weil die grundsätzliche Funktionsweise der Marktwirtschaft zu sehr tangiert wird?

Hinter den so angedeuteten Fragen stehen nicht zuletzt die Auseinandersetzungen zwischen den Anhängern der Wachstumsprogrammierung und den Vertretern einer wettbewerbsorientierten Wachstumspolitik. Während die ersteren für eine planmäßige Steuerung nicht nur der öffentlichen Investitionen, sondern auch der von den privaten Unternehmungen getragenen Investitionen plädieren, erwarten die letzteren insbesondere von einer Intensivierung des Wettbewerbs eine gesteigerte Unternehmeraktivität und damit auch eine autonome Erhöhung ihrer Investitionen. Die Schaffung und Sicherung optimaler Wettbewerbs-

[11] Es muß als Mangel empfunden werden, daß die moderne Wachstumsforschung den Bezug zu früheren, ähnlich gelagerten Diskussionen nur sehr unvollkommen herstellt. Die Frage, wie der Wohlstand zu heben sei — mit anderen Worten, wie das wirtschaftliche Wachstum gefördert werden könne —, bildet beispielsweise bereits für die klassische Nationalökonomie eines der zentralen Anliegen.

Insbesondere noch für Smith stand die Frage nach der Entfaltung der Produktivkräfte einer Volkswirtschaft im Vordergrund seines Interesses. Da jedoch in der späteren Klassik dem Wirken des Ertragsgesetzes eine dominierende Rolle zukommt und zudem die Bevölkerungstheorie von Malthus auf einen ähnlich „pessimistischen" Tenor gestimmt ist, wird die langfristige wirtschaftliche Entwicklung als in einen stationären Zustand einmündend angenommen. Dementsprechend tritt das Wachstumsdenken der Klassik wiederum in den Hintergrund.

bedingungen ist offensichtlich eine Sache der Rahmenpolitik. Die systematische Steuerung der Investitionen läßt sich dagegen nur über entsprechende prozeßpolitische Maßnahmen erreichen.

III. Rahmenbezogene Ansatzpunkte der Wachstumspolitik

Rahmenpolitik ist gerichtet auf die Beeinflussung des Datenkranzes, der den Hintergrund für das ökonomische Geschehen abgibt. Die den Rahmen prägenden Daten lassen sich nach verschiedenen Gesichtspunkten gliedern. Im einzelnen ist nunmehr darzulegen, welche hauptsächlichen Bereiche zu unterscheiden sind und wie über die Einwirkung auf diese verschiedenen Datenbereiche Wachstumspolitik betrieben werden kann[12]. Gemeinsam ist all diesen, den Rahmen prägenden Daten, daß ihre Wirkungen auf den ökonomischen Prozeß langfristiger Natur sind. Dementsprechend erbringt auch die Beeinflussung der Daten in der Regel nicht rasch greifbare Resultate[13]. Wenn z. B. auf dem Bildungssektor zusätzliche Förderungsmaßnahmen ausgelöst werden, so dauert es meist Jahre, wenn nicht gar Jahrzehnte, bis die nunmehr besser geschulten Kräfte im Produktionsprozeß eingesetzt werden und alsdann auch gesteigerte Leistungen erbringen können.

1. Die Sicherung des Wettbewerbs

Der Rahmen wird einmal geprägt durch das Element des Institutionell-Rechtlichen. Es umfaßt die gewachsenen, vor allem jedoch die gesetzten Rechtsnormen, die eine der Grundlagen für den Austausch wirtschaftlicher Leistungen bilden. Das Funktionieren der Marktwirtschaft beruht im wesentlichen darauf, daß dieser Austausch sich frei vollziehen kann und so die Wirkungen des Wettbewerbs optimal zur Geltung gelangen. Ist das Wettbewerbsprinzip grundsätzlich verwirklicht, so hat der Staat vor allem dort einzugreifen, wo das freie Spiel der Kräfte in einer Weise beeinträchtigt wird, daß die spezifischen Wirkungen des Wettbewerbs, nicht zuletzt seine ordnende Kraft[14], in den Hintergrund

---

[12] Vgl. in diesem Zusammenhang die Ausführungen bei Hans *Willgerodt*, Warum Staatsplanung in der Marktwirtschaft? ORDO, Jahrbuch für die Ordnung von Wirtschaft und Gesellschaft, Düsseldorf und München, 17. Bd. (1966), S. 153 ff.

[13] In ähnlichem Zusamenhang hat Pütz die Feststellung getroffen: „Die Bedeutung des Zeitbedarfs der Wirksamwerdung bestimmter Mittel zeigt sich besonders eindringlich in der Wachstumspolitik.“ Theodor *Pütz*, Probleme einer langfristigen Orientierung der Wirtschaftspolitik. „Wiener Studien zur Wirtschafts- und Sozialpolitik“, Heft 6, Wien 1966, S. 73.

[14] Neben Eucken haben vor allem Müller-Armack und Röpke auf diese sozial-ordnende Kraft des Wettbewerbs hingewiesen. Siehe insbesondere von *Müller-Armack*, Wirtschaftslenkung und Marktwirtschaft. In: Wirtschaftsordnung und Wirtschaftspolitik, Freiburg 1966, S. 19 ff., und von Wilhelm *Röpke*,

treten. Dieser notwendig werdenden Sicherung dienen die in zahlreichen Ländern geschaffenen Gesetze gegen Wettbewerbsbeschränkungen. Durch den Erlaß derartiger Gesetze soll der „Existenzschutz des Wettbewerbs“[15] erreicht werden.

Der Wettbewerb stellt aber nicht nur ein Ordnungsinstrument dar, ebensosehr ermöglicht er innerhalb der durch ihn geschaffenen Ordnung die freie Entfaltung der schöpferischen Initiative. Auf diese Weise spornt er zur Leistungssteigerung an; ein effizienterer Leistungsstandard aber führt zu erhöhter Güterproduktion. Hier nun liegt eine der Nahtstellen zwischen einer auf die Sicherung des Wettbewerbs bedachten Rahmenpolitik und der Wachstumspolitik[16]. Denn was liegt näher als der Schluß, das wirtschaftliche Wachstum könne in erster Linie durch eine Intensivierung des Wettbewerbs gesteigert werden?

Dürr[17] hält die These, daß eine gezielte Wettbewerbspolitik wachstumsfördernd wirke, nicht nur auf Grund des erhöhten Anpassungszwanges für plausibel; auch die empirische Überprüfung spreche für ihre Richtigkeit. So sei weitgehend bekannt, daß z. B. Großbritannien und Belgien als wachstumsschwache Länder keine besonders wettbewerbsfreundliche Wirtschaftspolitik betreiben würden. Die Frage der empirischen Überprüfung muß hier allerdings offen gelassen werden; das in einer Volkswirtschaft effektiv erzielte Wachstum bildet ja stets das Ergebnis verschiedener Faktoren, also nicht allein der Wettbewerbspolitik. Dennoch bleibt die Tatsache, daß eine wettbewerbsintensive Atmosphäre die Unternehmer in besonderer Weise zwingt, die optimale Kombination der Produktionsfaktoren anzustreben.

Nun kann die Wettbewerbspolitik einen Zwang zu optimaler Faktorkombination bewirken, ohne daß bereits die Produktionstechniken selbst

---

Art. Wettbewerb. Handwörterbuch der Sozialwissenschaften, 12. Bd. (1965), S. 29 ff.

Eher kritisch zu dieser sozial-ordnenden Kraft des Wettbewerbs äußert sich Erich *Hoppmann,* Zum Problem einer wirtschaftlich-praktikablen Definition des Wettbewerbs. In: Grundlagen der Wettbewerbspolitik, hrsg. von Hans K. Schneider. Schriften des Vereins für Socialpolitik, N.F. Bd. 48, Berlin 1968, S. 22 ff. Ferner vom gleichen Autor: Zum Schutzobjekt des GWB, Die sogenannten volkswirtschaftlichen Erkenntnisse und ihre Bedeutung für die Schutzobjektdiskussion. In: Wettbewerb als Aufgabe. Nach zehn Jahren Gesetz gegen Wettbewerbsbeschränkungen, hrsg. von Ernst-Joachim Mestmäcker, Bad Homburg v. d. H. 1968, insbes. S. 75 ff.

[15] Hefermehl, der diese Bezeichnung geprägt hat, stellt dem Existenzschutz den gegen unlautere Wettbewerbshandlungen gerichteten „Qualitätsschutz des Wettbewerbs“ gegenüber. Wolfgang *Hefermehl,* Art. Wettbewerbsrecht. Handwörterbuch der Sozialwissenschaften, 12. Bd. (1965), S. 49.

[16] Vgl. Ernst *Heuss,* Wachstum und Wettbewerbsbeschränkungen. In: Wettbewerb als Aufgabe — Nach zehn Jahren Gesetz gegen Wettbewerbsbeschränkungen, hrsg. von Ernst-Joachim Mestmäcker, Bad Homburg v. d. H. 1968, insbes. S. 36 ff.

[17] Ernst *Dürr,* Wachstumstheorie und Wachstumspolitik. „Jahrbücher für Nationalökonomie und Statistik“, Stuttgart, Bd. 176 (1964), S. 543.

eine Veränderung erfahren. Eine besonders enge Verknüpfung zwischen Wettbewerb und Wachstum resultiert jedoch daraus, daß der Wettbewerb den technischen Fortschritt intensiviert. Diese Verknüpfung — sie kann hier lediglich angedeutet werden[18] — äußert sich einmal darin, daß der Wettbewerb ein größeres Maß an Innovationen auslöst. Mit anderen Worten: Sind von der Forschung neue Produkte und Produktionsverfahren kreiert worden, so wird das Wirken der Wettbewerbskräfte zu einer beschleunigten Verbreitung der neuen Produktionstechniken führen[19]. Somit stehen hier der Wettbewerbspolitik durchaus entsprechende Gestaltungsmöglichkeiten offen.

Die Frage, wie der Wettbewerb sich auf die Inventionen, d. h. auf die Forschungstätigkeit selbst, auswirke, ist dagegen umstrittener. Vor allem muß hier die berühmt gewordene These von Schumpeter erwähnt werden: Die Forschung könne in einer Wirtschaft, in welcher der Wettbewerb eine von den Unternehmungen selbst getragene Kanalisierung erfahre, besser gedeihen. Der unter dem Regime einer weit vorangetriebenen Konkurrenz vor sich gehende „Prozeß der schöpferischen Zerstörung" würde ein solches Maß an Unsicherheit bewirken, daß insbesondere die Forschung im großen Stile nicht mehr gewährleistet sei. Erst gewisse monopolistische Praktiken, die auf eine Sicherung der Marktposition und auf die Erschwerung des Marktzuganges für neue Konkurrenten abzielen, könnten durch eine Verringerung des Risikos die für das wirtschaftliche Wachstum entscheidende Bereitschaft zu hohen Forschungsinvestitionen sicherstellen[20].

Schumpeters These, wonach im Blick auf die Forschungstätigkeit die Beschränkung des Wettbewerbs durchaus positiv zu werten sei, hat die wirtschaftspolitische Diskussion maßgeblich beeinflußt. Neueste Untersuchungen, die sich im wesentlichen auf die Verhältnisse in den USA stützen, legen allerdings den Schluß nahe, daß auch für Forschung und Entwicklung unter einem Wettbewerbsregime die Chancen langfristig am günstigsten sind. Denn der Wettbewerb zeichnet sich auch hier da-

---

[18] Insbesondere sei verwiesen auf die beiden speziellen Beiträge im vorliegenden Sammelband von Manfred *Neumann,* Wachstumsorientierte Wettbewerbspolitik, und von Wilhelm *Weber,* Wettbewerb und Wirtschaftswachstum.

[19] Vgl. Ernst *Heuss,* Wachstum und Wettbewerbsbeschränkungen, a.a.O., S. 36 ff.

Schon früher hat Niehans in ähnlichem Zusammenhang die These formuliert, daß eine geschlossene Kausalkette von der staatlichen Wettbewerbspolitik über die Intensität des Wettbewerbs und die Aufwendungen für den technischen Fortschritt bis zu den Investitionen und damit zum Wachstum der Volkswirtschaft führe. Jürg *Niehans,* Das ökonomische Problem des technischen Fortschritts, „Schweizerische Zeitschrift für Volkswirtschaft und Statistik", Bern, 90. Jg. (1954), S. 156.

[20] Joseph A. *Schumpeter,* Kapitalismus, Sozialismus und Demokratie, Deutsche Übers., Bern 1946, insbes. S. 143 ff.

durch aus, daß er den interessierten Unternehmungen die Möglichkeit eröffnet, zwischen einer größeren Zahl von Forschungsalternativen zu wählen[21].

In besonderem Maße zeigt sich die Problematik am Beispiel der großen Oligopolmärkte. Zwar wird die Ansicht, daß das „kompetitive Oligopol" ein besonders starker Antrieb des technischen Fortschritts sei[22], von dezidierten Vertretern einer konsequenten Wettbewerbspolitik als noch nicht ausreichend abgelehnt. In wachstumspolitischer Sicht dürfte jedoch in erster Linie entscheidend sein, ob ein aktiver Leistungswettbewerb überhaupt Platz greift oder ob die Koordination unter den Oligopolisten so weit gediehen ist, daß das so geschaffene Kollektivmonopol in erster Linie die Verteilung der „Monopolgewinne" zu organisieren hat.

Am Beispiel der Oligopole wird aber auch ersichtlich, daß die Wettbewerbssituation nicht allein eine Frage der Gesetzgebung ist[23]. Die Intensität hängt ebensosehr von der Wettbewerbswilligkeit, d. h. von der Grundhaltung ab, mit welcher die Menschen, insbesondere die Unternehmer, ihre wirtschaftlichen Belange wahrnehmen. Diese wirtschaftliche Grundhaltung gehört ebenfalls zu den den Rahmen prägenden Daten. Sie läßt sich zum Teil wohl beeinflussen, etwa durch eine entsprechende Bildung. Dennoch drängt sich gerade in diesem Zusammenhang der Schluß auf, daß die subjektive Intensität des Wirtschaftens letzlich nur beschränkt „machbar" ist[24].

---

[21] Vor allem sei hier auf eine Untersuchung von Kaufer hingewiesen, die sich ihrerseits auf eine reichhaltige amerikanische Literatur stützt. Erich *Kaufer*, Die Ökonomie von Forschung und Entwicklung. In: Wettbewerb als Aufgabe — Nach zehn Jahren Gesetz gegen Wettbewerbsbeschränkungen, hrsg. von Ernst-Joachim Mestmäcker, Bad Homburg v. d. H. 1968, S. 399 ff.

[22] Die Ansicht ist in Weiterführung Schumpeterscher Gedankengänge insbesondere von Villard vertreten worden. Henry H. *Villard*, Competition, Oligopoly and Research. „Journal of Political Economy", Chicago, Vol. LXVI (1955), S. 483 ff.

[23] Der Verfasser ist an anderer Stelle näher auf diese Frage eingegangen: Josua *Werner*, Das Verhalten im Oligopol als wettbewerbspolitisches Problem. „Schweizerische Zeitschrift für Volkswirtschaft und Statistik", Bern, 103. Jg. (1967), S. 211 ff.

[24] Insbesondere seit Max Webers klassisch gewordenen Untersuchungen über den Einfluß der protestantisch-calvinistischen Ethik auf den Geist des Kapitalismus steht fest, daß diese Intensität vielfältig determiniert und damit nicht ohne weieres direkt und einseitig manipulierbar ist. Neben der Religion sind weitere Faktoren im Spiel, wie Brauch und Sitte, Abenteuergeist, sozialer Status, soziale Rollenerwartungen usw. Diese den „Willen zur Wirtschaft" prägenden Faktoren sind eindrücklich dargestellt bei W. A. *Lewis*, Die *Theorie* des wirtschaftlichen Wachstums, übers. von Herbert von Beckerath. Hand- und Lehrbücher aus dem Gebiet der Sozialwissenschaften, Tübingen und Zürich 1956, S. 17 ff.

Daß eine ausgeprägte Leistungsmotivation eine entscheidende Ursache wirtschaftlichen Wachstums ist, wird auf statistisch-experimeneller Ebene dargestellt in dem interessanten Werk von David C. Mc. *Clelland*, The

2. Die Beeinflussung der institutionellen und strukturellen Faktoren

Streben die Gesetze gegen Wettbewerbsbeschränkungen die Sicherung eines Mindestmaßes an Wettbewerb an, so kann die Rahmenpolitik daneben auf spezifische Institutionen der Märkte gerichtet sein. Maßnahmen, welche etwa der Verbesserung der Markttransparenz dienen, gehören hierzu. Als Beispiele für der Verbesserung der Markttransparenz dienende Maßnahmen sind zu nennen: Die vom Staat getragene Organisation gewisser Märkte, insbesondere der Börsen, die Preisauszeichnungspflicht, sodann der staatliche Arbeitsnachweis. Weitet man diese Beispiele über den Bereich der Märkte hinaus aus, so müssen auch die auf die sogenannte Produktionsverfassung ausgerichteten Maßnahmen erwähnt werden (z. B. Befähigungsausweis, arbeitsrechtliche Regelungen, Gründungsvorschriften für die verschiedenen Unternehmungsformen)[25]. Somit kommen weitere institutionelle Faktoren — neben der Marktverfassung und der Produktionsverfassung wären grundsätzlich auch noch die Währungsverfassung und die Fiskalverfassung zu nennen — zum Tragen, welche je nach Ausbaustand den Austausch der wirtschaftlichen Leistung in einer Volkswirtschaft wesentlich erleichtern, andererseits aber auch erschweren können.

Daraus resultiert die generelle Überlegung: Der Ausbau solcher Institutionen, die zu den Grundlagen funktionierender Märkte gehören, steht ebenfalls im Dienste der Wachstumspolitik. Allerdings ist es schwierig, hier eine exakte Beziehung zwischen dem Ausbaustand institutioneller Faktoren und dem Grad des wirtschaftlichen Wachstums herzustellen[26]. In unserem Zusammenhang muß die Feststellung genügen, daß das wirtschaftliche Wachstum rascher voranschreitet, wenn die Institutionen der Markt- und Produktionsverfassung möglichst gut ausgebaut sind. Je besser dieser ganze institutionelle Apparat ausgestattet ist, um so günstiger präsentieren sich die Wachstumsbedingungen der betreffenden Volkswirtschaft.

Zahlreiche dieser institutionellen Faktoren weisen nun einen betont strukturellen Aspekt auf. So können beispielsweise Gründungsvorschriften für die verschiedenen Unternehmungsformen die Entwicklung der Betriebsgrößen nicht unwesentlich beeinflussen. Von der Betriebsgrößen-

---

Achieving Society, Princeton (N.J.) 1961. — Vgl. auch den Besprechungsaufsatz von Gerd *Fleischmann*, Die Leistungsgesellschaft, „Hamburger Jahrbuch für Wirtschafts- und Gesellschaftspolitik", 11. Jahr, Tübingen 1966, S. 220 ff.

[25] Vgl. Egon *Tuchtfeldt*, Das Instrumentarium der Wirtschaftspolitik, a.a.O., S. 56.

[26] Einen interessanten Ansatz in dieser Richtung entwickelt Jochimsen, für den der jeweilige Entwicklungsstand einer Volkswirtschaft bestimmt ist durch das Prozeßniveau einerseis und den sog. Integrationsgrad andererseits. Reimut *Jochimsen*, Theorie der Infrastruktur, a.a.O., insbes. S. 87 ff.

struktur gehen ihrerseits Wirkungen auf das Wachstumsgeschehen aus. In der Tat erweist sich das gesamte strukturelle Gefüge einer Volkswirtschaft als entscheidender Bestimmungsgrund des wirtschaftlichen Wachstums[27].

Die Struktur einer Volkswirtschaft stellt allerdings eine sehr komplexe Größe dar. Die daraus sich ergebende Problematik kann hier lediglich angedeutet werden. Einmal muß die „Struktur einer Volkswirtschaft" stets verstanden werden als gedankliche Zusammenfügung der vielen, ökonomisch relevanten Teilstrukturen, etwa der Betriebsgrößenstruktur, der Vermögensstruktur, der Bevölkerungsstruktur usw. Sodann ist die Wirtschaftsstruktur nicht fest gegeben. Einerseits bildet sie immer das Ergebnis vorangegangener Entwicklungen; andererseits lassen sich eine Reihe von Strukturkomponenten durch entsprechende wirtschaftspolitische Maßnahmen beeinflussen. Maßnahmen dieser Art aber sind nichts anderes als Maßnahmen der Rahmenpolitik.

Die grundsätzliche Fragestellung hat daher zu lauten: Wie ist Rahmenpolitik zu betreiben, um eine für das Wachstum optimale Struktur zu erreichen? Die Diskussion hierüber hat ergeben, daß Aussagen über solche idealen Strukturen nur begrenzt möglich sind und somit auch für das wirtschaftspolitische Handeln wenig gewonnen ist[28]. Sieht man von der spezifischen Infrastruktur ab — hier legt der Staat durch seine finanzpolitischen Entscheidungen die materielle Struktur weitgehend selbst fest —, so tritt an die Stelle material bestimmter Postulate die mehr formale Forderung, daß die Wirtschaftsstruktur vor allem flexibel gehalten werden müsse. Die rahmenpolitischen Maßnahmen haben also dafür zu sorgen, daß strukturelle Anpassungen leicht Platz greifen können, weil die so erleichterte optimale Faktorallokation sich eben günstig auf das Wachstum auswirkt[29].

---

[27] Aus der Vielzahl der fast zu einer Modeerscheinung gewordenen Untersuchungen zum Strukturproblem seien lediglich erwähnt die beiden grundlegenden Bände: Strkturwandlungen einer wachsenden Wirtschaft, hrsg. von Fritz *Neumark*, Schriften des Vereins für Socialpolitik, N.F., Bd. 30/I und Bd. 30/II, Berlin 1964.

[28] Vgl. Helmut *Meinhold*, Strukturwandlungen als Problem der Wirtschaftspolitik. In: Strukturwandlungen einer wachsenden Wirtschaft, a.a.O., S. 1066 ff.

[29] Für Maßnahmen, die beispielsweise auf dem Arbeitsmarkt eine erhöhte Flexibilität bewirken sollen, vermag insbesondere die Finanzpolitik entsprechende Instrumente zu liefern. Zu nennen sind finanzielle Hilfen resp. Steuererleichterungen etwa für Umzugskosten, Wohnraumbeschaffung oder auch für berufliche Umschulung. Allerdings kann man sich hier fragen, ob derartige, auf den Rahmen ausgerichtete Maßnahmen selbst noch als Rahmenpolitik zu bezeichnen sind. In gewisser Hinsicht kommt ihnen vielmehr ein prozeßpolitischer Charakter zu.

3. Die Rolle der Infrastruktur im besonderen

Die Gesamtstruktur einer Volkswirtschaft ergibt sich aus dem Zusammenwirken verschiedenartiger Kräfte. Eine der dominierenden strukturbildenden Kräfte ist der Staat. Durch zahlreiche seiner wirtschaftspolitischen Entscheidungen legt er die Bedingungen für das Entstehen bestimmter Strukturen fest. Im besonderen existiert nun ein gewichtiger struktureller Teilbereich, dessen konkrete Ausprägung weitgehend von seiten des Staates direkt festgelegt wird, der Bereich der sogenannten Infrastruktur.

Die Zahl der Definitionen der Infrastruktur ist bald Legion — mindestens wenn die gedankliche Beschäftigung der Ökonomen mit den Problemen der Infrastruktur im gegenwärtigen Ausmaß weitergeht und jeder Forscher womöglich eine eigene Begriffsumschreibung versucht. Was ist denn im wesentlichen unter dem Begriff der Infrastruktur zu verstehen? Zunächst sei die Infrastruktur ganz einfach umschrieben als die Ausstattung einer Volkswirtschaft mit Basisdiensten[30]. So werden in der Regel zur Infrastruktur gezählt: Das Verkehrsnetz, die Telekommunikationsmittel, die Versorgung mit Energie und Wasser inklusive Abwässerbeseitigung, das gesamte Bildungswesen, die Einrichtungen für Erholung und Freizeitgestaltung[31].

Das Vorhandensein dieser Basisdienste bildet eine der entscheidenden Voraussetzungen dafür, daß die Güterproduktion überhaupt vor sich gehen kann. Ganz offensichtlich kommt so der Infrastruktur eine besondere Stellung innerhalb des Datenkranzes zu. Die von ihr ausgehenden Dienste gehen allerdings nur beschränkt in die Berechnung des Sozialproduktes ein[32]. Dennoch hängen vom Ausbaustand der Infrastruktur die Höhe des Sozialproduktes und damit die weiteren Wachstumschancen entscheidend ab.

Aus der Fülle der mit der Infrastruktur verknüpften Probleme interessiert hier nur die grundsätzliche Frage: Wie kann der Staat durch eine entsprechende Ausgabenpolitik eine für das weitere wirtschaftliche

---

[30] Diese Definition liegt zunächst den Ausführungen von Jochimsen zugrunde; allerdings charakterisiert er die so verstandene Infrastruktur als „materielle" Infrastruktur und stellt ihr in den Folge die „institutionelle" und die „personale" Infrastruktur an die Seite. Reimut *Jochimsen*, Theorie der Infrastruktur, a.a.O., insbes. S. 103 ff.

[31] Diese allerdings nicht abschließende Aufzählung läßt erkennen, daß ein Teil der Infrastruktur Produktionscharakter aufweist. Dementsprechend hat beispielsweise Ehrlicher zwischen produktivem und konsumtivem Infrastrukturvermögen unterschieden. Werner *Ehrlicher*, Probleme langfristiger Strukturwandlungen des Kapitalstocks. In: Strukturwandlungen einer wachsenden Wirtschaft, a.a.O., S. 871 ff.

[32] Vgl. René L. *Frey*, Probleme der statistischen Erfassung der Infrastruktur. „Schweizerische Zeitschrift für Volkswirtschaft und Statistik", Bern, 103. Jg. (1967), S. 236 f.

Wachstum optimale Infrastruktur schaffen[33]? Damit erhalten eine ganze Reihe von staatlichen Ausgaben, die eben dem Ausbau der Infrastruktur dienen, einen neuen, von der früheren Finanzwirtschaft in dieser Weise noch nicht erkannten Aspekt. So ist in diesem Zusammenhang etwa versucht worden, unterschiedliche Wachstumsabhängigkeiten der staatlichen Ausgaben festzustellen. Da in Zeiten ausgeprägten wirtschaftlichen Wachstums der Ausbau der Infrastruktur besonders dringlich erscheint, entsteht gleichzeitig der Eindruck, massierte Infrastruktur-Ausgaben seien eine geradezu notwendige Begleiterscheinung wirtschaftlichen Wachstums.

Diese Auffassung kommt etwa bei Kneschaurek[34] zum Ausdruck, der von einer „zwangsläufigen Explosion der Infrastruktur-Ausgaben in Zeiten akzentuierten Wachstums" spricht. Eine eingehendere Analyse — sie ist insbesondere von Haller[35] eingeleitet worden — macht es aber erforderlich, die Art der Wachstumsabhängigkeit genauer zu erfassen, d. h. zu prüfen, ob die Zunahme der einzelnen Infrastruktur-Ausgaben eine Folge des Wachstums oder eine Voraussetzung weiteren Wachstums ist. Zahlreiche der ansteigenden Infrastruktur-Ausgaben erweisen sich typisch als Folge des Wachstums. Weil die Einkommen fast durchweg zunehmen, wächst z. B. wegen der allgemeinen Motorisierung die Beanspruchung des Straßennetzes, leistet sich bald jeder Haushalt ein Telefon, braucht es immer mehr Energie für den Betrieb zahlreicher elektrischer Haushaltsgeräte usw. Die infrastrukturelle Ausstattung im

---

[33] An dieser Stelle ist grundsätzlich festzuhalten, daß Schaffung und Ausbau des infrastrukturellen Apparates nicht unbedingt zu den staatlichen Aufgaben gehören muß. Einrichungen wie z. B. das Verkehrswesen, die Telekommunikationsmittel, die Energie- und Wasserversorgung könnten auch — wie das in den USA teilweise der Fall ist — nach privatwirtschaftlichen Methoden organisiert sein. Somit taucht hier die Frage auf, wie weit der Bereich der vom Staat nach dem Prinzip der generellen Entgeltlichkeit angebotenen Dienste, bei welchen das „exclusion principle" nicht zum Tragen kommt, überhaupt gezogen werden soll. — Vgl. hierzu insbes. die Ausführungen bei Richard A. *Musgrave*, The Theory of Public Finance, New York, Toronto, London 1959, S. 9 ff.; ferner Heinz *Haller*, Einige Gedanken zum Thema: Öffentliche Finanzen im Wirtschaftswachstum. Festschrift für Carl Föhl, Tübingen 1966, insbes. S. 68 f.

[34] Francesco *Kneschaurek*, Wirtschaftliches Wachstum und öffentliche Finanzwirtschaft. „Wirtschaft und Recht", Zürich, 18. Jg. (1966), S. 228.

[35] Im Gegensatz zu Kneschaurek, der seinen Überlegungen lediglich eine Gliederung der Staatsausgaben in wachstumsabhängige und wachstumsunabhängige sowie eine Mittelstellung einnehmende Ausgaben zugrunde legt, kommt Haller mit seiner Gliederung in Staatsausgaben, die im Verhältnis zum Wachstum entweder konstant, oder komplementär, oder substituierbar sind, den möglichen Formen der Abhängigkeit näher. Heinz *Haller*, Einige Gedanken zum Thema: Öffentliche Finanzen im Wirtschaftswachstum, a.a.O., S. 60 ff. Vgl. auch Wilhelm *Weber*, Wachstumseffekte der Staatsausgaben. In: Beiträge zur Theorie der öffentlichen Ausgaben, hrsg. von Herbert Timm und Heinz Haller. Schriften des Vereins für Socialpolitik, N.F., Bd. 47, Berlin 1967, S. 255 ff.

konsumtiven Bereich reicht alsdann nicht mehr aus, und es macht sich ein ausgesprochener Nachholbedarf geltend.

Zum anderen können solche Ausgaben aber auch Voraussetzungen des Wachstums sein. Bezeichnet man das so geschaffene Vermögen als produktives Infrastrukturvermögen[36], so erhebt sich die Frage, wie sich dieses Vermögen im Zuge des wirtschaftlichen Wachstums entwickelt. Denn hier tritt der Charakter der Infrastruktur als der Ausstattung einer Volkswirtschaft mit Basisdiensten spezifisch zutage; eine ausreichende Ausstattung gehört mithin zu den entscheidenden Voraussetzungen der Produktion. Bedeutet nun wirtschaftliches Wachstum Ausweitung der gesamten Güterproduktion, so wird früher oder später auch ein Ausbau des infrastrukturellen Produktionsapparates notwendig. Wenn diese Notwendigkeit nicht immer sofort erkennbar ist, so hängt dies damit zusammen, daß die Infrastruktur zu Beginn einer ausgeprägten Wachstumsperiode auch eine noch größere Produktion zu bewältigen vermag[37], also verhältnismäßig elastisch ist. Dann kommt jedoch der Zeitpunkt, wo der Apparat nicht mehr genügt. Es werden produktive Infrastruktur-Investitionen in großem Ausmaße notwendig, wenn der Wachstumsprozeß ohne tiefgreifende Störungen weitergehen soll[38].

In der Regel treffen der aufgestaute Nachholbedarf für den konsumtiven und den produktiven Infrastruktur-Bereich zeitlich zusammen. Dieses an sich leicht verständliche zeitliche Zusammentreffen darf aber nicht darüber hinwegtäuschen, daß die einen Infrastruktur-Investitionen vorwiegend Folge des Wachstums, die anderen dagegen in erster Linie Voraussetzungen für weiteres Wachstum sind[39]. Die in unserem

---

[36] Vgl. Werner *Ehrlicher*, Probleme langfristiger Strukturwandlungen des Kapitalstocks, a.a.O., S. 874.

[37] Vgl. Jacques *Stohler*, Zur rationalen Planung der Infrastruktur. „Konjunkturpolitik", Zeitschrift für angewandte Konjunkturforschung, Berlin, 11. Jg. (1965), S. 279 ff.

[38] Allerdings weist hier die Wachstumsforschung noch beträchtliche Lücken auf. So besitzen wir bis heute keine zuverlässigen Kenntnisse darüber, in welchem Ausmaße produktive Infrastruktur-Investitionen notwendig sind, um eine bestimmte Wachstumsrate sicherzustellen.

Aus dem gleichen Grunde erweist sich die Errechnung von Kapitalkoeffizienten für Infrastruktur-Investitionen als problematisch. Auf der einen Seite führt die ausgesprochene Langlebigkeit des produktiven Infrastrukturvermögens zu rechnerischen Schwierigkeiten. Auf der anderen Seite wirft die Messung der Erträge von Infrastruktur-Investitionen besondere Probleme auf, da den Konventionen der Volkseinkommensstatistik folgend für die von solchen Investitionen ausgehenden Dienste keine Wertansätze ausgewiesen werden. Vgl. dazu Gottfried *Bombach*, Wirtschaftswachstum und Stabilität. In: Wachstum und Konjunktur, Bd. 21 der Veröffentlichungen „Lebendige Wirtschaft" der Deutschen Volkswirtschaftlichen Gesellschaft, Darmstadt und Opladen 1960, S. 48. Ferner Reimut *Jochimsen*, Theorie der Infrastruktur, a.a.O., S. 108 f.

[39] Haller deutet in diesem Zusammenhang folgende Entwicklung an: „Die Entwicklung der investitionskomplementären öffentlichen Ausgaben in der

Zusammenhang entscheidende Frage hat zu lauten: Welche staatlichen Infrastruktur-Ausgaben tragen vor allem zur Weiterführung bzw. Intensivierung des zukünftigen wirtschaftlichen Wachstums bei? Offensichtlich sind es einmal die bereits genannten Ausgaben für den infrastrukturellen Produktionsapparat wie z. B. das Verkehrsnetz für Vorortpendler, Binnenschiffahrtswege, Energieversorgung für die industrielle Produktion.

Sodann haben wir hier die Infrastruktur-Investitionen für Lehre und Forschung zu nennen. Zwar ist die Aussage, daß staatliche Ausgaben für den Ausbau dieses Sektors im Dienste des wirtschaftlichen Wachstums stehen würden, nachgerade zum Gemeinplatz geworden. Dennoch ist sie an dieser Stelle in aller Form aufzunehmen. Dem Ausbau des gesamten Bildungssektors fällt wachstumpolitisch deshalb eine besondere Rolle zu, weil auf diese Weise die Produktivität des Faktoreinsatzes gesteigert werden kann. Besser ausgebildete Arbeitskräfte und neue Forschungsergebnisse gestatten in jedem Fall eine Produktionsausweitung. Die Wirtschaftspolitik kann sich besonders dann nicht mit einem gleichbleibenden Wissenstand der mittelbar und unmittelbar am Produktionsprozeß beteiligten Menschen begnügen, wenn — kräftiges Wachstum als Ziel angenommen — das Faktorangebot an Arbeit bzw. Kapital erschöpft ist.

Das Wissen, das die Menschen für den Produktionsprozeß mitbringen, kann einmal zu jenen Faktoren gezählt werden, welche den Rahmen des wirtschaftlichen Geschehens prägen. In diesem Sinne ist die Hebung des Wissensstandes also Teil der Rahmenpolitik, die an der Infrastruktur ansetzt. Die Aufwendungen für die Ausbildung der Arbeitskräfte lassen sich aber auch als immaterielle Investitionen charakterisieren; sie führen zu einer Vergrößerung des immateriellen Kapitalstocks, des sog. „human capital". Geht man von diesem Konzept des „human capital" aus, so zeigt sich, daß die theoretische Behandlung von Infrastruktur-Investitionen für Bildungszwecke analog jener des Sachkapitals erfolgen kann[40]. Staatliche Maßnahmen in bezug auf die Ausbildung der Arbeitskräfte stellen dann nicht mehr länger eine bloße Beeinflussung des Datenkranzes dar; vielmehr präsentieren sie sich nun auch als ein der Vergrößerung des immateriellen Kapitalstocks dienendes Mittel der Prozeßpolitik.

---

wachsenden Wirtschaft hängt nun wieder von dem Gewicht der Investitionsausgaben im Rahmen der Gesamtausgaben, also von der Entwicklung der privaten Investitionsquote ab. Steigt diese, so werden die entsprechenden öffentlichen Ausgaben schneller steigen als das reale Sozialprodukt." Heinz *Haller*, Einige Gedanken zum Thema: Öffentliche Finanzen im Wirtschaftswachstum, a.a.O., S. 70.

[40] Vgl. Walter *Krug*, Quantitative Beziehungen zwischen materiellem und immateriellem Kapital. „Jahrbücher für Nationalökonomie und Statistik", Stuttgart, Bd. 180 (1967), S. 36 ff.

IV. Wachstumspolitik als Prozeßpolitik

1. Mittelbare Wachstumseffekte der Prozeßpolitik

Die bisherigen Erörterungen haben ergeben, daß zahlreiche, wenn auch nicht spezifisch unter dem Wachstumsaspekt ergriffene Maßnahmen der Wirtschaftspolitik mittelbar doch von beträchtlicher wachstumspolitischer Tragweite sind. Gerade am Beispiel der Rahmenpolitik ist deutlich geworden, daß es hier wenig Mitteleinsätze gibt, die ausgesprochen mit der Absicht vorgenommen werden, Wachstumsförderung zu betreiben. Dennoch ist die wachstumspolitische Bedeutung eines Großteils der rahmenpolitischen Maßnahmen unverkennbar.

Nicht anders verhält es sich in bezug auf die Prozeßpolitik. Bei der mikroökonomisch orientierten Prozeßpolitik tritt der Wachstumsaspekt allerdings noch nicht sehr deutlich zutage. Dies ist deshalb der Fall, weil an mikroökonomischen Größen ansetzende wirtschaftspolitische Maßnahmen die Festlegung von gesamtwirtschaftlichen Zielen nur selten direkt zum Ausdruck bringen können[41]. Dagegen haben praktisch alle Eingriffe der makroökonomischen Prozeßpolitik eine wachstumspolitische Dimension, selbst wenn sie zunächst unter anderen Vorzeichen zur Durchführung gelangt sind. Werden Kreislaufströme beeinflußt, so bedeutet dies eben ein unmittelbares Anknüpfen an volkswirtschaftliche Gesamtgrößen. Damit wird zwangsläufig das gesamte wirtschaftliche Geschehen tangiert, wodurch sich auch entsprechende Auswirkungen auf das Wachstum ergeben müssen.

Beispielsweise hat die fiskalische Aktivität des Staates vorerst die Beschaffung und Verausgabung von finanziellen Mitteln zum Zweck. Die Art und Weise, wie diese Aktivität vorgenommen wird, kann aber weitere Folgen zeitigen, etwa Veränderungen des Preisniveaus, der Preisstruktur oder der Ersparnisbildung. Dadurch resultieren positive oder negative Wachstumseffekte. Ähnliches gilt für weite Bereiche der Geld- und Kreditpolitik. Einmal ist es für das langfristige Wachstum einer Volkswirtschaft nicht ohne Belang, wie das gesamte Geldwesen in grundsätzlicher Hinsicht geordnet ist. Noch stärker fällt die konkrete Handhabung der geld- und kreditpolitischen Instrumente ins Gewicht[42]. Setzt eine Zentralbank z. B. den Diskonsatz herauf oder erhöht sie die Mindestreservesätze, um einer inflatorischen Entwicklung zu steuern, so

[41] Vgl. Norbert *Kloten*, Mikro- und Makroanalyse als Grundlage wirtschaftspolitischer Entscheidungen. „Zeitschrift für die gesamte Staatswissenschaft", Tübingen 114. Bd. (1958), S. 33 f.

[42] Vgl. hierzu die Beiträge von Gertrud *Neuhauser*, Die Bedeutung der Konjunktur-, Beschäftigungs- und Währungspolitik für das Wirtschaftswachstum, und von Artur *Woll*, Monetäre Aspekte einer wachstumsadäquaten Stabilisierungspolitik; beide im vorliegenden Sammelband.

wird die durch eine Geldverteuerung bzw. -verknappung bewirkte Einschränkung der Investitionen meist auch das Wachstum tangieren. Diese wenigen Hinweise sollen verdeutlichen, daß neben der bewußt prozeßpolitischen Steuerung des Wachstums auch jenen Maßnahmen der Prozeßpolitik Beachtung zu schenken ist, die zunächst nicht mit spezifisch wachstumspolitischen Intentionen getroffen worden sind[43].

Hinzu gesellt sich die bereits in früherem Zusammenhang ausgesprochene generelle Schwierigkeit, zwischen Rahmenpolitik und Prozeßpolitik immer genau abzugrenzen. Gerade am Beispiel der Wachstumspolitik wird das besonders deutlich. Läßt sich die wettbewerbsorientierte Wachstumspolitik noch eindeutig der Rahmenpolitik zuordnen, so ist in bezug auf die zunächst auch als Rahmenpolitik charakterisierte Förderung der Infrastruktur schon eine Einschränkung anzubringen. Wohl bildet hier der dem Wirtschaftsgeschehen zugrunde liegende Datenkranz ebenfalls Ansatzpunkte des wirtschaftspolitischen Handelns. Die für den Ausbau des Verkehrswesens, der Energieversorgung, der Bildungseinrichtungen usw. im großen Stile benötigten und eingesetzten Geldmittel lösen aber in jedem Fall Veränderungen einzelner Kreislaufgrößen aus und haben somit gleichzeitig prozeßpolitische Tragweite.

Dieser doppelte Aspekt macht sich beim Einsatz zahlreicher wachstumspolitischer Instrumente geltend. Die Feststellung trifft auch für solche Maßnahmen zu, bei denen vorerst der prozeßpolitische Charakter im Vordergrund steht, die aber bei näherer Betrachtung einen ebenfalls rahmenbeeinflussenden Effekt erkennen lassen. Entsprechend unserer Themastellung — Wachstumspolitik als Rahmenpolitik und als Prozeßpolitik — soll diese Zweiteilung des Instrumentariums aber grundsätzlich beibehalten werden[44].

Schließlich existieren zahlreiche prozeßpolitische Maßnahmen, die ausgesprochen unter dem Vorzeichen der Wachstumsförderung ergriffen werden. Welcher Art sie sind, ist abschließend kurz darzustellen.

---

[43] Die Intensität des Zusammenhangs zwischen den einzelnen wirtschaftspolitischen Instrumenten und dem Wachstumsziel, also der Grad ihrer Zielkonformität, ist von Kirschen in einer Aufstellung besonders herausgearbeitet worden. E. S. *Kirschen*, u. a., Instrumente der praktischen Wirtschaftspolitik und ihre Träger. In: Grundlagen der Wirtschaftspolitik, hrsg. von Gérard Gäfgen. Neue Wissenschaftliche Bibliothek: Wirtschaftswissenschaften, Köln — Berlin 1966, S. 304.

[44] Krüger schlägt — wohl nicht zuletzt wegen dieser Schwierigkeiten — eine Dreiteilung des Instrumentariums vor. Er unterscheidet: 1. Maßnahmen rein oder überwiegend ordnungspolitischer Art, 2. Das Instrumentarium zugleich ordnungs- und ablaufspolitischen Charakters, 3. Rein oder überwiegend ablaufspolitische Instrumente. Rolf *Krüger*, Das wirtschaftspolitische Instrumentarium, a.a.O., S. 81 ff.

2. Die direkte Einflußnahme auf den Prozeß

Die Prozeßpolitik umfaßt die Gesamtheit der Eingriffe, welche auf den Wirtschaftsprozeß selbst ausgerichtet sind. Der Wirtschaftsprozeß präsentiert sich seinerseits als Produktion, Verteilung und Verwendung von Gütern. Die Wachstumspolitik ihrerseits setzt vor allem am Prozeß der Produktion, aber auch an der Einkommensverwendung an[45]; unmittelbares Anliegen der Wachstumspolitik ist ja die Steigerung des Sozialprodukts, so daß pro Kopf der Bevölkerung eine reichere Versorgung resultiert.

Wie aber läßt sich das Sozialprodukt steigern? Eine Produktionsausweitung kann erreicht werden, wenn mehr Faktoren im Produktionsprozeß eingesetzt werden bzw. wenn ein effizienterer Einsatz der Produktionsfaktoren möglich ist. Jede prozeßbezogene Wachstumspolitik hat an diesen beiden Orten anzusetzen.

a) Maßnahmen zur Vermehrung des Faktoreinsatzes

Ein Mehreinsatz an Produktionsverfahren ist vorerst dadurch erreichbar, daß über entsprechende prozeßpolitische Maßnahmen die in einer Volkswirtschaft vorhandenen Produktionsfaktoren voll ausgelastet werden. Solange diese volle Auslastung noch nicht verwirklicht ist, bedeuten diese Maßnahmen im Dienste der Vollbeschäftigung stets auch Maßnahmen im Dienste des wirtschaftlichen Wachstums[46].

---

[45] Nicht zuletzt ist die Einkommensverwendung für eine Steigerung der Produktion von entscheidender Bedeutung. Insbesondere eine Ausdehnung des Kapitaleinsatzes, aber auch teilweise eine Forcierung des technischen Fortschrittes sind nur über die Änderung bzw. Lenkung der Einkommensverwendung, d. h. durch die Zurückstellung des Konsums zugunsten der Investitionen möglich.

Darüber hinaus haben wirtschaftstheoretische Forschungen Zusammenhänge zwischen dem Wachstum und der Einkommensverteilung aufgezeigt (vgl. hierzu etwa Erich *Preiser*, Wachstum und Einkommensverteilung, Sitzungsberichte der Heidelberger Akademie für Wissenschaften, Heidelberg 1961; ferner Erwin *Scheele*, Einkommensverteilung und Wirtschaftswachstum, Tübingen 1965), welche wiederum indirekt zum Ansatzpunkt wachstumspolitischer Eingriffe gemacht werden können. Dieser letztere Aspekt soll hier aber nicht vertieft werden.

[46] Liegen Produktionsfaktoren brach, bedeutet dies im Blick auf den Faktor Arbeit, daß teilweise Arbeitslosigkeit herrscht. Wenn somit auf Grund entsprechender Maßnahmen das gesamte Produktionspotential einer Volkswirtschaft voll ausgelastet werden kann, wird nicht nur Vollbeschäftigung erreicht; mindestens kurzfristig ist eine Politik der Vollbeschäftigung gleichbedeutend mit Maximierung des Sozialprodukts.

Auf dieses Problem ist der Verfasser an anderer Stelle näher eingegangen: Josua *Werner*, Zum Verhältnis von Wachstumspolitik und Konjunkturpolitik. „Jahrbuch für Sozialwissenschaft“, Göttingen, Bd. 18 (1967), Heft 3. Vgl. ferner Gertrud *Neuhauser*, Die Bedeutung der Konjunktur-, Beschäftigungs- und Währungspolitik für das Wirtschaftswachstum, a.a.O.

Ist Vollbeschäftigung verwirklicht, so wird weiteres wirtschaftliches Wachstum nur dadurch möglich, daß in irgendeiner Weise zusätzliche Produktionskräfte herangeführt und im Produktionsprozeß eingesetzt werden. Einmal ist an Maßnahmen zu denken, um ausländisches Kapital und ausländische Arbeitskräfte für die eigene Volkswirtschaft zu mobilisieren. Ob ein solches Vorgehen erfolgreich ist oder nicht, hängt nicht zuletzt von den Aktionsmöglichkeiten der Außenwirtschaftspolitik ab. Hier sei dieser ganze Komplex von außenwirtschaftspolitischen Maßnahmen im Dienst des Wachstums lediglich erwähnt. Insbesondere muß auch die Frage offenbleiben, ob außenwirtschaftspolitische Maßnahmen, welche das Einfließen von Kapital und Arbeit erleichtern sollen, als spezifisch prozeßpolitische Maßnahmen qualifiziert werden dürfen, oder ob sie nicht eher der Rahmenpolitik zuzuordnen sind.

Wie läßt sich auf der binnenwirtschaftlichen Ebene eine Vermehrung des Faktoreinsatzes erzielen? Sollen mehr Arbeitskräfte zur Verfügung stehen, so muß die Wachstumspolitik versuchen — vorausgesetzt wird, daß Vollbeschäftigung erreicht ist und die Arbeitskräfte entsprechend ihren Fähigkeiten optimal eingesetzt sind —, potentielle Arbeitskräfte wie z. B. Rentner oder nicht berufstätige Frauen zu bewegen, eine Beschäftigung anzunehmen. Mittels entsprechender Anreize, insbesondere Steuererleichterungen für derartige Arbeitseinkommen, können solche potentielle Arbeitskräfte in einer Weise beeinflußt werden, daß sie die Beschäftigung nunmehr höher bewerten als die Muße[47]. Allerdings dürfte der praktische Wachstumseffekt derartiger Maßnahmen nur gering zu veranschlagen sein.

Sodann sind die Möglichkeiten eines vergrößerten Kapitaleinsatzes kurz anzusprechen. Zunächst wird davon ausgegangen, daß Netto-Investitionen den für das wirtschaftliche Wachstum bedeutsamen Kapazitätseffekt zum Tragen bringen. Die Wachstumspolitik hat also die Investitionen zu begünstigen, und zwar sowohl in Form einer erleichterten Investitionsfinanzierung als auch in Form einer positiven Beeinflussung der Investitionsneigung[48]. Das bedeutet, daß einerseits die Ersparnisbildung zu fördern ist, andererseits dafür gesorgt werden muß, daß die bereitgestellten Finanzierungsmittel von den Investoren effektiv nachgefragt werden.

Die hier zum Einsatz gelangenden Instrumente entstammen vorwiegend der Finanzpolitik und der Zinspolitik; im einzelnen sind sie allerdings nicht darzustellen. Jedenfalls versucht die mit marktkonformen operierende Wachstumspolitik so in den Prozeß einzugreifen, daß die die

[47] Vgl. Herbert *Giersch*, Strategien der Wachstumspolitik. „Zeitschrift für die gesamte Staatswissenschaft", Tübingen, 119. Bd. (1963), S. 249 ff.

[48] Vgl. hierzu insbesondere die grundlegenden Ausführungen bei Erich *Preiser*, Investition und Zins. „Jahrbücher für Nationalökonomie und Statistik", Stuttgart, Bd. 170 (1958), S. 100 ff.

Investitionen bestimmenden Variablen entsprechend beeinflußt werden. Bei der französischen Planifikation wird das „plankonforme" Verhalten in bezug auf die vom Staat gesetzten Investitionsziele nicht nur gefördert; die Eingriffe in den Prozeß reichen so weit, daß das angestrebte Verhalten der Unternehmer teilweise geradezu erzwungen wird[49].

Diese kurzen Hinweise lassen erkennen, daß im Gegensatz zum Faktor Arbeit beim Faktor Kapital offensichtlich mehr Ansatzmöglichkeiten bestehen, um eine Vermehrung des Faktoreinsatzes zu bewirken. Gegen eine solche, im wesentlichen auf dem Harrod-Domar-Modell basierende Politik der globalen Investitionsförderung ist allerdings eingewendet worden, daß zwischen Investitionsquote und Wachstumsrate keine eindeutig positive Beziehung bestehe[50]. Zwar läßt sich die theoretische Notwendigkeit einer positiven Korrelation grundsätzlich nicht widerlegen und auch empirische Untersuchungen stützen immer wieder die These vom Wachstumseffekt der Investitionen[51]. Dennoch haben neuere Forschungen ergeben, daß die Bedingungen einer prinzipiell positiven Beziehung zwischen Investitionsquote und Wachstumsrate genauer zu betrachten sind. Zeigt es sich, daß diese Bedingungen nicht ausreichend beachtet werden, so hat die Wachstumspolitik hier ebensosehr anzusetzen wie an der Investitionsquote selbst[52].

Jedenfalls bedarf die investitionsbezogene Wachstumspolitik einer gewissen Differenzierung. Eine lediglich quantitativ orientierte Investi-

---

[49] Hat man in der Anfangsphase der französischen Planifikation sogar „die Lenkung der Investitionen durch güterwirtschaftliche Kontingentierung, also durch Zuteilung von Grundstoffen, und durch die staatliche Preisreglementierung" (Gerhard *Tholl*, Die französische Planifikation — ein Vorbild? ORDO, Jahrbuch für die Ordnung von Wirtschaft und Gesellschaft, Düsseldorf und München, Bd. XV XVI [1965], S. 247) bewerkstelligt, erstrecken sich solche direkte, vom Unternehmer kaum zu umgehende Eingriffe in neuerer Zeit besonders auf die Verweigerung von Kreditmitteln bei überplanmäßigen Investitionsvorhaben oder die Genehmigung bzw. Nicht-Genehmigung von Investitionsprogrammen im Rahmen der Raumordnungspolitik. Vgl. auch François *Perroux*, Frankreichs Wirtschafts-Projektion, Der IV. Französische Plan 1962—1965. Ins Deutsche übertragen von H. J. Wagner und Yann Kergall, Berlin 1964, S. 35 ff.

[50] Vgl. Ernst *Dürr*, Wachstumstheorie und Wachstumspolitik, a.a.O., S. 387 ff.; sowie den Beitrag vom gleichen Autor im vorliegenden Sammelband: Wachstumspolitisch relevante Ergebnisse der Wachstumstheorie.

[51] So kommt *Krelle* in einer entsprechenden Untersuchung zu folgendem Ergebnis: „... Trotzdem, meine ich, stützt das vorliegende empirische Material die These dieses Aufsatzes, daß zumindest für nicht zu langfristige Betrachtungen der Harrodsche Ansatz durch das Phelps-Modell nicht einfach überholt ist." Wilhelm *Krelle*, Investition und Wachstum. „Jahrbücher für Nationalökonomie und Statistik", Stuttgart, Bd. 176 (1964), S. 22.

[52] Insbesondere hat die an die Untersuchungen von Phelps und von Weizsäcker anschließende Diskussion gezeigt, daß eine undifferenzierte Förderung der Investitionen dazu führen kann, daß sich lediglich der Kapitalkoeffizient verschlechtert und so überhaupt kein Wachstumseffekt eintritt. Vgl. dazu etwa die Ausführungen bei Odd *Aukrust*, Factors of Economic Development: A Review of Recent Research. „Weltwirtschaftliches Archiv", Hamburg, Bd. 93, Heft 2 (1964), S. 23 ff.; ferner bei Gottfried *Bombach*, Art. Wirtschaftswachs-

tionspolitik genügt nicht; an ihre Seite hat ergänzend eine Förderung jener Investition zu treten, die in besonderem Maße den technischen Fortschritt induzieren.

b) *Maßnahmen zur Verbesserung der Faktorproduktivität*

Für *Kucera*[53] ist zu Recht die Annahme unbefriedigend, wonach der technische Fortschritt vollkommen unabhängig von den Investitionen vor sich gehe. Denn stets habe der technische Fortschritt Investitionen zur Voraussetzung; umgekehrt würden jedoch nicht alle Investitionen mit technischem Fortschritt einhergehen. Somit kann der Produktionsfaktor Kapital nicht als homogene Masse angesehen werden. Vielmehr schiebt sich die spezifische Struktur der Kapitalausstattung einer Volkswirtschaft in den Vordergrund, weil eben unterschiedliche Strukturen unterschiedliche Grade des technischen Fortschritts verkörpern. Allerdings vollzieht sich der technische Fortschritt nicht allein über die Neuinvestitionen. Eine ebenso große, wenn nicht gar noch größere Bedeutung erlangen die Ersatzinvestitionen. Dieser über die Ersatzinvestitionen erzielte und an den Investitionsprozeß gebundene technische Fortschritt wird in der Wachstumstheorie als „embodied technical progress“ charakterisiert[54].

Die Erkenntnis, daß dem Altersaufbau des Kapitalstocks für das wirtschaftliche Wachstum eine bedeutsame Rolle zufällt — Volkswirtschaften mit besonders großen Zerstörungen aus dem zweiten Weltkrieg und anschließend weitgehendem Neuaufbau ihres Produktionsapparates haben besonders günstige Wachstumsraten zu verzeichnen —, hat zur Forderung nach einer großzügig gehandhabten steuerlichen Abschreibungspraxis geführt. Der Prozeß soll so beeinflußt werden, daß durch eine beschleunigte steuerliche Abschreibung die Unternehmer veranlaßt werden, ihre Einrichtungen dauernd auf den neuesten technischen Stand zu bringen[55]. Über die gezielte Beeinflussung des „embodied technical progress“ hinaus stehen weitere Möglichkeiten zur Beeinflussung des investitionsorientierten technischen Fortschritts zur Verfügung. So kann etwa die von den Unternehmungen selbst getragene

---

tum. Handwörterbuch der Sozialwissenschaften, 12. Bd. (1965), S. 794 ff.; schließlich bei Ernst *Dürr*, Wachstumstheorie und Wachstumspolitik a.a.O., S. 399 ff.

[53] Gustav *Kucera*, Bemerkungen zur Investitionspolitik in einer marktwirtschaftlichen Ordnung. „Wiener Studien zur Wirtschafts- und Sozialpolitik“, Heft 6, Wien 1966, S. 18 f. Vgl. ferner den Beitrag im vorliegenden Sammelband von Detlev *Lorenz*, Investitionsorientierte Wachstumspolitik.

[54] Vgl. Gottfried *Bombach*, Art. Wirtschaftswachstum, a.a.O., S. 791.

[55] Vgl. Lothar *Weichsel*, Beschleunigte Abschreibung, Wachstum und Konjunktur. Wirtschafts- und finanzwissenschaftliche Forschungen, Bd. 3, Köln und Opladen 1964. Ferner Herbert *Giersch*, Strategien der Wachstumspolitik, a.a.O., S. 258.

Forschungstätigkeit durch steuerliche Begünstigungen oder gar durch direkte Zuwendungen erleichtert werden. Wenn der technische Fortschritt einerseits über die Investitionen zum Tragen kommt, so ist kurz zu fragen, ob er sich über den Faktor Arbeit ebenfalls realisieren läßt und wie in diesem Sinne prozeßpolitische Mittel einzusetzen sind.

Hier hat zunächst Kaldor[56] die interessante These aufgestellt, daß das Wachstum des Sozialprodukts vor allem vom Wachstum der industriellen Produktion und dieses wiederum von der Zunahme der in der Industrie tätigen Arbeitskräfte abhängig sei. Der vermehrte Einsatz von Arbeitskräften in der modernen industriellen Produktion ziehe nahezu zwangsläufig ein verbessertes „know how" nach sich und bewirke somit eine Erhöhung der Produktivität. Die These, daß dieses „know how" durch den vermehrten Einsatz des Faktors Arbeit in der Industrie erweitert und so das wirtschaftliche Wachstum gefördert werde, hat zweifellos etwas für sich. So gesehen kann sich der Wachstumspolitik durchaus die Aufgabe stellen, mittels einer entsprechenden Steuerung des Prozesses möglichst viele Arbeitskräfte aus anderen Branchen herauszuziehen und der industriellen Produktion zuzuleiten.

Das Wissen und Können der Arbeitskräfte läßt sich aber auch direkt anreichern. Alsdann steht die verbesserte Ausbildung im Zentrum der zu ergreifenden Maßnahmen. Verfügen die Arbeitskräfte über einen höheren Ausbildungsstand — und zwar gilt dies sowohl für den Arbeiter in der Maschinenhalle wie für den Ingenieur im Konstruktionsbüro —, so vermögen sie effizienter zu produzieren[57]. Das bedeutet, daß nicht nur die laufende Produktion sich ausweitet, sondern daß nunmehr verbesserte Investitionsgüter hergestellt werden können, die zu einer weiteren Steigerung der Produktion und damit ebenfalls zu einer Intensivierung des Wachstums führen.

Im Vergleich zu den bei der Erfassung der altersbezogenen Kapitalstruktur erzielten Fortschritte betrachtet es Bombach als höchst unbe-

[56] Nicholas *Kaldor*, Causes of the Slow Rate of Economic Growth of the United Kingdom, Cambridge University Press, 1966, insbes. S. 4 ff.

[57] Vgl. etwa die folgende Feststellung von Vosgerau: „Die wichtigste langfristige wirtschaftliche Wirkung einer Verbesserung des Ausbildungsstandes liegt zweifellos in der hierdurch ermöglichten Beschleunigung des sogenannten technischen Fortschritts und damit des gesamtwirtschaftlichen Wachstums. Unsere Kenntnis von dem Mechanismus dieser Wirkungen wie überhaupt von den Determinanten des technischen Fortschritts ist noch sehr fragmentarisch. Doch wenn man bedenkt, daß nach neueren quantitativen Untersuchungen über die Hälfte des Sozialproduktwachstums der letzten Jahrzehnte (in den USA) auf die in dem Sammelbecken „Technischer Fortschritt" enthaltenen Qualitätsverbesserungen der Produktionsfaktoren — Arbeit, Boden und Kapital — zurückzuführen ist, und daß etwa die Hälfte davon auf Investitionen in Ausbildungskapital beruht, so gewinnt man wenigstens eine grobe Vorstellung von der Bedeutung der Ausbildungsinvestitionen." Hans Jürgen *Vosgerau*, Über Kosten und Erträge von Ausbildungsinvestitionen. „Kyklos", Basel, Vol. XVIII (1965), S. 448.

friedigend, daß die Arbeit als wichtigster Produktionsfaktor in der Mehrzahl der Wachstumsmodelle noch immer als homogener Faktor behandelt wird. „Die Aufgliederung in einige Hauptgruppen entsprechend dem Rang der absolvierten Schulen und der Art und Dauer der Berufsaus- und -fortbildung sollte zumindest angestrebt werden“[58]. Über die theoretische Problematik hinaus stellt sich nun in der Wachstumspolitik die Frage, ob allenfalls spezielle Anreize — etwa in Form von Stipendien oder von Steuererleichterungen für Studienausgaben — geschaffen werden sollen, um vorhandene Bildungsmöglichkeiten vermehrt wahrzunehmen. Ein solcher, vorwiegend über die Finanzpolitik erfolgender Mitteleinsatz bedarf der wirkungsvollen Ergänzung durch eine systematische Erfassung Begabter, eine Aufgabe, die allerdings nicht mehr prozeßpolitischer Natur ist.

Wachstumspolitisch noch stärker als die vermehrte Wahrnehmung vorhandener Bildungsmöglichkeiten fällt allerdings der umfassende Ausbau des Bildungswesens ins Gewicht. Denn die Förderung von Lehre und Forschung bewirkt ein vertieftes Wissen und Können und steht so ebenfalls im Dienste der Produktivitätssteigerung. Die qualitative Anhebung der Arbeitskräfte setzt jedoch das ausreichende Vorhandensein von entsprechenden Ausbildungsstätten voraus. Staatliche Ausgaben für die institutionelle Ausstattung von Lehre und Forschung aber haben wir zu den Infrastruktur-Investitionen gezählt. Diese wiederum bilden einen gewichtigen Teil der auf den Rahmen gerichteten Wachstumspolitik.

Damit hat sich der Kreis unserer Betrachtungen gerundet. Ausgehend von der in der allgemeinen Wirtschaftspolitik gebräuchlichen Unterscheidung von Rahmenpolitik und Prozeßpolitik wurde zu zeigen versucht, wie die Maßnahmen der Wachstumspolitik entweder dem einen oder dem andern Bereich zugeordnet werden können. Dabei hat sich ergeben, daß bei einer Reihe von Maßnahmen die Zuordnung zur Rahmenpolitik bzw. zur Prozeßpolitik eindeutig durchführbar ist. Bei andern Maßnahmen hat sich die Abgrenzung als schwieriger erwiesen. Wachstumspolitik ist eben ihrem Wesen nach langfristiger Natur[59], und vor allem in der langfristigen Betrachtung des ökonomischen Geschehens wird ersichtlich, daß zwischen Rahmen und Prozeß wechselseitige Einflüsse bestehen. Somit lassen gerade die in der Wachstumspolitik zur Verfügung stehenden Instrumente nicht durchwegs eine strenge Zuordnung zur Rahmenpolitik bzw. zur Prozeßpolitik zu.

---

[58] Gottfried *Bombach*, Art. Wirtschaftswachstum, a.a.O., S. 791. Vgl. ferner den Beitrag im vorliegenden Sammelband von Hans Peter *Widmaier*, Arbeitsorientierte Wachstumspolitik.

[59] Vgl. Theodor *Pütz*, Probleme einer langfristigen Orientierung der Wirtschaftspolitik, a.a.O., S. 71 f.

Die Bedeutung der Konjunktur-, Beschäftigungs- und Währungspolitik für das Wirtschaftswachstum

Von Prof. Dr. *Gertrud Neuhauser* (Gießen)

Die folgenden Überlegungen befassen sich mit der Frage, ob Stabilität der Wirtschaft nur auf Kosten des Wirtschaftswachstums erreicht werden kann, oder ob es möglich ist, ohne Beeinträchtigung des Wachstums bzw. ohne Verzicht auf volle Realisierung des wachstumspolitischen Ziels erfolgreich Stabilisierungspolitik zu betreiben.

In der wirtschaftspolitischen Diskussion unterscheidet man meistens zwischen innerer und äußerer Stabilität der Wirtschaft und dementsprechend zwischen einer Politik der inneren Stabilisierung und einer Politik der äußeren Stabilisierung. Die auf äußere Stabilität — d. h. auf Zahlungsbilanzgleichgewicht — gerichtete Politik soll hier außer Betracht bleiben. Die folgenden Überlegungen beschränken sich auf die Politik der inneren Stabilisierung, als deren Ziele Minimierung der Konjunkturschwankungen, dauernd hoher Beschäftigungsgrad (Vollbeschäftigung) und Stabilität des inländischen Preisniveaus (Geldwertstabilität) anzusehen sind.

In der wirtschaftspolitischen Praxis scheint man heute der Auffassung zu sein, daß es möglich ist, die Einebnung der konjunkturellen Schwankungen, die volle Ausnützung sowohl des Arbeitskräftereservoirs als auch der vorhandenen Produktionsanlagen und die Stabilität des Binnenpreisniveaus, von praktisch tolerierbaren Abweichungen abgesehen, gleichzeitig mit „angemessenem" Wirtschaftswachstum, ausgedrückt in einer Zunahme des realen Sozialprodukts pro Kopf, zu erreichen. Jedenfalls deuten Formulierungen, wie sie etwa im Gesetz über die Bildung des Sachverständigenrates oder im Stabilitätsgesetz gebraucht worden sind, darauf hin, daß das Problem hauptsächlich darin gesehen wird, die relativ geeignetsten Mittel zu finden.

In der Wissenschaft ist man sich weniger einig. Es wird immer noch darüber diskutiert, ob Stabilität theoretisch-notwendig Wirtschaftswachstum ausschließt, d. h. eine *unbedingte* Unvereinbarkeit zwischen wachstumspolitischen und stabilisierungspolitischen Zielen gegeben ist, oder ob diese Ziele nur praktisch-wirtschaftspolitisch unvereinbar sein können, also *bedingt* miteinander in Widerspruch stehen.

I.

Die Frage, ob die Ziele Minimierung der Konjunkturschwankungen, dauernd hoher Beschäftigungsgrad und stabiler Binnenwert des Geldes ohne Wachstumseinbußen erreichbar sind, impliziert die Unterscheidung von Wachstumspolitik, Konjunkturpolitik, Beschäftigungspolitik und Binnenwährungspolitik.

Es ist heute in der Nationalökonomie Mode geworden, nicht mehr von „Konjunkturschwankungen“, sondern von „Wachstumszyklen“ zu sprechen[1], den Ausdruck „Konjunkturpolitik“ zu meiden und lediglich von „Wachstumspolitik“ oder der „Politik des stetigen Wachstums“ zu reden. Verbreitet findet man die Auffassung, daß die Konjunkturpolitik von der Wachstumspolitik entthront worden sei[2].

Ein Grund dafür ist zweifellos die Tatsache, daß sich die konjunkturellen Bewegungen heute (d. h. seit dem Ende des zweiten Weltkriegs) regelmäßig nur mehr in kleinen Schwankungen einer hohen durchschnittlichen Wachstumsrate ausdrücken, und diese Schwankungen häufig auch noch innerhalb der statistischen Fehlergrenzen liegen. In der Arbeitslosenstatistik scheinen sie meistens kaum mehr auf — vor allem, weil ausländische Arbeitskräfte nach Bedarf aufgenommen und entlassen, und in der „Rezession“ Arbeitskräfte „gehortet“ werden. Die deutlichsten Ausschläge zeigen noch die Investitionsausgaben, die tatsächlich geleisteten Arbeitsstunden und häufig auch die Lagerbestände.

Aber Konjunktur und Wachstum sind nicht „ein und dasselbe Phänomen“ und heben sich nicht etwa nur „durch die unterschiedliche Länge des Betrachtungszeitraums voneinander ab“[3]. Die Konjunkturschwankungen, mit *Jöhr* definiert als die beobachteten relativ kurzfristigen Schwankungen der wirtschaftlichen Tätigkeit, denen eine Tendenz zur Selbstverstärkung innewohnt[4], sind zwar historisch Erscheinungen der wachsenden Wirtschaft und nicht vor dem Beginn

---

[1] Wie es auch der Sachverständigenrat tut.

[2] Vgl. z. B. neuestens W. W. *Heller*, Das Zeitalter des Ökonomen. Neue Dimensionen der Wirtschaftspolitik. (Aus dem Amerikanischen) Tübingen 1968, insbes. S. 54. Heller gebraucht aber trotzdem weiter Ausdrücke wie „Hochkonjunktur“, „Rezession“ u. a.

[3] Vgl. J. *Werner*, Zum Verhältnis von Wachstumspolitik und Konjunkpolitik, in: Jahrbuch für Sozialwissenschaft, 19/1968, S. 66 ff.

[4] Die konjunkturell schwankenden Elemente sind vor allem: die Beurteilung der Absatzaussichten durch die Unternehmer, die Veränderungsraten des realen Sozialproduktes, des nominellen Volkseinkommens, der Preisindices und der Lohnsätze, der Grad der Ausnützung der Produktionsanlagen und — in der Tendenz — der Beschäftigungsgrad. Vgl. W. A. *Jöhr*, Die Konjunkturschwankungen. Theoretische Grundlagen der Wirtschaftspolitik, Bd. II, Tübingen und Zürich 1952, S. 60 ff. und *derselbe*, Gegenwartsfragen der Konjunkturtheorie, in: Jahrbücher für Nationalökonomie und Statistik, Bd. 178, 1965, insbes. S. 59 f.

der industriellen Entwicklung aufgetreten; sie müssen daher in Verbindung mit dem Wachstumsprozeß gesehen und erklärt werden. Aber sie werden zur Hauptsache nicht durch die gleichen Faktoren bestimmt wie das langfristige Wachstum und brauchen somit auch eine eigene Theorie[5]. Es ist also zweckmäßig, zwischen Konjunktur und Wachstum zu unterscheiden.

Das gleiche gilt für die Trennung von Konjunkturpolitik und Wachstumspolitik. Zweckmäßigkeitsgründe sprechen dafür, Konjunkturpolitik und Wachstumspolitik in der wissenschaftlichen Diskussion auseinanderzuhalten. In der wirtschaftspolitischen Praxis wird es kaum mehr getan: die konjunkturpolitische Zielsetzung ist weitgehend in der wachstumspolitischen („stetiges Wachstum") aufgegangen, und die Grenzen zwischen konjunkturpolitischen und wachstumspolitischen Maßnahmen sind verwischt[6]. Die Konjunkturpolitik hat zwar ihr Ziel praktisch so gut wie erreicht — sie ist damit aber keineswegs überflüssig geworden. Die Konjunkturschwankungen treten vielmehr nicht zuletzt deswegen nur mehr als leichte Störungen des Wachstumsprozesses auf, weil erfolgreich Konjunkturpolitik betrieben wird, d. h. weil die Wirtschaftspolitik es gelernt hat, stärkere konjunkturelle Ausschläge nach unten zu verhindern und den Beschäftigungsgrad hoch zu halten[7].

Die Konjunkturpolitik kann auf folgende Weise definitorisch von der Wachstumspolitik abgehoben werden[8]:

Die Wachstumspolitik ist *langfristig* ausgerichtet. Sie ist auf den Trend abgestellt und ihr Ziel ist ein möglichst großes Wachstum (üblicherweise als Zunahme des realen Sozialprodukts oder des realen Sozialprodukts pro Kopf aufgefaßt) auf lange Sicht. Sie ist tendenziell angebotsorientiert und wendet Mittel an, die bei den Bedingungen für die angestrebte Vergrößerung der Produktionskapazität der Volkswirtschaft ansetzen.

Die Konjunkturpolitik ist dagegen betont *kurzfristig* orientiert. Ihr Ziel ist es, die konjunkturellen Ausschläge so weit wie möglich zu vermindern. Es geht ihr um die Stetigkeit des ökonomischen Prozesses und nicht, wie der Wachstumspolitik, um den Steigungsgrad des Trends. Die

---

[5] Vgl. W. A. *Jöhr*, Gegenwartsfragen der Konjunkturtheorie, a.a.O., S. 54 ff., und J. *Werner*, a.a.O., S. 68 f.

[6] Vgl. hierzu auch K. *Stern* und P. *Münch*, Gesetz zur Förderung der Stabilität und des Wachstums der Wirtschaft vom 8. Juni 1967 (BGBl. I S. 582). Kohlhammer-Kommentare. Stuttgart, Berlin, Köln, Mainz 1967.

[7] Die „eingebauten Stabilisatoren", der steigende Anteil der öffentlichen Hand am Volkseinkommen und die Starrheit eines großen Teils der öffentlichen Ausgaben sind weitere stabilisierend wirkende Faktoren.

[8] Vgl. hierzu auch J. *Werner*, a.a.O., und E. *Arndt*, Ziele und Wege der Stabilitätspolitik und der Gestaltungsspielraum der Notenbank, in: Hamburger Jahrbuch für Wirtschafts- und Gesellschaftspolitik, 13. Jahr 1968, S. 100 ff.

Konjunkturpolitik will erreichen, daß die Gesamtnachfrage im Verhältnis zum Gesamtangebot möglichst wenig schwankt; sie setzt daher überwiegend solche Mittel ein, die geeignet sind, die Gesamt*nachfrage* bzw. ihre Komponenten zu beeinflussen.

Die so definierte Konjunkturpolitik ist nicht mit Beschäftigungspolitik identisch; denn als Ziel der Beschäftigungspolitik wird die „Vollbeschäftigung" der vorhandenen Arbeitskräfte oder, sofern Beschäftigungspolitik im weiteren Sinn gemeint ist, die ständige Auslastung der Produktionskapazitäten der Volkswirtschaft angesehen. Praktisch zielt zwar auch die Konjunkturpolitik regelmäßig darauf hin, den ökonomischen Prozeß möglichst schwankungslos an seiner kapazitätsbestimmten „Obergrenze" zu halten, obwohl es denkbar wäre, daß sie sich mit einem stetigen Verlauf des ökonomischen Geschehens auf niedrigerem (Unterbeschäftigungs-) Niveau begnügte[9]; aber außer den konjunkturell bedingten und konjunkturpolitisch beeinflußbaren Beschäftigungsschwankungen gibt es auch noch die strukturelle, die saisonale und die friktionale Beschäftigungslosigkeit. Die beschäftigungspolitische Zielsetzung geht daher über die konjunkturpolitische hinaus und kann schon aus diesem Grunde als eigenständige Zielsetzung neben der konjunktur- und der wachstumspolitischen Zielsetzung gelten, wenn sie auch zu einem großen Teil in der konjunkturpolitischen mitenthalten ist.

Die Abgrenzung zwischen der Wachstumspolitik und der Politik zur Geldwertstabilisierung ist am wenigsten problematisch. Sie wird meines Wissens auch nicht in Frage gestellt.

Die Trennung zwischen Konjunkturpolitik und Geldwertstabilisierungspolitik ist dagegen nicht ganz unbestritten; von der Position vornehmlich der älteren (monokausalen) monetären Konjunkturtheorie aus kann man nämlich zu einer definitorischen Identität kommen. Aber erstens bewegt sich heute im Konjunkturverlauf nicht das Preisniveau auf und ab, sondern es schwankt nur der Inflationsgrad. Zweitens hat m. E. die Erfahrung gezeigt, daß die (monokausale) monetäre Konjunkturerklärung nicht haltbar ist. Drittens hat es wenig Sinn, „Geldwertstabilität" so zu definieren, daß kurzfristige (konjunkturelle) Schwankungen des Preisniveaus damit unvereinbar sind; es ist vielmehr zweckmäßig, als Ziel der Geldwertstabilität einen längerfristig, d. h. mindestens über ein Phasenpaar (Aufschwung — Abschwung) hinaus, stabilen Geldwert anzusehen.

---

[9] „Spricht man lediglich von der Minimierung der Konjunkturschwankungen, ist damit noch nichts Genaues darüber ausgesagt, auf welchem Niveau sich der Produktionsprozeß selbst bewegen soll." Siehe J. *Werner*, a.a.O., S. 71. Siehe auch H. *König*, Ansätze und Probleme der Wachstumstheorie, in: Derselbe (Hrsg.), Wachstum und Entwicklung der Wirtschaft, Neue Wissenschaftliche Bibliothek, Köln—Berlin 1968, S. 49: „Gleichgewichtiges Wachstum impliziert keineswegs Vollbeschäftigung."

II.

Die Antwort auf die Frage, ob die Einebnung der Konjunkturschwankungen nur auf Kosten des Wachstums erzielt werden kann, wird von der Auffassung über die Beziehungen zwischen Wachstum und Konjunktur bestimmt. Hier stehen sich zwei Grundauffassungen gegenüber, die wie folgt charakterisiert werden können:

1. Nach der ersten Auffassung sind Konjunkturschwankungen nicht unabhängig vom Wachstum denkbar. Sie sind die „Form", in der das Wachstum vor sich geht — grundsätzlich marktwirtschaftliche Ordnung vorausgesetzt. Konjunkturschwankungen und Wachstum sind „das Ergebnis besonderer Eigenschaften der Unternehmer — genauer ausgedrückt, der Beweglichkeit der Unternehmererwartungen"[10]. Je beweglicher die Unternehmererwartungen, desto heftiger sind die konjunkturellen Ausschläge und desto stärker ist die trendmäßige Entwicklung. „Dieselben Kräfte, welche starke Boom- und Depressionsperioden hervorrufen, führen daher auch zu einem hohen Fortschrittstrend"[11]. Kräftige Aufschwünge, so wird argumentiert, erhöhen das Produktionspotential der Volkswirtschaft und lösen kapazitätserweiternde Anpassungsvorgänge aus; gehen Aufschwünge weit genug hinauf, vergrößern sie die Produktionsmöglichkeiten (Kapazitätseffekt der Investitionen) oder schaffen Anreize dafür, arbeitssparende Einrichtungen ausfindig zu machen und einzuführen, ausländische Arbeitskräfte anzustellen, zu investieren, um mehr produzieren zu können u. ä. m.[12].

Die grundsätzlich gleiche Auffassung findet sich auch in der abgeschwächten Formulierung, „daß ein gewisses Maß an Unstetigkeit den ökonomischen Prozeß intensiviert"[13].

Schumpeter und *Spiethoff* kommen nahe an die extreme Ansicht heran, daß das Wachstum verhindert wird, wenn man die konjunkturellen Schwankungen (den „Zyklus") ausschaltet[14].

2. Nach der Gegenmeinung sind die Konjunkturschwankungen „Störungen" des langfristigen Wachstums; d. h. sie werden als Erscheinungen aufgefaßt, die eher den Trend schwächen, m. a. W.: die Wachstumsrate im langfristigen Durchschnitt unter den Wert drücken, der sich bei stetigem Wachstum ergäbe.

---

[10] Siehe N. *Kaldor*, Der Zusammenhang zwischen Wirtschaftswachstum und Konjunkturschwankungen, in: W. *Weber* (Hrsg.), Konjunktur und Beschäftigung, Neue Wissenschaftliche Bibliothek, Köln — Berlin 1967, S. 318.

[11] Siehe ebendort, S. 319.

[12] Vgl. N. *Kaldor*, a.a.O., S. 317 f., und K. *Rose*, Wachstums- und Konjunkturtheorie, in: Jahrbuch für Sozialwissenschaft, Band 13, 1962, S. 225.

[13] Siehe J. *Werner*, a.a.O., S. 73.

[14] *Rose*, der selbst der gemäßigten Richtung angehört, weist darauf hin. Vgl. K. *Rose*, a.a.O., S. 224.

Dieser Auffassung liegt das theoretische Konzept zugrunde, daß die konjunkturellen Schwankungen hauptsächlich von wachstumsunabhängigen Faktoren verursacht werden, d. h. von Faktoren, die weder aus dem Wachstumsprozeß entstehen noch das Wachstum hervorbringen oder mithervorbringen. Eine gegenseitige Beeinflussung von Konjunktur- und Wachstumsprozeß ist mit diesem Konzept durchaus vereinbar; es schließt auch nicht aus, daß ungleichmäßige Entwicklungen im Wachstumsprozeß konjunkturelle Bewegungen *auslösen* können[15].

Als Beweis für die Unabhängigkeit von Konjunktur und Wachstum werden gelegentlich die Gleichgewichtswachstumsmodelle und die Schwankungsmodelle mit horizontalem Trend angeführt[16]. Aber diese Modelle beweisen nur, daß gleichgewichtiges Wachstum und Schwankungen um einen steigungslosen Trend denkbar, d. h. logisch möglich sind[17]; sie sagen nichts darüber aus, ob solche Verlaufsformen in der Realität vorkommen können. Das gleiche gilt z. B. auch für die Zyklusmodelle: *beweisen* läßt sich die Unstabilität des Wachstumsgleichgewichts mit ihnen nicht!

Man argumentiert besser damit, daß nichts von dem, was wir bisher über die Wachstumskräfte — es ist wenig — und über die Konjunkturursachen — es ist ziemlich viel — wissen, uns zwingt, Konjunkturschwankungen und Wachstum als sozusagen „verbundene Produkte" aufzufassen und gemeinsam zu erklären. Im Gegenteil: eine Theorie, die die Konjunkturschwankungen überwiegend *nicht* aus oder mit dem Wachstumsprozeß erklärt, also keinen inneren Zusammenhang zwischen den beiden Erscheinungen herstellt, stimmt wahrscheinlich besser mit dem heutigen Stand der Wachstumstheorie, soweit sie empirisch gehaltvolle Theorie ist, überein. Vor allem scheint eine solche Theorie auch leichter mit den Ergebnissen neuerer empirischer Untersuchungen vereinbar zu sein, die besagen, daß sich eine eindeutige kurzfristige Beziehung zwischen Investitionsquote und Wachstumsrate nicht nachweisen läßt[18]; denn daß die Höhe der Investitionsausgaben sehr wohl das *konjunkturelle* Geschehen mitbestimmt, ist unbestritten. Nun beweist aber der Umstand, daß Wachstumsrate und Investitionsquote nicht eindeutig korrelieren, noch keineswegs die Unabhängigkeit der Wachstumsrate von der Investitionsgröße. Der für das Wachstum relevante Kapazitätseffekt der Investitionen tritt nämlich regelmäßig nicht so kurzfristig auf wie der

---

[15] Vgl. W. A. *Jöhr*, Gegenwartsfragen der Konjunkturtheorie, a.a.O., S. 53 f.

[16] Vgl. W. A. *Jöhr*, a.a.O., S. 55 f.

[17] Vgl. hierzu vor allem Chr. *Watrin*, Modelle und Hypothesen in der Wachstumstheorie, in: Wirtschaftspolitische Chronik, Heft 1, 1960, und K. *Rose*, Der Erkenntniswert der Wachstumsmodelle, in: Jahrbücher für Nationalökonomie und Statistik, Bd. 168, 1956.

[18] Vgl. E. *Dürr*, Wachstumstheorie und Wachstumspolitik, in: Jahrbücher für Nationalökonomie und Statistik, Bd. 176 (Heft 5 und 6), 1964, S. 400.

konjunkturell bedeutsame Einkommenseffekt. Wie hoch die durchschnittliche Ausreifungszeit der Investitionen einer Periode ist, und wie die Ausreifungsfristen gestreut sind, hängt dabei jeweils von der Art der Investitionen ab. Je nach ihrer Zusammensetzung können sich daher die Investitionen einer Periode in einer bestimmten (absoluten und relativen) Gesamthöhe quantitativ sehr verschieden auf das Wachstum der laufenden Periode bzw. der folgenden Beobachtungszeiträume auswirken. Das Fehlen einer eindeutigen statistischen Beziehung zwischen Investitionsquote und Wachstumsrate kann also nicht gut als Argument für die Auffassung vorgebracht werden, daß Konjunkturschwankungen und Wachstum auf jeweils verschiedene Faktoren zurückzuführen sind. Es bietet sich aber ein anderes Argument an: *Jöhr* weist darauf hin, daß diejenige Investition, die vom „Akzelerationsprinzip" — einem wichtigen Faktor der konjunkturellen Selbstverstärkung — ausgelöst wird, „durchaus nicht Ausdruck eines langfristigen Wachstums zu sein braucht, indem sie von einer gleich großen oder noch größeren Desinvestition gefolgt sein kann"[19].

Für die Unabhängigkeit von Konjunktur und Wachstum und gegen die Auffassung, daß konjunkturelle Schwankungen zumindest das Wachstum intensivieren, spricht offensichtlich auch noch die Konjunkturgeschichte: erstens hat es konjunkturelle Schwankungen in Perioden, in denen die Wachstumsrate Null war, gegeben[20] und zweitens ist, umgekehrt, auch kräftiges Wachstum mit nur geringfügigen (oder fast keinen) konjunkturellen Schwankungen beobachtet worden, zum Beispiel und vor allem — wirtschaftspolitisch bedingt — seit dem Ende des letzten Krieges. Hier könnte allerdings eingewendet werden, daß die Wachstumsrate in den letzten zwanzig Jahren möglicherweise noch viel höher gewesen wäre, wenn sich die Schwankungsbewegung hätte entfalten können. Aber das ist eine Frage, auf die eine überprüfbare Antwort nicht gegeben werden kann und in Anbetracht des geltenden Bündels wirtschaftspolitischer Ziele (das *stetiges* Wirtschaftswachstum und „Vollbeschäftigung" einschließt) auch kaum gegeben zu werden braucht.

Keine der beiden besprochenen Auffassungen läßt sich schlüssig beweisen oder widerlegen. Die zweite ist m. E. plausibler. Die Ansicht, daß die Wirtschaft, längerfristig gesehen, um so schneller wachsen kann, je geringer die konjunkturellen Ausschläge sind, hat einiges für sich. Jedoch fragt es sich, ob sie nicht nur dann stimmt, wenn es gelingt, den Prozeß auf einem praktikablen Vollbeschäftigungsniveau zu stabilisieren.

---

[19] Siehe W. A. *Jöhr*, a.a.O., S. 56. Vgl. auch W. *Vogt*, Die Wachstumszyklen der westdeutschen Wirtschaft von 1950—1965 und ihre theoretische Erklärung, Recht und Staat, Heft 370, Tübingen 1968.

[20] Zum Beispiel in der Schweiz von 1870 bis 1890. Vgl. W. A. *Jöhr*, ebendort.

III.

Die Meinungen über die Beziehungen zwischen Beschäftigungspolitik und Wachstumspolitik bzw. zwischen Beschäftigungsgrad und Wachstum weichen zwar ebenfalls voneinander ab, aber hier findet man heute doch mehr Übereinstimmung als in der Frage nach dem Zusammenhang von Konjunkturschwankungen und Wachstum.

Die häufig diskutierte Frage, wie sich das Wachstum auf den Beschäftigungsgrad auswirkt, kann hier als nebensächlich vernachlässigt werden. Das Schwergewicht muß auf die Frage gelegt werden, welche Bedeutung der Beschäftigungsgrad bzw. Veränderungen des Beschäftigungsgrades für das Ausmaß des Wachstums haben.

Grundsätzlich lassen sich auch hier wieder zwei Positionen unterscheiden: Nach der einen Auffassung ist Wachstum notwendig mit Unterbeschäftigung verbunden, nach der anderen können beschäftigungserhöhende Maßnahmen dazu beitragen, die Wachstumsrate zu vergrößeın.

1. Die ursprünglich von Marx stammende und später modifizierte These, daß Wachstum zu technologischer Arbeitslosigkeit führen müsse, kann als empirisch widerlegt gelten[21].

Empirische Untersuchungen von *Lipsey* und *Steiner* und von *Long* haben, worauf *Watrin* hinweist, gezeigt, daß z. B. in den USA im Jahre 1960 um 7,5 Millionen mehr Arbeitsplätze vorhanden waren als 1947 und daß man auch keineswegs sagen kann, in der Nachkriegszeit hätten die Industrieländer mit höheren Wachstumsraten einen niedrigeren Beschäftigungsgrad gehabt. Diese Aussagen lassen sich unschwer nachprüfen[22]. In vielen Industrieländern ist die Beschäftigung zwar im Primär- und Sekundärsektor zurückgegangen, dafür aber im Dienstleistungssektor schnell gestiegen.

Eine andere Begründung für die angeblich notwendige Beziehung zwischen Wachstum und Unterbeschäftigung läuft auf die Aussage hinaus, eine Unterbeschäftigung von etwa 3 % übe einen günstigen Einfluß auf die Produktivität und das langfristige Wachstum aus; denn wenn die Produktionsanlagen und die vorhandenen Arbeitskräfte nicht voll beschäftigt wären, tauchten weder auf Konsumgüter- noch auf Faktormärkten Engpässe auf, und das ermögliche im Verein mit dem Wettbewerbsdruck die leichte Versorgung der Wachstumsindustrien mit

[21] Vgl. hierzu und zum folgenden Chr. *Watrin*, Die Forderung nach Vollbeschäftigung, in: Wirtschaftspolitischer Zielkonflikt und katholische Soziallehre, Köln 1968, S. 82 ff. und die dort angegebene Literatur.

[22] Zum Beispiel an Hand der in den IFO-Wirtschaftsbildern gebrachten Daten, die zur besseren internationalen Vergleichbarkeit auf der Grundlage einer US-Untersuchung korrigiert sind.

den zu ihrer Expansion notwendigen Produktionsfaktoren[23]. Diese Variante schreibt also nur der „Vollbeschäftigung" einen wachstumshemmenden Effekt zu; d. h. es wird nicht in Abrede gestellt, daß bis an die „Engpaß-Grenze" steigende Beschäftigungsquoten auch zunehmende durchschnittliche Wachstumsraten bringen.

2. Die Vertreter der Gegenposition argumentieren, auch eine anhaltende Unterbeschäftigung von nur wenigen Prozent beeinträchtige das Wachstum auf lange Sicht; denn sie verringere die Investitionsneigung, erwecke bei den Arbeitnehmern Widerstand gegen neue arbeitssparende Einrichtungen und verhärte die Haltung der Gewerkschaften. Das alles trete nicht ein, wenn sich die Arbeitslosigkeit auf etwa 1 % (also, wie man interpretieren kann, auf die wahrscheinlich unvermeidliche Friktionsarbeitslosigkeit) beschränke; außerdem käme es in diesem Fall zum Zuzug von Arbeitskräften in die expansiven Unternehmungen und Wirtschaftszweige, in denen die Geldlöhne stiegen[24].

Die beiden Richtungen der Wachstumstheorie, die postkeynesianische wie die neoklassische, stimmen darin überein, daß die Wachstumsrate des realen Sozialproduktes (ceteris paribus) von Veränderungen des Beschäftigungsgrades abhängt; sie begründen nur diese Abhängigkeit auf verschiedene Weise[25]. Dennoch sieht *Ott* einen wesentlichen Unterschied zwischen den beiden Theorien. „In der postkeynesianischen Theorie führt die angenommene Limitationalität von Arbeit und Kapital dazu, daß nur eine einzige Wachstumsrate des realen Sozialprodukts mit Vollbeschäftigung vereinbar ist. In der neoklassischen Wachstumstheorie dagegen sind aufgrund der Substituierbarkeit von Arbeit und Kapital verschiedene Wachstumsraten des realen Sozialprodukts mit Vollbeschäftigung vereinbar."[26] Dazu muß allerdings bemerkt werden, daß nicht mehr alle „Postkeynesianer" mit der Annahme der Limitationalität von Arbeit und Kapital arbeiten.

Es mag hier dahingestellt bleiben, ob die Wachstumstheorien, sei es die postkeynesianische, sei es die neoklassische, als theoretischer Beweis für die Vereinbarkeit von Vollbeschäftigung und Wachstum taugen; sie setzen, von ihrem Modellcharakter abgesehen, offensichtlich auch nur die kurzfristigen Veränderungen von Wachstumsrate und Beschäftigungsquote in Beziehung. Für *Ott* steht es fest, „daß Vollbeschäftigung und Wachstum keine konkurrierenden Ziele der Wirtschaftspolitik sind, sondern vernünftigerweise als komplementär zu betrachten sind"[27].

---

[23] Vgl. Chr. *Watrin*, a.a.O., S. 85.
[24] Vgl. Chr. *Watrin*, a.a.O., S. 86.
[25] Vgl. A. E. *Ott*, Magische Vielecke, in: A. E. Ott (Hrsg.), Fragen der wirtschaftlichen Stabilisierung, Tübingen 1964, S. 107 ff.
[26] Siehe ebendort, S. 110.
[27] Siehe ebendort, S. 111.

Empirische Untersuchungen helfen uns nicht viel weiter. *Watrin* erwähnt eine Untersuchung von *Long*, die für die Vereinigten Staaten bei einer Unterbeschäftigung von 6 % eine doppelt so große Zunahme des realen Bruttosozialprodukts wie in einer relativen Vollbeschäftigungssituation ergab; aber dabei handelte es sich jeweils um kurze Perioden, und *Long* selber schließt nicht aus, daß „lags" im Spiele waren und daß anhaltende Unterbeschäftigung vielleicht das Wachstum langfristig gesehen verzögere. *Bombach* hält es zwar für möglich, daß ein Absinken des Beschäftigungsgrades kurzfristig das Wachstum beschleunigt, meint aber, daß langfristig wahrscheinlich die umgekehrte Beziehung gilt[28].

Im Anschluß an eine Ermittlung der *kurzfristigen* Korrelationen zwischen Wachstumsrate und Beschäftigungsgrad in der BRD während der Jahre 1951—1956 hat *Ott* eine „Vollbeschäftigungs-Wachstumsrate" für die BRD von 4,7 % berechnet[29]. Demnach wäre — zumindest im Beobachtungszeitraum — das Sozialprodukt pro Jahr um 4,7 % gewachsen, wenn jeweils „Vollbeschäftigung" geherrscht hätte.

Betrachtet man die Entwicklung der Arbeitslosenquote und der Wachstumsrate wichtiger Industrieländer in den letzten Jahren, ergibt sich ein sehr uneinheitliches Bild. Eine einzige Aussage läßt sich machen: Perioden mit geringer Arbeitslosigkeit und kräftigem Wachstum sind beobachtet worden. Zum Beispiel hatten im letzten Jahrzehnt die Länder mit der niedrigsten Arbeitslosigkeitsrate[30], nämlich die BRD, die Niederlande und Japan, hohe, im Falle Japans sogar sehr hohe, Wachstumsraten zu verzeichnen; die korrigierte Arbeitslosenquote der BRD lag zwischen 1959 und 1967 nie über 2 % und sechs aufeinanderfolgende Jahre lang erheblich unter 1 %, die Wachstumsrate des realen Bruttosozialprodukts grob gerechnet auf fast 6 %. Das ist zumindest ein gewisser Anhaltspunkt dafür, daß *Bombach* mit seiner Vermutung recht hat, und langfristig tatsächlich ein Zusammenhang zwischen hoher Wachstumsrate und hoher Beschäftigung besteht; daß die Wachstumsraten bei einem niedrigeren durchschnittlichen Beschäftigungsgrad noch höher gewesen wären, ist zwar nicht auszuschließen, aber auch nicht zu beweisen. Wahrscheinlich drücken ausgeprägtere Beschäftigungsschwankungen langfristig gesehen die Wachstumsrate herab, weil in den Unterbeschäftigungsphasen Wachstumsverluste entstehen, die in den Zeiten mit höherem Beschäftigungsgrad nicht ohne Rest aufgeholt werden.

IV.

Am meisten diskutiert wurde bisher die Frage, ob Wachstum (oder befriedigendes Wachstum) und Vollbeschäftigung möglich sind, wenn

[28] Vgl. Chr. *Watrin*, a.a.O., S. 86 f.

[29] Vgl. A. E. *Ott*, a.a.O., S. 109 f.

[30] Vgl. IFO-Wirtschaftsbilder. Wirtschaftsentwicklung im Ausland, Ausgabe 1968 (die Daten für Japan und die BRD zur Vergleichbarkeit korrigiert).

das Preisniveau stabil ist. Auch hier finden wir wieder Meinung und Gegenmeinung: Auf der einen Seite die Auffassung, langfristiges Wachstum und dauernd hoher Beschäftigungsgrad seien zwingend mit schleichender Inflation verbunden. Auf der anderen die Ansicht, langfristige Stabilität des Preisniveaus schließe keineswegs Wachstum und Vollbeschäftigung aus oder, radikaler formuliert, ein langfristig gesehen stabiler Geldwert sei notwendige Voraussetzung für einen dauernd hohen Beschäftigungsgrad und eine langfristige Zunahme von Produktion und Produktivität; herrsche hingegen schleichende Inflation, so gäbe es Überbeschäftigung, und die Wachstumsrate könne dann zwar kurzfristig hinaufgetrieben werden, aber langfristig sei die Produktivitätssteigerung durch Arbeitskräftemangel, sinkende Arbeitsmoral u. a. m. behindert, so daß die durchschnittliche Wachstumsrate nur einen niedrigen Wert erreichen könne.

Die Frage, um die es hier geht, besteht, wie E. *Arndt* es formuliert, „darin, ob dynamische *Kreislaufungleichgewichte* bestehen müssen, bei denen die nominale Einkommensexpansion die reale übertrifft (mit allen Konsequenzen für zusätzliche Konjunkturimpulse, Preissteigerungen und Erhöhung der Gewinne), damit eine größtmögliche Wachstumsrate erreicht werden kann"; *Arndt* setzt hinzu: „Die Frage ist bisher in der Wachstumstheorie nicht endgültig beantwortet worden"[31].

Auch *Ott* meint, es existiere „kein wirtschaftstheoretisches Modell, aus dem zwingend folgte, starkes wirtschaftliches Wachstum sei mit Preisstabilität unvereinbar"[32].

Möglicherweise liegt der Auffassung, kräftiges Wachstum bedürfe eines ständigen, sich in schleichender Inflation äußernden Nachfragedruckes, die unrealistische Annahme zugrunde, es bestehe ein direkter kurzfristiger Zusammenhang zwischen Investitionshöhe und Wachstumsrate; diese Frage müßte aber noch näher untersucht werden.

Empirisch läßt sich wiederum keine Aussage gewinnen — außer der einen, daß Fälle von schnellem Wachstum mit einer durchschnittlichen Inflationsrate von Null oder annähernd Null über einen längeren Zeitraum hinweg nachgewiesen werden können. Wie die bisherigen Untersuchungen gezeigt haben, kommen auch alle möglichen anderen Kombinationen von Geldwertentwicklung und Wachstumsgeschwindigkeit vor[33]. Ein eindeutiger Zusammenhang zwischen der Veränderungsrate des Preisniveaus und der Wachstumsrate ergibt sich auch dann nicht,

---

[31] Siehe E. *Arndt*, a.a.O., S. 105.
[32] Siehe A. E. *Ott*, a.a.O., S. 106.
[33] Vgl. G. *Bombach*, „Wirtschaftswachstum", in: Handwörterbuch der Sozialwissenschaften, Bd. 12, Stuttgart — Tübingen — Göttingen 1965, S. 797; E. *Dürr*, a.a.O., S. 393 f.; A. E. *Ott*, a.a.O., S. 106 f.

wenn man verschiedene Preisindices in den Berechnungen berücksichtigt und Verzögerungen einführt[34].

Die These, daß die Wachstumsrate unabhängig von der Entwicklung des Preisniveaus ist, bleibt zwar unbewiesen, aber vielleicht doch besser gestützt als die Gegenthese. Dieser Meinung ist offensichtlich auch der Sachverständigenrat; er hält Stabilität und befriedigendes Wachstum für vereinbar.

Während Theorie und Erfahrung mehr für die Vermutung sprechen, daß die Wachstumskräfte und die inflationsverursachenden Faktoren nicht viel miteinander gemein haben, scheint, zumindest auf den ersten Blick, die Behauptung eines Zusammenhangs von dauernd hohem Beschäftigungsgrad und schleichender Inflation theoretisch und empirisch recht gut begründet zu sein.

Die These, daß das Vollbeschäftigungsniveau nicht erreicht werden kann, ohne daß das Preisniveau steigt, geht von zwei Annahmen aus, die offensichtlich nicht unrealistisch sind: 1. solange noch Unterbeschäftigung herrscht, ist der Unterbeschäftigungsgrad nicht in allen Wirtschaftszweigen gleich groß; 2. Preise und Löhne sind zwar nach oben flexibel, nach unten aber relativ starr[35]. Wenn nun die Gesamtnachfrage wächst, treten früher oder später auf einigen Märkten Engpässe auf, dort steigen die Preise, zu kompensierenden Preissenkungen anderswo kommt es aber nicht, und gesamtwirtschaftlich gesehen besteht immer noch eine — wenn auch geringere — Unterbeschäftigung. Eine weitere Zunahme der Gesamtnachfrage setzt eine Preis-Lohn-Spirale in Gang. Unter anderen Voraussetzungen, nämlich bei flexiblen Preisen und Löhnen, tritt dieses Ergebnis nicht ein; denn dann sinken Preise und Löhne in den weniger beschäftigten Bereichen der Wirtschaft, und Produktionsfaktoren werden von dort in die expandierenden Zweige gelenkt. In diesem Falle muß Vollbeschäftigung nicht durch einen inflatorischen Prozeß erkauft werden.

Die Analyse ist einigermaßen einleuchtend, solange man an die kurzfristigen, also konjunkturellen Bewegungen von Beschäftigungsgrad und Geldwert denkt. Aber trifft sie auch zu, wenn es um das Verhältnis von Vollbeschäftigung und langfristiger Entwicklung des Preisniveaus geht?

Aus der Keynesschen Theorie folgt konsequent, daß es gerade die Unbeweglichkeit der Preise und Löhne nach unten ist, die Vollbeschäftigung mit Geldwertstabilität vereinbar macht; bis zum Vollbeschäf-

---

[34] Vgl. A. E. *Ott*, a.a.O.

[35] Diese Annahmen spielen auch bei der theoretischen Begründung der Unvereinbarkeit von Geldwertstabilität und Wachstum eine Rolle.

tigungsniveau gibt es keine Bewegungen des Geldwertes; nur wenn die Gesamtnachfrage über diese Grenze hinaus steigt, kommt ein inflatorischer Prozeß in Gang, weil dann das Angebot kurzfristig nicht mehr erweitert werden kann. Demnach ist Vollbeschäftigung mit Geldwertstabilität als Dauerzustand möglich, wenn Preise und Löhne nach unten starr sind.

Die in der sogenannten (modifizierten) „Phillips-Kurve" ausgedrückten Ergebnisse empirischer Untersuchungen der letzten Jahre scheinen nun aber der Auffassung zu widersprechen, daß Vollbeschäftigung und Geldwertstabilität gleichzeitig verwirklicht sein können. Sie scheinen im Gegenteil zu beweisen, daß der Inflationsgrad um so höhere Werte annimmt, je niedriger die Arbeitslosenquote ist, und Geldwertstabilität nur um den Preis einer Arbeitslosenquote von mehreren Prozent erkauft werden kann.

Der von der Phillips-Kurve beschriebene Zusammenhang hat nun aber lediglich für einige Länder und Zeiträume nachgewiesen werden können. Er besteht nur, wie *Ott* ausführt, unter einer Reihe von Voraussetzungen: Konstanz der Beziehung zwischen der Veränderungsrate des Geldlohnsatzes und der Arbeitslosenquote (der ursprünglichen Phillips-Kurve); verteilungsneutrale Lohnpolitik; eindeutige Abhängigkeit der Preisentwicklung von der Lohnentwicklung; Unabhängigkeit der Produktivitätsveränderung von Lohnveränderung und Beschäftigungsgrad. Diese Voraussetzungen waren, mindestens bisher, keineswegs immer zum größeren Teil erfüllt[36].

Watrin weist außerdem darauf hin, „daß es sich bei den durch die Phillips-Kurven dargestellten Korrelationen zwischen Änderungen des Nominallohnes und Beschäftigungsgrades um historische Erfahrungswerte handelt. Sie sind also u. a. das Resultat von wirtschaftspolitischen Handlungen ... Sie können aber auch Ausdruck eines bestimmten Verhaltens der Tarifpartner am Arbeitsmarkt sein"[37].

Die Unvereinbarkeit von Geldwertstabilität und Vollbeschäftigung kann nicht als bewiesen angesehen werden — die gegenteilige Behauptung allerdings auch nicht. Aber die Vermutung — die auch der Sachverständigenrat teilt —, daß sich Vollbeschäftigung und Geldwertstabilität nicht unbedingt ausschließen, stimmt besser mit den oben angestellten Überlegungen überein; deren Ergebnisse waren: langfristig schnelles Wachstum ist ziemlich sicher mit dauernd hohem Beschäftigungsgrad vereinbar, und vieles spricht dafür, daß auch die weder theoretisch noch empirisch beweisbare Unverträglichkeit von raschem Wachstum und Preisniveaustabilität nicht besteht.

---

[36] Vgl. hierzu A. E. *Ott,* a.a.O., S. 104 f.
[37] Siehe Chr. *Watrin,* a.a.O., S. 73.

V.

Als Fazit ergibt sich: Es hat sich bisher nicht nachweisen lassen, daß langfristiges („säkulares") Wachstum notwendig mit konjunkturellen Schwankungen oder/und Unterbeschäftigung oder/und schleichender Inflation verbunden sein muß, d. h., daß die Ziele Wachstum und Stabilität „an sich" miteinander konkurrieren und Stabilität somit immer Wachstum „kostet". Die Gegenthese, die besagt, die behauptete Alternative „Stabilität oder Wachstum" sei nur eine Scheinalternative, ist allerdings auch nicht hinreichend bewiesen; sie ist aber plausibler. Die Ergebnisse theoretischer und empirischer Untersuchungen lassen es *wahrscheinlicher* erscheinen, daß die Zielsetzungen: befriedigendes (oder ausreichendes oder größtmögliches) Wachstum, dauernd hoher Beschäftigungsgrad und langfristige Geldwertstabilität *bedingt* miteinander vereinbar sind, d. h., daß es von den „Umständen" abhängt, ob die Ziele Stabilität und Wachstum gleichzeitig verfolgt und in hinreichendem Maß erreicht werden können; die oben besprochenen Argumente erlauben die Schlußfolgerung, daß eine erfolgreiche Stabilitätspolitik mit großer Wahrscheinlichkeit wachstumsfördernd sein kann.

Sehr befriedigend ist der Stand der Diskussion somit nicht. Die Gründe dafür sind hauptsächlich folgende:

1. Es wird sehr oft mit modelltheoretischen Aussagen an Stelle von empirisch gehaltvollen Aussagen argumentiert; davon abgesehen, trennen viele Argumente nicht genügend zwischen kurzfristiger und langfristiger Betrachtung.

2. Die Argumente, die sich auf empirische Untersuchungen stützen, beruhen meistens auf Beobachtungen über nur relativ kurze Zeiträume. Darüber hinaus liegt den zeitlichen und internationalen Vergleichen regelmäßig die *ceteris-paribus-Klausel* zugrunde, d. h., es wird angenommen, daß sich die betrachteten Länder und Zeiträume durch nichts anderes als durch die jeweils verglichenen Daten — Wachstumsraten, Inflationsraten usw. — unterscheiden[38]; dadurch bleiben so wichtige Faktoren wie z. B. Verschiedenheiten des Kapitalstocks nach Größe und Altersaufbau, der Verhaltensweisen der Unternehmer, der Praktiken der Gewerkschaften, des — freilich unmeßbaren — außenwirtschaftlichen Einflusses auf die Konjunktur- und Beschäftigungsentwicklung usw. außer Betracht. Außerdem sind mindestens die Zahlen und Korrelationen, die für die Zwischenkriegszeit und vor allem für die Zeit

---

[38] *Vosgerau* weist im Zusammenhang mit Untersuchungen über die Beziehungen zwischen Geldwertentwicklung und Wachstumsrate darauf hin. Vgl. H. J. *Vosgerau*, Wachstum und Stabilisierung, in: A. E. *Ott* (Hrsg.), Fragen der wirtschaftlichen Stabilisierung, Tübingen 1964, S. 8. Vgl. auch die oben zitierte Stelle bei *Watrin*.

nach dem zweiten Weltkrieg gelten, wirtschaftspolitisch „verfälscht“[39]; sie können ebensogut „Zufallstreffer“ der Wirtschaftspolitik wie Folgen wirtschaftspolitischer Fehler enthalten.

3. Problematisch ist schließlich die Übung, das Wachstum ausschließlich an Veränderungen des realen Sozialprodukts oder anderer Sachgüterindexzahlen zu messen; denn die Erträge vieler Aufwände der öffentlichen Hand, die dem Prinzip der generellen Entgeltlichkeit unterliegen (z. B. der Aufwendungen für Erholungsgebiete und Straßenbau), aber auch mancher privater Investitionen (z. B. zur Verhütung von Luftverschmutzung), gehen nicht in die Sozialproduktrechnung ein[40], obwohl sie „Nutzen“ stiften — d. h. Bedarfe decken oder Produktionsmittel sind. Die Größe dieser schwer meßbaren und statistisch nicht erfaßten Ergebnisse der Produktionsanstrengungen der Volkswirtschaft im Verhältnis zum statistisch ermittelten Sozialprodukt ist ganz sicher von Land zu Land verschieden und verändert sich auch in der Zeit.

Geht man von der Auffassung aus, daß Stabilität nicht notwendig mit Wachstumsverlusten erkauft werden muß, d. h. hält man die Ansicht für plausibler, daß das Problem der Vereinbarkeit „nur“ ein faktisch-wirtschaftspolitisches Problem ist, dann bleibt die Frage, von welchen „Umständen“ es nun abhängt, ob die Stabilitätsziele erreicht werden können, wenn, gleichsam als Nebenbedingung, eine wachstumspolitische Zielsetzung gilt und ohne Abstriche verwirklicht werden soll.

1. Erstens kommt es darauf an, wie die Ziele interpretiert werden, also wie man sie definiert und quantitativ bestimmt[41]. Offensichtlich sind die Stabilitätsziele bis zu einer gewissen Grenze um so eher zusammen und mit dem Wachstumsziel gleichzeitig erreichbar, je weitherziger man sie interpretiert, also z. B. je mehr Prozent Arbeitslosigkeit man bei „Vollbeschäftigung“ zuläßt und je höher das Ausmaß der Preisniveauveränderungen ist, bei dem man den Geldwert noch als „stabil“ ansieht. Die Frage ist allerdings, *wo* die Grenze für diese Großzügigkeit liegt, also z. B. welcher Grad von leichter Unterbeschäftigung wegen der damit verbundenen quantitativen und qualitativen Unterausnutzung der Produktionsfaktoren bereits das Wachstum beeinträchtigt; oder bei welcher Inflationsrate — bei 2 % oder vielleicht erst bei 4 % — wachs-

[39] Vgl. hierzu die oben zitierte Stelle bei *Watrin;* vgl. auch *H. Timm,* Wachstum und Preisniveau, in: H. *König* (Hrsg.), Wachstum und Entwicklung der Wirtschaft, Neue Wissenschaftliche Bibliothek, Köln — Berlin 1968, S. 167 f. Was sich jeweils ohne staatliche Aktivität ergeben hätte, darüber können keine sicheren Aussagen gemacht werden.

[40] Vgl. W. *Stützel,* Betrachtungen zum Wachstum der Westdeutschen Wirtschaft, in: Hamburger Jahrbuch für Wirtschafts- und Gesellschaftspolitik, 13. Jahr 1968.

[41] Zur Zielbestimmung vgl. neuestens E. S. *Kirschen* und andere, International vergleichende Wirtschaftspolitik. Versuch einer empirischen Grundlegung, Berlin 1967, S. 9 ff.

tumsstörende Effekte wie die Erschütterung der Vertrauensbasis, inflationsbewußte Verhaltensweisen, schlechtere Funktionsfähigkeit des marktwirtschaftlichen Selbststeuerungsapparates und, letzten Endes als Folge von all dem, ein Sinken der Produktivität der Arbeit auftreten. Einiges spricht dafür, daß man bei der Bemessung des zulässigen Inflationsgrades nicht kleinlich zu sein braucht. Es ist schon gefragt worden, „ob bei langfristiger Betrachtung überhaupt von Inflation als einer Erhöhung des Preisniveaus gesprochen werden darf", und darauf die Antwort gegeben worden: „Man darf es nur, wenn neue und bessere Güter nicht oder in einem offenbar zu vernachlässigendem Ausmaß alte Güter im ‚Warenkorb' verdrängen. Diese Bedingung ist in unserer Zeit nicht erfüllt ... Während die kurzfristige Analyse der Inflation unter diesem Mangel weniger leidet, wird die ›säkulare‹ Inflation in Zeiten des Fortschritts zu einem unbrauchbaren Terminus, wenn nicht zu einem Phantom."[42] Das mag überspitzt formuliert sein, und man muß auch einwenden, daß die preissenkende Wirkung von Produktivitätssteigerungen außer acht gelassen wird; im Kern ist die Überlegung aber richtig.

Auch die konkrete Bestimmung des Wachstumszieles ist relevant. Auf die Unzulänglichkeit der in Theorie und Praxis der Wirtschaftspolitik üblichen Definition und Meßmethode ist schon wiederholt hingewiesen worden[43].

2. In die zweite Gruppe der „Umstände" gehört alles das, was man in dem Wort „Lage" zusammenfaßt, wie: die faktisch vorhandenen Wachstumskräfte und ihre relative Bedeutung für die Entwicklung von Produktion und Produktivität; das Ausmaß an Unstabilität, das herrscht und beseitigt werden soll; die konkreten Ursachen der Zustände von Unstabilität — z. B. mangelnde Mobilität des Produktionsfaktors Arbeit als Ursache von struktureller Arbeitslosigkeit oder, ein anderer Fall, Zahlungsbilanzüberschüsse, Budgetdefizite oder bestimmte gewerkschaftliche Praktiken als Ursache der inflatorischen Entwicklung. Weitere Beispiele sind: das Ausmaß der Preisrigidität; der Grad, in dem Leistungswille, Erwerbsstreben, Risikofreude und Prestigedenken in der Bevölkerung ausgeprägt sind; die Art und Weise, wie Unternehmer und Gewerkschaften auf wirtschaftspolitische Maßnahmen u. a. reagieren[44].

3. Schließlich und endlich ist entscheidend, welche Mittel in welcher konkreten Art und Weise (vor allem hinsichtlich Dosierung, Ort und Zeitpunkt des Einsatzes) in welcher Kombination in der gegebenen Situation angewandt werden, um die Stabilitätsziele zu erreichen.

---

[42] Siehe H. *Thimm*, a.a.O., S. 168.

[43] Vgl. vor allem W. *Stützel*, a.a.O., und auch R. *Jochimsen*, Theorie der Infrastruktur, Tübingen 1966, S. 96 f.

[44] Vgl. G. *Bombach*, a.a.O., S. 798.

Von der Kombination der Mittel und der Art und Weise ihres Einsatzes hängt es ab, ob Stabilisierungspolitik im konkreten Fall wachstumshemmend, wachstumsneutral oder wachstumsfördernd ist.

Allgemein gesehen kommt es darauf an, daß es der Stabilisierungspolitik gelingt, einen ausreichenden Investitionsüberschuß zu sichern und gleichzeitig „die Expansion des nominellen Volkseinkommens der Wachstumsgeschwindigkeit des realen Volkseinkommens (genauer: des monetären Angebots) ... anzupassen“[45]. Ob, wie und unter welchen Bedingungen diese Aufgabe nicht nur kurzfristig-konjunkturpolitisch (im Sinne *Arndts*), sondern auch langfristig-währungspolitisch (im Sinne *Bombachs*) erfüllbar ist, und inwiefern das Problem damit gelöst werden kann, ist eine Frage, der hier nicht weiter nachgegangen werden soll. *Arndt* betont, daß Mittel zur Ausweitung der Gesamtnachfrage nicht mehr angewendet werden dürfen, wenn das „Engpaßeinkommen“ erreicht ist; dann müßten Maßnahmen anderer Art getroffen werden, z. B. solche, die die Mobilität der Produktionsfaktoren erhöhen.

Im besonderen geht es darum, die Mittel so zu wählen und die Maßnahmen so zu treffen, daß die das Wachstum tragenden Faktoren nicht negativ beeinflußt werden. Hier besteht die größte praktische Schwierigkeit darin, daß über diese Faktoren wenig bekannt ist. Nach einer Faustregel muß vor allem darauf geachtet werden, daß „wachstumswichtige“ Investitionen nicht behindert werden.

[45] Siehe E. *Arndt*, a.a.O., S. 106; vgl. auch G. *Bombach*, a.a.O.

Monetäre Aspekte einer wachstumsadäquaten Stabilisierungspolitik[1]

Von Prof. Dr. *Artur Woll* (Gießen)

Vorbemerkungen:

1. Der Terminus Stabilisierungspolitik ist mehrdeutig. Einmal wird darunter eine Politik verstanden, die Preisniveaustabilität anstrebt. In einer erweiterten Begriffsbedeutung ist Vollbeschäftigung als Ziel einbezogen. Schließlich werden mit Stabilisierungspolitik alle Maßnahmen gemeint, die auf eine Glättung zeitlicher Schwankungen der Indikatoren wirtschaftlicher Aktivität gerichtet sind. Im folgenden wird von der letzten Begriffsfassung ausgegangen.

2. Das vorliegende Referat verwertet Ergebnisse aus monetären Hypothesentests, die in Zusammenarbeit mit dem Deutschen Rechenzentrum Darmstadt durchgeführt wurden. In einigen Fragestellungen überschneiden sich die Veröffentlichungen mit anderen vorgelegten Ergebnissen.

3. Die Problemauswahl orientiert sich am verfügbaren Zahlenmaterial und an den im internationalen Schrifttum vorherrschenden Untersuchungsthemen zu monetären Fragen. Darin liegt eine Beschränkung auf quantitativ faßbare und für eine Überprüfung durch Computer geeignete Hypothesen, mit denen nur einige Aspekte des Themas anvisiert werden.

4. Eine scharfe Trennung mittelfristig-konjunktureller und langfristig-struktureller Phänomene ist empirisch nicht möglich. Wachstum wird als Trend konjunktureller Verläufe interpretiert.

5. Der gegenwärtig sehr gravierende Einfluß der besonderen Außenwirtschaftslage auf die aktuelle geldpolitische Situation wird nicht explizit untersucht.

---

[1] Den Herren Dr. Herbert Müller und Dipl.-Volkswirt A. Roth, beide Gießen, bin ich für umfangreiche Vorarbeiten, Herrn Dipl.-Math. W. Nollau, Darmstadt, für Mithilfe bei der Entwicklung des Rechenprogramms sehr zu Dank verpflichtet. Die Berechnungen wurden im Deutschen Rechenzentrum Darmstadt durchgeführt.

6. Die Analyse geht von der Voraussetzung aus, daß sich Geld nicht nur empirisch hinreichend abgrenzen, sondern politisch auch kontrollieren läßt.

7. In der Untersuchung monetärer Aspekte einer wachstumsadäquaten Stabilisierungspolitik wird besonderes Gewicht auf die Betonung der Komponente „Geldnachfrage" gelegt.

I. Ansatzpunkte der Analyse

Seit etwa einem Jahrzehnt ist gesamtwirtschaftliches Wachstum auch in hochentwickelten westlichen Ländern ein explizites, wenn nicht prädominierendes Ziel der Politik geworden. Die verschiedenen Gründe dieser Entwicklung können dahingestellt bleiben[2]. In der wissenschaftlichen Analyse tauchen dabei monetäre Probleme nur am Rande auf, was angesichts der Betrachtungsweise in der Wachstumstheorie kaum verwundert. Damit kontrastiert eine äußerst lebhafte internationale geldtheoretische Diskussion, von der bisher im deutschen Sprachraum freilich kaum Notiz genommen wird. Ausgangspunkt der Debatte ist die Frage, inwieweit die geldpolitische Praxis auf wissenschaftlich solidem Grund steht. So unterschiedlich die Positionen in den geldpolitischen Lagern sein mögen: Einigkeit besteht darin, daß angesichts historischer Erfahrungen die Rolle der Geldpolitik neu überdacht und auf eine empirisch tragfähige Basis gestellt werden muß. Bezeichnend dürfte sein, daß die herrschenden geldpolitischen Handlungsmaximen nur noch von wenigen Geldtheoretikern verteidigt werden. Soweit wissenschaftliche Divergenzen bestehen, werden sie zunehmend nicht auf dem Feld der Hypothesen, sondern dem der Anwendung und Interpretation von Testverfahren ausgetragen. In der letzten Zeit mehren sich die Versuche, die Probleme einer wachsenden Wirtschaft einzubeziehen.

Der um sich greifende wissenschaftliche Widerspruch zur geldpolitischen Praxis richtet sich primär gegen eine unreflektierte Geldmengenpolitik. Tatsächlich ist die von der naiven Quantitätstheorie weitgehend negierte Umlaufgeschwindigkeit oder Kassenhaltungsdauer, die „Geldnachfrage", in den Mittelpunkt wissenschaftlicher Untersuchungen gerückt. Die Attacken von Keynes gegen die traditionellen Ansichten über die Kassenhaltungsmotive haben in Arbeiten der Chikagoer Geldtheoretiker eine positive Antwort gefunden[3]. Ohne sich über die Probleme der Geldnachfragesituation und deren Komponenten Klarheit

---

[2] A. *Woll*, Wachstum als Ziel der Wirtschaftspolitik, Tübingen 1968, S. 5.

[3] M. *Friedman*, The Quantity Theory of Money — A Restatement, Studies in the Quantity Theory of Money, Ed. M. Friedman, Chicago 1956, S. 3—21.
R. T. *Selden*, Monetary Velocity in the United States, Studies in the Quantity Theory of Money, a.a.O., S. 179—257.

zu verschaffen, läßt sich eine wachstumspolitisch adäquate Geldpolitik nicht mehr formulieren. Das gilt unabhängig davon, ob man dem Zins (Keynes) oder dem Einkommen (Friedman) unter den unabhängigen Variablen das größere Gewicht beimißt[4]. Mit der Betonung der Geldnachfrage sind zumindest auf monetärem Gebiet manche Gegensätze zwischen Neokeynesianern und Neoklassikern verschwunden, und es ist beinahe gleichgültig geworden, ob man vom „demand-to-hold-approach" oder „velocity-approach" ausgeht — ein Faktum, von dem Lehrbuchautoren offensichtlich ungern Kenntnis nehmen.

Die Konzentration auf die Geldnachfrage sollte indessen Geldmengenprobleme, Fragen des „Geldangebots", nicht vergessen lassen. Die „Triade der Geldfunktionen"[5] — Recheneinheit, Zahlungsmittel, Wertspeicher — führt zwangsläufig zu der Frage, ob es zweckmäßig ist, langfristig denselben Geldmengenbegriff zugrunde zu legen wie kurzfristig. Das Geldangebot beruht wie die Geldnachfrage grundsätzlich auf Wahlhandlungen, die in dem Versuch bestehen, aktuelle und gewünschte Kasse in Einklang zu bringen (actual and desired cash balances). Für die Geldangebotsseite führt dies einmal zu einer Analyse der Bankendispositionen, die sich — in Abwendung von einer mechanischen Multiplikatoranalyse — zu einer Kassenhaltungstheorie der Banken entwickelt[6]. Zum zweiten taucht die Frage auf, wie die Kassenhalter zeitlich reagieren, um die aktuelle an die gewünschte Kasse anzupassen[7].

Im Rahmen der vorliegenden Untersuchung werden einige, noch näher zu erläuternde Hypothesen des Geldangebots und der Geldnachfrage getestet. Als Daten liegen Zahlen zugrunde, die für die Bundesrepublik von amtlichen und wissenschaftlichen Stellen ermittelt worden sind. Die den Berechnungen zugrunde liegenden Werte für die Reihe des Sozialprodukts sind das Ergebnis einer wissenschaftlichen Schätzung. Als empirische Modelle können solche Extrapolationen nicht den Genauigkeitsgrad von amtlichen Erhebungsergebnissen beanspruchen, was jedoch ihre Brauchbarkeit für Hypothesentests kaum mindert. Da die Zahlen Resultat einer komplexen ex-ante-Rechnung sind und nicht nachträglich zwischen amtliche Jahreswerte interpoliert werden, ist die mit der Vergrößerung der „Stichprobe" (gegenüber der Verwendung von Jahreswerten) steigende statistische Absicherung kein reines Kunstprodukt unter Ausnutzung der Autokorrelation, wenngleich die Serienkorrelation, die in den meisten Zeitreihen eine Rolle spielt, durch die

[4] D. *Laidler*, Some Evidence on the Demand for Money, The Journal of Political Economy, 74 (1966), S. 55.

[5] J. R. *Hicks*, Critical Essays in Monetary Theory, Oxford 1967, S. 1.

[6] H. G. *Johnson*, Monetary Theory and Policy, The American Economic Review, 52 (1962), S. 359.

[7] E. L. *Feige*, Expectations and Adjustments in the Monetary Sector, The American Economic Review, 57 (1967), Pap. and Proceed., S. 462.

Technik der Korrekturverfahren geringfügig verstärkt wird. Darüber hinaus verschaffen die Regressionen mit vierteljährlichen Daten zusätzliche Einblicke in kurzfristige Verläufe. Zur Geldangebotsproblematik sollen Hypothesen wachstumsadäquater Geldmengendefinition (II) und zeitlicher Verzögerungen in den cash balances (IV), zur Geldnachfrageproblematik Hypothesen zu häufig wiederkehrenden unabhängigen Variablen (III) geprüft werden. Die Konsequenzen der Testverfahren werden kurz aufgezeigt und als Thesen zur monetären Stabilisierungspolitik zusammengefaßt (V).

II. Wachstumsadäquate Geldmenge

„Most theoretical literature side-stepped the explicit problem of defining money, so that empirical worker was left with the problem of choosing among alternative definitions"[8]. Man sollte Definitionsfragen nicht überbewerten, jedoch auch nicht unterschätzen. In einer wachsenden Wirtschaft dürfte jedenfalls die qualitative Verbesserung des Geldsystems und der Finanzstruktur — vor allem die Entstehung von nonfinancial institutions — ein Faktum sein, dessen Vernachlässigung ein schwerwiegender Mangel empirischer Forschung darstellt. Im angelsächsischen Bereich hat stärker als hierzulande die langfristige Entwicklung zur Ausprägung einer atomistischen Geldangebotsstruktur geführt[9], bei der es keine unüberwindlichen Schwierigkeiten zur Beschaffung von „Sekundärliquidität" gibt. Was ist in einem solchen System Geld und von welcher Geldmenge (M) hängen die Ausgabenentscheidungen ab?

Zur aufgeworfenen Frage gibt es, wenn man sich am Kriterium der Einkommenskreislaufgeschwindigkeit (Y/M) orientiert, vier Gruppen von Hypothesen. Nach den beiden ersten Konzepten wird Geld als Bargeld + Sichteinlagen[10] beziehungsweise Bargeld + Sichteinlagen + Termineinlagen[11] definiert; beide gehen von einer stabilen Umlaufsfunktion aus:

$$\frac{Y}{M} = f(V_1, V_2) \; ,$$

wobei Y das Einkommen, M die Geldmenge und V_1 und V_2 erklärende Variablen bezeichnen. In den restlichen beiden Auffassungen, wie sie im

[8] E. L. *Feige*, The Demand for Liquid Assets: A Temporal Cross-Section Analysis, Englewood Cliffs, 1964, S. 3.

[9] E. C. *Ettin*, The Development of American Financial Intermediaries, The Quarterly Review of Economics and Business 1963, S. 51—65; wiederabgedruckt in: Monetary Economics: Readings, Ed. A. D. Entine, Belmont 1968, S. 57—75. Hier zitiert nach der letztgenannten Quelle, S. 59.

[10] H. A. *Latané*, Cash Balances and the Interest Rate — A Pragmatic Approach, The Review of Economics and Statistics, 36 (1954), S. 456—460.

[11] M. *Friedman*, A. J. *Schwartz*, A Monetary History of the United States, 1867—1960, Princeton 1963.

Radcliffe-Report[12] und in den Untersuchungen von Gurley-Shaw[13] angeboten werden, steckt die Implikation instabiler Kreislauffunktionen; während das Liquiditätskonzept des Radcliffe-Reports keine operationale Geldmengendefinition darstellt, wollen Gurley-Shaw Geld als eine gewogene Summe aller „liquid assets" abgrenzen („gross-money-doctrine"), um damit Substitutionsbeziehungen innerhalb der liquiden Mittel zu erfassen[14].

Das deutsche Finanz- und Kreditwesen ist nicht so differenziert wie das angelsächsische. Für die empirische Untersuchung des Geldmengenproblems ist folgende Vereinfachung möglich: Ohne vom Ansatz Gurley-Shaw grundlegend abzuweichen, werden Spareinlagen als Ausdruck von Zusatzliquidität mit längerer Zugriffsverzögerung begriffen, also alle liquiden Güter in der Größe der Spareinlagen abgebildet. Damit läßt sich eine Testformel finden, mit der eine empirische Aussage für wachstumspolitisch operationale Geldabgrenzung möglich erscheint. Es wird untersucht, welche von vier Gelddefinitionen am stärksten mit dem realen Pro-Kopf-Einkommen *(Y/N)* in der Bundesrepublik korreliert. Durch eine solche Formulierung der Einkommensvariablen werden zugleich Störfaktoren aus der Preis- und Bevölkerungsentwicklung eliminiert. Im einzelnen werden alternativ mit Hilfe der first-difference-Technik folgende Geldmengenbegriffe getestet:

$M\,1$ = Bargeldumlauf außerhalb des Bankensystems

$M\,2 = M\,1$ + Sichteinlagen von Nichtbanken

$M\,3 = M\,2$ + Termineinlagen

$M\,4 = M\,3$ + Spareinlagen.

Für die einzelnen Gelddefinitionen ergeben sich unter Verwendung von Quartalswerten die folgenden Regressionsgleichungen:

Geldmenge und reales Pro-Kopf-Einkommen in der Bundesrepublik Deutschland 1952—1966

$$M\,1_t - M\,1_{t-1} = 0{,}003022 + \underset{(2{,}062)}{0{,}0232}\,(Y/N_t - Y/N_{t-1})$$

$$R^2 = 0{,}058$$

$$DW = 2{,}73$$

---

[12] Committee on the Working of the Monetary System. Report, Cmnd. 827, London 1959.

[13] J. G. *Gurley*, E. S. *Shaw*, Money in a Theory of Finance, Washington 1960.

[14] E. L. *Feige*, The Demand for Liquid Assets ..., a.a.O., S. 4.

$$M\,2_t - M\,2_{t-1} = 0{,}004557 + \underset{(8{,}779)}{0{,}2904}\,(Y/N_t - Y/N_{t-1})$$

$R^2 = 0{,}527$

$DW = 1{,}97$

$$M\,3_t - M\,3_{t-1} = 0{,}008901 + \underset{(9{,}180)}{0{,}3073}\,(Y/N_t - Y/N_{t-1})$$

$R^2 = 0{,}549$

$DW = 1{,}82$

$$M\,4_t - M\,4_{t-1} = 0{,}029008 + \underset{(6{,}079)}{0{,}2857}\,(Y/N_t - Y/N_{t-1})$$

$R^2 = 0{,}348$

$DW = 1{,}64$

Quellen des Zahlenmaterials (auch für die folgenden Berechnungen): K. D. Arndt — O. de la Chevallerie, Volkswirtschaftliche Gesamtrechnung für die BRD, Sonderheft NF 59, Berlin 1962; Vierteljahreshefte für Wirtschaftsforschung 1950—1966; Monatsberichte der Deutschen Bundesbank, 1950 ff.; Wirtschaft und Statistik 1950 ff.

Die Ausdrücke in Klammern sind Signifikanzkoeffizienten nach der Student-Verteilung („t-ratio"), die vor allem bei einer kleineren Zahl von Beobachtungsfällen (n) verwendet werden; schon bei $n > 30$ nähert sich die t-Verteilung stark der Normalverteilung an. R^2 ist das Quadrat des Korrelationskoeffizienten nach Bravais — Pearson („coefficient of determination"), der den Varianzanteil der abhängigen Variablen bezeichnet, DW der bei Zeitreihen zweckmäßige Signifikanzkoeffizient nach Durbin — Watson, der eine Beurteilung darüber erlaubt, ob die Restgröße unabhängig ist („stochastic error term") oder Elemente der Autokorrelation enthält[15]. Es ist klar, daß die Implikationen des Testverfahrens, welches dem international üblichen Vorgehen folgt[16], gegenüber einigen Einwänden offen sind.

Erklärt man die Veränderung der Geldnachfrage aus dem realen Bruttosozialprodukt pro Kopf, zeigt sich bei gesicherten Parameterwerten und Restgrößen die Überlegenheit der Geldmengenabgrenzung $M\,3$, der mit geringem Abstand im Erklärungswert die Gelddefinition $M\,2$ folgt. Demgegenüber erklärt das reale Pro-Kopf-Einkommen nur 35 % der Veränderung von M 4. Als am wenigsten geeignet erweist sich eine die reine Zahlungsmittelfunktion repräsentierende Bargelddefinition $M\,1$ (5 % Erklärungswert). Für die Bundesrepublik scheint sich demnach die These nicht bestätigen zu lassen, daß die Nachfrage nach sekundärer Liquidität die Nachfrage nach Primärgeld reduziert und in einer wachsenden Wirtschaft steigendes Gewicht auf einen extensiven Geldbegriff gelegt werden müsse[17]. Damit ist die „gross-money-doctrine" von Gur-

[15] J. *Durbin*, G. S. *Watson*, Testing for Serial Correlation in Least Squares Regression (I), Biometrika, 37 (1950), S. 409—428, und (II), Biometrika, 38 (1951), S. 159—178.

[16] C. F. *Christ*, Econometric Models and Methods, New York 1966.

[17] J. G. *Gurley*, E. S. *Shaw*, Money in a Theory of Finance, a.a.O., S. 179.

ley-Shaw nicht prinzipiell widerlegt, namentlich wegen der unterschiedlichen Struktur im deutschen und angelsächsischen Geld- und Kreditwesen. Die Zahlungsfunktion von Spareinlagen und damit Substitution von bestimmten Geldarten ist im internationalen Vergleich unbedeutend. Es wird deutlich, daß langfristig Geld nicht nur als Zahlungsmittel, sondern zunehmend zur Wertlagerung (store of value) fungiert. Damit nähert sich Geld den Eigentümlichkeiten bestimmter Güter, die diese Funktionen auch übernehmen können (Gutscharakter des Geldes).

III. Wachstumsadäquates Einkommen

Im Mittelpunkt der Diskussion der Erklärungsvariablen in der Geldnachfragefunktion stand lange Zeit die Kontroverse um deren Zins- und Einkommensabhängigkeit[18]. Eine die Wachstumsaspekte betonende Untersuchung muß dem Einkommens- gegenüber dem Substitutionseffekt besondere Beachtung schenken, zumal empirische Untersuchungen für die Bundesrepublik eine geringe Zinselastizität ergeben haben[19]. A. A. *Walters* errechnet für Großbritannien von 1880 bis 1961 ebenfalls eine sehr geringe Zinsabhängigkeit[20]. Bei der Untersuchung langfristiger Prozesse lassen sich zwei analytische Budgetkonzepte unterscheiden: erstens die „Wealth-Hypothese", die den Kapitalstock in die Nachfragefunktion integriert[21], zweitens das verbrauchstheoretische Konzept des „Permanent Income"[22] — eine Kombination von Einkommens- und Vermögenshypothese. Veränderungen des Realeinkommens über mehrere Perioden beeinflussen nicht nur unmittelbar das Konsumniveau, sondern tangieren durch Verschiebungen in der Vermögenslage auch mittelbar die ökonomische Verhaltensweise der Wirtschaftssubjekte[23].

---

[18] L. *Harris*, Regularities and Irregularities in Monetary Economics, Essays in Money and Banking in Honour of R. S. Sayers. Eds. C. R. Whittlesey and J. S. G. Wilson, Oxford 1968, S. 85—112; R. L. *Teigen*, The Demand for and Supply of Money, Readings in Money, National Income, and Stabilization Policy, Eds. W. L. Smith and R. L. Teigen, Homewood 1965, S. 44—76.

[19] H. *König*, Einkommenskreislaufgeschwindigkeit des Geldes und Zinssatzveränderungen: Eine ökonometrische Studie über die Geldnachfrage in der BRD, Zeitschrift für die gesamte Staatswissenschaft, 124 (1968), S. 70—90; A. *Woll*, Die Theorie der Geldnachfrage: Analytische Ansätze und statistische Ergebnisse für die Bundesrepublik Deutschland, Zeitschrift für die gesamte Staatswissenschaft, 125 (1969), S. 56—81.

[20] A. A. *Walters*, Money in Boom and Slump, London 1969.

[21] A. H. *Meltzer*, The Demand for Money: The Evidence from the Time Series, The Journal of Political Economy, 71 (1963), S. 219.

[22] M. *Friedman*, The Demand for Money: Some Theoretical and Empirical Results, The Journal of Political Economy, 67 (1959), S. 336.

[23] R. W. *Clower*, M. B. *Johnson*, Income, Wealth and the Theory of Consumption, Value, Capital and Growth. Papers in Honour of J. R. Hicks, Ed. J. N. Wolfe, Edingburgh 1968, S. 79.

Da Vermögen (Wealth) diskontiertes Einkommen darstellt, werden unter der Prämisse konstanter Zinssätze seine Bestandsveränderungen durch den nicht konsumierten Teil des Einkommens bestimmt. Dann variiert der Vermögenszuwachs direkt mit dem Einkommensanstieg, sofern der nicht konsumierte Teil des Einkommens ausreicht, die Vermögensabschreibungen abzudecken[24]. Die Diskussion über den *kurzfristigen Einfluß* von „Wealth" auf das Niveau der ökonomischen Aktivität ist noch durchaus offen. Hier stehen sich zwei Auffassungen gegenüber. Nach einer ersten Ansicht ist ein Zusammenhang zwischen Wachstum und Vermögensniveau zu akzeptieren, eine Preis- und Zinsreagibilität des Vermögens kurzfristig jedoch zu verneinen. Eine zweite Position betrachtet das Vermögen als preis- und zinselastisch, lehnt indessen einen Kapitaleinfluß auf das Wirtschaftswachstum ab[25]. Gleichwohl läßt sich feststellen, daß der Wealth-Ansatz für weitere Untersuchungen zur monetären Stabilisierungspolitik interessante Aspekte bietet.

Die Kombinationsform „Permanent Income" sieht die Kosumentenentscheidung und auch die Geldnachfrage in Abhängigkeit vom langfristig erwarteten Einkommen. Die Hypothese macht das Ausmaß der ökonomischen Aktivität statt von gemessenen Sozialproduktgrößen von Prognosewerten abhängig, die im Hinblick auf ihre statistische Abbildung recht problematisch sind. Wachstumspolitisch ist dieser Ansatz insofern bemerkenswert, als neben Einkommen aus Sachkapital auch solches aus „human capital" berücksichtigt wird. Erwartete Ertragsströme wirken in der Gegenwart sowohl wachstumssteigernd wie -stabilisierend. Bei unregelmäßigen, starken Einkommenserhöhungen folgen die Konsumausgaben nur langsam dem Anstieg et vice versa. Der gleiche Grundzusammenhang gilt für die Geldnachfrage. Er ist ein fruchtbares Erklärungsmoment, um den Widerspruch zwischen den empirisch feststellbaren langfristigen zyklischen Bewegungen der Einkommenskreislaufgeschwindigkeiten zu lösen[26]. Aus dem Befund, daß bei wachsendem Volkseinkommen eine sinkende Einkommenskreislaufgeschwindigkeit (überproportionaler Geldmengenanstieg) auftritt, ergibt sich eine Divergenz zwischen dem langfristigen und kurzfristigen Verlauf der Geldnachfrage. Im Gegensatz zur angebotsdeterminierten Nominalgeldmenge hängen die Realgeldmenge und die Umlaufgeschwindigkeit von Nachfragefaktoren ab: Die Kassenhalter sind nicht in der Lage, die nominelle Geldmenge autonom zu verändern; jedoch beeinflussen die Ausgabeentscheidungen durch die von ihnen induzierten Preis- und Einkommensbewegungen den Realwert ihrer Kassen-

[24] W. J. *Frazer Jr.*, The Demand for Money, Cleveland — New York 1967, S. 143.
[25] B. P. *Pesek*, T. R. *Saving*, Money, Wealth, and Economic Theory, New York — London 1967, S. 285.
[26] M. *Friedman*, The Demand for Money . . ., a.a.O., S. 330.

bestände. Damit bestimmt das Realeinkommen die reale Geldnachfrage. Der überproportionale Anstieg der Geldmenge im langfristigen Wachstum — mit der Konsequenz sinkender Umlaufgeschwindigkeit — kann bei grundsätzlicher Stabilität der Nachfragefunktion auf eine Veränderung der Funktionsvariablen zurückgeführt werden. Dies bedeutet, daß den Ausgabeströmen kurzfristig ein anderes Einkommenskonzept zugrunde liegt als bei längerfristiger Betrachtung. Ein kurzfristig entstehendes Überraschungseinkommen — als Differenz zwischen gemessenem und erwartetem Einkommen eine „transitorische Größe" — wird nach der Dauereinkommens-Hypothese nicht zu weiteren Konsumausgaben führen, sondern eher zur Schuldentilgung oder Kapitalanlage. Als „permanent" gilt ein Einkommenswachstum, wenn es über eine Mindestzahl von Perioden als stabil erwartet wird. Die dafür anzusetzende Zeitspanne reicht in der Literatur von drei Jahren (Friedman) bis zum gesamten „life cycle" (Modigliani). Da die Kassenhalter ihre Nutzenmaximierung auf längere Sicht ausrichten, gehen in ihre Entscheidung Daten aus vorangegangenen Perioden ein. Eine empirische Bestätigung dieser These würde für die Wachstumspolitik besondere Maßstäbe setzen. Drückt sich in der Nachfrage nach Geld ein Lernprozeß aus, der in der Gewichtung vergangener Periodeneinkommen mit einem Reaktionsparameter besteht, so kann die Geldpolitik ohne weiteres auf eine kurzfristige Synchronisation von Liquidität und Volkseinkommen verzichten, die — wie zu zeigen sein wird — technisch ohnehin nur schwer zu bewältigen ist.

Im folgenden seien die Ergebnisse verschiedener empirischer Tests zur monetären Nachfragesituation für die Bundesrepublik Deutschland dargestellt, um daraus Aufschlüsse für eine wachstumsadäquate Geldpolitik aus geldtheoretischer Sicht zu gewinnen. In einer linearen Regressionsanalyse werden die Zusammenhänge zwischen den oben definierten Geldbegriffen *M* 2 und *M* 3 und den wichtigsten Einkommens- und Vermögensabgrenzungen untersucht. Da das reale Volkseinkommen eine hohe Korrelation zum Vermögensbestand aufweist, letzterer jedoch primärstatistisch im Berichtszeitraum nicht erfaßt wurde, kann es als Ersatzgröße für Wealth akzeptiert werden. Als Deflator des Bruttosozialproduktes dient dabei der Preisindex der Lebenshaltung. Das permanente Einkommen wird als das exponentiell gewichtete gemessene Bruttosozialprodukt dargestellt. Üblicherweise werden im Geldnachfragetest Realgrößen verwendet, da die Kassenhalter reale Kasse oder Kaufkraft nachfragen. Da es hier primär auf einen Vergleich konkurrierender Hypothesen ankommt, werden auch nominal formulierte Funktionen getestet. Eine Reihenzerlegung ermöglicht die Ermittlung eines modellgerechten Reaktionsparameters unter dem Kriterium der minimalen quadratischen Abweichung der Prognosewerte von den Meßwerten.

Korrespondierende Trendwerte ergänzen die gewichteten Restkomponenten zu den endgültigen Prognosewerten. Während die oben genannten Variablen als spezielle Ausdrucksformen eines generellen Einkommenseffektes auf die Geldnachfrage zu sehen und daher besonders wachstumsrelevant sind, werden die vom Zinssatz ausgelösten Substitutionseffekte, auf die an anderer Stelle eingegangen wurde[27], nicht weiter untersucht.

Die Geldnachfrage in der Bundesrepublik Deutschland 1949—1966

1. Die Geldnachfrage als Funktion des gemessenen *(g)* Einkommens:

$$M^g 2 = 3{,}6613 + \underset{(64{,}989)}{0{,}6745}\, Y^g \qquad R^2 = 0{,}983 \quad DW = 0{,}55$$

$$M^g 3 = 2{,}9120 + \underset{(60{,}139)}{0{,}9293}\, Y^g \qquad R^2 = 0{,}981 \quad DW = 0{,}50$$

2. Die Geldnachfrage als Funktion des Vermögens *(Y/p = V)*:

$$M^r 2 = 3{,}1774 + \underset{(51{,}362)}{0{,}6727}\, V \qquad R^2 = 0{,}974 \quad DW = 0{,}48$$

$$M^r 3 = 1{,}8526 + \underset{(48{,}146)}{0{,}9412}\, V \qquad R^2 = 0{,}970 \quad DW = 0{,}47$$

3. Die Geldnachfrage als Funktion des permanenten *(p)* Einkommens

$$M^p 2 = 3{,}7570 + \underset{(49{,}245)}{0{,}6802}\, Y^p \qquad R^2 = 0{,}976 \quad DW = 0{,}87$$

$$M^p 3 = 4{,}4227 + \underset{(50{,}032)}{0{,}9211}\, Y^p \qquad R^2 = 0{,}977 \quad DW = 0{,}67$$

[27] A. *Woll*, Die Theorie der Geldnachfrage ..., a.a.O., S. 77.

Unter dem Vorbehalt autokorrelierter Restgrößen zeigt sich eine leichte Überlegenheit des gemessenen Einkommens gegenüber der Vermögens- und Dauereinkommenshypothese. Die Determinationskoeffizienten liegen im Falle des gemessenen Einkommens für beide Gelddefinitionen bei 0,98, für das „permanent income" etwa bei 0,97, ebenso wie bei der Vermögenshypothese, die mit ganz geringem Abstand folgt. Erstens läßt sich daraus keine Schlußfolgerung auf die eindeutige Überlegenheit der einen oder anderen Kassenhaltungshypothese ziehen. Maßgeblich hierfür ist der starke aufsteigende Trend im Berichtszeitraum für die BRD, der ohne gravierende Wachstumsstörungen verlief. Zweitens gilt, daß bei einer Parallelentwicklung von Einkommen und Preisniveau die statistische Hilfskonstruktion des Vermögens als Realeinkommen zu einem tendenziell der Nominaleinkommenshypothese angenäherten Ergebnis führen mußte. Drittens führt die durch die exponentielle Gewichtung mit einem Reaktionsparameter hervorgerufene Verzögerungs- und Glättungswirkung beim permanenten Einkommen zu einer ständigen Prognoseungenauigkeit bei saisonalen Ausschlägen, der die Geldnachfrage nicht folgt. Obwohl die Dauereinkommenshypothese in der kurzfristigen Analyse keine Vorzüge aufweist, zeigt sich ihr analytischer und empirischer Wert langfristig um so deutlicher, besonders wenn die Schrittfolge in der Zeitreihe größere Distanzen enthält und unregelmäßige säkulare Einkommensschwankungen auftreten[28].

IV. Geldangebotspolitik bei zeitlicher Verzögerung

Das permanente Einkommen ist von seiner Konstruktion her ein Modell mit zeitverzögertem Wirkungsmechanismus, bei dem sich der Erwartungswert des Einkommens aus der Differenz zwischen dem Erwartungswert der Vorperiode und dem realisierten Wert der aktuellen Periode ergibt[29]. Für das „timing" von monetären Maßnahmen der Stabilitätspolitik sind solche Verzögerungserscheinungen von erheblicher Bedeutung, da nur ihr Erkennen und ihre Beherrschung eine antizyklische Politik erlauben. Die zielkonforme Dosierung des Geldangebots muß vorhandene time lags berücksichtigen.

Zunächst ist auf die modelltheoretische Gleichgewichtsbedingung der Identität von Geldangebot (M_S) und Geldnachfrage (M_D) einzugehen. In empirischen Untersuchungen werden mangels exakter Zahlen zur individuellen Kassenhaltung in der Regel die Angaben aus der Geldum-

---

[28] M. *Friedman*, The Role of Monetary Policy, The American Economic Review, 58 (1968), S. 1—17.

[29] E. *Malinvaud*, Statistical Methods of Econometrics, Amsterdam 1966, S. 473.

laufstatistik verwendet. Diese stellen eigentlich einen Teil des Geldangebots dar, werden aber als Geldnachfrage interpretiert, da sich die umlaufende Geldmenge stets in den Kassen irgendwelcher Entscheidungseinheiten befinden muß. Dieses partielle Geldangebot, das praktisch die Primärliquidität der Wirtschaft repräsentiert, komplettiert die im Bankbereich zirkulierende Teilgeldmenge zum gesamtwirtschaftlichen Geldangebot. Aufgabe der geldpolitischen Instanzen ist die zielgerechte Steuerung der wirtschaftlichen Aktivität, indem sie mittelbar oder unmittelbar Geld an die Ausgabenträger heranbringt oder es ihnen entzieht. Zielgerecht soll im vorliegenden Zusammenhang eine Geldpolitik genannt werden, die „... einen Anstieg des realen Pro-Kopf-Einkommens über einen längeren Zeitraum ...“[30] hinweg ausreichend finanziert, ohne autonome Störungen zu verursachen. Die in dieser Definition enthaltene Implikation einer Ausweitung des Produktionspotentials verlangt eine mehrperiodige Ausrichtung der notwendigen Geldmengenvariationen. Abgesehen davon, daß eine kurzfristige simultane Stabilisierungspolitik wegen statistischer und administrativer Schwierigkeiten auf kaum überwindbare Probleme stieße, wäre sie auch für das hier vertretene Wachstumskonzept untauglich. Selbst wenn bei der Situationsbeurteilung und beim Mitteleinsatz zeitliche Verzögerungen ausgeschaltet werden könnten, müßte eine an gemessenen Wachstumsraten orientierte Variation der Geldmenge die zeitlichen Dimensionen ihrer Wirkungen berücksichtigen. Eine solche Politik wäre nur dann stabilisierend, wenn der Extremfall eines von Schwankungen völlig freien Wachstums gegeben wäre. In Wirklichkeit verändern sich jedoch die Raten des realen Produktionszuwachses laufend. Der Ursachenzusammenhang zwischen Geldmenge und Wachstum ist deshalb auf den Fall einer Divergenz zwischen realer und monetärer Wirtschaftsentwicklung einzugrenzen. Nur dann wirkt die Geldmenge über die Preiseinflüsse mittelbar auf das Wirtschaftswachstum ein. Die stabilisierende Rolle einer Geldpolitik besteht deshalb in der langfristigen Steuerung von Preisniveau und Beschäftigung, nicht aber in der Lenkung der realen Produktion, die im Gleichgewichtsfall unabhängig von der Geldmengenentwicklung verläuft[31].

Wenn die direkte Wirkung der Geldpolitik in der Kontrolle von Nominalgrößen liegt und reale Größen sich einer direkten Beeinflußbarkeit entziehen, so gibt es doch wichtige Verbindungslinien zwischen der Geldpolitik und dem Wachstum des Realeinkommens[32]. Demnach besteht die

---

[30] A. *Woll*, Wachstum als Ziel ..., a.a.O., S. 14.

[31] E. *Dürr*, Die Ausgestaltung der Geldpolitik auf Grund der neueren geldtheoretischen Erkenntnisse und wirtschaftspolitischen Erfahrungen, Geldtheorie und Geldpolitik. Günter Schmölders zum 65. Geburtstag, Hrsg. C. A. Andreae u. a., Berlin 1968, S. 79.

[32] M. *Friedman*, The Role of Monetary Policy, a.a.O., S. 11.

eine Hauptfunktion der Geldpolitik darin, präventiv gegen Wachstumsstörungen zu wirken, die ihre Ursache in Disproportionalitäten zwischen dem monetären und realen Sektor haben. Die Weltwirtschaftskrise war eine makabre Bestätigung für die Konsequenzen einer bestimmten Geldpolitik. Dagegen ist die zweite, eher wichtigere Funktion der Geldpolitik mehr aktiver Natur: Durch die Stabilisierung des Preisniveaus ist die für die Wahrnehmung aller Wachstumschancen notwendige Vertrauensbasis zu schaffen. Eine solche Politik läßt genügend Spielraum für technologische und marktbedingte Verschiebungen von Knappheitsrelationen. Außerdem kann die Geldpolitik durch Reduzierung der eigentlich notwendigen Liquiditätszufuhr ein budgetär verursachtes explosives Wachstum bremsen.

Bei Einengung oder Ausweitung des Liquiditätsspielraums der Wirtschaft sieht sich die Notenbank mit Problemen der quantitativen Effizienz konfrontiert. Ohne im einzelnen hierauf einzugehen, soll auf die — namentlich institutionell und funktional bedingte — Eingrenzung der Notenbankaktivität kurz hingewiesen werden. So liegt bei Konvertibilität der Währungen und festen Wechselkursen die Manipulation der Gold- und Devisen-Aktiva kaum noch im Einflußbereich der nationalen Notenbank. Der internationale Zusammenhang schränkt darüber hinaus die Möglichkeiten zu kompensatorischen Maßnahmen bei anderen Aktivposten erheblich ein[33]. Unter den binnenwirtschaftlichen Determinanten stellen autonom vereinbarte exzessive Lohnerhöhungen die Notenbank regelmäßig vor eine Entscheidungssituation, nämlich die Alternative zwischen der Hinnahme einer Preisniveauerhöhung oder Beschäftigungsrückgang[34]. Der Grad der geldpolitischen Wirksamkeit hängt daneben von der Eignung der liquiditätsbeeinflussenden Instrumente der Notenbank ab. Wenn auch gesamtwirtschaftlich von einer Verhaltensstabilität der Kassendisponenten ausgegangen werden kann und bei exakt zu definierender Geldmenge die wichtigsten Voraussetzungen für eine funktionsgerechte Geldpolitik vorliegen, so gibt es doch Konstellationen, die die Nichtbanken vorübergehend von der Verfügbarkeit gesetzlicher Zahlungsmittel unabhängig machen. In der Aufschwungphase kann die Gewinnquote und damit verbunden der Grad der Selbstfinanzierung bei allgemein optimistischen Erwartungen die Unternehmer von der Bindung an die Bankenliquidität lösen[35].

Das Schwergewicht der Forschung im Rahmen der Geldangebotstheorie liegt seit einigen Jahren in der Analyse zeitlicher Wirkungsverzögerungen und deren Einfluß auf wirtschaftliche Fluktuationen. Damit wird die lange vertretene These in Frage gestellt, die Geldpolitik eigne sich wegen ihrer raschen und damit leicht voraussehbaren Wirkung zu konjunktur- und wachstumsgerechtem Einsatz. Umgekehrt könnte durch die vorhandenen Wirkungsverschiebungen ein Ursachenzusammenhang zwischen Geldpolitik und Sozialproduktentwicklung verdeckt werden.

---

[33] E. *Dürr*, Die Ausgestaltung ..., a.a.O., S. 81.
[34] F. *Bosch*, R. *Veit*, Theorie der Geldpolitik, Tübingen 1966, S. 99.
[35] J. *Robinson*, Collected Economic Papers, Oxford 1965, S. 128.

Bei der näheren Charakterisierung der Verzögerungen (lags) wird üblicherweise zwischen „inside“ und „outside“ lags unterschieden. Der inside lag umfaßt die Zeitspanne zwischen Indikation, Diagnose und administrativen Maßnahmen, wobei man nach „recognition“ und „action“ lag differenziert. Mit dem outside lag markiert man den gesamten Wirkungsablauf zwischen dem Mitteleinsatz und dem Ende seiner Wirksamkeit. Ob überhaupt und in welchem Umfang dabei die angestrebte Zielsetzung realisiert wird, bleibt offen[36]. Die einfache modelltheoretische Analyse geht bezüglich der zeitlichen Struktur der Wirkungen von einer nicht näher beschriebenen Zeitdimension aus. Konsequenz daraus ist die „single lag“-Betrachtung, die sich auf eine Ermittlung der Gesamtzeitspanne beschränkt. In neueren Untersuchungen dominiert das realistischere, aber statistisch komplexere Konzept der verteilten (distributed) lags[37]. Hierbei handelt es sich um eine Verzögerungsform, bei der die partiellen Wirkungen im Gesamtzeitablauf unterschiedlich gestaffelt sind. Die Wirkungsintensität der einzelnen Teilperioden wird in lag-Koeffizienten oder Reaktionsparametern zum Ausdruck gebracht.

Für diese Untersuchung wird vereinfacht folgender Zusammenhang vorausgesetzt: Die Verzögerungswirkungen treten einmal im realen Sektor auf zwischen Auftragsbestand, Realeinkommen der Vorperiode und effektiver Investitionsausgabe. Als lag-Gleichung formuliert ergibt sich für diese Beziehung:

$$\Delta Y_t = K + \alpha_1 (\Delta A)_t + \beta_1 (\Delta Y)_{t-1} ,$$

wobei K eine Konstante, ΔA die Auftragsveränderung und Y das Realeinkommen bezeichnen; α und β sind Regressions- bzw. lag-Koeffizienten[38]. Für die monetäre Seite kann ein ähnlicher Zusammenhang unterstellt werden. Danach würde die *reale* Geldmengenveränderung (ΔM) von einer Konstanten K, von der Änderung der Zinsrate i sowie der Geldmengenänderung der Vorperiode abhängen:

$$\Delta M_t = K + \alpha_2 (\Delta i)_t + \beta_2 \; (\Delta M)_{t-1} .$$

Vereinfachend wird in der Größe i ein repräsentatives Instrument der Geldmengenpolitik gesehen. Sie ist zugleich ein Bindeglied zwischen Geld- und Gütersektor. Die Berücksichtigung der Geldmenge der Vor-

---

[36] A. *Woll*, Einige geldpolitische Aspekte in der monetären Theorie der Gegenwart, Geldtheorie und Geldpolitik. Günter Schmölders zum 65. Geburtstag, a.a.O., S. 71.

[37] J. *Kareken*, R. M. *Solow*, Lags in Monetary Policy, Stabilization Policies, Ed. E. C. Brown u. a., Englewood Cliffs 1963, S. 26.

[38] J. *Kareken*, R. M. *Solow*, Lags ..., a.a.O., S. 27.

periode in der Regressionsgleichung bringt rekursiv den Zinseinfluß der Vorperiode zur Geltung. Hierin zeigt sich eine methodische Übereinstimmung zum nachfragetheoretischen Konzept des permanenten Einkommens, das ebenfalls ein distributed lag-Modell darstellt. Durch Aufsummierung der lag-Koeffizienten läßt sich daraus die Gesamtdauer der lag-Periode bestimmen; ihre Struktur kennzeichnen die in geometrischer Reihe fallenden lag-Koeffizienten. Die Berechnung der Strukturparameter wird hier nicht vorgelegt. Dagegen wird die gesamte Zeitdauer des Wirkungszusammenhanges vom Einsatz der geldpolitischen Maßnahmen (Zinspolitik) bis zum Beginn des erwünschten konjunkturellen Umschwungs sowie bis zum Ende der dadurch eingeleiteten Phase empirisch ermittelt. Ein derartiges Vorgehen, bei dem der Zeitraum zwischen geldpolitischer Aktion und konjunkturellem Wendepunkt als „der Wirkungslag" diagnostiziert wird, ist natürlich problematisch, wie Culbertson besonders hervorgehoben hat[39]. Seine Kritik richtet sich unter anderem gegen die in solchen Verfahren enthaltene Hypothese, daß die entsprechende geldpolitische Maßnahme den dominierenden Einflußfaktor der wirtschaftlichen Aktivität darstellt. Weiter betrifft sie die zugrundegelegte Eindeutigkeit in der Richtung der Verursachung. Sie läuft von der Geldmengenvariation zur Einkommensvariation. Gegengerichtete oder zirkulare Beziehungen werden nicht eingeschlossen. Die Analyse basiert auf saisonbereinigten Vierteljahreszahlen der Geldmenge und des Sozialproduktes für den Zeitraum von 1950—1966. Als Basiszeitpunkt für die geldpolitischen Aktionen der Notenbank wurden die jeweiligen Veränderungen des Diskontsatzes gewählt. Der recognition lag ist in der Erfassung des Wirkungszeitraums nicht enthalten. Für seine Ermittlung wäre die Kenntnis der relevanten Konjunkturindikatoren erforderlich.

Seit dem dritten Quartal des Jahres 1967 befindet sich die Bundesrepublik in der Aufschwungphase ihres fünften Nachkriegsbooms. Die Beobachtung der vier voraufgegangenen Konjunkturzyklen zeigt unterschiedliche Konstellationen für die Auf- und Abschwungperioden sowie die begleitenden expansiven und kontraktiven Maßnahmen der westdeutschen Zentralbank. Es empfiehlt sich eine getrennte Messung von Diskontsatzwirkungen in Expansions- und Kontraktionsperioden, wobei jeweils vom Zeitpunkt des Tendenzumschwungs der amtlichen Diskontpolitik ausgegangen wird. Die Tendenzen beginnen für die vier Expansionsabschnitte mit folgenden Zeitpunkten und weisen bis zum jeweiligen Einsetzen des konjunkturellen Aufschwungs die nachstehenden Zeitspannen in Monaten auf:

---

[39] J. M. *Culbertson*, Friedman über den Wirkungslag der Geldpolitik, Geld- und Bankpolitik, Hrsg. E. Dürr, Köln — Berlin 1969, S. 138.

Expansionspolitik in der BRD

Phase	1. Senkung des Diskontsatzes	Einsetzen des Aufschwg.	Zeitsp. in Monat.	Ende der Aufschwg.-phase	Zeitsp. in Monat.
I.	29. 5. 52	Jan. 54	19	Sept. 55	39
II.	6. 9. 56	Jan. 59	28	Dez. 59	39
III.	11. 11. 60	Jan. 63	26	Dez. 63	38
IV.	6. 1. 67	Juli 67	6	—	—

Die Politik der Geldmengenausweitung erfolgte im Untersuchungszeitraum durch eine stufenweise Reduktion des Notenbankdiskontsatzes, wobei zwischen drei und fünf Senkungen unterschiedlichen Ausmaßes erfolgten. Die Wirkung jeder einzelnen Diskontsenkung läßt sich nicht isolieren. Es muß hier genügen, die Wirkungszeitspanne ab der ersten Diskontermäßigung festzustellen. Daß dies eine starke Vereinfachung darstellt und namentlich die Wirkungen der staatlichen Fiskalpolitik ignoriert, wird in der vierten Phase deutlich, bei der die Wende zum Aufschwung primär durch Expansionsmaßnahmen anderer Art herbeigeführt worden sein dürfte. Für die ersten drei Abschnitte zeigt sich eine beachtlich lange — wenngleich unterschiedliche — Dauer zwischen erster Diskontsenkung und dem Beginn anschließenden Aufschwungs. Dagegen liegt der Endzeitpunkt der folgenden Aufschwungphase ziemlich einheitlich 38 bis 39 Monate nach dem Beginn der Expansionspolitik. Aus den verfügbaren Werten läßt sich ablesen, daß mit Hilfe des Diskontsatzes zwar eine sofortige spürbare Veränderung der Geldmenge erzielt werden kann, jedoch eine kurzfristige Tendenzwende in Richtung Aufschwung nicht zu erwarten ist. Das schließt freilich nicht aus, daß die expansiven Maßnahmen den abwärtsgerichteten Konjunkturtrend schwächen.

Die Kontraktionswirkungen der Zinspolitik weichen demgegenüber von dem oben ermittelten Ergebnis erheblich ab. Zwar zeigt die Gesamtdauer der Periode zwischen der ersten Anhebung der Diskontsätze und dem Ende der darauffolgenden Abschwungphase für die untersuchten vier Zyklen ebenfalls eine relative Konstanz mit durchschnittlich 33½ Monaten. Die Bremswirkung einer ersten Diskontsatzerhöhung setzt jedoch ziemlich unvermittelt nach ein bis fünf Monaten ein.

Auch hier fällt der vierte Konjunkturzyklus aus dem Rahmen, da die aus anderen Gründen notwendig gewordene Kontraktionspolitik der Notenbank erst über zwölf Monate nach dem im Januar 1964 einsetzenden wirtschaftlichen Abschwung begann.

Kontraktionspolitik in der BRD

Phase	1. Anhebg. des Diskontsatzes	Einsetzen des Abschwungs	Zeitsp. in Monaten	Ende der Abschwg.-phase	Zeitsp. in Monaten
I.	27. 10. 50	März 51	5	Jan. 54	38
II.	4. 8. 55	Sept. 55	1	Jan. 59	41
III.	4. 9. 59	Jan. 60	4	Okt. 61	25
IV.	22. 1. 65	Jan. 64	— 12	Juli 67	30

Eine auf Glättung der Wachstumsschwankungen gerichtete Geldpolitik kann davon ausgehen, daß zwischen geldpolitischen Maßnahmen (Diskontpolitik) und der Liquiditätsveränderung für die Bundesrepublik Deutschland keine nennenswerte zeitliche Verzögerung vorliegt. Daraus folgt, daß die zusätzliche Liquidität zumindest für eine bestimmte Zeit von den Kassendisponenten absorbiert und damit eine expansiv orientierte Politik erst mit starker Verzögerung wirksam wird. Die Reaktionszeit für die gesamtwirtschaftliche Aktivität auf einen Liquiditätsentzug durch Notenbankmaßnahmen ist indessen wesentlich kürzer. Diese Tatsache erhärtet die im ersten Teil formulierte Hypothese, daß die deutsche Wirtschaft nicht in der Lage war, primäre durch sekundäre Liquidität zu ersetzen und so die kontraktiven Zentralbankmaßnahmen zu unterlaufen.

V. Thesen für die monetäre Stabilisierungspolitik im Wirtschaftswachstum

1. Das Wirtschaftswachstum beeinflußt die Geldqualität. Die reine Zahlungsmittelfunktion des Geldes wird zurückgedrängt, die der Wertlagerungsfunktion (store of value) verstärkt sich.

2. Die Geldpolitik muß im Wachstum die Verbrauchsgewohnheiten einbeziehen. Für die langfristige Geldpolitik ergibt sich daraus eine Ausrichtung am erwarteten Einkommen (permanent income) bzw. am Kapitalbestand (wealth), für die kurzfristige Politik die Orientierung am gemessenen Einkommen.

3. Da zeitliche Wirkungsverzögerungen bestehen, kann jedoch die Ausrichtung am gemessenen Einkommen nur einseitig wachstumspolitische Ziele in der gewünschten Weise erreichen, nämlich in der Dämpfung der wirtschaftlichen Aktivität.

4. Lassen sich die hier vorgelegten Ergebnisse durch weitere empirische Untersuchungen bestätigen, wäre der Geldpolitik ein Verzicht auf kurzfristige Stabilisierungsmaßnahmen nahezulegen, sofern nicht die lag-Dauer verkürzt werden kann. Wegen der aus dem timing-Problem heraus zu erwartenden prozyklischen Effekte einer stark schwankenden Geldausweitung wäre daran zu denken, daß sich die Geldpolitik am langfristig vermuteten Durchschnittswachstum des Sozialprodukts orientiert. Diese Politik (rules versus authorities) würde zwar keine Garantie für eine absolute monetäre Stabilität bieten, aber am ehesten geeignet sein, Preisstabilität und Wachstum zu vereinbaren.

Literatur

Bosch, F. — *Veit*, R.: Theorie der Geldpolitik, Tübingen 1966.

Clower, R. W. — *Johnson*, M. B.: Income, Wealth and the Theory of Consumption, Value, Capital and Growth. Papers in Honour of J. R. Hicks, Ed. J. N. Wolfe, Edinburgh 1968, 45—96.

Christ, C. F.: Econometric Models and Methods, New York 1966.

Culbertson, J. M.: Friedman über den Wirkungslag der Geldpolitik, Geld- und Bankpolitik, Hrsg. E. Dürr, Köln — Berlin 1969, 134—141.

Durbin, J. — *Watson*, G. S.: Testing for Serial Correlation in Least Squares Regression (I), Biometrika, 37 (1950), 409—428, und (II), Biometrika, 38 (1951), 159—178.

Dürr, E.: Die Ausgestaltung der Geldpolitik aufgrund der neueren geldtheoretischen Erkenntnisse und wirtschaftspolitischen Erfahrungen, Geldtheorie und Geldpolitik. Günter Schmölders zum 65. Geburtstag, Hrsg. C. A. Andreae u. a., Berlin 1968, 77—94.

Ettin, E. C.: The Development of American Financial Intermediaries, The Quarterly Review of Economics and Business 1963, 51—65; wiederabgedruckt in: Monetary Economics: Readings, Ed. A. D. Entine, Belmont 1968, 57—75 (zit.).

Feige, E. L.: The Demand for Liquid Assets: A Temporal Cross-Section Analysis, Englewood Cliffs, 1964.

— Expectations and Adjustments in the Monetary Sector, The American Economic Review, 57 (1967), Pap. and Proceed., 462—473.

Frazer Jr., W. J.: The Demand for Money, Cleveland — New York 1967.

Friedman, M.: The Quantity Theory of Money — A Restatement, Studies in the Quantity Theory of Money, Ed. M. Friedman, Chicago 1956, 3—21.

— The Demand for Money: Some Theoretical and Empirical Results, The Journal of Political Economy, 67 (1959), 327—351.

— The Role of Monetary Policy, The American Economic Review, 58 (1968), 1—17.

Friedman, M. — *Schwartz*, A. J.: A Monetary History of the United States, 1867—1960, Princeton 1963.

Gurley, J. G. — *Shaw*, E. S.: Money in a Theory of Finance, Washington 1960.

Harris, L.: Regularities and Irregularities in Monetary Economics, Essays in Money and Banking in Honour of R. S. Sayers, Ed. C. R. Whittlesey and J. S. G. Wilson, Oxford 1968, 85—112.

Hicks, J. R.: Critical Essays in Monetary Theory, Oxford 1967.

Johnson, H. G.: Monetary Theory and Policy, The American Economic Review, 52 (1962), 335—384.

Kareken, J. — *Solow*, R. M.: Lags in Monetary Policy, Stabilization Policies, Ed. E. C. Brown u. a., Englewood Cliffs 1963, 14—96.

König, H.: Einkommenskreislaufgeschwindigkeit des Geldes und Zinssatzveränderungen: Eine ökonometrische Studie über die Geldnachfrage in der BRD, Zeitschrift für die gesamte Staatswissenschaft, 124 (1968), 70—90.

Laidler, D.: Some Evidence on the Demand for Money, The Journal of Political Economy, 74 (1966), 55—68.

Latané, H. A.: Cash Balances and the Interest Rate — A Pragmatic Approach, The Review of Economics and Statistics, 36 (1954), 456—460.

Malinvaud, E.: Statistical Methods of Econometrics, Amsterdam 1966.

Meltzer, A. H.: The Demand for Money: The Evidence from the Time Series, The Journal of Political Economy, 71 (1963), 219—246.

Pesek, B. P. — *Saving*, T. R.: Money, Wealth, and Economic Theory, New York — London 1967.

Robinson, J.: Collected Economic Papers, Oxford 1965.

Selden, R. T.: Monetary Velocity in the United States, Studies in the Quantity Theory of Money, Ed. M. Friedman, Chicago 1956, 179—257.

Teigen, R. L.: The Demand for and Supply of Money, Readings in Money, National Income, and Stabilization Policy, Ed. W. L. Smith and R. L. Teigen, Homewood 1965, 44—76.

Walters, A. A.: Money in Boom and Slump, London 1969.

Woll, A.: Einige geldpolitische Aspekte in der monetären Theorie der Gegenwart, Geldtheorie und Geldpolitik. Günter Schmölders zum 65. Geburtstag, Hrsg. C. A. Andreae u. a., Berlin 1968, 65—75.

— Wachstum als Ziel der Wirtschaftspolitik, Tübingen 1968.

— Die Theorie der Geldnachfrage: Analytische Ansätze und statistische Ergebnisse für die Bundesrepublik Deutschland, Zeitschrift für die gesamte Staatswissenschaft, 125 (1969), 56—81.

Committee on the Working of the Monetary System. Report, Cmnd. 827, London 1959.

Arbeitsorientierte Wachstumspolitik

(Zur politischen Ökonomie der Arbeit)

Von Prof. Dr. *Hans Peter Widmaier* (Regensburg)

Überblick

Der folgende Beitrag soll Gedanken zur politischen Ökonomie der Arbeit vermitteln. Ein dogmengeschichtlicher Exkurs verweist zunächst darauf, daß die Beschäftigung mit dem Bildungsprozeß und dem Zusammenhang zwischen Bildung und ökonomischen Prozessen im Grunde eine Wiederbelebung einer traditionellen Fragestellung der politischen Ökonomie ist. Die pessimistische Prognose der Klassiker über das Einmünden der wirtschaftlichen Entwicklung in einen stationären Zustand lenkt die Aufmerksamkeit auf diesen. In der Neoklassik werden die Probleme der Produktionsfaktoren vernachlässigt und in den sogenannten Datenkranz verbannt. Die ökonomische Theorie mündet selbst in einen stationären Zustand. Auch die moderne Wachstumstheorie behandelt als Kapitaltheorie den Faktor Arbeit noch als exogene bzw. homogene Größe, deren Entwicklung vorgegeben ist. Erst wachstums*politische* Überlegungen führen wieder zur Frage der Entwicklung der Produktivkräfte zurück (Abschnitt I).

Nach einer ‚neomerkantilistischen' Phase der Bildungs- und Arbeitsmarktforschung wird in diesem Beitrag die *These* vertreten, daß *bei zunehmender Flexibilität der Ausbildung die volle Entwicklung der Fähigkeiten der Bevölkerung die angemessenste Wachstumspolitik ergibt.* Dem stehen schon bei der Allokation der volkswirtschaftlichen Ressourcen zwischen privatem und öffentlichem Sektor Hindernisse entgegen. Die Unterversorgungsthese wird mit Hilfe der ökonomischen Theorie der Demokratie (Schumpeter/Downs), der Theorie der Gruppe (Olson) und der Theorie der Bürokratie (Tullock) für den Bereich der Bildung begründet. Die Durchsetzung des ökonomischen Rationalprinzips in allen Lebensbereichen — wie sie Schumpeter prognostizierte — entzieht dem System anscheinend selbst die Grundlage. Verlangt werden deshalb sowohl eine Verbesserung der demokratischen Entscheidungssysteme als auch die Abkehr vom taktischen Kalkül und kurzlebigen Kompromiß hin zum strategischen Handeln in der Wirtschaftspolitik (Abschnitt II).

Eine erste Basis dafür bietet die sich rasch entwickelnde interdisziplinär organisierte *Zukunftsforschung*. Aus der zukunftsorientierten Bildungs- und Arbeitsmarktforschung werden einige ausgewählte Beispiele dargestellt, die besonderen Bezug zur Hauptthese haben: Die Übertragung des Systemgedankens, die Feed-back-Problematik und die Frage der Flexibilität in bezug auf die Entwicklung der Fähigkeiten der Menschen (Abschnitt III).

Mit der Frage der Vermittlung wissenschaftlicher Informationen zur Zukunft über den Kommunikationszusammenhang zwischen Politik, Wissenschaft und Öffentlichkeit und die damit verbundenen Lernprozesse wird die Brücke zwischen der Hauptthese des Beitrags und den politischen Entscheidungssystemen geschlagen (Abschnitt IV).

Sieben Thesen fassen die Grundgedanken des Beitrags nochmals zusammen.

I. Dogmengeschichtlicher Exkurs

1. Bereits die *merkantilistische Entwicklungspolitik* ist ausdrücklich auf den Faktor Arbeit als einer entscheidenden Produktivkraft des wirtschaftlichen Entwicklungsprozesses gerichtet. In den verstreuten Traktaten des merkantilistischen Schrifttums erscheint durchgängig die Vorstellung, daß die wirtschaftliche Entwicklung hauptsächlich von der quantitativen Zunahme und der qualitativen Verbesserung der menschlichen Arbeitskraft bestimmt wird[1]. Der Förderung derjenigen Berufe, die gemäß ihrer wirtschaftlichen Bedeutung damals im Vordergrund standen — nämlich Kaufleute und Handwerker — gilt ihre besondere Aufmerksamkeit. Demgegenüber wird der allgemeinen Volksbildung in den Texten der deutschsprachigen Kameralisten mehr Raum eingeräumt.

2. In der Zeit des Übergangs vom Merkantilismus zur *Physiokratie* versucht Sir William Petty erste Vorstellungen vom in der englischen Bevölkerung inkorporierten Kapitalwert zu entwickeln[2]. Die Frage nach dem Wert des Menschen (und damit der Arbeitskraft) tritt in den Blickpunkt. Als Wertmaßstab erscheint die Arbeitszeit, welche die Austauschverhältnisse der Waren bestimmt (Arbeitswertlehre). Noch stär-

---

[1] Vgl. z. B. Thomas *Mun*, Englands Treasure by Foreign Trade, London 1753 (1664); J. J. *Becher*, Politischer Discurs von den eigentlichen Ursachen des Auff- und Abnehmens der Städte, Länder und Republiken in specie wie ein Land volckreich und nahrhaft zu machen und in eine rechte Societatem civilem zu bringen, Frankfurt 1673 (1667).

[2] Vgl. The Economic Writings of Sir William *Petty*, hrsg. von C. M. Hull, 2. Bd., Cambridge 1899 (erste Veröffentlichung des „Verbum sapienti“ 1661).

ker tritt die Wertfrage bei R. Cantillon in den Vordergrund[3]. Über die Untersuchung der Beschäftigungssituation der Bauern und Handwerker skizziert er die Verknüpfung zwischen Bildung und Beschäftigungsmöglichkeit und erklärt zugleich die Unterschiede im Einkommen aus den Differenzen im Bildungsaufwand. Die Angebots- und Nachfragerelationen werden über den Preismechanismus reguliert. Die Überlegungen zur aktiven (staatlichen) Entwicklung der Produktivkraft Arbeit treten immer mehr in den Hintergrund.

3. Die *englische Klassik* bietet erstmals ein konsistentes System der Zusammenhänge zwischen den klassischen Produktionsfaktoren Arbeit, Kapital und Boden[4]. Psychologische, ökonomische und technologische Regeln geben die Basis der Argumentation ab: So die Malthussche Bevölkerungsthese, das Gesetz vom abnehmenden Grenzertrag, die These von der Profitmotivation und schließlich lohntheoretische Überlegungen (Existenzminimumtheorie, Lohnfondstheorie). Der Grundtenor ist pessimistisch: Die säkulare Entwicklungstendenz der kapitalistischen Wirtschaft ist als ein Übergang von raschem Wachstum zu einem Endzustand der säkularen Stagnation zu umschreiben.

4. Dabei folgt die Argumentation der englischen Klassiker etwa folgender Linie: Besonderes Kennzeichen der kapitalistischen Entwicklung ist die hohe Akkumulationsrate. Sie führt zu einer starken Produktionssteigerung und damit zugleich zu einer Erhöhung der Nachfrage nach Arbeitskräften; die Löhne steigen. Bei tendenziell steigenden Löhnen wächst die Bevölkerung gemäß der einfachen Annahme einer Relation zwischen Einkommens- und Bevölkerungsveränderung. Die natürliche Begrenzung der Landressourcen führt zu einem abnehmenden Durchschnittsertrag des Faktors Arbeit. Die steigenden Löhne einer wachsenden Arbeitsbevölkerung reduzieren die Profitchancen der Unternehmer und schwächen damit den Anreiz zur Investition. Das System mündet in einen stationären Zustand.

5. In der kritischen Auseinandersetzung mit dem klassischen System und in Anknüpfung an die pessimistische Sicht der Klassiker entwickeln Karl *Marx* und Josef *Schumpeter* eigenwillige, impressionistische Überlegungen zum kapitalistischen Entwicklungsprozeß. Das Marxsche Werk blieb unvollendet, Schumpeters oft geniale Gedanken waren zunächst einseitig auf den Unternehmer als der treibenden Kraft des wirtschaftlichen Entwicklungsprozesses gerichtet.

6. Die Auseinandersetzung mit dem Kapitalismus des 19. Jahrhunderts durch Karl Marx gilt der Befreiung der Arbeiterklasse. Seine

---

[3] R. *Cantillon*, Abhandlung über die Natur des Handels im allgemeinen, Jena 1931 (1755).

[4] Vgl. dazu W. J. *Baumol*, Economic Dynamics, New York, 2. Auflage, 1959, S. 13 ff.

Ausbeutungs- und Verelendungstheorie bilden zusammen mit einer Stufentheorie der gesellschaftlichen Entwicklung die Begründung für die Notwendigkeit einer Ablösung des kapitalistischen Systems.

7. Auch Schumpeters Prognose der Entwicklung des Kapitalismus ist in einer späteren Phase seiner wissenschaftlichen Entwicklung pessimistisch. Allerdings begründet er die Selbstzerstörungsthese anders als Marx. Zunächst rückt er in seiner frühen Entwicklungstheorie den Innovationsprozeß als treibende (und erhaltende) Kraft im kapitaltischen System noch in den Vordergrund[5], prognostiziert aber später den Übergang vom Kapitalismus zum Sozialismus. Dieser Übergang erfolgt durch die Säkularisierung und Rationalisierung des ideologischen Überbaus bei steigendem Wohlstand und durch den damit verbundenen Verlust der Legitimationsbasis des alten Systems. Schumpeter spricht von der durch den kapitalistischen Prozeß geschaffenen „allgemeinen Feindseligkeit gegen seine eigene soziale Ordnung"[6].

8. Der feste Glaube der Klassiker an das Einmünden der wirtschaftlichen Entwicklung in einen stationären Zustand veranlaßte die *Neo-Klassiker,* sich im Rahmen einer allgemeinen Gleichgewichtstheorie besonders intensiv mit der stationären Wirtschaft zu beschäftigen. Unsere Wissenschaft mündet selbst in einen ‚stationären Zustand' — insbesondere im Hinblick auf die Fragestellung dieses Berichts. Das wohl interessanteste Problem der politischen Ökonomie, die Frage nach den Ursachen der Entwicklung der Produktivkräfte und des Wohlstandes wurde ausgeklammert[7]. Die Produktivkräfte erscheinen nur noch als Daten des Wirtschaftsablaufs, als exogene Größen der Theorie[8]. Ihre Erforschung wurde an andere Disziplinen delegiert[9].

9. Noch in der *Konjunkturtheorie* liegt der Hauptakzent auf der Veränderung der Nachfrage nach Gütern und Dienstleistungen bei gegebener Ausstattung mit Produktionsfaktoren (als Daten). In bezug auf den Bereich der Arbeitskräfte dominiert in der Zeit zwischen den Welt-

---

[5] J. *Schumpeter,* Theorie der wirtschaftlichen Entwicklung, 2. Aufl., München und Leipzig 1926. Ähnlich vorher auch Marx/Engels im Kommunistischen Manifest: „Die Bourgeoisie kann nicht existieren, ohne die Produktionsinstrumente, also die Produktionsverhältnisse, also sämtliche gesellschaftlichen Verhältnisse fortwährend zu revolutionieren." K. *Marx,* Die Frühschriften, Kröner Stuttgart 1953, S. 528.

[6] J. *Schumpeter,* Kapitalismus, Sozialismus und Demokratie, 2. Aufl., Bern 1950, S. 231.

[7] Man vergleiche aber die Theorie der produktiven Kräfte von Friedrich *List,* Das nationale System der politischen Oekonomie, Basel 1959.

[8] W. *Eucken,* Die Grundlagen der Nationalökonomie, 6. Aufl., Heidelberg 1950, S. 156. Vgl. dazu auch die Überlegungen und kritischen Bemerkungen von W. *Vogt,* Über die Theorie des wirtschaftlichen Wachstums und ihre Bedeutung, in: De Economist, Jg. 115, Nr. 5, 1967, S. 562.

[9] E. *Schneider,* Einführung in die Wirtschaftstheorie Teil II, 11. Aufl., Tübingen 1967, S. 271.

kriegen die keynesianische Fragestellung nach Vollbeschäftigung eines gegebenen Bestands an Arbeitskräften.

10. Veränderte wirtschaftspolitische Konstellationen nach dem zweiten Weltkrieg wirken auch auf die Theoriebildung. Während in den dreißiger Jahren Wohlstandsmehrung durch eine bessere Auslastung der Kapazitäten möglich ist, verlagert sich nach dem Erreichen der Vollbeschäftigung der Akzent in Richtung einer Vermehrung der Produktivkräfte und der Steigerung ihrer Leistungsfähigkeit. Die *moderne Wachstumstheorie* widmet sich der Fragestellung einer Entwicklung der Produktivkräfte bei Übereinstimmung von Angebot und Nachfrage (Marktgleichgewicht).

11. Das Hauptaugenmerk der theoretischen Überlegungen liegt zunächst auf dem Faktor Kapital, so daß man besser von einer *Kapitaltheorie* sprechen sollte[10]. Die Arbeitskraft wird nicht nur als homogene Größe angesehen, sondern ihre Entwicklung den Modellüberlegungen auch exogen vorgegeben. Dies gilt sowohl für die *postkeynesianischen Varianten,* in denen Arbeit als komplementärer Faktor erscheint, aber exogen vom Modell bestimmt ist, als auch für die *neoklassischen Varianten,* die von der Substitutionshypothese ausgehen, und in denen die Bevölkerungsentwicklung ebenfalls exogen vorgegeben ist.

12. Differenzierungen der neoklassischen Varianten erfolgten durch die Aufgabe der Homogenitätshypothese beim Faktor Kapital (vintage-approach) und die Einführung eines dritten Produktionsfaktors, der als ‚technischer Fortschritt' oder ‚Residualfaktor' bezeichnet wurde[11]. Auch dieser ist zunächst dem Modell exogen vorgegeben. Empirische Untersuchungen der Wachstumsdeterminanten zeigen seine außerordentliche quantitative Bedeutung: Die Hälfte oder gar zwei Drittel des wirtschaftlichen Wachstums müssen dem dritten Produktionsfaktor zugeschrieben werden. Damit wurden zugleich die unrealistischen Prämissen der Wachstumstheorie bloßgelegt; denn eine Theorie, die bis zu zwei Drittel des zu erklärenden Phänomens unerklärt läßt, taugt nicht viel.

13. Man ging dazu über, die Determinanten des dritten Faktors selbst zu untersuchen. Eine Fülle bildungsökonomischer Arbeiten wäre hier zu nennen[12]. Die Ergebnisse blieben außerordentlich kontrovers. So kontrastiert die Ausgangshypothese einer weltweit beachteten Studie

[10] H. *Riese,* Mittelfristiges wirtschaftliches Wachstum und neoklassische Wachstumstheorie, in: KYKLOS, Bd. 8 (1965), S. 80 ff. C. C. *v. Weizsäcker,* Bemerkungen zu einem „Symposium" über Wachstumstheorie und Produktionsfunktionen, in: KYKLOS, Bd. 16 (1963), S. 438 ff.

[11] Vgl. den Konferenzbericht der OECD, The Residual Factor and Economic Growth, Paris 1964.

[12] Vgl. das Literaturverzeichnis in H. P. *Widmaier* und Mitarbeiter, Zur Strategie der Bildungspolitik, Bern 1968.

von E. F. Denison[13] — rund 60 % aller Einkommensunterschiede in der Bevölkerung könnte dem Faktor Bildung zugeschrieben werden — sehr stark mit empirischen Befunden anderer Forscher[14], die in einem Regressionsansatz nur zwischen 8 und 12 % der Einkommensunterschiede auf den Faktor Bildung zurückführen konnten. Gemäß seiner (offensichtlich unrealistischen) Annahme hat Denison den Beitrag des Faktors Bildung zum Produktionswachstum in der letzten Generation in den USA auf rund 25 % geschätzt. Dieser Anteil erhöht sich sogar auf 40 %, wenn die Produktion pro Kopf (d. h. die Wohlstandszunahme) betrachtet wird. Trotz der widersprüchlichen Ergebnisse ist der entscheidende Schritt der Bildungsökonomik darin zu sehen, daß die Entwicklung der Fähigkeiten des Menschen wieder wissenschaftlicher Reflexion zugänglich gemacht wurde.

14. An diese Überlegungen haben *wachstumsorientierte Bedarfsuntersuchungen* angeknüpft und erste Anhaltspunkte für eine gleichmäßige Entwicklung (konstante Wachstumsrate des BSP) zu ermitteln versucht. Ausgehend von gesamtwirtschaftlichen Überlegungen zum Wachstumspotential der untersuchten Gebiete wurden reale Bedarfsgrößen für verschiedene Arten und Stufen von Berufsqualifikationen abgeleitet, die ihrerseits Hinweise für die Durchführung von Bildungsinvestitionen ergaben[15].

15. Gemeinsam ist diesen Untersuchungen die Strategie des gleichmäßigen Wachstums von Ausbildungskapital, Produktionspotential und sozio-ökonomischer Entwicklung (Bevölkerung)[16]. Eine Antizipierung von Engpässen und Überschüssen im Faktorangebot (hier Faktor Arbeit) soll dazu dienen, durch entsprechende Maßnahmen auf dem Arbeitsmarkt und im Bildungssystem eine Verringerung der durch die Ungleichgewichtssituationen entstehenden volkswirtschaftlichen Kosten zu veranlassen.

16. Die technologisch orientierten Studien[17] haben zudem auf die im Bereich der Sozialinvestitionen wirksamen Akzeleratorprozesse und die Einflüsse von Ersatzinvestitionszyklen in den Realreihen hingewiesen.

---

[13] E. F. *Denison*, The Sources of Economic Growth in the United States and the Alternatives before Us, New York 1962.

[14] W. Z. *Hirsch*, E. W. *Segelhorst*, Incremental Income Benefits of Public Education, in: The Review of Economics and Statistics, Bd. 47 (1965), S. 392 ff.

[15] Vgl. die Untersuchungen von: H. *Riese*, die Entwicklung des Bedarfs an Hochschulabsolventen in der Bundesrepublik Deutschland, Wiesbaden 1967, H. P. *Widmaier*, Bildung und Wirtschaftswachstum, Eine Modellstudie zur Bildungsplanung, Villingen 1966.

[16] H. P. *Widmaier*, B. *Frey*, Wachstumstheorie und Bildungsökonomik, in: Konjunkturpolitik, 13. Jg., Heft 3, 1967, S. 129 ff.

[17] Wegen der Vernachlässigung des Preissystems und der Beschränkung auf Realgrößen und technischen Relationen spricht man in diesem Zusammenhang von *technologischen Ansätzen*.

Sollte es möglich sein, die technologische Entscheidungsregel weiter zu differenzieren — besonders im Hinblick auf einige problematische Annahmen[18] — und zugleich in einen Zusammenhang mit den hier gemachten Ausführungen zur Rationalitäts- und Entscheidungsproblematik zu bringen, so könnte die Planung nicht unwesentlich verbessert werden. Nur durch die Überwindung des bisherigen ‚methodischen Rigorismus' (Riese) und durch den Einbezug von Entscheidungsregeln gesellschaftspolitischer, ökonomischer und technologischer Art kann die Unsicherheit in bezug auf eine rationale Allokation der Bildungsinvestitionen tendenziell verringert werden.

17. Neben der Erklärungsversuchen wirtschaftlichen Wachstums und bedarfsorientierten Studien stehen die *normativen Ansätze der Wachstumstheorie* heute im Zentrum der wirtschaftspolitischen Auseinandersetzung. Mit Recht werden Optimierungsmodelle, die von der Prämisse der Konsummaximierung ausgehen, einer starfen Kritik unterzogen[19]. Die Voraussetzung, „die Menschen erstrebten ein Maximum an Konsum — so als ob dies das Selbstverständlichste von der Welt wäre" (E. Preiser), erscheint gerade im Hinblick auf die zunehmende Kritik an der Konsumgesellschaft[20] als Anachronismus. Andere gesellschafts- und wirtschaftspolitische Zielsetzungen konkurrieren mit der Zielvorstellung optimalen Wachstums, und E. Preiser vertrat in einem vielbeachteten Vortrag die These, „daß sie (die anderen Zielsetzungen der Gesellschaftspolitik, H. P. W.) um so mehr ins Hintertreffen geraten, je höher die Wachstumsrate ist"[21]. Dies gilt im besonderen für die Zielsetzung der Preisstabilität und der Verteilungsgerechtigkeit (auch in bezug auf die Vermögensverteilung). Die Konzentrationsthese wird zum Aus-

[18] Vgl. die Kritik von M. *Blaug*, Approaches to Educational Planning, in: The Economic Journal, Bd. LXXVII, Juni 1967, S. 262 ff.

[19] Vgl. dazu z. B. E. *Preiser*, Wirtschaftliches Wachstum als Fetisch und Notwendigkeit, in: Zeitschrift für die Gesamte Staatswissenschaft, Bd. 123 (1967), S. 587.

[20] E. J. *Mishan*, The Costs of Economic Growth, London 1967. J. K. Galbraith, Die moderne Industriegesellschaft, München 1968.

[21] E. *Preiser* a.a.O. G. *Bombach* scheint anderer Meinung zu sein, wenn er schreibt: „Der Koordinationsprozeß läuft in einer modernen Gesellschaft, in der auf verschiedensten Ebenen und mit rasch wechselnden Fronten (Gewerkschaften gegen Unternehmer, danach oder zugleich beide gemeinsam für die Erhaltung der Branche) um den Anteil am Sozialprodukt und dessen Zuwachs gekämpft wird, ungleich leichter, wenn das Wachstum stark ist, das heißt, wenn jedem gegeben werden kann. Läßt das Wachstum nach — bzw. wird es gezielt gedrosselt — und läuft der Prozeß des Verteilens, an den man sich so sehr gewöhnt hat, weiter, so ist Inflation die Folge, die man mit der Wachstumsdämpfung gerade vermeiden wollte. Auch darf die mögliche — hauptsächlich psychologisch bedingte — Rückwirkung der Strukturkrisen auf die allgemeine Wirtschaftslage, vor allem die Investitionsbereitschaft, nicht unberücksichtigt bleiben." G. Bombach, Taktik und Strategie in der Wirtschaftspolitik, in: KYKLOS, Bd. 20 (1967), S. 104.

gangspunkt neuerer Überlegungen zur Vermögenspolitik[22]. Damit werden die Probleme der Verteilung zu einem zentralen Gegenstand der Wirtschaftspolitik[23].

18. Wie schon im Titel des Preiserschen Vortrags anklingt — Wachstum als Fetisch und Notwendigkeit —, gilt die Kritik an den ‚Wachstumsfetischisten' zunächst nur der Überbetonung des Wachstumsziels und der Prämisse der Konsummaximierung im Rahmen der normativen Modelle. Selbstverständlich brauchen wir Wachstum, gerade um die anderen Zielvorstellungen zu realisieren. Preiser nennt Wachstum deshalb „lieber Bedingung als Ziel"[24]. Angemessenes Wachstum ist sowohl Bedingung der Konjunkturpolitik (Beschäftigungsgrad) als auch der Verteilungs- und Strukturpolitik.

19. Mit dieser Akzentverschiebung vom optimalen zum angemessenen Wachstum ergibt sich der konkrete *Ansatzpunkt der Wachstumspolitik:* Die Vorbedingungen des wirtschaftlichen Wachstums, die Entwicklung der Produktivkräfte — insbesondere der Arbeitskräfte — treten in den Mittelpunkt wachstumspolitischer Überlegungen. In diesem Zusammenhang ist der Titel dieses Beitrags ‚Arbeitsorientierte Wachstumspolitik' als These zu interpretieren. Wachstumspolitik ist damit eindeutig *angebotsorientiert*[25].

II. Bildung als Ansatzpunkt der Wachstumspolitik

20. Zu den Vorbedingungen wirtschaftlichen Wachstums gehören neben Bildung und Forschung selbstverständlich auch andere Sozialinvestitionen und Infrastrukturaufgaben. Gemäß der Fragestellung dieses Beitrags werde ich mich auf den Faktor Bildung als einen konkreten Ansatzpunkt einer aktiven Wachstumspolitik konzentrieren.

21. Warum muß die Wachstumspolitik gerade bei der Bildung der Bevölkerung beginnen? Zum einen dürfte es vornehmste Aufgabe eines demokratischen Staatswesens sein, allen Staatsbürgern eine Grundlage für die Verwirklichung ihrer Lebenschancen zu geben. Zum anderen rückt mit zunehmendem Wohlstand die Verwirklichung der Chancengleichheit immer stärker in den Vordergrund[26]. Es ist zu vermuten und

[22] Vgl. z. B. J. E. *Meade*, Efficiency, Equality and the Ownership of Property, London 1964.

[23] E. *Preiser*, a.a.O., S. 594.

[24] E. *Preiser*, a.a.O., S. 596.

[25] Einen entgegengesetzten Ansatz vertritt H. Riese, der zwar von der Interdependenz der Angebots- und Nachfrageseite ausgeht, schließlich aber die Nachfrageseite als bestimmend ansieht. Die Produktionsfaktoren begrenzen dann das Wachstum. H. *Riese*, a.a.O. Vgl. dazu auch: C. *Föhl*, K. H. *Oppenländer*, Wieweit ist Wirtschaftswachstum machbar? Berlin, München, Sonderschrift des Ifo-Instituts Nr. 37, 1968.

[26] Vgl. dazu H. P. *Widmaier* und Mitarbeiter, Bildung und Wirtschaftswachstum, Villingen 1966, S. 279 ff.

als These zu vertreten, *daß bei steigendem Wohlstand und bei zunehmender Flexibilität der Ausbildung die volle Entwicklung der Fähigkeiten der Bevölkerung die angemessenste Wachstumspolitik ergibt.*

22. Welche *Hindernisse* stehen dieser einfachen Formel entgegen und welche *Maßnahmen* zu ihrer Beseitigung sind zu empfehlen? Zunächst ist die Wirkung verschiedener Entscheidungssysteme der Gesellschaft zu prüfen — und zwar insbesondere im Hinblick auf die Schaffung der obengenannten Vorbedingungen wirtschaftlicher und gesellschaftlicher Entwicklung.

23. Es ist seit langem bekannt, daß das *Preissystem* als Allokationsmechanismus bei der Entwicklung der Fähigkeiten der Bevölkerung praktisch ausgeschaltet ist. Einerseits erfährt die Relation zwischen Angebot und Nachfrage nach Bildung keine pretiale Lenkung. Der Staat stellt mehrheitlich Leistungen in diesem Bereich kostenlos zur Verfügung. Andererseits sind die Preise auf dem Arbeitsmarkt, die für Bildung bezahlt werden, stark verzerrt. Durch administrierte Preise, Berufsmonopole u. a. ist der Arbeitsmarkt nachgerade das Musterbeispiel eines imperfekten Marktes. Wir erhalten also auf keiner Seite die notwendigen Signale für eine sinnvolle Allokation der Ressourcen.

24. Ausgehend von neueren Überlegungen zur *Theorie der Gruppe*[27] und dem Entscheidungssystem der *Verhandlungen zwischen Gruppen (bargaining)* ist weiterhin zu vermuten, daß auch durch diesen Entscheidungsmechanismus eine bedürfnisgerechte Entwicklung der jungen Generation nicht gewährleistet ist. Nach M. *Olson* besteht keine ‚natürliche' Neigung zur Gruppenbildung, vielmehr schließen sich Menschen aus (ökonomisch) rationalen Gründen oder über die Anwendung von Zwang zu Gruppen zusammen. Die Funktion der Gruppe ist die Produktion öffentlicher Güter. Darüber hinaus müssen durch die Gruppe zusätzliche Anreize geschaffen werden, die im Sinne privater Güter die Einzelinteressen der Mitglieder befriedigen. Hinzu kommen physische und organisatorische Hindernisse der Gruppenbildung. Demnach wird es nach Olson immer große ‚latente Gruppen' geben, die sich nicht organisieren wollen oder organisieren lassen — wie etwa die unmündige Jugend, die nicht mehr arbeitenden Alten, die Konsumenten —. Diese latenten Gruppen ‚leiden im Stillen' (Olson) unter dem Bargaining der organisierten Gruppen. Schärfer formuliert: Es ist anzunehmen, daß beim ‚Kuchenstreit' der großen Verbände die latenten Gruppen geschädigt werden, und zwar besonders im Hinblick auf eine bedürfnisgerechte Versorgung mit öffentlichen Gütern (einschließlich Bildung).

25. Aber auch ein anderes Ergebnis der Olsonschen Gruppentheorie ist in unserem Zusammenhang von Bedeutung. Olson weist nach, daß

---

[27] M. *Olson* jr., Die Logik kollektiven Handelns, Tübingen 1968.

kleine, straff organisierte Gruppen in der Lage sind, große Gruppen auszubeuten. In unserem Zusammenhang wäre besonders auf die restriktiven Praktiken bestimmter beruflicher Standesorganisationen hinzuweisen, die im Endeffekt zu einer Schädigung der Gesellschaft (als der großen Gruppe) führen[28].

26. Auch vom heutigen demokratischen *Wahl- und Abstimmungsmechanismus* dürfte kaum eine entscheidende Änderung in der Versorgung mit Bildung zu erwarten sein. In direkter Anknüpfung an Josef Schumpeters Idee einer Analogie zwischen Markt- und Abstimmungsmechanismus[29] hat A. *Downs* zu erklären versucht, warum wir heute vor dem Problem der kollektiven Verarmung bei zunehmendem privaten Wohlstand stehen[30]. Im Analogieverfahren werden die Prämissen des Marktmodells auf den Wahlmechanismus übertragen. Der Politiker erscheint als (ökonomisch) rational motivierter Stimmenmaximierer. Er bietet dasjenige politische Programm an, welches ihm die meisten Stimmen einbringen könnte. Auf diese Weise dürfte sich in unserem informationsarmen System heute ein systematischer Bias in Richtung derjenigen ‚Wahlschlager' ergeben, die gegenwärtige Leistungen gegenüber Vorhaben mit in der Zukunft liegenden Ergebnissen bevorzugen. Die Umschreibung mit der Formel ‚Politik der Wahlgeschenke' dürfte diesen Zusammenhang treffend darstellen. Hinzu kommt die oft große soziale Distanz breiter Wählerschichten zu dem Komplex der Gemeinschaftsaufgaben.

27. Das in unserem Zusammenhang besonders wichtige System ist das der *Über- und Unterordnung (Hierarchie)*, besonders in seiner speziellen Ausformung der *staatlichen Bürokratie*. Eine Reihe sozio-ökonomischer Voraussetzungen[31] führte zur Ausbildung bürokratischer Herrschaftsformen im öffentlichen Bereich: So die Entwicklung der Geldwirtschaft und die damit verbundene Ausbildung der öffentlichen Finanzverwaltung, die extensive Entwicklung der staatlichen Tätigkeiten und die entsprechende qualitative Erweiterung der Problemhorizonte. Bürokratische Organisation ist zudem technisch anderen Organisationsformen überlegen. Sie ist ausgezeichnet durch Regelgebundenheit, eine Differenzierung der Funktionen durch Arbeits- und Funktionenteilung verbunden mit einer entsprechenden Kompetenzverteilung.

---

[28] Vgl. dazu auch E. *Liefmann-Keil*, Bildungsmonopole in der Gegenwart, in: N. Kloten u. a. (Hrsg.), Systeme und Methoden in den Wirtschafts- und Sozialwissenschaften, Tübingen 1964, S. 271 ff.

[29] J. *Schumpeter,* Kapitalismus, Sozialismus und Demokratie, a.a.O.

[30] A. *Downs,* Ökonomische Theorie der Demokratie, Tübingen 1968. Ders.: Why the Government Budget in a Demoracy is Too Small, in: E. Phelps (Ed.), Public Wants and Private Needs, New York 1965.

[31] Vgl. dazu: Max *Weber,* Wirtschaft und Gesellschaft, I. und II. Bd., S. 125 ff. und 559 ff., 4. Aufl., Tübingen 1956.

Diese wird möglich durch die Fachqualifikation der Beamten. Die Hierarchisierung der Organisation ermöglicht eine ständige Kontrolle in bezug auf die Zweckrichtung des bürokratischen Handelns. Neben die inneren Strukturmerkmale tritt die Tendenz zu einer Konzentration der sachlichen Betriebsmittel bei gleichzeitiger Trennung der Personen von diesen Verwaltungsmitteln.

28. Max Weber nannte die Ablösung traditionaler Herrschaftsformen durch bürokratische „revolutionär" im Sinne eines „Vormarsches des Rationalismus". Jürgen Habermas spricht von der ersten Stufe der Rationalisierung politischer Herrschaft[32]. Sie war ermöglicht worden durch eine relative Angleichung der ökonomischen und sozialen Unterschiede in modernen Demokratien und die allgemeine Anhebung des Bildungsniveaus sowie eine auch auf die Bedürfnisse der Bürokratie zugeschnittene Fachausbildung der mittleren und oberen Kader.

29. Die technische Überlegenheit bürokratischer Organisationsformen ist durch Zweifel an ihrer internen Effizienz, die Kritik an ihrem überproportionalen Wachstum (Parkinson) und die immer noch nicht aufgabenadäquate Auswahl der Fachbeamten[33] in Frage gestellt worden. Hinzu kommen neuere Überlegungen, wie sie etwa Gordon Tullock[34] in seinem Versuch einer *ökonomischen Theorie der Bürokratie* anstellt. Hier gibt die vom ökonomischen Rationalprinzip ausgehende theoretische Analyse moderner Bürokratien eine ausgezeichnete Beschreibung der herrschenden Situation: Im Vordergrund steht das ökonomisch motivierte individuelle Erfolgsstreben der Mitglieder bürokratischer Organisationen. Öffentliche Güter sind — wie beim Stimmengewinne suchenden Politiker in der Theorie von Downs — nur das ‚Nebenprodukt' der faktisch ‚privatwirtschaftlich' motivierten und orientierten Tätigkeit der Mitglieder der Bürokratie. Da sich private Motivationen und öffentliche Aufgabe oft widersprechen, kommt es in der Regel zu einer Vernachlässigung der Produktion öffentlicher Güter durch die Bürokratie[35].

30. Diese Hinweise mögen genügen, um die These zu begründen, daß die verschiedenen Entscheidungssysteme systematisch zu einer Unterver-

[32] Jürgen *Habermas*, Verwissenschaftlichte Politik in demokratischer Gesellschaft, in: H. Krauch, u. a. (Hrsg.), Forschungsplanung, München 1966, S. 130 ff.

[33] Vgl. dazu: E. *Liefmann-Keil*, „Bildungsmonopole" in der Gegenwart, zu Max Webers Beitrag zur Bildungsökonomie, in: N. *Kloten* u. a. (Hrsg.), Systeme und Methoden in den Wirtschafts- und Sozialwissenschaften, Tübingen 1964, S. 284 ff.

[34] G. *Tullock*, The Politics of Bureaucracy, Washington 1965; vgl. auch: A. Downs, Inside Bureaucracy, Boston 1967.

[35] Ausnahmen sind natürlich denkbar. So wird der bürokratische Entrepreneur (im Sinne des Schumpeterschen Unternehmers) diesen Zirkel durchbrechen. Diese Durchbrechung der Regel sollte jedoch die grundlegende Tendenz kaum verändern.

sorgung mit öffentlichen Gütern (darunter Bildung) und zu einer progressiven kollektiven Verarmung auch in einer wachsenden Wirtschaft führen[36]. Damit wird nicht nur die Basis für dieses Wachstum zerstört, sondern auch der ‚Wachstumserfolg' wird illusorisch.

31. In ihrer theoretischen Verallgemeinerung basieren die genannten Entscheidungssysteme alle auf dem utilitaristischen Prinzip — der Vorstellung eines homo oeconomicus. Bereits Schumpeter hat das Eindringen des ökonomischen Rationalprinzips in praktisch alle Lebensbereiche beobachtet[37] und eine dem System der kapitalistischen Entwicklung immanente Tendenz zur Veränderung des institutionellen Rahmens daraus abgeleitet[38]. Ironischerweise ist ein ganzes Arsenal wirtschafts- und sozialpolitischer Instrumente in Richtung einer Korrektur und Abwehr dieser Störungen gerichtet — wiederum orientiert am ökonomischen Rationalprinzip.

32. Es stellt sich ganz offensichtlich die Frage, ob neben dem spezifischen Problem eines Übergehens vom wirtschaftspolitischen Taktieren zu einer wirtschaftspolitischen Strategie[39] auch das allgemeine methodische Problem der traditionellen Ökonomie sehr viel stärker beachtet werden muß als bisher. Mit Recht wird dieser eine Verengung des Menschenbildes vorgeworfen[40]. Die Theorien unter extremen Verhaltensannahmen erscheinen nur als Grenzfall des sozialen Handelns[41] — oder sind wir etwa bereits an dieser Grenze des ökonomisch rational Handelnden angelangt? K. E. Boulding spricht vom „Imperialismus der Nationalökonomie" und meint damit die Ausdehnung des ökonomischen Denkens auf die verschiedensten Lebensbereiche[42]. Dem entspricht in der Realität

---

[36] Vgl. auch W. J. *Baumol*, Macroeconomics of Unbalanced Growth: The Anatomy of Urban Crisis, in: American Economic Review, Bd. 61 (1967), S. 415 ff.

[37] J. *Schumpeter*, a.a.O., S. 202 f.

[38] J. *Schumpeter* spricht a.a.O. in Kap. 12 von den „bröckelnden Mauern", über das „Veralten der Unternehmerfunktion" und die „Zerstörung der schützenden Schichten" und des „institutionellen Rahmens". Durch die wachsende soziale Feindseligkeit wird die Legitimationsbasis des Systems immer stärker in Frage gestellt (Kap. 13) und allgemeine „Zersetzung" ist die Folge (Kap. 14).

[39] G. *Bombach*, a.a.O.; H. K. *Schneider*, Zielbestimmung für die Wirtschaftspolitik in der pluralistischen Gesellschaft, in: H. Besters (Hrsg.) Theoretische und institutionelle Grundlagen der Wirtschaftspolitik, Berlin 1967, S. 37 ff.

[40] Vgl. die umfassende Arbeit zu diesem Problem von G. Hartfiel, Wirtschaftliche und soziale Rationalität, Stuttgart 1968. Dazu auch K. W. Kapp, Zum Problem der Enthumanisierung der „reinen Theorie", und der gesellschaftlichen Realität, in: KYKLOS, Bd. 20, 1967, Fasc. 1. S. 307 ff.; ders.: Nationalökonomie und rationaler Humanismus, in: KYKLOS, Bd. 21, 1968, Fasc. 1, S. 1 ff.

[41] J. *Habermas*, Zur Logik der Sozialwissenschaften, Tübingen 1967, S. 60 und 49 ff.

[42] K. E. *Boulding*, Economics as a Moral Science, in: American Economic Review, März 1969, Bd. 59, No. 1 S. 8.

ein ‚Imperialismus der ökonomischen Rationalität'. Methodische Einsicht und praktische Fragen zwingen zu einer Neuorientierung und sachlichen Ausweitung unserer wirtschaftspolitischen Konzeptionen in Richtung eines „rationalen Humanismus" (K. W. Kapp).

33. Verlangt wird eine *Verbesserung der demokratischen Entscheidungssysteme* ebenso wie die Abkehr vom taktischen Kalkül und kurzlebigen Kompromiß hin zum *strategischen Handeln*. Als strategische Orientierung werden „ein befriedigendes Wachstum, stabile Preise sowie eine tragbare Einkommensverteilung bei gleichzeitiger Bewältigung der großen Gemeinschaftsaufgaben"[43] genannt. Eine erste informative Basis dafür bietet die sich rasch entwickelnde interdisziplinär organisierte und arbeitende *Zukunftsforschung*[44].

III. Zukunftsforschung als Informationsbasis demokratischer Entscheidungen

34. In unserem Zusammenhang ist die langfristig orientierte *Bildungs- und Arbeitsmarktforschung* von besonderem Interesse. Neue sozialwissenschaftliche Techniken — oft schon erprobt in anderen Bereichen der Gesellschaft — wurden auf die gesellschaftlichen Subsysteme des Bildungsbereichs und Arbeitsmarktes übertragen. Dabei wurde nicht nur das traditionelle Selbstverständnis der Institutionen mit Hilfe der neuen Techniken in Frage gestellt, sondern zugleich ihre Zielsetzungen an neuen, strategischen Maßstäben überprüft. Die oft heftige und intensive Diskussion der Ergebnisse in der Öffentlichkeit mag ein Hinweis dafür sein, daß die neuen Informationssysteme auf ihre Weise sowohl im politischen als auch im persönlichen Bereich zu einer Änderung der traditionalen Verhaltensweisen führen können.

Der Systemgedanke

35. Die wohl entscheidenste Innovation der hier diskutierten Forschungseinrichtung erfolgte durch die Übernahme des *Systemgedankens* in die Bereiche der Bildung und des Arbeitsmarktes. Systemorientierung kennen wir in der Nationalökonomie seit François Quesnay, dessen Vorstellungen vom Wirtschaftskreislauf im „tableau économique" bereits alle Grundgedanken moderner systematischer Ökonomik enthielt: die Kreislaufbetrachtung, die Konsistenz der Modellvorstellung, eine Modellstruktur sowie die Leistungen des Systems und ihre Verteilung. Schließlich bietet er schon damals eine Klassentheorie und berücksich-

[43] G. *Bombach* a.a.O.
[44] Vgl. die umfangreiche Bibliografie von B. Kohler/R. Nagel, Die Zukunft Europas, Köln 1968.

tigt so das politische Element. Heute begegnen wir Tendenzen einer sachlichen Ausweitung des traditionellen Konzepts in Richtung einer *gesellschaftlichen Gesamtrechnung* (social systems accounting)[45]. Durch die Einbeziehung demografischer, sozialer und regionaler Gesichtspunkte soll eine erweiterte Einsicht in die gesellschaftliche Systemstruktur und Systemleistung erreicht werden. Besonderes Augenmerk soll dabei der Interdependenz der Systemelemente und Subsysteme und den mit jeder Aktion verbundenen Rückkoppelungs- und Ausstrahlungseffekten geschenkt werden.

36. Im Rahmen der Aktivitäten internationaler Organisationen (OECD, ECE) wird heute versucht, anknüpfend an die erfolgreiche Entwicklung standardisierter Systeme der volkswirtschaftlichen Gesamtrechnung[46], einen ersten Schritt in Richtung der gesellschaftlichen Gesamtrechnung zu gehen. Man versucht, ein *System der demografischen* Gesamtrechnung zu entwickeln[47]. Bereits bei der Übertragung des Systemgedankens auf das Bildungssystem und den Arbeitsmarkt hat sich die Nützlichkeit des Konzepts für die Untersuchung der Bestands- und Strömungsgrößen und ihrer Relationen zueinander gezeigt. Akzelerator- und Multiplikatorprozesse sowie das Echoprinzip konnten in ihrer Wirkung sichtbar gemacht werden[48]. Der Versuch einer Zusammenfassung aller demografischen Informationen in einem System verspricht eine weitere Verbesserung des Instrumentariums.

37. Zähleinheit des Systems ist die Bevölkerung eines Landes mit ihren primären Strukturmerkmalen wie Alter, Geschlecht, Begabung sowie den sekundären Strukturmerkmalen im Sinne der Zugehörigkeit der Personen zu und ihrer Tätigkeit in bestimmten Subsystemen der Gesellschaft wie Elternhaus, Schule, Arbeits- und Tätigkeitssektor, Religionsgemeinschaften, politischen Parteien u.a.m.

38. Die Ordnung der Daten in großen Matrizen, Submatrizen und Vektoren sowie die Wiederholung der Erhebungen im Zeitablauf ermöglichen nicht nur eine genaue Beobachtung der Veränderungen

---

[45] B. M. *Gross*, The State of the Nation: Social Systems Accounting, in: R. A. Bauer (Ed.), Social Indicators, Cambridge (Mass.) 1966, S. 154 ff.; B. M. *Gross*, The State of the Nation, London 1966.

[46] OEEC, A Standardized System of National Accounts, Paris 1958, R. Stone, Input-Output and National Accounts, OEEC Paris 1961.

[47] R. *Stone*, Input-Output and Demographic Accounting, in: Minerva, Bd. IV, Heft 3, Frühling 1966, S. 365 ff.; ders. u. a., An Example of Demographic Accounting: The School Ages, in: Minerva, Bd. VI, Heft 2, Winter 1968, S. 185 ff.

[48] G. *Bombach*, Forecasting Requirements of Highly Qualified Manpower as a Basis of Educational Policy, in: OECD, Manpower Forecasting in Educational Planning, Paris 1967, S. 83 ff.; H. P. *Widmaier* und Mitarbeiter, Bildung und Wirtschaftswachstum, eine Modellstudie zur Bildungsplanung, Villingen 1966; H. *Riese*, Die Entwicklung des Bedarfs an Hochschulabsolventen in der Bundesrepublik Deutschland, Wiesbaden 1967.

und Prozeßabläufe, sondern bieten zugleich Ansatzpunkte für die ökonometrische Analyse der Determinanten der zugrundeliegenden Prozesse. Prognosen und Systemsimulationen werden möglich und beliebig reproduzierbar.

39. Der Systemgedanke wurde in einer Reihe von *Denkmodellen* aufgegriffen. So etwa durch R. Stone[49], der sein Bildungsmodell als Submodell des von ihm geleiteten „Programme for Growth“[50] versteht. Stone beschreibt das Bildungssystem analog den Vorstellungen der Input-Output-Analyse. Neben einer genauen Formulierung der Strukturparameter des Bildungssystems (Übergangswahrscheinlichkeiten, technische Koeffizienten) bietet er eine interessante Theorie der Nachfrage nach weiterführender Bildung. Die Entwicklung der Nachfrage nach Bildungsplätzen im weiterführenden Schulsystem interpretiert er als einen „epidemischen Prozeß“[51], wobei er an die in der Ökonomie und Soziologie bekannten Theoreme des „demonstration effect“ und „band-wagon effect“ anknüpft. Stones Überlegungen scheinen sich inzwischen auch für die Bundesrepublik Deutschland zu bestätigen, wo nach einer Zeit der Stagnation ein großer Andrang zur weiterführenden Bildung zu beobachten ist. Diese Beobachtung widerlegt die oben genannte Unterversorgungsthese nicht. Vielmehr hat gerade im Gymnasial- und Hochschulbereich der steigende Zugang zu den Institutionen deren Mängel erst deutlich sichtbar werden lassen[52].

Die Feed-back-Problematik

40. Ein interessantes, sich bei der Expansion des Bildungssystems stellendes Feed-back-Problem wird mit einer Reihe von *Allokations-*

---

[49] R. *Stone*, „A Model of the Educational System“, in: Minerva III, Heft 2 (Winter 1965), S. 172 ff.; wiederabgedruckt in R. Stone, „Mathematics in the Social Sciences“, London 1966. Technisch gesehen ist das Bildungssystem bei R. Stone ein offener, dynamischer Input-output-Prozeß, interpretierbar als probabilistischer, nichthomogener Markovprozeß, der durch eine Matrix von Übergangswahrscheinlichkeiten charakterisiert ist. C. A. *Moser*/P. R. P. *Layard*, „Planning the Scale of Higher Education in Britain: Some Statistical Problems“, in: Journal of the Royal Statistical Society, Series A, General, 1964, S. 473 ff.; *Moser*/P. *Redfern*, „Education and Manpower“, Some Current Research, in: C. Berners-Lee (Ed.), „Models for Decision“, London 1965. Das Modell von Moser ähnelt dem Konzept Stones, doch ist ersteres als deterministischer, nichthomogener Markovprozeß zu verstehen, der durch eine Matrix von Übergangsquoten gekennzeichnet ist.

[50] *Cambridge*, Department of Applied Economics, „A Programme for Growth“, No. 1—6, London 1962—1967; General Editor: R. Stone.

[51] R. R. *Bush*/F. *Mosteller*, „Stochastic Models of Learning“, London 1955. M. S. *Bartlett*, „Stochastic Population Models“, London 1960.

[52] Vgl. dazu H. P. *Widmaier*, M. *Jermann*, F. *Reichhold*, Analysen zur Gesamthochschule, Villingen 1969; für den Mittelschul- und Gymnasialbereich, H. P. *Widmaier* und Mitarbeiter, Bildung und Wirtschaftswachstum, a.a.O.

modellen aufgegriffen. Mit deren Hilfe sind erste Überlegungen zur optimalen Verteilung von Hochschulabsolventen zwischen dem Hochschulsektor einerseits und dem Forschungssektor außerhalb der Hochschule andererseits angestellt worden. Dabei ist man von der Annahme ausgegangen, daß es zunächst Forscher als Lehrer braucht, um Forscher auszubilden. Daraus folgt, daß ein forciertes Entwicklungsprogramm im Bereich der Forschung, welches Wissenschafter aus dem Bereich der Hochschule abzieht, auf Kosten der Reproduktion und Erweiterung des Wissens gehen kann[53].

41. Ausgehend von dieser *Konkurrenzsituation*[54] zwischen Hochschulsektor und Forschungssektor versuchen Denkmodelle[55] die Frage zu beantworten, welcher zeitliche Entwicklungspfad der Verwendung von Forschern in beiden Sektoren volkswirtschaftlich optimal ist, entweder mit der Zielsetzung einer Maximierung des Umfangs der Forschungsergebnisse (V. Stoikov) oder einer Maximierung des Wohlstandes (M. D. Intriligator/B. L. R. Smith). Dazu müssen wir die Beschäftigung der Wissenschaftler außerhalb des Bildungssystems in die Betrachtung einbeziehen. Der Bestand an Wissenschaftlern außerhalb des Bildungssystems *(R)* ergibt zusammen mit den Wissenschaftlern im Hochschulsystem *(F)* den Gesamtbestand an Wissenschaftern in einer Volkswirtschaft *(S)*:

$$S_t = R_t + F_t$$

42. Der Zuwachs des Gesamtbestands an Wissenschaftern einer Volkswirtschaft im Zeitablauf ist abhängig von einer Reihe von Faktoren, wie der Leistungsfähigkeit des Lehrpersonals (ausdrückbar als Produktivitätsziffer $r = D/F$), der Anzahl und Leistungsfähigkeit der Studenten, der Lehr- und Forschungskapazitäten im Hochschulbereich und anderen Komponenten. Es wäre möglich, eine Produktionsfunktion zu entwickeln, die alle diese Faktoren berücksichtigt. Im Modellansatz wird aber zunächst auf eine vollständige Produktionsfunktion ver-

---

[53] „Pushing industrial research and development *now,* in order to increase the production of new technological knowledge, may be at the expense of the reproduction of established knowledge and may result in an eventual decrease of general productivity with a forced reduction of industrial research and development *later,* perhaps even with a net loss in the production of technical knowledge in the long run." F. *Machlup,* Can There Be Too Much Research", in: Science, Bd. 128 (1958), S. 1323.

[54] Die Komplementaritätsbeziehung zwischen Forschung und Lehre im Hochschulsektor wird zwar gesehen, in den stark formalisierten und vereinfachten Modellen jedoch nicht explizit berücksichtigt.

[55] V. *Stoikov,* The Allocation of Scientific Effort: Some Important Aspects, in: Quarterly Journal of Economics, Bd. 78 (1964), S. 307 ff. M. D. Intriligator/ B. L. R. *Smith,* Some Aspects of the Allocation of Scientific Effort between Teaching and Research, in: American Economic Review, Papers and Proceedings, Bd. 56 (1966), S. 494 ff.

zichtet und nur der Faktor Arbeit (Lehrkörper) berücksichtigt. Die Anzahl neuer Wissenschaftler wird als Funktion der Zahl lehrender Wissenschafter und der Zeit angesehen: $f(F_t, t)$.

43. Der Nettozuwachs des Gesamtbestands an Wissenschaftern ist gleich dem Bruttozuwachs abzüglich der aus dem Wissenschaftsprozeß ausscheidenden Forscher und Lehrer. Dies erfolgt über Pensionierung, Tod, Austreten aus dem Beruf, Auswanderung u. a. Zur Modellvereinfachung wird das Ausmaß dieses Ersatzprozesses proportional zum Gesamtbestand an Wissenschaftern angenommen: $d \cdot S_t$. Entsprechend kann man für den Nettozuwachs des Bestands schreiben:

$$\dot{S}_t = f(F_t, t) - d \cdot S_t$$

44. Zur Untersuchung des Allokationsprozesses zwischen Hochschule und den anderen Bereichen benutzen wir den Rückstromkoeffizienten (h). Er entspricht dem Anteil an der Gesamtzahl der Hochschulabsolventen, der in der Hochschule verbleibt. Entsprechend schreibt sich der Anteil der Hochschulabsolventen, die nicht in der Hochschule weiter arbeiten $1—h$. Für den Nettozuwachs der Bestände an Wissenschaftern im Hochschulbereich (F) und außerhalb des Hochschulbereichs (R) ergibt ergibt sich demnach:

$$\dot{F}_t = h\,f(F_t, t) - d \cdot F_t$$

$$\dot{R}_t = (1 - h)\,f(F_t, t) - d \cdot R_t$$

45. Das wissenschaftspolitische Problem stellt sich uns in Form der Frage, wie die Berufswahlentscheidung der Hochschulabsolventen zwischen Beschäftigung innerhalb oder außerhalb der Hochschule so beeinflußt werden kann, daß die sich aus der Wahl ergebende Allokation der Wissenschafter optimal bezüglich der wissenschaftspolitischen Zielsetzung ist. Bei gegebener Freiheit der Wahl des Beschäftigungsbereichs kann die Beeinflussung durch wissenschaftspolitische Maßnahmen nur im Rahmen bestimmter Grenzen erfolgen. Wenn die Extremwerte für den Rückstromkoeffizienten h ($h_o = O$ und $h_1 = 1$) aus diesen Gründen verworfen werden, dann ergibt sich:

$$0 < h_0 \leqq h \leqq h_1 < 1$$

Dabei entsprechen h_o und h_1 der Unter- bzw. der Obergrenze des Anteils der Hochschulabsolventen, die im Hochschulsystem als Lehrkräfte verbleiben.

46. Diese Modellvorstellungen können benutzt werden, um zusammen mit einer Reihe unterschiedlicher Zielvorstellungen mehrere Entwicklungspfade der Allokationsproportion *(h)* aufzuzeigen. Entsprechend der unterschiedlichen Zielsetzungen — wie beispielsweise a) Maximierung der Wohlfahrt (oder der Forschungsergebnisse) in einem Endzustand oder b) Minimierung der Zeit, bestimmte Ziele zu erreichen oder c) Maximierung des Gegenwartswerts der Wohlfahrt (oder der Forschungsergebnisse) — ergeben sich verschiedene Entwicklungspfade für die Proportion der Hochschulabsolventen, die als Lehrer im Hochschulsystem verbleiben.

47. Das Problem gehört zur Gruppe der Theorien, die mit Hilfe des *Turnpike-Theorems* behandelt werden. Für die Erreichung einer Zielsetzung kann es sich lohnen, zunächst einen Umweg einzuschlagen: hier heißt das zunächst die Zahl der Hochschuldozenten zu erhöhen, um langfristig zu einer größeren Zahl von Forschern außerhalb des Hochschulsystems zu kommen. In der Sprache unseres Modells bedeutet das zunächst die Allokation eines möglichst hohen Anteils der Hochschulabsolventen in der Lehre, später geht diese Proportion auf ein Minimum zurück[56].

48. Das Modell bietet die für friedliche Zwecke anwendbare Variante (und Umkehrung) des im Kriege praktizierten Verzichts auf Hochschulausbildung. Eine forcierte Verwendung von neuausgebildeten Wissenschaftern außerhalb des Hochschulbereichs, oder etwa eine Abwerbung von Wissenschaftern aus dem Hochschulsektor, geht auf Kosten der Reproduktion und Erweiterung des Bestandes an Wissenschaftern. Es entstehen volkswirtschaftliche Kosten.

49. Demgegenüber würde eine vorübergehende Erhöhung des Rückstroms von Hochschulabsolventen in die Universität, und zwar auf Kosten des industriellen Nachwuchses, langfristig zu einer viel größeren Zahl von Wissenschaftern führen. *Zwischen beiden Varianten besteht also keine Symmetrie.* Strategisch orientierte Wissenschaftspolitik muß sich mit Sprüngen und zyklischen Entwicklungstendenzen dieser Art vertraut machen, wenn sie langfristigen Erfolg anstrebt. Dazu kann das Denkmodell erste Anregungen vermitteln, wobei aber einige wichtige Einschränkungen zu beachten sind.

---

[56] Der Umkehrpunkt wird mit Hilfe der Techniken der Kontrolltheorie ermittelt. Vgl. dazu: L. S. *Pontryagin* (et al.), The Mathematical Theory of Optimal Processes, New York, Interscience, 1962.
Bei der Variation des Rückstromkoeffizienten stellen sich bei der Reduktion natürlich große Probleme. Man müßte mindestens die erforderliche Orientierungssicherheit gewährleisten, damit nicht entsprechend den gegenwärtigen Chancen einer akademischen Laufbahn für die Zukunft (mit ihren geringeren Chancen) unangemessene, übersteigerte Erwartungen gehegt werden.

50. Die aus dem Modell ablesbare wissenschaftspolitische Variante einer Stop-and-Go-Politik führt sofort zur Frage nach der entsprechenden physischen Kapazität des Hochschulsystems: Soll diese auf eine durchschnittliche Belastung oder aber auf die Spitzenbelastung geplant werden? Welche Einflüsse ergeben sich aus der Wahl zwischen den Belastungstypen auf die Qualität der Hochschulbildung? Auch hier würde vom Hochschulbereich eine Form der Flexibilität und Reagibilität erwartet, die er bis heute noch nicht besitzt und die erst nach einer Fülle von Reformversuchen möglich sein könnte.

Flexibilitätsforschung

51. Mit der Feed-back-Problematik sind wir bereits mitten in der Diskussion des Zusammenhangs zwischen Bildungssystem und Arbeitsmarkt. Langfristig orientierte Studien[57] haben mit vergleichsweise einfachen Methoden für die Bundesrepublik Deutschland gezeigt, daß bei gegebener starrer Berufsbezogenheit der Ausbildung (Handwerkermodell) eine gleichgewichtige Entwicklung kaum zu erwarten ist. Auch bei vorhandener prognostischer Information dürften Cob-Web-Zyklen nicht zu vermeiden sein. Die strukturellen Ungleichgewichte sind z. B. besonders deutlich im Bereich der Lehrer zu erkennen. Die Strukturverschiebung der Schülerentwicklung etwa gemäß dem Baden-Württembergischen Schulentwicklungsplan führt dazu, daß die Schülerbestände der Volksschule nur noch wenig zunehmen. Dementsprechend geht die Nachfrage nach Lehrern mit Volksschullehramt absolut zurück (bei Limitationalität). Andererseits ist gerade dieser Beruf zum Modeberuf geworden[58]. Setzen sich beide genannten Entwicklungstendenzen fort, so könnten sich in den siebziger Jahren massive Überschüsse an Volksschullehrern ergeben. Andererseits würden sich die Mangellagen bei den Lehrern des Realschullehramtes und des höheren Lehramtes auf Grund der strukturellen Verschiebungen der Schülerzahlen im allgemeinbildenden Schulsystem massiv verschärfen.

52. Eine Lösung der Diskrepanz bietet — wie eine Zusammenführung aller Lehrerprognosen deutlich zeigt — nur eine aktive Strukturpolitik im Sinne des neuentwickelten Lehrerstrukturmodells[59]. Grundidee dieses Modells ist die *Durchlässigkeit* und *Flexibilität* des Lehrerberufs,

---

[57] H. P. *Widmaier* und Mitarbeiter, Bildung und Wirtschaftswachstum, a.a.O.; H. *Riese*, Die Entwicklung des Bedarfs an Hochschulabsolventen in der Bundesrepublik Deutschland, a.a.O.

[58] H. P. *Widmaier*, M. *Jermann*, F. *Reichhold*, Analysen zur Gesamthochschule, Villingen 1969.

[59] Strukturmodell für die Lehrerbildung und Lehrerweiterbildung in Baden-Württemberg, Schriftenreihe des Kultusministeriums Baden-Württemberg, zur Bildungsforschung, Bildungsplanung, Bildungspolitik, Reihe A, Nr. 4, Villingen 1967.

Grundvoraussetzung die *Lernfähigkeit* des Menschen. Die Austauschbarkeit und Beweglichkeit der Lehrkräfte innerhalb des ganzen Systems bricht mit der Tradition der hochgradigen Spezialisierung und weist die Richtung einer neuen, flexiblen Berufsauffassung, die sich auch in anderen Bereichen durchsetzen wird.

53. Die Flexibilitätsforschung wird heute als eine unmittelbar an die ersten prognostischen Modellstudien sich anschließende neue Phase der zukunftsbezogenen Bildungs- und Arbeitsmarktforschung angesehen[60]. Sie soll vor allem die Probleme der Substitution, der Mobilität, der Elastizität und der Flexibilität einbeziehen[61]. Gedacht ist dabei vor allem an einen weiteren Ausbau der *analytischen Basis* der zukunftsorientierten Arbeitsmarktforschung, die bei den ersten Versuchen, prognostische Systeme aufzustellen, noch nicht voll ausgebaut wurde. Die Informationen aus der Flexibilitätsforschung sollen dann so mit den bestehenden Prognosesystemen verknüpft werden, daß durch die Angabe von *Flexibilitätskorridoren* u. ä. der Rigorismus bisheriger Voraussagesysteme[62] vermieden und der Informationsgehalt der Prognosen erhöht wird.

54. Neben der Verbesserung der Prognose*technik,* die mit diesen zusätzlichen Informationen verbunden sein wird, ergeben sich zugleich wichtige Hinweise in bezug auf die *Ansatzpunkte* für eine Erhöhung des Flexibilitätsgrades der Arbeitskräfte. Hierher gehört die Frage der Reform des Curriculum, der Didaktik und der zeitlichen Verteilung der Bildungsgänge (Bildungsreform) ebenso wie die Beseitigung von mobilitätshemmenden Barrieren im Arbeitsmarkt *(aktive Arbeitsmarktpolitik).*

---

[60] D. *Mertens,* Empirische Grundlagen für die Analyse der beruflichen Flexibilität, in: Mitteilungen des Instituts für Arbeitsmarkt- und Berufsforschung, Erlangen, Dez. 1968, Heft 5, S. 336 ff.

Das Problem der Flexibilität ist eine wichtige Frage innerhalb unseres eigenen Forschungsprojektes über „Untersuchungen zur mittelfristigen Allokation von Akademikern und mittleren Kadern in der Bundesrepublik Deutschland", 1. Zwischenbericht Basel, Januar 1969.

[61] D. *Mertens* (a.a.O.) unterscheidet die Begriffe folgendermaßen: Mobilität bezeichnet den Vorgang oder auch die Bereitschaft zu wechseln; Substitution umschreibt die Ersetzung eines Faktors durch einen anderen (auch innerhalb des Faktors Arbeit zwischen Qualifikationen und Niveaus); Elastizität = Mobilität oder Substitution als abhängige Variable in einer Funktion; Flexibilität = Aussagekorridor im Prognosesystem, der durch Mobilitäts- und Substitutionspotentiale bestimmt ist. Dabei wird zwischen der Möglichkeit, Arbeitsplätze durch verschiedene Arbeitskategorien zu besetzen auf der einen und der Möglichkeit des Arbeiters, unterschiedliche Arbeitsplätze zu besetzen auf der anderen Seite unterschieden.

[62] H. *Riese,* Theorie der Bildungsplanung und Struktur des Bildungswesens, in: Konjunkturpolitik, 14. Jg., 5./6. Heft, 1968, S. 261 ff.

IV. Wissenschaftliche Informationen über die Zukunft und Lernprozesse

55. Zukunftsorientierte Bildungs- und Arbeitsmarkt-Forschung entspricht einem ersten Schritt in Richtung einer aktiven, zukunftsorientierten Bildungs- und Arbeitsmarktpolitik, die eine im taktischen verhaftete reaktive Politik traditioneller Prägung ablösen könnte. Damit ist zugleich eine erste informatorische Basis für eine Reform der politischen Entscheidungssysteme gegeben, und zwar dann, wenn die Kooperation zwischen Wissenschaft und Politik auf Öffentlichkeit bezogen ist, in einer Form etwa, wie sie J. Habermas in seinem pragmatistischen Modell der Politikberatung vorschwebt[63]. Zukunftsforschung wird zum *Aufklärungs- und Lernprozeß* aller Beteiligten mit dem Ziel, die *Souveränität der Staatsbürger* in ihrer jeweils spezifischen Ausformung als Bildungssouveränität, Berufssouveränität, Wählersouveränität und Konsumentensouveränität herzustellen. Gemäß dem prozessualen Charakter der Informationsentstehung und -verarbeitung und den damit verbundenen Lernprozessen hat der hier eingeführte Souveränitätsbegriff (gegenüber dem in der Wohlfahrtsökonomie verwendeten) dynamischen Charakter.

56. Die mit diesem Lernprozeß verknüpften Probleme hat K. E. Boulding[64] neuerdings wie folgt geschildert. Einmal spricht er vom *‚generalisierten Heisenberg Prinzip‘*: „When we are trying to obtain knowledge about a system by changing its inputs and outputs of information, these inputs and outputs will change the system itself, and under some circumstances they may change it radically.“ Dieses Prinzip gilt allgemein, besonders für die sozialwissenschaftliche Forschung und in erhöhtem Maße für ihre zukunftsorientierten Projekte. Zum anderen betont Boulding ein zweites Problem, das sehr eng mit dem erstgenannten zusammenhängt: Forschung erklärt die Welt nicht nur, sondern „it creates the world which it is investigating“.

57. Zukunftsorientierte Wissenschaft ermittelt demnach nicht nur Informationen über den Entwicklungsstand einer Gesellschaft und ihrer Teilbereiche, sondern zeigt vor allen Dingen Alternativen der zukünftigen Entwicklungen, die von der bisherigen Naturwüchsigkeit und Interessenbedingtheit historischer Entwicklungstrends abgehoben sind (bzw. sein sollten). Dadurch entsteht in der offenen Kommunikation zwischen Wissenschaft, Politik und Öffentlichkeit — im Gegensatz zur traditionellen Geheimberatung — eine kontinuierliche Diskussion der Möglichkeiten und Zielsetzungen zukünftiger Entwicklung.

---

[63] J. *Habermas*, Verwissenschaftlichte Politik und öffentliche Meinung, in: H. Krauch u. a. (Hrsg.), Forschungsplanung, München 1966, S. 130 ff.

[64] K. E. *Boulding*, Economics as a Moral Science, in: The American Economic Review, März 1969, Bd. 59, No. 1, S. 3.

„Die Diskussion führt auf der einen Seite zu Entscheidungen, die den Informationsspiegel anheben: Jede neue Analyse des Forschungsprozesses, die von einer Regierungskommission veranlaßt, jedes neue Forschungsprogramm, das von ihr bewertet und unterstützt, jede Verbesserung des wissenschaftsinternen Informationsaustausches, die von ihr herbeigeführt, jede direkte Förderung des wissenschaftlichen Nachwuchses, des Ausbildungssytems insgesamt, die von ihr in die Wege geleitet wird — erweitert sofort oder auf die Dauer die Kenntnis des schon erreichten oder jedenfalls erreichbaren technischen Wissens und seiner Realisierung in technischem Können. Die gleiche Diskussion führt andererseits zu Versuchen, den immer wieder erweiterten Überblick über den faktischen Stand und die objektiven Möglichkeiten technischen Fortschritts nun auch einer stetig erweiterten Öffentlichkeit zu vermitteln: Die Aufklärung des politischen Willens über sein technisches Können, die wiederum bestimmt, welches technische Können für morgen gewollt wird, drängt ja im Prinzip über den engen Rahmen geheimer Kommunikation zwischen beratenden Experten und Regierungsvertretern hinaus. Mit jedem Schritt, den die Beratungsmaschinerie in beiden Richtungen tut, verändert sie die Voraussetzungen für den Übersetzungsprozeß selber."[65]

58. Ist dieser freie Informationsfluß garantiert und der Lernprozeß eingeleitet, verbindet letzterer als zentrales dynamisches Element die oben dargestellten politischen Entscheidungssysteme wie Wahlmechanismus, Gruppenverhandlungssystem und Hierarchie miteinander[66].

Die Verbindung mit der zentralen These dieses Beitrags in bezug auf die volle Entwicklung der Fähigkeiten der Staatsbürger (vgl. § 21) wird deutlich.

59. Über den Informations- und Lernprozeß verschwindet tendenziell die politische Ignoranz des Stimmbürgers, wie sie A. Downs analysiert hat. Entsprechend werden die Politiker und Bürokraten neue rationale Formen ihrer Legitimation suchen müssen. Schließlich mögen Informations- und Lernprozesse dazu beitragen, neue und umfassendere Gruppenbildungen zu induzieren, als sie heute gemäß M. Olson möglich scheinen.

60. Freilich wird die Durchsetzung dieser liberalen Konzeption auf massive Widerstände der am status quo Interessierten stoßen. Schon heute versuchen unterschiedliche Gruppen das Instrument der Zukunftsforschung in die Hand zu bekommen[67] und im Sinne bestimmter Interessenlagen auszuwerten. Dadurch erhält die Hochschule die besonders wichtige Rolle, aus ihrer relativen Unabhängigkeit als Ort des Lernens und der Informationsproduktion zu wirken.

---

[65] J. *Habermas*, Verwissenschaftliche Politik ..., a.a.O., S. 141 ff.

[66] Vgl. K. E. *Boulding*, Economics ..., a.a.O., S. 4.

[67] Vgl. dazu die Dokumentation von C. *Grossner*, Zerstrittene Zukunftsforscher — Der Machtkampf um die Denkfabriken —, in: Die Zeit, Nr. 38, S. 5, vom 19. September 1969.

Zusammenfassung in Thesen

These 1 Die Beschäftigung mit dem Bildungsprozeß des Menschen und mit dem Zusammenhang zwischen Bildung und wirtschaftlicher Entwicklung ist im Grunde die Wiederbelebung einer traditionellen Fragestellung der politischen Ökonomie.

These 2 Die auf einer neuen Stufe der politischen Ökonomie stattfindende Diskussion politischer Entscheidungssysteme trägt wesentliches zur Erklärung der These der Unterversorgung mit Bildung bei.

These 3 Die zunächst ökonomisch motivierte Bildungs- und Arbeitsmarktforschung hat dazu beigetragen, daß die Entwicklung der Fähigkeiten des Menschen wieder wissenschaftlicher Reflexion zugänglich gemacht wurde.

These 4 Eine arbeitsorientierte Wachstumspolitik trägt dieser Umorientierung in Richtung humaner Zielsetzungen der Wirtschaftspolitik Rechnung.

These 5 Bei steigendem Wohlstand und zunehmender Flexibilität der Ausbildung ergibt die volle Entwicklung der Fähigkeiten der Bevölkerung die angemessenste Wachstumspolitik.

These 6 Die informatorische Basis für eine arbeitsorientierte Wachstumspolitik wird durch eine Zukunftsforschung vermittelt, die die Möglichkeiten und Zielsetzungen zukünftiger Entwicklungen zur öffentlichen Diskussion stellt.

These 7 Durch die Öffentlichkeit dieser Forschung werden im Kreislauf zwischen Wissenschaft, Politik und Öffentlichkeit Informations- und Lernprozesse eingeleitet, die tendenziell zur Souveränität des Staatsbürgers führen können.

Investitionsorientierte Wachstumspolitik

Von Privatdozent Dr. *Detlef Lorenz* (Berlin)

I.

Die Wachstumspolitik ist in fast allen Ländern immer mehr in den Vordergrund der Wirtschaftspolitik gerückt. Dennoch sind aus naheliegenden, in der Literatur ausführlich diskutierten Gründen Notwendigkeit, Zielsetzungen und Instrumente der Wachstumspolitik in den westlichen Industriestaaten lebhaft umstritten. Das Thema wird durch die Eingrenzung auf die Investitionsorientierung keineswegs transparenter und problemloser. Im Gegenteil, gerade die Investitionsorientierung, und zwar nochmals begrenzt auf die *privaten Investitionen in der Marktwirtschaft,* macht die Wachstumspolitik eher noch dubioser und anfechtbarer als sie es ohnehin schon (oder noch) zu sein scheint.

Die Problematik der wirtschaftspolitischen Beeinflussung privater Investitionen wird besonders deutlich, wenn man nicht von investitionsorientierter Wachstumspolitik, sondern von *wachstumsorientierter Investitionspolitik* sprechen würde. Auch eine sehr pragmatisch und unvollkommen als gemischtes Wirtschaftssystem westeuropäischer Provenienz umschriebene Marktwirtschaftsordnung kann sehr bald von der Investitionspolitik in ihren „essentials" betroffen werden. Die investitionspolitische Autonomie der privaten Entscheidungsträger (Unternehmungen) stellt ja gleichsam zusammen mit der Konsumfreiheit und dem Privateigentum den harten Kern dieses Wirtschaftssystems dar.

Dem steht nicht entgegen, daß im Verlauf der Zeit ein recht ansehnliches Arsenal kredit-, finanz- und außenwirtschaftspolitischer Mittel zur Beeinflussung der Investitionstätigkeit entwickelt wurde. In einer Marktwirtschaft sollen freilich nur die zur Beeinflussung der *makroökonomischen* Investitionsneigung geeigneten Instrumente Verwendung finden. Deren Einsatz wird hier auch nicht etwa von einer Investitionspolitik als „Zielpolitik" gesteuert oder koordiniert. Ansätze oder Annäherungen in dieser Richtung im Rahmen der Konzeptionen indikativer Wirtschaftsplanung haben die umstrittene Position und die Grenzen einer investitionsorientierten Wachstumspolitik recht deutlich werden lassen[1]. Ex ante-Branchenstrukturpolitik begegnet großen Reserven; nur die Beeinflussung der makroökonomischen Investitionsquote stößt seit geraumer Zeit nicht länger auf ernsthafte Bedenken. Man spricht typischerweise auch selten ex pressis verbis von Investitionspolitik, sondern lieber allgemeiner von Konjunktur-, Vollbeschäftigungs-, Stabilisierungs- oder eben von Wachstumspolitik.

Eine nähere Beschäftigung mit der Wachstumspolitik sowie mit der ihr heute nicht zufällig eng verbundenen Strukturpolitik läßt jedoch die Vermutung aufkommen, *daß es sich bei der Wachstums- und Strukturpolitik teilweise nur um eine „marktkonforme“ Bezeichnung für Investitionspolitik handelt.* Kucera spricht sogar davon, daß eigentlich beide Bereiche als „gleichsam identisch“ mit Investitionspolitik angesehen werden könnten[2]. Auch Werner gelangt zu der naheliegenden Feststellung, daß investitionsorientierte Wachstumspolitik gegenüber der „globalen Investitionspolitik“ nur einer gewissen Differenzierung bedürfe und z. B. die „spezifische Struktur der Kapitalausstattung einer Volkswirtschaft in den Vordergrund“ zu treten habe[3]. Schließlich zeigt auch die im Entstehen begriffene „Disziplin“ sektorale Strukturpolitik eine typische Ambivalenz gegenüber der Investitionspolitik[4].

Sieht man von Branchenstruktur- oder sektoraler Strukturpolitik ab[5], so ist die Interdependenz von Wachstum und Strukturwandel ansonsten bisher weitgehend in einer gegenseitigen „Erleichterungsfunktion“ wachstumsorientierter Strukturpolitik und strukturorientierter Wachstumspolitik „bewältigt“ worden[6]. Diese Strategie vermeidet geschickt die alte Problematik der *normativen* Strukturpolitik (ideale oder optimale Verhältnismäßigkeiten). Den „Gretchenfragen“ einer ernsthaft investitionsorientierten Wachstumspolitik weicht sie freilich zu elegant aus.

---

[1] Vgl. dazu H. A. *Höller*, Staatliche Investitionsplanung und Wirtschaftswachstum, Köln und Opladen 1969. Die Arbeit von Höller trägt im übrigen zur vorliegenden Thematik leider nichts bei, da es sich im wesentlichen um eine ausführliche Wiedergabe und Systematisierung der vielfältigen Beiträge zur Diskussion um das französische Planifikations-Experiment handelt. Neue Gedanken zur Problematik der Investitionspolitik im Rahmen der Wachstumspolitik bietet die Arbeit kaum.

[2] B. *Kucera*, Bemerkungen zur Investitionspolitik in einer marktwirtschaftlichen Ordnung, in: Wiener Studien zu Wirtschafts- und Sozialpolitik, Heft 6 (1966), S. 16 und 22.

[3] J. *Werner*, Wachstumspolitik als Rahmenpolitik und Prozeßpolitik. Vgl. den Beitrag in diesem Band, S. 69/70.

[4] Siehe hierzu den Bericht der Kommission der Europäischen Gemeinschaften: Entwurf des Zweiten Programms für die mittelfristige Wirtschaftspolitik, Brüssel, März 1968, Kapitel III: Sektorale Strukturpolitik.

[5] Siehe hierzu S. 153 ff. dieses Beitrages.

[6] Siehe E. *Preiser*, Wirtschaftliches Wachstum als Fetisch und Notwendigkeit, in: Wirtschaftspolitik heute, München 1967, S. 157/158. H. *Ohm*, Allgemeine Volkswirtschaftspolitik, Bd. II, Berlin 1967, S. 12 und 20.

Damit sind wir bei der grundsätzlichen Fragestellung angelangt, *inwieweit und in welchem Sinne eine Wachstumspolitik investitionsorientiert sein kann, wenn sie gleichzeitig systemkonform und intensiv sein soll.* Das wirft einerseits das Problem der Zielsetzungen auf und andererseits die Frage nach den Wirkungsmöglichkeiten und Methoden.

II.

Als Vorbemerkung zum ersten Problemkreis, den Zielsetzungen investitionsorientierter Wachstumspolitik, seien drei Feststellungen zur Eingrenzung des Themas getroffen:

1. Es wird *unterstellt*, daß die Förderung des Wachstums über private Investitionen wachstumspolitisch bedeutsam ist. Sowohl extensives wie intensives Wachstum des Sozialprodukts setzen erhebliche Neu- und Ersatzinvestitionen voraus. Wird diese, im Thema selbstverständlich schon enthaltene und m. E. keineswegs unrealistische Annahme ausdrücklich als Prämisse behandelt, kann die an dieser Stelle nicht zweckmäßige weitere Erörterung der strittigen Frage, welcher quantitativ-empirische Zusammenhang zwischen Investitionsquote und Sozialproduktniveau bzw. Wachstumsrate bestehen mag, entfallen[7]. Dieser mögliche, aber nicht unproblematische Erfolgsindex wird ausgeschaltet zugunsten grundsätzlicher Erörterungen über Ziele und Methoden (Mittel) investitionsorientierter Wachstumspolitik.

2. Private und öffentliche Investitionen sollten an sich gerade im Rahmen der Wachstumspolitik nicht isoliert voneinander gesehen werden. Zum einen können sie z. B. auf dem wichtigen Gebiet von Forschung und Entwicklung („R + D“) nur schwer auseinandergehalten werden[8], zum anderen stehen sie insbesondere bei dem vorausgesetzten Wirtschaftssystem in einem ausgeprägten Komplementärverhältnis zueinander[9]. Auf die Einbeziehung der öffentlichen Investitionen wurde dennoch verzichtet, weil das den Rahmen dieses Beitrags erheblich überschritten hätte[10].

---

[7] Vgl. dazu den Beitrag von E. *Dürr* in diesem Band.

[8] R. R. *Nelson*, M. J. *Peck*, E. D. *Kalachek*, Technology, Economic Growth and Public Policy, Washington 1967. Sowie den Beitrag von K.-H. *Oppenländer* in: Wieweit ist Wirtschaftswachstum machbar?, Berlin, München 1968, S. 28 ff.

[9] Siehe H. *Jürgensen*, Bemerkungen zu Wachstums- und Verteilungseffekten privater und öffentlicher Investitionen, in: Wirtschaftskreislauf und Wirtschaftswachstum (Festschrift für C. Föhl, hrsg. von E. Schneider), Tübingen 1966.

[10] Aus diesem Grunde war zum Themenkreis öffentliche Investitionen ursprünglich auch ein besonderes Referat vorgesehen.

3. Wachstumspolitik wird im folgenden nur als „reine“ Wachstumspolitik (Allokationspolitik) und nicht auch unter dem Stabilisierungsaspekt betrachtet. Dadurch lassen sich die Erörterungen über die Wachstumsförderung durch private Investitionsaufwendungen freihalten von allen Überlegungen hinsichtlich vorübergehender Unstetigkeiten des Wachstumsverlaufs. Das ist insofern nicht unwichtig zu betonen, weil auf der einen Seite wegen der engen Beziehungen zwischen Wachstums- und Stabilisierungspolitik[11] die Investitionsorientierung in beiderlei Hinsicht ausgelegt werden kann, auf der anderen Seite aber eine Trennung der beiden Gesichtspunkte insbesondere für eine Beurteilung des wachstumspolitisch angemessenen Investitionsaufwands zweckmäßig erscheint.

A. Kommen wir nach diesen Vorbemerkungen auf die Frage nach den Zielsetzungen zurück, so spiegelt die bündige Formulierung von Föhl sicher eine weit verbreitete Vorstellung wider: „Für eine zielbewußte Wachstumspolitik ergeben sich ... zwei Aufgabengebiete. Das erste ist die Beschleunigung des technischen und organisatorischen Fortschritts, das zweite ist die Erhöhung der Investitionsquote zum Zwecke seiner schnelleren Verwirklichung“[12]. Befragt man die nicht sehr reichhaltige wachstumstheoretische Literatur, die *investitionspolitische* „Ratschläge“ explizit enthält, können folgende „Zielsetzungen“ unterschieden werden.

1. Die Orientierung des erforderlichen Investitionsaufwands an einer „potential growth rate of the economy“[13]. Bei gegebenem „gewünschten“ Kapitalkoeffizienten und gegebener Lebensdauer der Kapitalgüter müssen die zusätzlichen Investitionen (new capital) ausreichen, die zuwachsenden und die durch kostensenkende Investitionen (technischer Fortschritt) freigesetzten Arbeitskräfte zu beschäftigen. Das kann als eine für die wachsende Wirtschaft bei „normalem“, d. h. nicht forciertem technischen Fortschritt *qualifizierte Vollbeschäftigungs-Zielsetzung* gekennzeichnet werden. Nach Eltis ist dafür eine Investitionsförderung mit verschiedenen Mitteln notwendig, da die zwecks Kostensenkung von den Unternehmungen ohnehin getätigten zusätzlichen Investitionen als nicht ausreichend angesehen werden. Dieser Zielsetzung soll im folgenden nicht weiter nachgegangen werden.

---

[11] Vgl. dazu K. *Kästner*, Gesamtwirtschaftliche Planung in einer gemischten Wirtschaftsordnung, Göttingen 1966, S. 69 ff., und F. *Neumark*, Fiskalpolitik und Wachstumsschwankungen, Wiesbaden 1968.

[12] C. *Föhl*, K.-H. *Oppenländer*, Wieweit ist Wirtschaftswachstum machbar?, Berlin, München 1968, S. 14.

[13] W. A. *Eltis*, Economic Growth. Analysis and Policy, London 1966, Kap. 5 und S. 129/130.

2. Bemerkenswerter als diese einfache ist eine *anspruchsvollere „potential growth rate“*, die auf einem höheren Kapitalkoeffizienten und/oder einer kürzeren Lebensdauer der Kapitalgüter basiert und einen intensiven technischen Fortschritt zum Ausdruck bringen soll[14]. Da die dazu erforderliche Investitionsneigung (-volumen) von der Profitrate abhängt, ergeben sich zwei grundsätzliche Implikationen: Inwieweit ist erstens die private bzw. soziale Profitrate als solche angemessen zur Bestimmung des Investitionsaufwands im Rahmen der Wachstumspolitik und wie steht es zweitens mit der „Wünschbarkeit“ intensiven, kapitalgebundenen technischen Fortschritts?

3. Mit der soeben erwähnten *Profitrate* ist der gegenwärtig vermutlich wichtigste Orientierungsfaktor genannt. Er spielt in der deutschen Literatur seit v. Weizsäckers dezidierter Frage nach der *optimalen Investitionsquote* eine Rolle[15]. Wird als Ziel der Wachstumspolitik nicht die Maximierung des Sozialprodukts, sondern des langfristigen Konsumniveaus gesetzt, dann kann unter bestimmten produktionstheoretischen Voraussetzungen der optimale Investitionsaufwand bestimmt werden. Er ist erreicht, wenn die Investitionsquote gleich der partiellen Produktionselastizität des Kapitals oder die Zuwachsrate des Realkapitals gleich dem Zinssatz ist. Dieser Zinssatz entspricht nicht dem Marktsatz, sondern dem verteilungstheoretischen Zinssatz, der privaten Profitrate[16].

4. Bei v. Weizsäcker wird der optimale Investitionsaufwand präzise, aber zugleich auch simplifizierend durch das neoklassische Modell sowie die Konsumprämisse bestimmt. Die Zielbestimmung investitionsorientierter Wachstumspolitik mittels Orientierung an der Profitrate ist bei anderen Autoren „offener“.

Eltis und Shone sprechen sich z. B. entschieden für eine *Senkung der privaten Profitrate* aus, um die Wachstumsrate zu steigern[17]. Der Erfolg dieser Politik hängt vornehmlich davon ab, inwieweit welche Bestandteile der Profitrate (Risiko-, Monopol-, Besteuerungsanteile z. B.) verringert werden können, um die Investitionsneigung zu erhöhen. Welche Höhe der Profitrate erstrebenswert ist, bleibt jedoch offen. Eltis gibt

---

[14] W. A. *Eltis*, a.a.O., S. 130/131 und Kap. 6 Vgl. auch R. *Shone*, Investment and Growth, London 1966.

[15] C. C. *v. Weizsäcker*, Wachstum, Zins und optimale Investitionsquote, Basel 1962, Teil II. G. *Bombach*, Optimales Wachstum und Gleichgewichtswachstum, in: Optimales Wachstum und optimale Standortverteilung, Schr. V. Socialpolitik, NF Bd. 27, Berlin 1962, S. 56/57.

[16] Dieser Zinssatz bzw. die Profitrate kann auch Monopolisierungs- und Risikoelemente enthalten. Vgl. G. Bombach, a.a.O., S. 59, sowie Krelles „Durchschnitts-Zinssatz“. W. *Krelle*, Verteilungstheorie, Wiesbaden 1962, S. 142.

[17] Vgl. Fußnote 14.

lediglich plausible Ober- und Untergrenzen an, innerhalb deren von der Wachstumspolitik versucht werden sollte, die Profitrate zu manipulieren[18]. Da die offenbar erforderliche „konventionelle" Profitrate von vielen Autoren nicht nur als recht konstant, sondern auch als ziemlich hoch eingeschätzt wird[19], läuft ihre Manipulierung nach unten auf Subventionierung einer höheren Investitionsneigung oder auf eine „Sozialisierung der Risiken" (Solow) hinaus[20].

Teilweise steht dahinter die Überlegung, eine monopolistische Überhöhung der Profitraten einzuschränken. Das ist ein problematisches Unterfangen, wenn „prozessuale Leistungsmonopole" (H. Arndt) zur Debatte stehen, bei denen keineswegs eindeutig von einem unteroptimalen Investitionsvolumen gesprochen werden kann, weil Monopolzuschläge oft gerade darauf abgestellt sind, eine hohe Investitionsneigung zu alimentieren. Die Substitution von „Selbsthilfeaktionen" starker Unternehmen durch steuerliche oder anderweitige Investitionsbegünstigungen garantiert keineswegs eine Korrektur unteroptimaler Investitionsvolumina. Das Gegenteil, die Reduzierung der Investitionsneigung, kann durchaus der Fall sein.

Läßt man die Monopolproblematik zunächst beiseite[21], dann steht hinter der an der Profitrate orientierten Wachstumspolitik der generelle Gedanke, daß die *volkswirtschaftliche Profitrate* höher als die private und deshalb die realisierte Investitionsquote zu gering sei[22]. Begründet werden kann das beispielsweise über das Arrow-Argument der externen Effekte[23]; weiter mit dem Hinweis zu hoher Gewinnbesteuerung, die

---

[18] „... if the government wished to increase an economy's potential growth rate, it would need to do everything possible to reduce *R*, the rate of return sought by entrepreneurs, as *long-term* policy. It would, however, be wrong to reduce it below the *R* needed to absorb maximum saving. It would also be wrong to reduce it too much below R_t, the community's rate of time preference between present and future consumption. Finally, it would be wrong to reduce it below the growth rate, though this is a highly academic restriction." W. A. *Eltis*, a.a.O., S. 145/146.

[19] Vgl. z. B. N. *Kaldor*, Economic Growth and the Problem of Inflation, in: Economica, NS Vol. 26 (1959), S. 288 ff. A. *Stobbe*, Untersuchungen zur makroökonomischen Theorie der Einkommensverteilung, Tübingen 1962, S. 116/117. E. *Streissler*, Long Term Structural Changes in the Distribution of Income, in: Z. f. Nationalökonomie, Bd. 29 (1969).

[20] W. A. *Eltis*, a.a.O.; R. M. *Solow*, Capital Theory and the Rate of Return, Amsterdam 1963, S. 97; R. *Shone*, a.a.O., S. 18.

[21] Vgl. S. 147 ff.

[22] Diese Aussage steht nicht im Widerspruch zur oben erwähnten Forderung nach einer *Senkung* der *privaten* Profitrate, da auch auf diesem Wege eine *Erhöhung* der Investitionsquote angestrebt werden kann. (Vgl. dazu auch S. 152.)

[23] Siehe etwa R. M. *Solow*, a.a.O., S. 65—68; C. C. *v. Weizsäcker*, Zur ökonomischen Theorie des technischen Fortschritts, Göttingen 1966, Kap. IV; H. *Walter*, Investitionen und technischer Fortschritt in der neueren Wachstumstheorie und die Problematik wirtschaftspolitischer Rezepte, in: Theore-

die „ex ante target rates of return" zu hoch und damit die Investitionsneigung zu niedrig werden läßt[24]; oder schließlich mit der Argumentation von Noll, wonach die als wirtschaftspolitisches Kriterium für Investitionsentscheidungen heranzuziehende volkswirtschaftliche Profitrate „sich aus der Summe von privatkapitalistischer Profitrate und Lohnzuwachs zusammensetzt". Wegen der Lohnabsorption (= Differenz zwischen volkswirtschaftlichem und marktwirtschaftlichem Zins) erfolge das Wachstum des Kapitals zu langsam[25].

5. Sieht man die *Profitrate im Zusammenhang mit dem technischen Fortschritt,* dessen Förderung ja bereits im Vordergrund einer „auf den ersten Blick"-Zielbestimmung der Wachstumspolitik steht, dann wird die Frage nach dem „angemessenen" Investitionsaufwand noch um eine Stufe komplexer. Zum einen müssen hier zwar nach Solow[26], abgesehen vom Arrow-Fall, private und soziale (volkswirtschaftliche) Profitrate keineswegs auseinanderfallen. Zum anderen werden sie aber *beide* durch den Entwertungseffekt des kapitalgebundenen technischen Fortschritts um so mehr reduziert, je wirksamer dieser ist[27]. Und zwar sollte das im Anschluß an Tobin und Okun nicht als „simple capital loss" im Sinne der Investitionsrechnungen, sondern als eine nachträgliche Ertragsminderung des Sparens, also gleichsam als zu hoch bezahlter Investitionsaufwand interpretiert werden.

Auch Noll gelangt von teilweise anderen Ausgangspunkten zu gleichen oder sehr ähnlichen Schlußfolgerungen. Er fügt jedoch noch einen bemerkenswerten Gesichtspunkt hinzu[28]. Während ohne Berücksichtigung des technischen Fortschritts seiner Meinung nach die privaten Investitionen unteroptimal sind, die Wirtschaft deswegen zu langsam wächst, wird durch den technischen Fortschritt das Wachstum wiederum zu sehr beschleunigt. Beide Tendenzen gleichen sich nur per Zufall aus. Auf alle Fälle bleibt eine sektorale Fehlentwicklung bestehen. Es wird in den Forttschrittsbereichen überoptimal investiert, weil nicht die die Kapitalverluste in anderen Bereichen berücksichtigende *Netto-Profit-*

---

tische und institutionelle Grundlagen der Wirtschaftspolitik. Hrsg. von H. Besters, Berlin 1967, S. 238—241.

[24] R. M. *Solow,* a.a.O., S. 97, und W. A. *Eltis,* a.a.O., S. 142.

[25] W. *Noll,* Volkswirtschaftliche Auswirkungen eines kostensparenden technischen Fortschritts, Berlin 1967, S. 115, 121/122 und 125; H. *Walter,* a.a.O., S. 240.

[26] A.a.O., S. 61—64.

[27] „... when technical change is embodied, and hence obsolescence is a fact of life, the private and social rates of return remain equal, but both are less than the conventionally-calculated marginal product of new capital. Perhaps substantially less. And more rapid technical progress, or an acceleration of technical progress, may actually lower both private and social rates of return." R. M. *Solow,* a.a.O., S. 64.

[28] A.a.O., S. 126 und 152 ff.

rate, sondern hier die Brutto-Profitrate dem Darlehnszins gegenübergestellt wird. Die Orientierung der Einführung kostensparenden technischen Fortschritts an der gesamtwirtschaftlichen oder Netto-Mehrergiebigkeit läßt dagegen die Tatsache richtig zur Geltung kommen, daß in Höhe der Kostensenkung (Produktivitätssteigerung) nicht ein Realeinkommenzuwachs entsteht, der voll konsumiert werden darf. Es muß vielmehr zumindest teilweise „neu" (zusätzlich) gespart werden, um die durch den technischen Fortschritt ex post entwerteten Ersparnisse (siehe oben) zu kompensieren[29]. Der technische Fortschritt fällt eben nicht vom Himmel, sondern kostet auch unter diesem Aspekt etwas. Es kann allerdings vermutet werden, daß der Nettoertrag dieser Investitionen in den technischen Fortschritt immer noch ansehnlich und profitabel genug ist.

B. Soviel zur Unterscheidung verschiedener Zielbestimmungsansätze, wovon der letzte Ansatz den Anstoß zu weiteren Betrachtungen geben soll. Die soeben erörterte Einbeziehung des kapitalgebundenen technischen Fortschritts bringt in die theoretisch recht plausible, wenn auch unterschiedliche Orientierung investitionsorientierter Wachstumspolitik an den Profitraten neue Unsicherheiten hinein. Anders formuliert: Das scheinbar einzugrenzende Problem des „angemessenen" Investitionsaufwands wird wieder unbegrenzt durch Verschiebung der Fragestellung: *Wieviel technischer Fortschritt bei welchem Einführungstempo ist angemessen?*

Technischer Fortschritt verführt bereits durch seine ohnehin nicht sehr glückliche Bezeichnung zu einer einseitigen Beachtung der „Fortschritts"-Komponente. Auch der bemerkenswerte Beitrag des sog. „vintage approach" trägt nicht genügend zur Beachtung der Kehrseite der Medaille bei, nämlich der Entwertungskomponente des „Fortschritts". Damit sind zwei wichtige *gegensätzliche* Wirkungen verbunden: Einmal die erwähnte Reduzierung des gesamtwirtschaftlichen Ertrags (Netto-Profitrate), zum anderen aber auch ein intensives Wettbewerbselement, das in „Rückkoppelung" wieder die Fortschrittskomponente des technischen Fortschritts anreizt[30].

Bei dieser Betrachtung wird insbesondere die Bestimmung der optimalen Investitionsquote durch v. Weizsäcker fragwürdig, ganz unabhängig von der ohnehin nicht unproblematischen Konsummaximierungs-Prämisse. Die These, daß die über die optimale Investitionsquote hinausgehenden Investitionen keine Wachstumsgewinne mehr brächten,

---

[29] Vgl. S. 155 und 160/161.

[30] Vgl. in diesem Zusammenhang auch D. *Lorenz*, Probleme und Ansätze einer kapazitätsorientierten Investitionspolitik, Berlin 1958, S. 106 ff.

sondern nur noch Investitionen um ihrer selbst willen seien[31], verliert entschieden an Gewicht. Die „überschüssigen“ Investitionsaufwendungen müssen nicht unbedingt in einer Erhöhung des traditionellen Kapitalkoeffizienten versickern. Dieses Ergebnis braucht auch nicht nur mit den Ertragsgesetzen[32] oder der Vermutung der Kapitalverschwendung erklärt zu werden[33]. Leider besitzen wir keine befriedigende Theorie des Kapitalkoeffizienten, aus der u. U. für die Wachstumspolitik Erkenntnisse gewonnen werden könnten[34].

Immerhin läßt sich eine Konzeption des Kapitalkoeffizienten vorstellen, die auf das Problem des „angemessenen“ technischen Fortschritts Rücksicht nimmt. Auch v. Weizsäcker scheint in seiner Publikation zum technischen Fortschritt eine solche Interpretation im Auge zu haben[35]. *Für die wachstumspolitische Erweiterung der Konzeption des Kapitalkoeffizienten kommt es in erster Linie auf den Tatbestand beschleunigter Regenerations- oder Modernisierungsprozesse des Kapitalstocks an,* unabhängig davon, ob sie von Kapitalintensivierung bzw. arbeitssparendem technischen Fortschritt begleitet sind oder nicht. Die dabei vor sich gehende „interne Kapitalsubstitution“ kann einen hohen bzw. überhöhten Kapitalkoeffizienten beinhalten, ohne daß das in dem üblicherweise verwendeten Konzept des Kapitalkoeffizienten zum Ausdruck kommen muß. Wenn der Kapitalbetrag (Investitionsaufwand) pro Output-Einheit je Periode „statistisch“ der gleiche bleibt, *jedoch öfter ausgewechselt (modernisiert) wird,* läuft diese Modernisierungs-Substitution als Ausdruck „zeitlicher Umstrukturierung des Kapitalstocks“[36] auf eine Steigerung des Kapitalkoeffizienten hinaus. Die Höhe dieses wachstumspolitisch relevanten Kapitalkoeffizienten kann naheliegenderweise immer erst über längere oder mehrere Perioden nachzuweisen versucht werden.

Es liegt hier ein Parallelfall zu den substitutiven Investitionen des Leistungs- oder Verdrängungswettbewerbs vor, die ja darauf abzielen, bereits getätigte, weniger profitable Investitionen aus dem Markt zu werfen. Da die jeweiligen zusätzlichen Investitionen die Aufwendungen der Vorperioden nicht rückgängig machen können, entsteht nachträglich ein überhöhtes gesamtwirtschaftliches Investitionsvolumen, das nur vermeidbar wäre, wenn der Endzustand (das Gleichgewicht) sofort

---

[31] G. *Bombach,* a.a.O., S. 56.

[32] C. C. *v. Weizsäcker,* Wachstum, Zins ..., a.a.O., S. 17/18; G. *Bombach,* a.a.O., S. 56.

[33] E. *Dürr,* a.a.O., S. 8 und 19/20.

[34] Die „zu abstrakte“ Studie von Helmstädter hilft in dieser Hinsicht leider nicht weiter. E. Helmstädter, Der Kapitalkoeffizient. Eine kapitaltheoretische Untersuchung, Stuttgart 1969.

[35] A.a.O., S. 23 und 39. Vgl. auch F. Redl, Versuch einer ökonomischen Theorie des Kapitalkoeffizienten, in: Jb. f. Nat. u. Statistik, Bd. 176 (1964), S. 433/4.

[36] C. C. *v. Weizsäcker,* a.a.O., S. 41.

— in einer Periode — erreichbar oder wenigstens transparent wäre. Der marktwirtschaftliche Leistungswettbewerb ist jedoch ein zeitlicher Anpassungsprozeß, ein permanentes Experiment, das seine sozialen Kosten in Gestalt „überhöhter" Kapitalaufwendungen fordert. Sie können gleichwohl durch den Ertrag dieses Wettbewerbs ebenso gerechtfertigt sein wie die mit dem technischen Fortschritt verbundene „interne Kapitalsubstitution".

Wegen der Unbestimmtheit der gesamtwirtschaftlichen Aufwands-/Ertrags-Kalkulation kann sich freilich hinter der mit dem technischen Fortschritt verbundenen Erhöhung des Kapitalkoeffizienten auch ein Zuviel an Kapitalaufwand (Fehlinvestitionen) verbergen. Analog den oben erwähnten Investitionen um der Investitionen willen könnte man hier von einem technischen Fortschritt um des technischen Fortschritts willen sprechen[37]. Leider haben wir es bei dieser Frage vorerst noch weitgehend mit einem Bewertungsproblem zu tun[38]. Viel hängt davon ab, ob der annahmegemäß *quantitativ* gleichgebliebene Output wegen Qualitätsverbesserungen, neuer Produktzusammensetzung oder auf Grund kosteninduzierter Produktivitätssteigerungen, die Lohnerhöhungen und/oder Preissenkungen *ermöglichen*[39], auch höher *bewertet* wird. Ist das der Fall, wird der mit dem „erhöhten" Investitionsaufwand gegebenen Tendenz zum Ansteigen des wachstumspolitischen Kapitalkoeffizienten entgegengewirkt.

C. Vor die gleiche Bewertungsproblematik wird die investitionsorientierte Wachstumspolitik gestellt, wenn zwei weitere im sog. Restfaktor der neoklassischen Wachstumstheorie verborgene Determinanten des Wachstums in die Betrachtung einbezogen werden: Der Außenhandel und die Skaleneffekte. Es soll im Rahmen dieses Referats allerdings nur näher auf den *Außenhandel* eingegangen werden, zumal beide Determinanten über Marktgröße und internationale Arbeitsteilung eng verbunden und letztlich nur Ausdruck von Spezialisierungsprozessen sind. So spricht beispielsweise Kaldor davon, daß „economies of scale in industry are the main engine of fast growth", deren Gewinne durch internationale Spezialisierung gesichert bzw. gefördert werden[40].

---

[37] Vgl. auch dazu D. *Lorenz*, a.a.O., S. 109—112, und W. *Noll*, a.a.O., S. 154/155.

[38] Verwiesen sei insbesondere auf die „Streitschrift" von E. J. *Mishan*, The Costs of Economic Growth, London 1967. Vgl. damit die „instrumentale" Einstellung von Neumann zu den „treibenden Kräften des wirtschaftlichen Wachstums". M. *Neumann*, Kapitalbildung, Wettbewerb und ökonomisches Wachstum, Berlin, Heidelberg 1968, insbes. Kap. 1 und 3.

[39] Deren gesamtwirtschaftlicher Umfang und „Nettowert" freilich offen bleibt. (Inflationstendenzen, Saldierung von Preissenkungen und -erhöhungen.)

[40] N. *Kaldor*, Causes of the Slow Rate of Economic Growth of the United Kingdom, Cambridge 1966, S. 32. Siehe auch W. A. *Eltis*, a.a.O., S. 19—21.

Wachstumspolitisch sind bezüglich des Außenhandels zwei theoretische Tatbestände bedeutsam. Erstens können bekanntlich Exportüberschüsse Investitionszuwächsen gleichgesetzt werden; und zwar sowohl im Keynesschen Sinne (Einkommenseffekt) wie auch im Sinne von Harrod/Domar (Kapazitätseffekt). Exportförderung läuft also auf Investitionsförderung hinaus. Zweitens hängt das Exportwachstum bzw. der Vorteil der internationalen Arbeitsteilung gerade bezüglich der Wachstumsdynamik entscheidend von der Verfügbarkeit über jeweils auf Zeit lokalisierbaren technischen Fortschritt ab. Hier zeigt sich eine wichtige Interdependenz zwischen Außenhandel (Export) und technischem Fortschritt: Das Exportsortiment, insbesondere die Struktur seiner Vorteilhaftigkeit, wird intensiv vom technischen Fortschritt beeinflußt, wobei aber dieser wiederum — zumindest in vielen Fällen — zur vollen Ausschöpfung seines Wachstumspotentials die Auslandsmärkte benötigt (Skaleneffekte)[41].

Wegen dieser Zusammenhänge wird die „Trendrate des Exportwachstums die Wachstumsrate des sekundären Sektors" (Kaldor) mitunter stark beeinflussen. Diese Begleiterscheinung des technischen Fortschritts ist dann nicht nur ein wichtiger Bestimmungsfaktor des internationalen Wettbewerbs, sondern es stellt sich wachstumspolitisch wiederum die Frage nach der Angemessenheit einer solchen Investitionsförderung. Die Intensität der internationalen Spezialisierung kann zu weit gehen[42], wenn sich Exportüberschüsse entwickeln, die der Ventilfunktion im Sinne der „vent for surplus-Theorie" nahekommen. Auch hier könnte insoweit von Fehlinvestitionen gesprochen werden[43].

D. Was bleibt nun als Ergebnis der Betrachtungen zur Zielorientierung festzuhalten?

1. Die spontanen Investitionsaufwendungen „des Marktes" werden als unzureichend angesehen, um das normale Wachstumspotential (-rate) des Sozialprodukts durch Vollbeschäftigung zu realisieren. Wegen der Prämisse des investitionsbedingten Wachstums sind dann Förderungsmaßnahmen zur Steigerung der Investitionstätigkeit notwendig. Die

---

[41] Vgl. auch D. *Lorenz*, Über einige Beziehungen zwischen technischem Fortschritt, Außenhandel und Wachstum, in: Schmollers Jb., 86. Jg. (1966), S. 260/261; W. A. *Eltis*, a.a.O., S. 163/164.

[42] In dieser Hinsicht hat *Mishan* (a.a.O., Kap. 2) scharfe Kritik geübt. Vgl. auch Joan *Robinson*, The New Mercantilism, Cambridge 1966. Zum Problem paralleler Förderungsmaßnahmen vergleiche die Bedenken der EWG-Kommission im zweiten Programm für die mittelfristige Wirtschaftspolitik, a.a.O., Kap. III, S. 6 und 26. Zur positiven Bewertung vgl. die interessanten Ausführungen von Stegemann über die „Wachstumskonkurrenz der Staaten". K. *Stegemann*, Wettbewerb und Harmonisierung im gemeinsamen Markt, Köln 1966, S. 89 ff.

[43] Vgl. auch S. 149 f.

Zielorientierung läuft hier jedoch letztlich auf eine allgemeine Wachstumszielsetzung hinaus, die für unsere Thematik unergiebig ist.

2. Als Zielsetzung fungiert die aus der Wachstums- bzw. Kapitaltheorie abgeleitete optimale Investitionsquote unter Rückgriff auf das Axiom der Konsummaximierung. Gegen diese durch v. Weizsäcker und einige andere Autoren[44] vorgenommene Orientierung einer optimalen Investitionspolitik besteht der Haupteinwand in einer ungenügend reflektierten Berücksichtigung des technischen Fortschritts.

3. Wird die makroökonomische Profitrate zugrunde gelegt, läßt sich in fast allen wesentlichen Ansätzen dem technischen Fortschritt besser Rechnung tragen. Die Profitrate hat überdies als Orientierungsmaßstab den generellen Vorteil, die Investitionsorientierung der Wachstumspolitik bereits „a priori" zu enthalten. Jedoch besitzen die darauf beruhenden Zielbestimmungen, deren Konsequenz in der Regel die Korrektur eines unteroptimalen privaten Investitionsaufwands nach oben ist, den Nachteil, kaum operational zu sein, sondern allenfalls formal zu befriedigen. Abweichungen zwischen sozialer und privater Profitrate sind nur schwer zu erfassen[45]. Der „angemessene" Investitionsaufwand oder das Ausmaß der Unteroptimalität bleibt nicht nur quantitativ unbestimmt. Das beruht einmal auf den bekannten externen Effekten. Sodann aber insbesondere auf der meist ungestellten, vielleicht auch unbeantwortbaren Frage nach dem Umfang bzw. der Anwendungsgeschwindigkeit des technischen Fortschritts sowie auf parallelen Schwierigkeiten im Bereich der Außenwirtschaft. Ebenso wie die Forderung der Konsummaximierung ist die Bestimmung des notwendigen oder angemessenen technischen Fortschritts (und Exports) nicht nur eine schwierige wirtschaftspolitische Aufgabe, sondern beinhaltet auch ein typisches „Welfare-Dilemma"[46].

Wir gelangen mit diesem Resümee praktisch wieder zurück zu der einleitend erörterten Problematik einer als Zielpolitik aufgefaßten Investitionspolitik. Auch die investitionsorientierte Wachstumspolitik hat ohne Zweifel eine Reihe von Methoden und Instrumenten zur Verfügung, um über die Förderung der Investitionen das Wachstum zu steigern und zu unterstützen. Wachstum ist sicherlich nicht nur über öffentliche Investitionen „machbar". *Jedoch scheitert eine nähere Zielbestimmung.* Es bleibt unter diesen Umständen bei allgemeinen Behauptungen derart, daß der technische Fortschritt im allgemeinen und im besonderen

---

[44] In Kapitel 6 setzt sich *v. Weizsäcker* mit anderen Versuchen zur Bestimmung der optimalen Investitionspolitik auseinander *(Ramsey, Tinbergen, Harrod* und *Horvat)*, „Wachstum, Zins ...", a.a.O., S. 67 ff.

[45] Vgl. z. B. R. *Shone*, a.a.O., S. 18.

[46] Vergleichbare Schlußfolgerungen finden sich z. B. bei H. *Walter*, a.a.O., S. 241—244, und bei C. C. *v. Weizsäcker*, Wachstum, Zins ..., a.a.O., S. 79—81.

und mit ihm oder zusätzlich Kapitalintensität, Skaleneffekte und Exporte im Interesse des Wachstums u. a. mittels Begünstigung privater Investitionen zu fördern seien.

Läßt sich die Frage nach dem Wieviel oder dem Zuviel direkt im Wege der Zielbestimmung nicht näher beantworten, verbleibt ein indirekter Ausweg. Es wird im Sinne des „Nächstbesten" davon ausgegangen, was „der Markt" ohnehin und mit genereller Förderung durch die Wachstumspolitik zuwege bringt. *Das bedeutet den Rückzug auf das Problem der zulässigen Grenzen der Investitionsalimentierung zur Ausschöpfung des volkswirtschaftlichen Wachstumspotentials.* Ohne die Erträge dieser Politik genau zu kennen, stellt sich in jedem Fall die Frage nach den *„sozialen Kosten" einer solchen Subventionspolitik großen Stils.* Richtiger: Es sollte danach gefragt werden, um die investitionsorientierte Wachstumspolitik im Rahmen der gegebenen Verhältnisse auf diese Weise rationaler (transparenter) zu machen. Nicht von ungefähr ähnelt diese bescheidenere, dafür aber eher zu bewältigende Aufgabenstellung der für die allgemeine Wachstumspolitik schon häufig aufgeworfenen Frage: „What price economic growth?"[47].

III.

Bevor im folgenden auf einige *Methoden* investitionsfördernder Wachstumspolitik eingegangen wird, *die alle auf den gemeinsamen Nenner einer Alimentierungsfunktion abgestellt werden können,* sollen einige Bemerkungen zur grundsätzlichen Bedeutung des Finanzierungsspielraums für die private Investitionsneigung vorausgeschickt werden. In Anbetracht der bislang unzureichenden investitionstheoretischen Grundlagen von Wirtschaftswachstum[48] und Wachstumspolitik, erscheint ein kurzer Blick auf die Theorie der Investitionsfunktionen angebracht. Die Anzahl dieser Funktionen ist in den letzten zwei Jahrzehnten u. a. durch die ökonometrische Forschung erheblich gestiegen[49].

In unserem Zusammenhang interessiert allein eine spezifische Relation. Nämlich die Ablösung des unfruchtbaren Dualismus zwischen Gewinn- und Akzelerator- zugunsten wesentlich pluralistischer Funktio-

---

[47] K. *Knorr,* W. J. *Baumol,* What Price Economic Growth?, Englewood Cliffs, N. J. 1961; Th. *Wilson,* The Price of Growth, in: derselbe, Planning and Growth, London 1964; E. J. *Mishan,* a.a.O.

[48] G. *Bombach,* Von der Neoklassik zur modernen Wachstums- und Verteilungstheorie, in: Schweizerische Z. f. Volksw. und Statistik, 100. Jg. (1964), S. 418.

[49] Vgl. etwa den umfassenden Übersichtsartikel von R. *Eisner,* R. H. *Strotz,* Determinants of Business Investment, in: Impacts of Monetary Policy. Commission on Money and Credit, Englewood Cliffs 1963. Sowie den Artikel von D. W. *Jorgensen,* The Theory of Investment Behavoir, in: Determinants of Investment Behavoir, (Ed. by R. Ferber) New York 1967.

nen sowie die Bestätigung der insbesondere schon früh von Preiser vertretenen These[50], wonach Investitionsfunktionen nur als vollständig zu betrachten sind, wenn neben der Investitionsneigung und deren Determinanten auch die Investitionsmöglichkeit, d. h. die Finanzierungsdeterminanten, explizit in Rechnung gestellt werden. Man kann allerdings bei dieser heute beinahe schon selbstverständlichen Erkenntnis nicht stehen bleiben.

Es geht nämlich nicht nur darum, die Funktionen durch die Aufnahme des Finanzierungspotentials zu erweitern, wichtiger erscheint vielmehr gerade vom Standpunkt der Wachstumspolitik die Frage nach der *Interdependenz* zwischen den beiden Gruppen von Bestimmungsfaktoren. Anders ausgedrückt, die Investitionsneigung ist nicht nur restriktiv, sondern auch entschieden positiv von der Investitionsmöglichkeit im Sinne der Finanzierung abhängig. Wenn nun aber die „Möglichkeit" (Finanzierungspotential) die „Wünschbarkeit" (Investitionsneigung) aktiv mitbestimmt, dann folgt daraus eine wesentliche analytische Erweiterung der Investitionsneigung.

Dabei ist der mikroökonomische Tatbestand unerheblich, daß Unternehmungen mitunter auch „unrationell" investieren mögen, nur weil reichlich verfügbare Finanzierungsmittel dazu verleiten können. Erheblich sind dagegen die Konsequenzen für die makroökonomische Investitionsneigung. Da marktwirtschaftliche Investitionsprozesse in der Gegenwart mit einer außerordentlichen, endogen wie exogen bedingten Dynamik verbunden sind, die die Risiken und Ungewißheiten aus Strukturwandlungen und Modernisierungsanforderungen erheblich steigert, *kommt dem Finanzierungspotential für die Entwicklung und Höhe der Investitionsneigung im weiteren Sinne (Investitionsquote) erhebliche Bedeutung zu*[51]. Das schlägt sich nicht nur in hohen Selbstfinanzierungsquoten[52] und in der „Aufblähung" des Kalkulationszinsfußes um diverse Risikozuschläge nieder, was bekannt genug ist. Vielmehr hat sich mit der Zeit eine recht erhebliche *Alimentierungspolitik* etabliert, auf die im folgenden an Hand der wichtigsten Methoden (Bereiche) etwas näher eingegangen werden soll.

1. *Die schleichende, „kontrollierte" Inflation* ist eines der markantesten Attribute aktiver Wachstumspolitik. So sicher einerseits diese Zeit-

---

[50] E. *Preiser*, Investition und Zins (1958). Abgedruckt in: derselbe, Bildung und Verteilung des Volkseinkommens, 2. Aufl., Göttingen 1961.

[51] Besonders hingewiesen sei hier nur auf die „modernste" Komponente, die aufwendigen und risikoreichen Investitionen in Forschung und Entwicklung. Siehe P. *Pawlowsky*, Voraussetzungen industriellen Wachstums in der Bundesrepublik, in: Mitteilungen der List-Gesellschaft, Fasc. 6, Nr. 14 (1968), S. 343 und 345; sowie K.-H. *Oppenländer*, a.a.O., S. 30 ff.

[52] Vgl. dazu neuerdings H. *Hirsch*, Die Selbstfinanzierung in der Steuerpolitik, in: Finanzarchiv, Bd. 25 (1966), S. 434/435.

erscheinung auf einer Mehrzahl von Verursachungen beruht und so sehr andererseits der Erfolg inflationären Wachstums umstritten ist, so bleibt doch ein Tatbestand festzuhalten: Sofern man das inflationäre Wachstum hinnimmt oder positiv bewertet, geschieht dies nicht zuletzt auch aus dem Blickwinkel der Investitionsförderung. Dabei sollte zweierlei unterschieden werden:

a) Die Induzierung eines höheren Investitionsvolumens zur Ausschöpfung des Wachstumspotentials im Wege der bewußt zugelassenen Nachfrageinflation[53].

b) Die nominal aufgeblähte Wachstumsrate als Voraussetzung für eine vermutete leichtere Realisierung des für erforderlich gehaltenen hohen technischen Fortschritts (Strukturwandels) bzw. zur Alimentierung der damit verbundenen Investitionsrisiken und -aufwendungen. So ist beispielsweise Küng gerade im Hinblick auf die „nicht-routinemäßigen Kapitalverwendungen, die vielfach den größten Beitrag zur Hebung der Produktivität leisten ..." der Ansicht, daß „die überdurchschnittliche Aufblähung der Gewinne in einer Marktwirtschaft doch (als) das tauglichste Mittel (erscheine), um eine Wachstumsförderung zu erzielen"[54]. Unterstellt wird dabei, daß die Unternehmer als Träger der Investitionsaktivitäten durch die Inflationskomponente sowohl größenordnungsmäßig wie auch zeitlich[55] begünstigt werden, sich also bei den vielfältigen Überwälzungsprozessen per saldo gegenüber den anderen Gruppen ausreichend durchsetzen. Sie müssen in der Lage sein, sich das für ihre Investitionszielsetzungen benötigte Finanzierungspotential zu beschaffen, das ihnen freiwillig von den Nichtunternehmern aus Unkenntnis oder Unvermögen nicht zufließt[56]. Analog den Pionierunternehmern

---

[53] Siehe insbesondere W. A. *Eltis*, a.a.O., S. 104—117.

[54] E. *Küng*, Wirtschaft und Gerechtigkeit, Tübingen 1967, S. 106.

[55] Was Rothschild für die Lohnpolitik feststellt, könnte ebenso gut für die „Finanzierungspolitik" der Unternehmen vermutet werden: „Die völlige Sinnlosigkeit von Nominallohnerhöhungen läßt sich aber nur aus einem Modell ableiten, das gegenüber der Realität viele drastische Vereinfachungen vornimmt. Wenn man die leads und lags berücksichtigt, mit denen sich Veränderungen im Wirtschaftsablauf fortpflanzen, ... so ist die Möglichkeit gewisser zeitweiser oder selbst dauernder Vorteile aus Lohnerhöhungen nicht rundweg abzulehnen." K. W. *Rothschild*, Marktform, Löhne, Außenhandel. Beiträge zur Wirtschaftstheorie und Wirtschaftspolitik, Wien 1966, S. 225.

[56] Vgl. zur „Inflationssteuer" L. A. *Hahn*, Eine Wachstums- und Konjunkturpolitik der Illusionen, Tübingen 1968, S. 36—38; G. *Bombach*, Von der Neoklassik zur ...", a.a.O., S. 418 ff.; sowie die interessanten Thesen Stützels zur qualitativen Inkongruenz von Finanzierungsmittel-Angebot und spezifischer Nachfrage. W. *Stützel*, Banken, Kapital und Kredit in der zweiten Hälfte des zwanzigsten Jahrhunderts, in: Schr. V. Socialpolitik, NF Bd. 30/II, Berlin 1964, S. 565 ff. — Unter der Voraussetzung erfolgreicher Vermögenspolitik wird es sich für die Zukunft sicher nicht um einen drohenden Kapitalmangel im Sinne zu geringen Sparens handeln. Die Frage bleibt jedoch, wie die Investitionsneigung der Unternehmungen reagiert bei der Umwegsfinanzierung über die „breite" Vermögensbildung in „Arbeiterhand".

Schumpeters, die sich der Kreditschöpfung bedienen, um ihre neuen Kombinationen zu finanzieren, greift auch die Wachstumspolitik auf die Einschleusung zusätzlicher Finanzierungsquellen zurück. Das elastische Kreditangebot soll der Steigerung des volkswirtschaftlich erwünschten Investitionsaufwands dienen.

2. Ebenso wie die praktizierte investitionsorientierte Wachstumspolitik das inflationäre Wachstum letztlich „wohlwollend duldet", verhält es sich mit einer anderen typischen Begleiterscheinung moderner Wachstumsprozesse: Mit der Akzeptierung oder *„passiven Förderung" von Monopolisierungstendenzen.*

Wie auch immer das Ansteigen partieller oder gesamtwirtschaftlicher Monopolisierungsgrade erklärt werden mag — mit dem Blick auf das Anwachsen und die zunehmende Bedeutung monopolnaher Marktformen; mit dem die relative Machtposition von Unternehmern und Nicht-Unternehmern ausdrückenden strukturellen Monopolgrad im Sinne von Preiser[57]; oder mit Stobbes These[58] von der Zielsetzung der Unternehmungspolitik, über Gewinnzuschläge die „angemessene" Verzinsung ihres Kapitals (Profitrate) selbst zu bestimmen und nicht als Residuum zu akzeptieren — in der Regel wird der Finanzierungsspielraum, die Möglichkeit zur Alimentierung zusätzlicher Investitionen verbessert[59].

So einleuchtend die positive Korrelation von Monopolisierungsgrad und Unternehmergewinnen ist[60], so umstritten ist andererseits die Hinzufügung einer generell positiven Korrelation von Unternehmergewinnen und Investitionsrate. Wettbewerbstheoretisch ist bis heute nicht entschieden, ob die mit Monopolisierungstendenzen steigenden Gewinne tatsächlich das Wachstum fördern, inwieweit etwa durch Bestehen eines funktionsfähigen Wettbewerbs „junge" Leistungsmonopole „etablierte" Machtmonopole eindeutig überwiegen. Nicht zufällig spielt dabei die Förderung des technischen Fortschritts und die Bewältigung von Strukturwandlungen durch monopolistische Großunternehmen und andere Konzentrationsformen eine wesentliche Rolle[61]. Die tatsächliche Wirtschaftspolitik scheint hier immer mehr von einer positiven Korrelation auszugehen.

---

[57] E. *Preiser*, Wachstum und Einkommensverteilung, 2. Aufl., Heidelberg 1964, S. 12—22.

[58] A. *Stobbe*, a.a.O., S. 117 ff. (130).

[59] Auch wenn es sich nicht um partielle Monopolisierungstendenzen handelt, sondern um gesamtwirtschaftliche Monopolgrade (Durchschnittswert), wird der Alimentierungsspielraum häufig partiell zugunsten der Starken auf Kosten der Schwachen in Erscheinung treten.

[60] K. *Littmann*, Zunehmende Staatstätigkeit und wirtschaftliche Entwicklung, Köln und Opladen 1957, S. 61.

[61] Vgl. dazu etwa: D. *Lorenz*, Probleme und Ansätze ..., a.a.O., S. 113—117; H. *Jürgensen*, W. *Ehrlicher*, Einkommensbesteuerung und Wirtschaftswachstum. Gutachten, Hamburg 1964, S. 82 ff; E. *Salin*/J. *Stohler* (Hrsg.), Notwendig-

Ohne auf die sehr verschlungene und mit vielen Vorurteilen durchsetzte Auseinandersetzung zu diesem Problem eingehen zu können, die insbesondere in dem Beitrag von W. Weber in diesem Band ausführlicher erörtert wird, soll doch folgende Kurz-Argumentation vertreten werden. Gerade wenn der Entwicklungsprozeß selbst und die Wachstumspolitik gegenwärtig die Forcierung des technischen Fortschritts als die vorherrschende Wachstumsdeterminante erscheinen lassen, ist zweierlei plausibel:

a) Der induzierte Wettbewerbsdruck läßt für eine machtpolitische Ausnutzung der Monopolisierungsgrade wenig Platz. Eine Behinderung des technischen Fortschritts, die bloße Steigerung von „Monopolprofiten", erscheint wenig relevant. Die *Zeit*monopole, um die es sich in zunehmendem Maße handelt, stehen vielmehr unter Konkurrenzdruck. Es liegt eher eine Analogie zu der These von der investitionsfördernden Wirkung *hoher* Gewinnsteuern nahe[62]. In beiden Fällen kann allerdings auch eine „Flucht nach vorn" in erhöhte Investitionsaufwendungen auftreten und volkswirtschaftlich bedenkliche Auswirkungen annehmen[63].

b) Stellt sich der technische Fortschritt auch bei hohem bzw. steigendem Monopolisierungsgrad als wettbewerbsfördernd *und* risikosteigernd dar, dann ist es keineswegs „absurd"[64], angemessene Monopolisierungsgrade als *Voraussetzung* größerer Investitionsneigung aufzufassen. In Übereintimmung mit Krelle und Stobbe[65] sollte man vielmehr davon ausgehen, daß bei hohem technischen Fortschritt und intensiven Strukturwandlungen Wachstum *und* Wettbewerb zumindest die Aufrechterhaltung einer von den Unternehmungen als befriedigend angesehenen Profitrate voraussetzen. Diese Profitraten „dynamischer Monopole" enthalten einen nicht unerheblichen Anteil an „Zwangssparen" zur Alimentierung des technischen Fortschritts. Solche sozialen Kosten können durch Vermögenspolitik (Gewinnbeteiligung) gerechter verteilt aber

---

keit und Gefahr der wirtschaftlichen Konzentration, Basel/Tübingen 1969; M. *Neumann*, a.a.O., S. 60—64 und Kap. 9—12.

[62] Siehe K. *Littmann*, a.a.O., S. 75; H. *Huth*, Der Einfluß der Gewinnsteuern auf Investitionsneigung und Risikobereitschaft des Unternehmens. Diss. Frankfurt 1967, S. 38 f.

[63] Vertretbar wäre somit also eine nicht ungünstige generelle *Abschwächung des Einführungstempos des technischen Fortschritts.* Siehe W. *Noll*, a.a.O., S. 163, und D. *Lorenz*, Probleme und Ansätze ..., a.a.O., S. 111—117.

[64] So die Formulierung von *Preiser* in seiner Publikation „Wachstum und Einkommensverteilung" (a.a.O., S. 36). Gegenteiliger Meinung insbesondere W. *Ehrlicher*, Ansätze zu einer makroökonomischen Theorie der Marktform, in: Jb. f. Nationalökonomie und Statistik, 178. Band (1965), S. 308/309. Vgl. auch W. *Krelle*, Wachstum und Einkommensverteilung, in: Z. ges. Staatswissenschaft, 119. Bd. (1963), S. 150; A. *Konrad*, Monopolistische Preispolitik und Inflation, in: Ordo-Jahrbuch, Bd. 18 (1967), S. 315—318.

[65] W. *Krelle*, Verteilungstheorie, a.a.O., S. 142 f.; A. *Stobbe*, a.a.O., S. 116/117 und 129/130.

kaum gesenkt werden, solange auch eine investitionsorientierte Wachstumspolitik den technischen Fortschritt favorisiert.

3. In die gleiche Richtung wie die „passive Förderung" der Investitionsneigung durch die den Finanzierungsspielraum erweiternden Inflations- und Monopolisierungskomponenten geht die *wachstumspolitische „Duldung" zu großer Exportüberschüsse*[66]. Es lassen sich zwei Fälle unterscheiden.

a) Entweder führen aktive Leistungsbilanzsalden zu importierter Inflation, wodurch zeitweilig die allgemeine Inflationstendenz verstärkt wird. Da bei entsprechender Größenordnung diese Inflationswirkung jedoch über die Schwächung der internationalen Wettbewerbsfähigkeit zur Auflösung der Überschüsse wegen Minderung der Exporte führt, erscheint es problematisch, hier per saldo von Investitionsförderung zu sprechen.

b) Anders liegt der Fall jedoch dann, wenn ein Inflationsimport z. B. wegen der Notenbankpolitik (Geldwertstabilisierung) überhaupt nicht oder unzureichend zum Zuge kommt. Die Ansammlung von Währungsreserven oder deren Umwandlung in Kapitalexporte können dann als „neomerkantilistische" Förderung von Wirtschaftswachstum und Investitionsneigung interpretiert werden. Überhöhte Währungsreserven stellen wiederum soziale Kosten dar[67]; in den Reserven kommt ein volkswirtschaftlicher Verzicht auf eigene Verwendung bzw. Umwandlung des Inlandprodukts (in Importe) zum Ausdruck. Die Zinserträge der Währungsreserven sind demgegenüber unerheblich. Die Bilanz ändert sich freilich, wenn die Reserven im Wege einer Kapitalexportförderung bis hin zur gebundenen öffentlichen Kapitalhilfe als Finanzierungspotential aktiviert werden und dieses „Zwangssparen der leichten Hand" nicht unerhebliche materielle (Zinsen) und immaterielle Erträge bringt.

Unabhängig von dieser Ertragsperspektive bleibt es ein offenes Problem, inwieweit Warenexportüberschüsse durch Auslandsinvestitionen alimentiert werden sollten. Fundamentale Leistungsbilanzüberschüsse sind per se oder als Basis von Auslandsinvestitionen wachstumspolitisch in erster Linie unter dem Gesichtspunkt interessant, ob sie als *notwendiges* Wachstumspotential bewertet werden. Eine durchaus mögliche stärkere Binnenorientierung des Sozialproduktwachstums bedeutet nicht nur erhebliche praktisch-politische Umstellungsschwierigkeiten, sondern kann von einer Transformation des Wirtschaftssystems beglei-

---

[66] Vgl. auch D. *Lorenz*, Dynamische Außenhandelstheorie und makroökonomische Entwicklungsvorteile, in: Schweizerische Z. f. Volksw. und Statistik, 105. Jg. (1969), S. 176 ff.

[67] Siehe auch B. *Felderer*, Die sozialen Kosten von Währungsreserven, in: Z. f. Nationalökonomie, Bd. 28 (1968).

tet sein. Eine fühlbare Drosselung der Exportabhängigkeit großer Volkswirtschaften läßt sich nämlich u. U. nicht allein durch Umstellung alter oder Orientierung neuer Kapazitäten auf den „Binnenmarkt der Privatwirtschaft" kompensieren, sondern wird auch zusätzliche Investitionen im Bereich des Sozialkapitals erfordern (öffentliche Investitionen in die Infrastruktur i. w. S.). Das mag sehr erwünscht sein, wenn man etwa im Sinne von Galbraith an das „Versorgungsungleichgewicht" zwischen privaten und öffentlichen Bereichen westlicher Volkswirtschaften denkt. Andererseits ließe sich die Exportlastigkeit alimentieren und sogar noch steigern durch Forcierung der Entwicklungshilfe, die zudem weitgehend den Charakter öffentlicher Investitionen besitzt. Es entsteht dann jedoch ein doppeltes „Welfare-Dilemma". Die Wachstumspolitik steht nun nicht nur vor der Frage der Bewertung der Verhältnismäßigkeit von privaten und öffentlichen Investitionen, sondern zusätzlich vor der Frage, inwieweit Investitionen in das Sozialkapital dem öffentlichen Kapitalexport vorzuziehen sind. Die Grenzen einer reinen Alimentierungspolitik werden gerade im Fall außenwirtschaftlicher Investitionsförderung und Wachstumspolitik recht deutlich.

4. Die bisher behandelten drei Erscheinungsformen investitionsorientierter Wachstumspolitik lassen sich kaum als spezielle Mittel oder Instrumente im traditionellen Sinne einordnen. Vielmehr handelt es sich, wie schon erwähnt, um Methoden „passiver Förderung", wohlwollender Duldung oder Unterstützung oft bereits auf andere Ursachen (Zielsetzungen) zurückzuführender Entwicklungen.

Wenden wir uns dagegen der *Finanzpolitik* zu, insbesondere der *Steuerpolitik*, dann haben wir hier offenbar festeren und vertrauteren Boden unter den Füßen. So z. B. beim ehrwürdigen Mittel der Abschreibungspolitik[68], aber auch im Fall der noch nicht voll etablierten Investitionsprämien verschiedenster Art[69]. Außerdem besitzen die fiskalpolitischen Instrumente den Vorteil, in der Regel als noch systemkonform eingestuft zu werden. Die anderen drei Methoden scheinen dagegen, abgesehen von ihrer noch ungenügend gesicherten Zielkonformität, eher mit dem marktwirtschaftlichen System wegen ihrer Nebenwirkungen bzw. sozialen Kosten hinsichtlich Geldwertstabilität, Wettbewerbskonzeption und außenwirtschaftlichem „Gleichgewicht" in Konflikt zu geraten. Eine nähere vergleichende Betrachtung zeigt allerdings, daß auch die meisten Steuersysteme der westlichen Marktwirtschaften gerade wegen ihrer gar nicht geringen Wachstumskonformität in puncto

---

[68] Siehe L. *Weichsel*, Beschleunigte Abschreibung, Wachstum und Konjunktur, Köln und Opladen 1964, Teil I.

[69] Vgl. dazu kurz und bündig F. *Neumark*, Fiskalpolitik und Wachstumsschwankungen, Wiesbaden 1968, S. 117—120.

Systemkonformität nicht geringen Bedenken unterliegen[70] (Verteilungsgerechtigkeit, „Klassen-bias").

Nicht nur in letzter Zeit vorgeschlagene Änderungen von Steuersystemen, sondern auch die traditionellen Systeme weisen einen deutlichen Vorteil zugunsten der Unternehmungen bzw. investitionsorientierter Wachstumspolitik auf. Wiederum kann man hier zunächst vom Tatbestand einer „passiven Förderung" im Sinne wohlwollender Duldung bestimmter investitionsfördernder Faktoren sprechen.

Es muß im Rahmen dieses Beitrags genügen, dafür zwei Argumente anzuführen:

a) Es spricht einiges dafür, daß von der Gewinnbesteuerung keine nennenswerten negativen Wirkungen auf Investitionsneigung und Investitionsquote ausgehen[71]. Dies nicht nur, weil bei Wachstum, elastischem Kreditangebot und relativ hohen Monopolisierungsgraden zumindest eine teilweise Überwälzung der Gewinnsteuern möglich ist, sondern weil auch die Ausgestaltung der Steuersysteme reichlichen Spielraum für Steuervermeidung und Risikoüberwälzung zuläßt. Dafür spricht dreierlei:

1. die großzügige steuerliche Begünstigung nicht entnommener Gewinne, 2. die Zulassung und Bedeutung des Verlustausgleichs und 3. die im Wachstum zu beobachtende Steuerlastverschiebung zuungunsten der Einkommensteuerzahler, insbesondere der Lohnsteuerzahler[72].

b) Sowohl von der Begünstigung der nicht entnommenen Gewinne wie auch von den Verlustausgleichsmöglichkeiten lassen sich außerdem klare Begünstigungen der Großunternehmen, der Konzentrationsgebilde und/oder der Wachstumsbranchen ableiten[73]. Auch diese Duldung, die ebenfalls zu anderen wirtschaftspolitischen Zielsetzungen in Konflikt steht, kann nicht nur generell mit Wachstumsorientierung, sondern muß wohl speziell mit einer gleichzeitig angestrebten Investitionsförderung begründet werden. Dies unter der recht einleuchtenden Voraussetzung, daß der kapitalgebundene technische Fortschritt gerade intensiv durch Großunternehmen bzw. multiple Konzerne getragen wird[74].

---

[70] Vgl. H. *Jürgensen*, W. *Ehrlicher*, a.a.O., S. 91 und 95; F. *Neumark*, a.a.O., S. 117 und 119.

[71] Siehe K. *Littmann*, a.a.O., S. 70 ff. (79); H. *Jürgensen*, W. *Ehrlicher*, a.a.O., S. 76 und 94 — H. *Huth*, a.a.O., und H. *Schneider*, Der Einfluß der Steuern auf die unternehmerischen Investitionsentscheidungen, Tübingen 1964, machen die Beurteilung stärker von den Möglichkeiten des Verlustausgleichs abhängig.

[72] Siehe zu Punkt 3: H. *Jürgensen*, W. *Ehrlicher*, a.a.O., S. 95—98.

[73] H. *Jürgensen*, W. *Ehrlicher*, a.a.O., S. 78 ff.; H. *Huth*, a.a.O., S. 37 ff. und 63; H. *Schneider*, a.a.O., S. 190.

[74] Siehe z. B. M. *Neumann*, a.a.O., S. 174 und 194. *Schneider* sieht die Kausalkette z. T. andersherum: „Die Beobachtung, daß der technische Fortschritt heute im allgemeinen von Großunternehmen realisiert wird, läßt sich daher — wenigstens zum Teil — durch das herrschende Gewinnsteuersystem erklären" (S. 144).

Aus naheliegenden Gründen sind leider kaum quantitative Nachweise über das Ausmaß der unsichtbaren Subventionen innerhalb traditioneller Steuersysteme zugunsten privater Investitionsaufwendungen beizubringen[75]. Eine bedeutende Alimentierungswirkung der steuerlichen „Sozialisierung" eines Teils der privaten Investitionsaufwendungen dürfte jedoch kaum zu bestreiten sein[76].

Es lag nahe, in dieser Richtung weiter voranzukommen. So wurde in neuerer Zeit nicht nur vorgeschlagen, das Mittel der echten und unechten Investitionsprämien zum Zwecke der Kostensenkung durch Steigerung substitutiven Investitionsaufwand zu aktivieren[77], sondern auch gleich die Steuersysteme als solche durch Einschränkung oder gar Beseitigung der Gewinnbesteuerung noch wachstumskonformer zu gestalten. An die Stelle passiver tritt damit immer mehr die aktive Förderung. Neben den bekannten radikalen Vorschlägen von Kaldor und Baumol[78], ist vor allem in England ein mehr oder weniger rigoroser Übergang von der Gewinnbesteuerung zu einer „pay-roll or value-added taxation" diskutiert worden[79]. Es spricht etwas dafür, daß „a significant swing of advantage favouring the bringing in of new plant, and the scrapping of old, could be secured ...". Auch mag auf diesem Wege der Kapitalkoeffizient erhöht und die Lebensdauer der Kapitalgüter verkürzt werden[80].

Ob allerdings mit den genannten finanzpolitischen Mitteln investitionsorientierter Wachstumspolitik der von Eltis und Shone erhoffte Effekt einer *freiwilligen* Senkung der für erforderlich gehaltenen privaten Mindestprofitrate (Preissenkungen) realisiert werden wird, ist bereits im Urteil der beiden Autoren nicht sicher. *Plausibler*

---

[75] Siehe E. *Alexander-Katz*, Öffentliche Subventionen und Zuwendungen, in: Finanzarchiv, NF Bd. 20 (1960), S. 242. Einige Informationen bringt neuerdings G. *Engelhardt*, Verhaltenslenkende Wirkungen der Einkommensteuer, Berlin 1968, § 7, S. 78/79 insbesondere. Die amtlichen Berichte des Bundesfinanzministeriums über Finanzhilfen und Steuerbegünstigungen geben dazu keine verwertbaren Auskünfte.

[76] Sehr positiv äußern sich D. W. *Jorgensen*, R. E. *Hall*, Tax Policy and Investment Behavoir, in: American Eco. Review, Vol. 57 (1967), S. 392.

[77] Siehe F. *Neumark*, a.a.O., S. 117—120, und W. A. *Eltis*, a.a.O., S. 101—103.

[78] Siehe K. *Knorr*, W. J. *Baumol*, a.a.O.; N. *Kaldor*, An Expenditure Tax, 3. Aufl., London 1959, Strümpel kommt zu dem Ergebnis: „Diese und die vorstehenden Gedanken über den bestimmenden Einfluß des Nettogewinns auf das Investitionsvolumen lassen die in unserem Modell verwendete Hypothese als realistisch erscheinen, daß eine Steuer desto wachstumsfreundlicher ist, je vollständiger sie den rentableren Anbietern ihren Gewinn läßt und je stärker sie sich dementsprechend an den Gewinnen, notfalls an der Substanz der erfolgloseren Wettbewerber schadlos hält ..." B. *Strümpel*, Steuersystem und wirtschaftliche Entwicklung, Tübingen 1968, S. 144. Vgl. außerdem den gesamten 2. Hauptteil über „Die Wirkungen der Besteuerung auf das wirtschaftliche Wachstum".

[79] W. A. *Eltis*, a.a.O., S. 142/143; NEDC: Conditions Favourable for Faster Growth, London 1963, S. 40 ff.

[80] R. *Shone*, a.a.O., S. 22; W. A. *Eltis*, a.a.O., S. 130/131 und 142.

scheint die Interpretation, daß die finanzpolitische Subventionierung von den Unternehmungen als notwendiges Alimentierungserfordernis für die Realisierung eines hohen technischen Fortschritts betrachtet wird. Anders formuliert: Die „konventionelle Profitrate" (Eltis) reicht nicht aus zur Alimentierung des erforderlichen technischen Fortschritts. Ein Teil der erhöhten Investitionsaufwendungen muß dann über den Fiskus „sozialisiert" werden.

Zu fragen bleibt, ob diese Methode derjenigen über schleichende Inflation und Monopolisierung vorzuziehen ist. Da in praxi alle drei *Überwälzungsmethoden* gegeben und schwer reversibel sind, reduziert sich das Problem auf die Frage nach der Gewichtung, die der Duldung verschiedener Methoden passiver und aktiver Förderung beigemessen werden sollte. Das führt aber wiederum zu einem „Welfare-Dilemma".

5. Schließlich sind auch im Rahmen dieses Referats einige Bemerkungen zur *Strukturpolitik* unerläßlich. Auf die bekannten engen Verbindungen zwischen Wachstums- und Strukturpolitik wurde eingangs bereits hingewiesen. Wegen der gerade an eine investitionsorientierte Wachstumspolitik gestellten „Differenzierungsansprüche" (Disaggregation) könnte es sogar nahe liegen, überhaupt nur von investitionsorientierter Strukturpolitik zu sprechen. Das haben wir nicht getan, und es soll an dieser Stelle die Strukturpolitik auch weiterhin nur als eine Methode investitionsorientierter Wachstumspolitik aufgefaßt werden. Bleibt die Regionalpolitik außer Betracht und geht man von einer Einteilung in ex post-, ex ante- und built-in-Strukturpolitik aus, ergeben sich zweckmäßige Beziehungen zu den in diesem Beitrag aufgeworfenen Problemen.

a) Bei der *ex post-Strukturpolitik* handelt es sich darum, bereits eingetretene Fehlentwicklungen der Investitionsstrukturen entweder hinzunehmen oder sie zu beseitigen. Im ersten Fall werden trotz offenkundig unzureichender Entgeltung der Investitionsaufwendungen *Kapitalfehlleitungen* konserviert und durch Kompensationszahlungen alimentiert (Erhaltungssubventionen)[81]. Im zweiten Fall wird die *Überwindung* ungenügender Mobilität der Investitionsstrukturen durch verschiedenste Anpassungshilfen vornehmlich der Fiskalpolitik subventioniert[82]. Es ist erfeulich, daß die volkwirtschaftlichen Kosten dieser

---

[81] Siehe hierzu B. *Molitor*, Sektorale Einkommensverteilung und Wirtschaftspolitik. Die Problematik der Branchenschutzpolitik, in: Hamburger Jb., 12. Jahr (1967), und H. H. Scheib, Branchenbesonderheiten. Falsche und richtige wirtschaftspolitische Argumente, Heidelberg 1967.

[82] Vgl. dazu den Entwurf des zweiten Programms für die mittelfristige Wirtschaftspolitik der EWG-Kommission (a.a.O., Kap. II). Außerdem O. *Schlecht*, Strukturpolitik als ein System von Anpassungshilfen, in: Blätter f. Genossenschaftswesen, 112. Jg. (September 1966); G. *Zeitel*, Staatliche Darlehensgewährung als Mittel der Finanz- und Wirtschaftspolitik, in: Finanz-

Verbesserungen der ex post-Mobilität in der letzten Zeit im Zuge der stärkeren Durchleuchtung öffentlicher Subventionspolitik *etwas* transparenter geworden sind[83]. Damit werden einzelne Instrumente in Zukunft vielleicht auch rationaler eingesetzt werden können.

b) Der Ersatz der ex post- durch die *ex ante-Strukturpolitik* ist in der jüngsten Vergangenheit im Rahmen der Auseinandersetzungen über „Planung in der Marktwirtschaft" lebhaft erörtert worden. Ex ante-Branchenstrukturpolitik stellt im Kern nichts anderes dar als Investitionspolitik[84]. Sowohl bei der normativen wie auch bei der indikativen Version handelt es sich jedoch um *Planungsverfahren* investitionsorientierter Wachstumspolitik, die Gegenstand zweier anderer Beiträge dieses Bandes sind. Nur zwei Gesichtspunkte seien erwähnt.

Zum einen taucht hier wieder die oben (II) ausführlich behandelte Zielproblematik der Investitions- und Wachstumspolitik in marktwirtschaftlichen Wirtschaftssystemen auf. Normative (imperative) Branchenstrukturpolitik gilt als systeminkonform. Indikative Politik wiederum bleibt nicht nur wegen der Anpassung an die *„Zielsetzungen"* der Marktprozesse viel vager und passiver, sondern wird auch durch die mannigfachen Prognoseschwierigkeiten wesentlich beeinträchtigt[85].

Zum anderen besteht die Gefahr, wegen der Versuchungen zu mehr oder weniger ausgeprägten Manipulations-Interventionen auch hier „Monopolisierungstendenzen" in Kauf nehmen zu müssen. Verschiedenste kredit- und finanzwirtschaftliche Begünstigungen nach französischem Vorbild sind ebenso wie Investitionskartelle in ihrer Alimentierungswirkung der oben besprochenen Tendenz zur Erhöhung von Monopolisierungsgraden vergleichbar[86].

c) Neben der ex ante-Strukturpolitik verbleibt noch die Möglichkeit der *built-in-Strukturpolitik,* wie wir es bezeichnen wollen. Sie zielt

---

archiv, Bd. 26 (1967); F. *Jonas,* Staatliche Hilfe bei wirtschaftlichen Strukturänderungen, dargestellt am Cotton Industry Act 1959, Berlin 1963, S. 67 ff.

[83] Vgl. den „Bericht der Bundesregierung über die Entwicklung der Finanzhilfen des Bundes und der Steuerbegünstigungen für die Jahre 1966 bis 1968 gemäß § 12 des Gesetzes zur Förderung der Stabilität und des Wachstums der Wirtschaft (Stabilitätsgesetz)", veröffentlicht als Bundestagsdrucksache vom Bundesminister für Finanzen, Dezember 1967.

[84] H. *Giersch,* Aufgaben der Strukturpolitik, in: Hamburger Jb., 9. Jahr (1964), S. 80, 82 und 86 ff. H. A. *Höller,* a.a.O. Vgl. außerdem die Eingriffskriterien für *selektive* Förderungsmaßnahmen bei Wachstumsbereichen im zweiten Programm der EWG-Kommission (a.a.O., Kap. III, S. 15/16).

[85] Siehe z. B. H. K. *Schneider,* Planifikation als normatives Informationssystem und als Koordinationsprinzip, in: Z. ges. Staatswissenschaft, 120. Bd. (1964). Außerdem die ausführliche „Dokumentation" bei H. A. Höller, a.a.O., S. 45 ff.

[86] Vgl. dazu z. B. das Instrument der „Quasi-Kontrakte" in Frankreich. J. *Sheahan,* Promotion and Control of Industry in Postwar France, Cambridge (Mass.) 1963. K. Kästner, a.a.O., S. 115/116.

lediglich (!) auf die systemkonforme Erreichung einer optimalen Flexibilität der Produktionsstruktur oder auf eine hohe autonome Transformationskapazität der Wirtschaft ab[87]. In unserem Zusammenhang von Interesse sind vor allem einige „Verwandtschaftsverhältnisse" zu den erörterten Methoden „passiver Förderung".

Erfolgreiche Strukturpolitik als Methode investitionsorientierter Wachstumspolitik setzt einerseits wiederum ein „angemessenes" Wirtschaftswachstum im Sinne von Preiser und Ohm voraus, um mit dem implizierten zusätzlichen Investitionsaufwand den durch zunehmende Intensität und raschere Abfolge der Strukturwandlungen ansteigenden Investitionsverschleiß abzudecken. Je größer die Anforderungen des Strukturwandels werden, um so höher (schneller) demnach auch das angemessene Wirtschaftswachstum[88].

Andererseits stellt sich hier sofort wieder eine bekannte Frage, nämlich die nach der optimalen Anpassungsgeschwindigkeit, da nicht maximale, sondern optimale Flexibilitätsgrade zur Diskussion stehen[89]. Ist die Flexibilität jedoch nicht auf Maximalwerte ausgerichtet, weil bei Überschreiten eines kritischen Wertes die Produktivitätseinbußen die Produktivitätsgewinne aus erhöhter Mobilität der Produktionsfaktoren überschreiten, so droht allerdings bei Minderung der Anpassungsgeschwindigkeit unter der Voraussetzung eines Vollbeschäftigungsklimas eine andere Gefahr: die Unterstützung der Wachstumsinflation[90].

Schließlich läßt sich auch die Alimentierungsmethode monopolistischer Gewinnaufschläge mit der Methode wachstumsorientierter Strukturpolitik in Verbindung bringen, indem diese Aufschläge als „Transformationsrücklage" gekennzeichnet werden. Daß last but not least strukturpolitische Methoden mit nicht unerheblichen finanzpolitischen Subventionen Hand in Hand gehen, ist bekannt genug.

Wie man es auch wendet, eine wachstumsorientierte built-in-Strukturpolitik ist nicht ohne spezifische volkswirtschaftliche Kosten oder Preise zu erlangen. Wie hoch sie sein dürfen, wie weit sie durch Erträge gerechtfertigt sind, wo das Optimum liegt, bleibt auch hier wieder offen.

IV.

Einleitend wurde an die investitionsorientierte Wachstumspolitik die Anforderung gestellt, zugleich systemkonform und intensiv zu sein.

---

[87] S. *Clasen*, Die Flexibilität der volkswirtschaftlichen Produktionsstruktur, Göttingen 1966; I. *Svennilsen*, Growth and Stagnation in the Europen Economy, Genf 1954 (Kap. I und II); J. *Cornwall*, Postwar Growth in Western Europe. A Re-evaluation, in: Review of Eco. and Statistics, Vol. 50 (1968).

[88] Siehe E. *Preiser*, Wirtschaftspolitik heute, a.a.O., S. 158.

[89] Vgl. S. *Clasen*, a.a.O., Kap. 4, insbesondere S. 125—128.

[90] Siehe dazu H. J. *Vosgerau*, Wachstum und Stabilisierung, in: Fragen der wirtschaftlichen Stabilisierung (Hrsg. von A. A. Ott), Tübingen 1967.

Überblickt man zusammenfassend unsere Ausführungen, so läßt sich feststellen:

Die unterschiedlichen Methoden können trotz der zurückhaltenden Charakterisierung als „passive Förderung" und „wohlwollende Duldung" *durchaus als intensiv* eingestuft werden. Die erheblichen Alimentierungswirkungen, die Subventionseffekte sprechen deutlich dafür. Die Intensität erscheint im Hinblick auf die erwähnten Nebenwirkungen (sozialen Kosten) eher zu groß als zu gering. Sieht man überdies bereits in der Beseitigung von Wachstumshemmungen eine positive Bestimmung der Wachstumspolitik in der Marktwirtschaft[91], dann sind die Methoden auch unter diesem Gesichtspunkt „reichlich" intensiv.

Da einerseits die umstrittenen Planungsverfahren der „Investitions-Strukturpolitik" in diesem Beitrag von vornherein ausgeklammert waren und andererseits aktive Wachstumspolitik heute mit dem einleitend unterstellten Wirtschaftssystem grundsätzlich als vereinbar gilt, dürfte auch die *Systemkonformität* der erörterten investitionsorientierten Wachstumspolitik „gewährleistet" sein.

Ein wesentlicher Mangel bleibt dagegen die nur sehr begrenzte Entscheidungshilfe der dargelegten Politik *(Welfare-Dilemma)*. Formal entspricht die Zielinterpretation an Hand der Profitraten (Erträge) der Methodeninterpretation durch die Kosten der Alimentierungsprozesse. Eine numerische makroökonomische Erfolgskalkulation ist jedoch kaum möglich. Operationalität etwa im Sinne der Cost-Benefit-Analyse dürfte sich auf dieser Ebene der Wirtschaftspolitik gegenwärtig wohl als utopisch erweisen.

Wenn operationale Kalkulationsmethoden nicht zur Verfügung stehen, verbleiben nur Schätzungen und rohe Gewichtungen zur näherungsweisen Beurteilung. Wenden wir dieses Verfahren zur Gesamtbeurteilung der vorliegenden Konzeption an, dann läßt sich unter Rückgriff auf die „wertbeständige" Vermutung Schumpeters formulieren: Die schöpferischen Erträge der Investitionsförderung übersteigen per saldo die zerstörenden Wirkungen (Kosten) dieser Politik. Aktueller und gehaltvoller mag jedoch der Hinweis auf mögliche dynamische Einholwirkungen sein. Erfüllt sich aktive Wachstumspolitik, steht zu vermuten, daß 1. die spezifischen fiskalischen Überwälzungen der „Zusatzkosten" im Wege steigender allgemeiner Steuerzahlungen auch der

---

[91] A. *Woll*, Wachstum als Ziel der Wirtschaftspolitik, Tübingen 1968. Dort heißt es im Zusammenhang: „Es kommt in einer Marktwirtschaft nicht darauf an, positive Maßnahmen zur Erreichung bestimmter vorgegebener Wachstumsraten zu ergreifen, sondern die negativen Wirkungen der Wachstumshemmung zu beseitigen, ansonsten jedoch darauf zu vertrauen, daß der Wettbewerb und ein an sowohl konsistenten wie praktikablen Grundsätzen orientiertes Verhalten des Staates ... Wachstum zeitigt" (S. 28).

Begünstigten erstattet werden; daß 2. Zeitmonopole durch Wettbewerb eingeebnet bzw. in neue Leistungsträger transformiert werden und daß 3. schließlich auch die Wachstumsinflation durch steigendes Realeinkommen reflationiert werden mag[92].

Aus der Sicht solcher dynamischer Einholwirkungen erhält auch der in diesem Beitrag in den Vordergrund gerückte Alimentierungsgesichtspunkt einer investitionsorientierten Wachstumspolitik seine besondere Bedeutung. In Anlehnung an einige von Hansmeyer[93] für die Subventionen als Instrument marktwirtschaftlicher Wirtschaftspolitik geäußerter Gedanken soll wie folgt argumentiert werden.

Alimentierende Investitionsförderung kann analog den Subventionen als Mittel des wirtschaftspolitischen Kompromisses begriffen werden. Da wegen der aufgezeigten Welfare-Misere[94] eine Konflikt*lösung* allenfalls reichlich abstrakt oder radikal vorstellbar ist, steht wirtschaftspolitisch praktisch nur die Politik der Konflikt*milderung* zur Debatte. Die mit den immanenten Konflikten investitionsorientierter Wachstumspolitik verbundenen Belastungen werden zwar nicht unmerklich, aber doch erträglich auf die Volkswirtschaft bei Wirksamkeit der wachstumsnotwendigen Investitionsbegünstigungen verteilt. Ob eine solche ausgleichende Politik auf die Dauer akzeptabel ist und die Konfliktaustragung überflüssig macht, wird davon abhängen, inwieweit innerhalb eines gemischten Wirtschaftssystems[95] diese Investitionsförderung mit gutem Wachstumserfolg und *ohne Überschreitung der sozialen Bruchgrenzen* arbeitet. Positiv formuliert: diese Politik könnte sich als typischer Bestandteil eines gemischten und dennoch *vergleichsweise* effizienten Wirtschaftssystems erweisen.

---

[92] „Vieles deutet darauf hin, daß der Kampf gegen die schleichende Inflation bei gemächlichem Wachstum keineswegs leichter zu führen ist als bei raschem. Möglicherweise trifft das Gegenteil zu." G. *Bombach*, Taktik und Strategie in der Wirtschaftspolitik, in: Kyklos, Vol. 20 (1967), S. 118.

[93] „Subventionen als wirtschaftspolitisches Instrument", in K. H. *Hansmeyer* (Hrsg.), Subventionen in der Bundesrepublik Deutschland, Berlin 1963, S. 15 bis 20.

[94] Vgl. 143, 150 und 153 dieses Beitrags.

[95] Der Mischungsgrad selbst wird durch die „Sozialisierungseffekte" der Investitionsförderung beeinflußt. Je mehr die privaten Investitionen der Alimentierung bedürfen, um so mehr verwischt sich auch der Übergang zu den öffentlichen Investitionen.

Wettbewerb und Wachstum[1]

Von Prof. Dr. *Wilhelm Weber* (Wien)

Diese Studie setzt sich nicht zur Aufgabe, Rezepte oder gar ein ganzes Programm für wachstumswirksame Wettbewerbspolitik bzw. wettbewerbsorientierte „Wachstumspolitik" zu entwickeln. Sie will und kann im Ergebnis nicht zu definitiven wirtschaftspolitischen Schlußfolgerungen (insgesamt) gelangen; gleichwohl werden (im einzelnen) dort, wo sie durch die vorangehende Analyse u. E. gedeckt sind, wirtschaftspolitische Hinweise laufend angebracht. Im Mittelpunkt der Betrachtungen stehen dem Autor a priori *und* auf der Basis empirischer Evidenz wesentlich erscheinende Zusammenhänge zwischen den theoretisch und empirisch identifizierten Determinanten des Wirtschaftswachstums einerseits und andererseits den Komponenten des industriellen Wettbewerbs für entwickelte Volkswirtschaften der westlichen Welt. Es wurde besonderer Wert darauf gelegt, die der Analyse zugrunde liegenden Begriffe und Konzeptionen möglichst klar und operational zu fassen und ihre Implikationen deutlich zu machen.

I. Wachstumstheoretische Ansatzpunkte

Es ist nicht notwendig, an dieser Stelle die heutige Wachstumstheorie aufzurollen[2]. Prof. *Dürr* und Prof. *Schneider* haben auch bereits die allgemeinen wachstumspolitisch relevanten Ergebnisse solcher Wachstumstheorie referiert[3]. Aus ihren Ausführungen geht hervor, daß

---

[1] An der — erweiterten, schriftlichen — Abfassung dieses Beitrages haben meine Assistenten Diplom-Kaufmann Dr. Christian *Seidl* (speziell am „Modell") und Dr. Rupert *Windisch* wesentlichen Anteil. Den Herren Professoren Hans K. *Schneider* und Erich *Streißler* ist hier für fruchtbare Kritik des Modells zu danken.

[2] Überblicke bieten u. a. E. S. *Phelps*, Tangible Investment as an Instrument of Growth, in: E. S. *Phelps* (Hrsg.), The Goal of Economic Growth, New York 1962, S. 94—105; G. *Bombach*, Von der Neoklassik zur modernen Wachstums- und Verteilungstheorie, in: Schweizerische Zeitschrift für Volkswirtschaft und Statistik, Bd. 100 (1964), S. 399—427; ders., Art. Wirtschaftswachstum, in: Handwörterbuch der Sozialwissenschaften, Stuttgart — Tübingen — Göttingen, Bd. 12 (1965), S. 763—801; F. H. *Hahn* und R. C. O. *Matthews*, The Theory of Economic Growth: A Survey, in: The Economic Journal, Bd. 74 (1964), S. 779—902, wiederabgedruckt in: Surveys of Economic Theory, Bd. II, London — Melbourne — Toronto — New York 1967, S. 1—124.

[3] Vgl. auch E. *Dürr*, Wachstumstheorie und Wachstumspolitik, in: Jahr-

weder die nachfrageorientierten Modelle vom postkeynesianischen Typ noch die produktionstheoretisch ausgerichteten neoklassischen Modelle (je für sich) ausreichen, Ansatzpunkte und Hypothesen zu liefern, die die statistisch gesicherten ernormen Wachstumsunterschiede[4] der entwickelten Industrienationen befriedigend zu erklären vermögen[5]. Welches ist nun das Resultat der Konfrontation beider[6] mit dem Wettbewerb?

1. Post-keynesianische Modelle und Wettbewerb

Das *Harrod-Domar*-Modell wurde von seinen Schöpfern nicht konstruiert, um die das Wachstum tatsächlich gestaltenden Kräfte in den Griff zu bekommen. Sein Zweck besteht vielmehr darin, die Determination hypothetischer Gleichgewichtswachstumspfade des Sozialprodukts in Abhängigkeit von bestimmten Parametern — nämlich der gesamtwirtschaftlichen Spar- bzw. Investitionsquote sowie dem marginalen Kapitalkoeffizienten — und bestimmten Gleichgewichtsbedingungen (so: freiwillige Ersparnis gleich geplanter Investition) und schließlich einem durch den herrschenden Stand des technischen und organisatorischen Wissens bestimmten Verhältnis von Ausbringung und Kapitaleinsatz aufzuzeigen. Versuche, das Modell als Realmodell zu interpretieren, waren nicht erfolgreich: „Das Konzept des konstanten Kapitalkoeffizienten, nach dem die Wachstumsrate des realen Sozialprodukts proportional der Investitionsquote ist und die Investitionspolitik zum entscheidenden, ja einzigen Instrument der Wachstumspolitik wird, hat sich als Irrweg erwiesen"[7].

Ohne Bezug auf statistische Prüfung dieser „Irrwege"[8] lassen bereits theoretische Überlegungen vermuten, daß hinter der Größe und all-

bücher für Nationalökonomie und Statistik, Bd. 176 (1964), S. 385—406, S. 523—545.

[4] Es ist für die folgenden Überlegungen nicht von entscheidender Bedeutung, ob wir Wachstum als (i) Zuwachsrate des realen Bruttosozialprodukts (BSP) eines Landes, (ii) Zuwachsrate des BSP pro Kopf der Bevölkerung oder (iii) pro Arbeitsstunde definieren. Werden empirische Ergebnisse mitgeteilt, so ist selbstverständlich angegeben, auf welche dieser Definitionen sie sich beziehen.

[5] Vgl. z. B. Tabelle 1 bei G. *Bombach*, Wirtschaftswachstum, a.a.O., S. 795, die für zehn ausgewählte Industrienationen im Zeitabschnitt 1950—1963 eine Spannweite der Zuwachsrate des BSP von 6,3 Prozentpunkten zeigt.

[6] Die bekannte Kritik am spezifischen Modellcharakter dieser Wachstumstheorie, wie sie u. a. von H. *Albert*, K. *Rose* u. a. geübt worden ist, kann uns der folgenden Konfrontation nicht entheben.

[7] G. *Bombach*, Von der Neoklassik . . ., a.a.O., S. 419.

[8] Korrelationen zwischen der Zuwachsrate des realen BSP und der Bruttoinvestitionsquote erwiesen sich als schwach (vgl. z. B. Diagramm 1 bei O. *Aukrust*, Factors of Economic Development: A Review of Recent Research, in: Weltwirtschaftliches Archiv, Bd. 93 [1964 II], S. 28). „We cannot, in light of this evidence, accept as valid a theory of growth which implies a close cor-

fälligen Konstanz des globalen Kapitalkoeffizienten komplexe Interrelationen zwischen der Struktur der Investition und der Stärke, in der einander technischer Fortschritt und (von seiner Art und den Faktorpreisrelationen induzierte) Substitutionseffekte zwischen Kapital und Arbeit kompensiert haben, stehen. Im Hinblick auf die Thematik Wettbewerb[9] und Wirtschaftswachstum könnte man etwa fragen, (i) in welcher Weise und in welchem Ausmaß verschiedene Marktstrukturen einen den Kapitalkoeffizienten der Branche senkenden technischen Fortschritt tragen, und (ii) ob sie auf die Vollbeschäftigung der Produktionsfaktoren insoferne positiv wirken, als sie helfen, die mögliche Diskrepanz zwischen der tatsächlichen und der potentiell möglichen Größe des Kapitalkoeffizienten der Branche zu verringern[10]. Wäre es, unter der Annahme, das Aggregationsproblem sei befriedigend gelöst, denn nicht möglich, einen Zusammenhang zwischen Wettbewerb (Marktstruktur) und Wirtschaftswachstum via makroökonomischem Kapitalkoeffizienten und globaler Investitionsquote gemäß der *Harrod-Domar*schen Pari-passu-Hypothese herzustellen?

Eben leider nicht: Denn abgesehen davon, daß das Modell eine limitationale volkswirtschaftliche Produktionsfunktion unterstellt und ferner annimmt, daß Menge und Qualität des Komplementärfaktors Arbeit zu jedem Kapitaleinsatzniveau in ausreichendem (produktionstechnisch bestimmtem) Maße vorhanden sind, bedürfen wir vor allem einer realitätsbezogenen Investitionstheorie. Weder das im *Harrod-Domar*-Modell formal unterzubringende Akzelerationsprinzip, nämlich „den Wachstumsprozeß aus Entscheidungen von Unternehmen herzuleiten, die sich nur wie ein Thermostat verhalten“[11], noch die — später zu erwähnende — neoklassische Variante der Steuerung des Investi-

---

respondence between the accumulation of capital and the rate of growth of output“ (O. *Aukrust*, a.a.O., S. 27). P. T. *Hill*, Growth and Investment According to International Comparisons, in: The Economic Journal, Bd. 74 (1964), S. 287—304, fand auf der Grundlage von OECD-Daten für 1954—1962 in fünf großen Ländern (Großbritannien, USA, Frankreich, Italien und Bundesrepublik Deutschland) eine verhältnismäßig enge Korrelation zwischen durchschnittlicher jährlicher Wachstumsrate des BSP und der durchschnittlichen Bruttoinvestitionsquote 1953—1961 (S. 291); er räumt aber ein, daß „the strength of the correlation is also itself dependent on the level aggregation, and the same tight association cannot be expected for smaller and less diversified economies“ (S. 291).

[9] Zu Versuchen, den Wettbewerbsbegriff operational zu fassen, siehe Kapitel II.

[10] Diesen Interdependenzen zwischen Wachstumszyklus und Wettbewerb, d. h. u. a. der Frage, ob bestimmte Marktstrukturen in signifikanter Weise dazu beitragen, daß das aktuelle Wachstum das — bei den einer Volkswirtschaft zur Verfügung stehenden Ressourcen (einschließlich des technischen und organisatorischen Wissens) — mögliche Wachstum nicht erreicht, wird nicht weiter nachgegangen. Im Mittelpunkt der Betrachtung stehen Einflüsse des Wettbewerbs auf ganz bestimmte Determinanten des Wirtschaftswachstums.

[11] G. *Bombach*, Von der Neoklassik ..., a.a.O., S. 419.

tionsprozesses durch den Zins können befriedigen. Im Zusammenhang mit Wachstum und Strukturveränderungen der Nachfrage, neuen Erfindungen in der Produktionstechnik, Wandlungen der Energieversorgung und im Transportwesen sowie schließlich Verschiebungen in der internationalen Arbeitsteilung steht hinter der Konstruktion einer adäquaten Innovations- und Investitionsfunktion ein Kernproblem der Wachstums- und Verteilungstheorie: „Wer entscheidet über das Tempo des wirtschaftlichen Wachstums, der kleine Sparer oder der investierende Unternehmer? Sind es die Investitionen, die die Ersparnisse mitreißen (freiwillig oder unfreiwillig), oder begrenzt der Sparwille der Bevölkerung die Investitionsmöglichkeiten?"[12].

Ohne die Bedeutung der makroökonomischen, insbesondere monetären, Determinanten in der Beantwortung dieser Frage zu leugnen, wird es andererseits notwendig sein, die mikroökonomischen Wachstumsprozesse der Unternehmungen zu untersuchen; eine Fragestellung, die engstens mit dem Problem einer adäquaten Theorie des Innovations- und Investitionsverhaltens des vorherrschenden Unternehmertyps, nämlich des Manager-Unternehmers der großen Einzelfirmen und Konzerne, verknüpft ist. Es ist zu vermuten, daß inter alia die Marktstruktur — ausgedrückt durch mehrminder adäquate Indikatoren — in die entsprechende Innovations- und Investitionsfunktion der Branche eingehen wird. Ein zweites, logisch folgendes, nicht minder schwieriges Problem wirft die Aggregation der angedeuteten mikro- bzw. mesoökonomischen Innovations- bzw. Investitionsfunktionen auf, um schließlich die Determinanten der globalen Wachstumsrate in den Griff zu bekommen.

2. Neoklassische Wachstumsmodelle und Wettbewerb

Wenden wir uns nunmehr den produktionstheoretisch orientierten neoklassischen Wachstumsmodellen *(Solow, Swan, Tobin, Meade)* zu, die der Herausforderung der vom *Harrod-Domar*-Modell implizierten säkularen Instabilität durch Einführung einer volkswirtschaftlichen Produktionsfunktion mit kontinuierlich substitutionalen Produktionsfaktoren begegnen[13]. Unter Berücksichtigung einer autonomen Fort-

[12] G. *Bombach*, Von der Neoklassik ..., a.a.O., S. 420.

[13] Wir interessieren uns hier für die wachstumsbestimmenden Komponenten mittelfristigen Wirtschaftswachstums (fünf bis höchstens 30 Jahre), um Beziehungen zu Elementen einer dynamischen Markttheorie ableiten zu können. Deshalb ist auf die sogenannten Golden-Age-Modelle, die für einen sehr weiten Zeithorizont Möglichkeit, Bedingungen und Eigenschaften des Einmündens einer sehr esoterisch konzipierten Wirtschaft in steady-state-Zustände zum Gegenstand haben, ebensowenig einzugehen wie auf die Theorien der im Hinblick auf Konsummaximierung optimalen Investitionsquote.

schrittskomponente p[14] hat sie im einfachsten Fall (linear homogene Produktionsfunktion vom *Cobb-Douglas*-Typ) folgende Gestalt:

$$Q = aL^{\alpha} \cdot K^{1-\alpha} \cdot e^{pt} \tag{1}$$

$$a > 0, 0 < \alpha < 1, p > 0; \frac{\partial Q}{\partial L} > 0, \frac{\partial Q}{\partial K} > 0$$

$$\frac{\partial^2 Q}{\partial L^2} < 0, \frac{\partial^2 Q}{\partial K^2} < 0$$

Q = Ausbringung; L = Arbeitspotential; K = Kapitalbestand; α, a, p = konstante Parameter; t = Zeit; s = marginale volkswirtschaftliche Sparquote.

Drücken wir (1) in jährlichen prozentuellen Veränderungen von Q, L und K aus, so läßt dieser produktionstheoretische Ansatz eine unmittelbare Aufspaltung der volkswirtschaftlichen Wachstumsrate in die sie bestimmenden Komponenten zu:

$$\Delta Q/Q = p + \alpha \Delta L/L + (1 - \alpha) \Delta K/K \tag{2}$$

bzw.

$$\Delta Q/Q = p + \alpha \Delta L/L + (1 - \alpha) s/(K/Q) \tag{3}$$

bzw.

$$\frac{\Delta Q}{Q} - \frac{\Delta L}{L} = p + (1 - \alpha) \cdot \left(\frac{\Delta K}{K} - \frac{\Delta L}{L}\right) \tag{4}$$

Solow[15] hat versucht, aus (4) die Größe der Residualkomponente p in der Weise zu schätzen, daß er annahm, daß die aus den verfügbaren Statistiken zu errechnenden Durchschnittsentgelte für Arbeits- und Kapitaleinheiten deren marginalen Beitrag zum Produktionsergebnis — wenigstens annähernd — wiedergeben. Mit anderen Worten: Er stützte sich auf die Grenzproduktivitätstheorie der Faktorenentlohnung und konnte somit unter der Annahme vollkommener Konkurrenz auf den Faktormärkten die Produktionselastizität der Arbeit, a, als Lohnquote und die Produktionselastizität des Kapitals, (1—a), als Profitquote deuten, da ja konstante Niveaugrenzerträge unterstellt sind[16]. Gleichungen (3) bzw. (4) sollen verdeutlichen, daß in diesem Ansatz der Faktor

---

[14] Den Residualfaktor „technischer Fortschritt" hat zuerst J. *Tinbergen*, Zur Theorie der langfristigen Wirtschaftsentwicklung, in: Weltwirtschaftliches Archiv, Bd. 55 (1942/I), S. 11—49, als sogenannten „Rationalisierungsfaktor" F(t) eingeführt.

[15] R. M. *Solow*, Technical Change and the Aggregate Production Function, in: Review of Economics and Statistics, Bd. 39 (1957), S. 312—320.

Kapital als wachstumsbestimmende Komponente in seiner Einwirkung auf die globale Wachstumsrate bzw. auf die Wachstumsrate der Arbeitsproduktivität $(\Delta Q/L)/(Q/L) = a (\Delta Q/Q = \Delta = L/L)$ ein wesentlich geringeres Gewicht als im *Harrod-Domar*-Modell erhält.

Solow schätzte für die USA 1909—1947, daß 86 v.H. des Wachstums von der „technological change"-Komponente getragen worden seien, während nur 14 v.H. durch das Wachstum der Pro-Kopf-Kapitalakkumulation „erklärt" würden[15]. Für die BRD 1925—1957 wurde nach *Kuhlo* das Wachstum fast zur Hälfte vom technischen Fortschritt getragen; etwa ein Viertel steuerte der wachsende Kapitalbestand zum Wachstum bei. Der Beitrag des wachsenden Arbeitseinsatzes und der wachsenden Importe betrug jeweils fast ein Sechstel[17].

Diese Schätzungen haben aber solange nur eine negative wachstumspolitische Relevanz — negativ, weil sie den Wachstumsbeitrag der Kapitalakkumulation erheblich niedriger bewerten als man ihn früher einschätzte —, als nicht explizit gemacht wird, welche Faktoren hinter dem Begriff „technischer Fortschritt"[18] stehen und inwieweit diese selbst durch ökonomische Variable erklärt werden können. *Bombach* etwa schließt in die Residualkomponente ein: „Verbesserung der Betriebsorganisation und des Arbeitsklimas, Typisierung und Standardisierung der Produktion, Anwendung moderner statistischer Methoden der Leistungs- und Fehlerkontrolle, Herbeiführung optimaler Standortverteilung und optimaler Betriebsgrößenverhältnisse durch Förderung des internationalen Austausches, und vor allem Ersetzung ausgelaufener Maschinen durch neue Maschinen höherer Effizienz bei gleichen Realkosten im Zuge der Reinvestition"[19]. *Ott* schält aus diesem

---

[16] Für die westlichen Industrienationen liegt $(1 - a)$ bei etwa 0,35. Gleichung (3) enthält im dritten Summanden ihrer rechten Seite den Faktor $s/(K/Q)$, wenn die Gültigkeit der Gleichgewichtsbedingung $\Delta K = I = s.\ Q$ (s = marginale volkswirtschaftliche Sparquote) unterstellt wird. Dies erinnert an *Harrods* „gerechtfertigte Wachstumsrate": (Sparquote)/(Kapitalkoeffizient), aber im neoklassischen Modell ist der Kapitalkoeffizient variabel: Er wächst gemäß der Beziehung

$$\frac{\Delta (K/Q)}{(K/Q)} = -p + a \left(\frac{\Delta K}{K} - \frac{\Delta L}{L}\right)$$

[17] K. Ch. *Kuhlo*, Die Wachstumsprognose, insbesondere auch die Prognose der Produktivitätsentwicklung, in: H. *Giersch* und K. *Borchardt* (Hrsg.), Diagnose und Prognose als wirtschaftswissenschaftliche Methodenprobleme, in: Schriften des Vereins für Socialpolitik, NF Bd. 25, Berlin 1962, S. 215—268. Ähnliche Schätzungen liegen auch für andere Industrienationen vor (vgl. O. *Aukrust*, Tab. 4, a.a.O., S. 39).

[18] R. M. *Solow*, Technical Change, a.a.O., S. 312, spricht von einer „shorthand expression for any kind of shift in the production function".

[19] G. *Bombach*, Quantitative und monetäre Aspekte des Wirtschaftswachstums, in: W. G. *Hoffmann* (Hrsg.), Finanz- und währungspolitische Bedingungen stetigen Wirtschaftswachstums, Schriften des Vereins für Socialpolitik, NF Bd. 15, Berlin 1959, S. 184 f.

Konglomerat von fortschrittsbestimmenden Größen die Einführung neuer (bzw. qualitativ verbesserter) Produkte und die Einführung effizienterer Produktionsverfahren heraus[20].

Um Beziehungen zwischen technischem Fortschritt und Wettbewerb herzustellen, muß versucht werden, diesen „dritten Faktor" in die ihn wesentlich bestimmenden Komponenten aufzuspalten. Für die USA hat hier *Denison*[21] Pionierarbeit geleistet. Während der Beitrag von Kapital bzw. Arbeit zur durchschnittlichen Wachstumsrate des realen BSP der USA 1929—1957 in Höhe von 2,93 v.H. 0,43 bzw. 0,90 Prozentpunkte betrug, schätzte *Denison* den Anteil des „dritten Faktors" auf 1,60 Prozentpunkte, die folgendermaßen verteilt sind: Erziehung und Forschung 1,25 (davon „besser ausgebildete Arbeitskraft" 0,67, „advance in knowledge" 0,58), Skaleneffekte 0,34, andere Effekte (eingeschlossen der Strukturfaktor der Verlagerung von Arbeitskraft aus der Landwirtschaft in die Industrie) 0,01[22]. Zu diesen Schätzungen kann hier nicht im Detail Stellung genommen werden[23].Die Diskussion legte aber dar, daß sie mit großer Unsicherheit behaftet sind. Auch wenn verläßliche Ausgangsdaten der jeweiligen Fragestellung adäquat gewählt werden würden, stünde man noch immer vor einem praktisch kaum zu lösenden Identifikationsproblem. Dies zeigt sich etwa an der Streitfrage, ob der technische Fortschritt „gebunden" (capital embodied) ist oder nicht. Für *Denison* „the implicit moral is that the progress of output per unit of labor (adjusted for the contribution of education, etc.) has depended chiefly on the pace of advance in knowledge, on the skill of entrepreneurs in finding the best opportunities to use capital and labor, and on the efficiency of capital markets in channeling savings to business firms which are exploiting the best opportunities"[24], und zwar so, daß alle diese Elemente zu ihrer Entfaltung keiner nennenswerten Nettokapitalbildung bedürfen.

---

[20] A. E. *Ott*, Art. Technischer Fortschritt, in: Handwörterbuch der Sozialwissenschaften, Bd. 10 (1959), S. 302. Autoren, die eine weitere Fassung des Begriffs „technischer Fortschritt" etwa im Sinne von *Schumpeters* „Durchsetzung neuer Kombinationen" ablehnen, sprechen die Residualkomponente oft als „dritten Faktor", neben Arbeit und Kapital, an.

[21] F. *Denison*, The Sources of Economic Growth in the United States and the Alternatives Before Us, New York 1962.

[22] F. *Denison*, a.a.O., S. 266. Das geringe Gewicht des Strukturfaktors in den USA darf nicht unbesehen auf andere Länder übertragen werden. J. *Steindl*, Zur Berechnung von Indizes der Produktivität, 11. Sonderheft des Österreichischen Instituts für Wirtschaftsforschung, Wien 1957, hat ihn für Österreich 1937—1956 mit rund ein Drittel des Produktivitätsfortschritts der österreichischen Industrie angegeben. Nach der ECE liegt er für Norwegen bei 15 %, für die BRD bei 10 % (O. *Aukrust*, a.a.O., S. 28).

[23] Vgl. M. *Abramovitz*, Economic Growth in the United States, in: The American Economic Review, Bd. 52 (1962), S. 762—782.

[24] M. *Abramovitz*, a.a.O., S. 772.

Solow selbst hat gegenüber der These, daß wir „alles" dem technischen Fortschritt verdanken, bald eingelenkt; er räumt ein, daß alle diese — von ihm ebenfalls als bedeutsam angesehenen — Wachstumskomponenten zumeist erst durch das „Vehikel" neuer Realkapitalbildung wirksam werden könnten[25] (embodied technical progress-Hypothese). Der technische Fortschritt führt nunmehr *Solow* nicht wie bei der sogenannten Hicks-Neutralität zu einer spontanen Effizienzerhöhung aller als homogen angesehenen Kapitalgüter und Arbeitskräfte („malleability"-Prämisse), sondern kommt nur den zeitlich zuletzt installierten Kapitalgütern und den an ihnen Beschäftigten zugute (vintage approach)[26]. Aber noch immer wird der technische Fortschritt als autonom bestimmt, d. h. nicht durch ökonomische Variable erklärt, angesehen.

Dies führt uns auf die mit *Denisons* Wachstumsfaktor „advance in knowledge" verbundenen Identifikationsprobleme. Er ist bei *Denison* der eigentliche Residualfaktor und trägt immerhin nach dessen Schätzung 20 v.H. der Wachstumsrate der USA 1929—1957. In der ökonomischen Theorie war er bis vor kurzem „Manna, das vom Himmel fällt". *Arrows* „learning by doing"-Hypothese[27] hat der ökonomischen Erfassung dieses Phänomens einen wichtigen Weg gewiesen[28]. Es wird so

---

[25] R. M. *Solow*, Technical Progress, Capital Formation and Economic Growth, in: The American Economic Review, Papers and Proceedings, Bd. 52 (1962), S. 76—86. Neuerdings sind D. W. *Jorgenson* und Z. *Griliches*, The Explanation of Productivity Change, in: Review of Economic Studies, Bd. 34 (1967), S. 249—283, zur entgegengesetzten (extremen) Hypothese gelangt: Bei richtiger Definition und Messung der Kapital- und Arbeitseinsätze ist der technische Fortschritt zu 90 % durch die Wachstumsrate des Beschäftigungsvolumens und der Kapitalakkumulation „erklärt"!

[26] Nach M. D. *Intriligator*, Embodied Technical Change and Productivity in the United States 1929—1958, in: Review of Economics and Statistics, Bd. 47 (1965), S. 65—70, wird nur etwa ein Viertel der Fortschrittskomponente der USA durch den Vintage-Effekt „erklärt".

[27] K. J. *Arrow*, The Economic Implications of Learning by Doing, in: Review of Economic Studies, Bd. 29 (1962), S. 155—173.

[28] „Indeed the division between formal models which do and those which do not take account of learning by doing, seems to us the most important dichotomization which could be made." (F. H. *Hahn* und R. C. *Matthews*, The Theory of Economic Growth, a.a.O., S. 111.)

Ein anderer wichtiger Beitrag zur Theorie des induzierten technischen Fortschritts ist *Kaldors* „technical progress function", in der die Zuwachsrate der Produktivität der an Maschinen des jüngsten Jahrgangs Beschäftigten eine zunehmende Funktion der Wachstumsrate der Kapitalbildung je Beschäftigten ist (N. *Kaldor* und J. A. *Mirrlees*, A New Model of Economic Growth, in: Review of Economic Studies, Bd. 29 (1962), S. 174—192). *Kaldor* hat schon 1957 (A Model of Economic Growth, in: The Economic Journal, Bd. 47 [1957], S. 596) betont, daß ... „any sharp or clear-cut distinction between the movement along a ‚production function', with a given state of knowledge, and a shift in the ‚production function', caused by the change in the state of knowledge, is arbitrary and artificial". *Kaldors* „technical progress function" zeigt abnehmende Zuwächse der Rate des Produktivitätsfortschritts bei zunehmender versucht, den Einfluß der bei der Durchführung von Produktionsprozessen gemachten Erfahrungen auf künftige Investitionsentscheidungen zu erfassen und als Funktion der produzierten Gütermenge zu messen. Die Auswirkungen dieses Lernprozesses auf „advance in knowledge" sind nicht nur von der Vielfalt der bisher durch Kapitalbildung eingeführten Produktionsprozesse, sondern auch von ihrem Niveau (Skaleneffekt) abhängig. Dieser Versuch, durch ökonomisch erklärbaren induzierten technischen Fortschritt die Bedeutung der autonomen Fortschrittskomponente einzuschränken, bringt den Wettbewerb als möglichen wachstumsbestimmenden Faktor zurück ins Bild. Sollten wettbewerbsfremde restriktive Praktiken via Ausbringungseinschränkung und Dämpfung der Innovationsneigung den von vielen für Fortschrittsbestimmung äußerst wichtig angesehenen „learning by doing"-Faktor nicht genügend wirksam werden lassen?

Wieder sind wir auf das Problem gestoßen, eine aussagekräftige mikroökonomische bzw. branchenbezogene Investitions- und Innovationsfunktion zu finden, um theoretische Einsichten und vielleicht auch beschränkte empirische Evidenz von Richtung und Stärke des Zusammenhangs zwischen Wettbewerb, Kapitalbildung, „advance in knowledge" und schließlich Wirtschaftswachstum zu gewinnen. Was eine Bestimmung der Stärke dieses Zusammenhangs angeht, ist allerdings größte Skepsis am Platz: Wenn die quantitative Größe des Beitrags von „advance in knowledge" zum Wirtschaftswachstum schon höchst ungesichert ist[29], „how can we ever hope to determine the relative importance of the many factors which determine productivity, ranging from government economic policy to the competitive spirit of entrepreneurship"[30]. (Und ferner: wenn sich herausstellen sollte, daß 80 % der industriellen Forschungs- und Entwicklungsausgaben der Qualitätsverbesserung bereits auf dem Markt befindlicher Güter dienen, die sich in den der Wachstumsberechnung zugrundeliegenden Zahlen der volkswirtschaft-

---

Rate der Kapitalbildung pro Beschäftigten, weil die immerhin noch vorhandene autonome Fortschrittskomponente (neue „Ideen" und Erfindungen) mit der Rate der Auswertung dieser Ideen im Produktionsprozeß (learning by doing) bei zu stark wachsender Kapitalbildung (= Einrichtung von Produktionsprozessen, an denen „gelernt" wird) nicht Schritt halten kann.

[29] Für die Unsicherheit ist vor allem maßgebend (M. *Abramovitz*, a.a.O., S. 775), daß sich (i) die Schätzfehler in den Messungen der Ausbringung der Arbeits- und Kapitaleinsätze, des Skaleneffekts und aller anderen Faktoren, die in das Schätzmodell als Regressoren explizit eingeführt sind, und (ii) der Einfluß aller nicht explizit berücksichtigten „latenten" Wachstumsfaktoren in der Größe des Residuums „advance in knowledge" niederschlagen.

[30] O. *Aukrust*, a.a.O., S. 40. *Aukrust* sieht als produktivitätssteigernden Faktor generell „improved human competence". „And since human competence is a result of education, training and research, the presumption is strong that these are the factors on which technical progress ultimately hinges".

lichen Gesamtrechnung nicht unmittelbar niederschlägt, so haben wir zwar „every reason to encourage R and D, but little to expect dramatic results in terms of measured output"[31].)

II. Ein wirklichkeitsnäherer Ansatz

1. Dynamische Wettbewerbstheorie

Wir haben im vorigen Kapitel gesehen, daß die modellhafte Wachstumstheorie in ihrer Stellung zum Phänomen Wettbewerb der Wirtschaftswissenschaften wenig befriedigt, da dort durchwegs vollkommene Konkurrenz[32] auf allen Faktor- und Produktmärkten vorausgesetzt wird. Diese Prämisse entspricht einmal nicht dem gegenwärtigen Stand der Wettbewerbstheorie und -politik[33]. Weiters kann man geradezu sagen, daß die vollkommene Konkurrenz in diametralem Gegensatz zum Wachstumsgedanken steht, da sie eine, jede Entwicklung ausschließende, stationäre Wirtschaft beschreibt[34].

Wir wollen uns daher hier kurz die Entwicklung der dynamischen Wettbewerbstheorie vergegenwärtigen. Die ersten Anfänge einer dynamischen Wettbewerbskonzeption gehen wohl auf *Schumpeter* zurück[35], der den Wettbewerb durch die Pionierunternehmer als „schöpferische Zerstörung" kennzeichnete[36]. An diese Gedanken knüpften im angel-

---

[31] M. *Abramovitz,* a.a.O., S. 781; *R* und *D* = Research and Development = industrielle Forschung und Entwicklung. (Diesem Thema ist das Kapitel IV gewidmet.)

[32] Siehe zu diesem Begriff schon W. A. *Jöhr,* Das Modell der vollkommenen Konkurrenz, in: Konkurrenz und Planwirtschaft, Bern 1946, S. 17—66 (insbesondere S. 54 f.). Einen sehr guten Überblick über die Entwicklung der Modelle der vollkommenen Konkurrenz gibt T. *Negishi,* The Stability of a Competitive Economy: A Survey Article, in: Econometrica, Bd. 30 (1962), S. 635—669.

[33] Vgl. etwa W. A. *Jöhr,* Zur Diskussion über die Rolle der Konkurrenz in der modernen Wirtschaft, in: Zeitschrift für Nationalökonomie, Bd. 26 (1966), S. 83—104; sowie Th. *Wessels,* Über wirtschaftspolitische Konzeptionen des Wettbewerbs, in: F. *Greiß* und F. W. *Meyer* (Hrsg.), Wirtschaft und Gesellschaft, Festgabe für A. *Müller-Armack,* Berlin 1961, S. 19—27 (hier S. 22 f.); ferner auch H. K. *Schneider* (Hrsg.), Grundlagen der Wettbewerbspolitik (hier insbesondere die Beiträge von E. *Hoppmann* und E. *Heuss*), Schriften des Vereins für Socialpolitik, NF Bd. 48, Berlin 1968.

[34] So auch E. *Hoppmann:* „Statik ist kein erstrebenswerter Zustand, in ihm findet kein wirtschaftlicher Fortschritt statt. Deshalb wird die Normativierung des statischen Modells der vollkommenen Konkurrenz allgemein abgelehnt." (E. *Hoppmann,* Preismeldestellen und Wettbewerb, in: Wirtschaft und Wettbewerb, 1966, S. 97—121; hier S. 104.)

[35] J. A. *Schumpeter,* Theorie der wirtschaftlichen Entwicklung, 4. Aufl., München — Leipzig 1935, S. 322. (*Schumpeter* sagt hier, daß das Neue nicht aus dem Alten herauswächst, sondern daß es neben das Alte tritt und es niederkonkurriert.)

[36] J. A. *Schumpeter,* Kapitalismus, Sozialismus und Demokratie (deutsche Übersetzung), Bern 1946, S. 134—142.

sächsischen Bereich J. M. *Clark* und im deutschsprachigen Raum u. a. H. *Arndt* an. *Clark* unterscheidet „initiatory" und „defensive competition". Zwischen beiden gilt folgende Wechselwirkung: „without initiatory moves, competition does not begin, without defensive responses it does not spread"[37]. *Arndt* spricht vom „Wettbewerb der Bahnbrecher" einerseits und vom „Wettbewerb der Nachahmer" andererseits[38]. Durch die Aktion eines Bahnbrechers kommt dieser in den Genuß eines Wettbewerbsvorteils gegenüber seinen Konkurrenten. Je höher nun die Monopolrente dieses schöpferischen Unternehmers ist, desto rascher werden Nachahmer angelockt, die ihn unterbieten und infolge ihres in der Regel geringeren Preises auch rasch Käufer finden. Der dynamische Wettbewerb besteht daher in der Sicht *Arndt's* aus der Abfolge von monopolistischen und isopolistischen Prozessen[39]. Gelingt es einer Seite, die andere auszuschalten, mündet das System in einen stationären Zustand ein: Im langfristigen Monopol treten keine Nachahmer auf, die die Monopolstellung abtragen (oder sie dürfen nicht auftreten); im langfristigen Isopol treten keine Bahnbrecher auf, die das ganze System auf eine höhere Stufe heben (oder sie werden — wie z. B. bei den mittelalterlichen Zünften — von den anderen Isopolisten am Auftreten gehindert). Eine ähnliche, dynamische Wettbewerbsauffassung wird auch von *Lutz* (Peitschencharakter der Konkurrenz)[40] und *Hoppmann*, der vorstoßenden und nachfolgenden (verfolgenden) Wettbewerb unterscheidet[41], vertreten.

Ein anderer Aspekt wird durch die Unterscheidung in tatsächlichen (aktiven, realisierten) und potentiellen (latenten) Wettbewerb beleuchtet[42]. Die Existenz von potentiellem Wettbewerb wurde vor allem von *Machlup* behandelt, der dafür die Begriffe „Newcomers' Competition" bzw. „Pleiopol" prägte[43]. „Das Pleiopol ist primär die Erwartung des Volkswirts, daß eine Steigerung der Gewinnsätze in einer Industrie neue Firmen anlocken wird und daß irgendwelche Unternehmer ... die gewinnbringende Produktion in absehbarer Zeit aufnehmen werden"[44].

---

[37] J. M. *Clark*, Competition as a Dynamic Process, Washington (D. C.) 1961, S. 429.

[38] H. *Arndt*, Schöpferischer Wettbewerb und klassenlose Gesellschaft, Berlin o. J. (1952), S. 35 ff.; neuerdings: H. *Arndt*, Mikroökonomische Theorie, Bd. 2, Tübingen 1966, S. 40 ff.

[39] Vgl. H. *Arndt*, Schöpferischer Wettbewerb ..., a.a.O., S. 83 ff.

[40] F. A. *Lutz*, Bemerkungen zum Monopolproblem, in: ORDO, Bd. 83 (1956), S. 19—43 (hier S. 31 ff.).

[41] E. *Hoppmann*, Preismeldestellen und Wettbewerb, a.a.O., S. 106 f.

[42] E. *Hoppmann*, Preismeldestellen und Wettbewerb, a.a.O., S. 106; W. *Krelle*, Preistheorie, Tübingen — Zürich 1961, S. 38 und S. 48.

[43] F. *Machlup*, The Economics of Sellers' Competition, Baltimore 1952, S. 102 ff. und S. 211 ff.; neuerdings: F. *Machlup*, Artikel: Wettbewerb (III), in: Handwörterbuch der Sozialwissenschaften, Bd. 12 (1965), S. 41 ff.

[44] F. *Machlup*, Artikel: Wettbewerb (III), a.a.O., S. 42.

Genau betrachtet, ist die newcomers' competition eine Grundvoraussetzung des dynamischen Wettbewerbsprozesses überhaupt, da ohne sie sowohl jede Firmenmobilität zwischen den Branchen unmöglich wäre, als auch die bestehende Firmenzahl konstant bliebe. In solcher Sicht kann die Abwesenheit von sogenannten „barriers to entry" wohl als Prämisse jedes dynamischen Wettbewerbsprozesses betrachtet werden.

In letzter Zeit wurde über diesen Themenkreis von *Heuß* eine fruchtbare Studie zur Dynamisierung der Markt-[45] und Wettbewerbstheorie vorgelegt. Ihre Thesen sollen hier in Kürze dargestellt werden[46], weil sie unsere Fragestellung unmittelbar betreffen. *Heuß* unterscheidet folgende Unternehmertypen[47]: 1. Initiative Unternehmer: a) Pionierunternehmer, b) imitierende Unternehmer; 2. Konservative Unternehmer: a) (unter Druck) reagierende Unternehmer, b) immobile Unternehmer.

Diese Unternehmertypen konfrontiert *Heuß* dann mit seinem dynamischen Marktformenschema[48]: Er unterscheidet hier einzelne Gütermärkte, die er nach der Preisabhängigkeit abgrenzt — Unternehmungen bilden dann einen Markt, wenn eine Preisänderung einer Unternehmung Auswirkungen auf die Preispolitik der anderen hat. Auf jedem derart definierten Markt[49] können folgende Phasen unterschieden werden: die Experimentierungsphase (Erfindung eines neuen Gutes), die Expansionsphase (Ausbreitung des neuen Gutes), die Ausreifungsphase (Erreichung der Grenzen des neuen Marktes), und die Stagnations- bzw. Rückbildungsphase (Sinken der relativen Bedeutung der Branche). In jeder dieser 4 Phasen dominiert nun ein ganz bestimmter Unternehmertyp[50]. Während der Pionierunternehmer in der Experimentierungsphase allein das Feld beherrscht, treten in der Expansionsphase imitierende Unternehmer auf, die die Innovation verbreiten. In der Ausreifungsphase wird die Grenze des Marktes erreicht: er ist nicht mehr erweiterungsfähig.

---

[45] Auch bei der „Markttheorie" läßt sich eine statische und eine dynamische Marktformenlehre feststellen, doch wird im Rahmen dieser Untersuchung nicht auf die Markttheorie (mit Ausnahme der *Heuß*schen) eingegangen, sondern ihre Kenntnis vorausgesetzt. Vgl. dazu etwa („klassisch"): H. *v. Stackelberg*, Marktform und Gleichgewicht, Wien und Berlin 1934; dann: H. C. *Recktenwald*, Zur Lehre von den Marktformen, in: Weltwirtschaftliches Archiv, Bd. 67 (1951/II), S. 298—326; A. E. *Ott*, Marktform und Verhaltensweise, Stuttgart 1959: R. *Jochimsen*, Marktform und wirtschaftliche Entwicklung, in: Zeitschrift für die gesamte Staatswissenschaft, Bd. 122 (1966), S. 29—43; schließlich: W. *Ehrlicher*, Ansätze zu einer makroökonomischen Theorie der Marktformen, in: Jahrbücher für Nationalökonomie und Statistik, Bd. 178 (1965), S. 297—315. (In diesem kurzen Überblick ist bewußt fast nur auf deutschsprachiges Schrifttum abgestellt.)

[46] E. *Heuß*, Allgemeine Markttheorie, Tübingen — Zürich 1965.

[47] E. *Heuß*, Allgemeine Markttheorie, a.a.O., S. 6 ff. sowie S. 105 ff.

[48] E. *Heuß*, Allgemeine Markttheorie, a.a.O., S. 14 ff. und S. 25 ff.

[49] Die (notwendige) scharfe Abgrenzung der Märkte ist zweifellos ein schwacher Punkt des *Heuß*schen Schemas.

[50] Vgl. E. *Heuß*, Allgemeine Markttheorie, a.a.O., S. 6 ff. und S. 105 ff.

Da durch den Erbgang und die Verbürokratisierung von Großkonzernen der Anteil an konservativen Unternehmern sehr groß geworden ist, andererseits aber die initiativen Unternehmer keine Expansionsmöglichkeiten vorfinden und den Markt verlassen, werden die Unternehmer in dieser Marktphase eine oligopolistische Verhaltensweise an den Tag legen, um von der Monopolrente des Produkts zu retten, was noch zu retten ist. Sie werden die Preisbindung der zweiten Hand einführen, Preis-, Quoten- und ähnliche Kartelle bilden, um schließlich auch noch die Investitionstätigkeit zu reglementieren. Der Markt der Branche bietet dann selbst immobilen Unternehmern einen „ausreichenden" Gewinn und vor allem Sicherheit[51].

Wir sehen also wiederum, daß Wettbewerbstheorie einerseits und Wachstumstheorie andererseits einander „unverbunden" gegenüberstehen, obwohl sich in der Realität Wettbewerb und Wachstum wohl gegenseitig beeinflussen. Es soll daher versucht werden, diesen behaupteten Zusammenhang in einem einfachen Modell zu formulieren, um von dort aus auch zu gewissen wirtschaftspolitischen Schlußfolgerungen vorstoßen zu können.

2. Ein einfaches Modell

Die fehlende Integration von Wachstums- und Wettbewerbs*theorie* ist wahrscheinlich vor allem darauf zurückzuführen, daß die Wachstumstheorie überwiegend makroökonomisch formuliert ist, während die Wettbewerbstheorie nahezu völlig den mikroökonomischen Bereich[52] betrifft. Der Ansatzpunkt des Modells muß daher in einer angestrebten Verbindung zwischen diesen beiden Polen liegen. Dies geschieht, indem wir die plausible Hypothese unterstellen, daß das gesamtwirtschaftliche Wachstum vom Wachstum der Sektoren der Volkswirtschaft (Industrien) getragen wird und das sektorale Wachstum seinerseits gleich dem gewogenen Mittel des Wachstums der Unternehmen ist, aus denen sich der jeweilige Sektor zusammensetzt. Es sei weiters vorläufig unterstellt, daß jeder Sektor nur ein homogenes Gut herstellt.

Zur Formulierung des Modells führen wir folgende Symbole ein:

X_t ... Nachfrage nach dem Gut des betrachteten Sektors in Periode t

η ... Preis-Elastizität der Nachfrage, die vorerst vereinfachend als konstant angesehen wird

---

[51] Dabei ist aber mit zu beachten, daß es auch Unternehmer gibt, die die guten Gewinnmöglichkeiten auf geschlossenen Märkten dazu ausnutzen, selbst genügend Kapital zu bilden, um in entwicklungsfähige Märkte einsteigen zu können.

[52] Eine Ausnahme bildet hier eigentlich nur der Versuch von W. *Ehrlicher*, a.a.O.

$\omega_{(t)}$ ... Wachstumsrate der Nachfrage als Funktion der Zeit (diese Rate kann auch negativ werden)

a ... Parameter der Nachfragefunktion

K_t ... totaler Kapitalstock (Produktionskapital) des Sektors in Periode t

K_{it} ... Kapitalstock des Unternehmens i ($i = 1.2 \ldots n$) in Periode t

G_{it} ... Gewinn des Unternehmens i in Periode t

λ_i ... Anteil des Gewinns des Unternehmens i, der investiert wird

ϱ_{it} ... Profitquote des Unternehmers i in Periode t

β_i ... Kapitalkoeffizient des Unternehmens i (wird vorderhand als konstant angesehen)

q_{it} ... Produktionsumfang des Unternehmens i in Periode t

Q_t ... Totalproduktion des Sektors in Periode t

p_t ... Preis des Produkts des Sektors in Periode t

c_{it} ... Kosten des Unternehmens i in Periode t

$\varphi_{i(t)}$ ... Entwicklungsrate des technischen Fortschritts im Unternehmen i als Funktion der Zeit

ε_{it} ... Wachstumsrate des Unternehmens i in Periode t

I_{it} ... Nettoinvestition des Unternehmens i in Periode t

I_t ... Nettototalinvestition des Sektors in Periode t

Der Kapitalkoeffizient ist definiert als

(1) $$\beta = \frac{K_i}{q_i}$$

Die Kosten des Unternehmens i werden als Funktion der Unternehmensgröße (die am Produktionsvolumen gemessen wird) und des technischen Fortschritts, der seinerseits als eine Funktion der Zeit aufgefaßt wird, dargestellt[53]:

(2) $$c_{it} = f(q_{it})\, e^{-\int_0^t \varphi_i(t)\, dt}$$

[53] Es wird bei der Abhängigkeit der Kosten vom Produktionsumfang bewußt keine explizite Funktion angegeben, da die Abhängigkeit ganz unterschiedliche Verläufe beschreiben kann. Nach der traditionellen Kostentheorie liegt eine S-förmige Kurve vor. Der Term, der den technischen Fortschritt ausdrückt, ist

$$0 < e^{-\int_0^t \varphi_i(t)\, dt} \leqq 1$$

und sinkt mit steigendem t, da nur kostengünstigere Produktionsverfahren eingesetzt werden.

Die Gewinne sind gleich der Differenz von Umsatz und Kosten[54]:

$$G_{it} = p_t \, q_{i,t-1} - c_{it} \tag{3}$$

Die Profitrate ergibt sich dann aus[55]:

$$\varrho_{it} = \frac{G_{it}}{K_{i,t-1}} \tag{4}$$

Da die Nettoinvestition des Unternehmens gleich der Differenz des Kapitalstocks zweier Perioden ist:

$$I_{it} = K_{it} - K_{i,t-1} \tag{5}$$

kann man die Wachstumsrate des Kapitalstocks des Unternehmens i in Periode t schreiben als[56]:

$$\varepsilon_{it} = \frac{K_{it} - K_{i,t-1}}{K_{i,t-1}} = \frac{I_{it}}{K_{i,t-1}} \tag{6}$$

woraus unmittelbar folgt:

$$\varepsilon_{it} K_{i,t-1} = I_{it} = K_{it} - K_{i,t-1} \tag{7}$$

Andererseits gilt aber auch[57]:

$$I_{it} = \lambda_i \, G_{it} \tag{8}$$

$$I_t = \sum_{i=1}^{n} I_{it} = \sum_{i=1}^{n} \lambda_i \, G_{it} \tag{8a}$$

Unter der Prämisse, daß die Kapazität (der Kapitalstock) immer voll ausgelastet wird[58], d. h. keine Leerkapazitäten auftreten, ist in unserem

---

[54] Dabei wird angenommen, daß in Periode t das verkauft wird, was in Periode t—1 produziert wurde.

[55] Die Profitrate wird deshalb auf $K_{i,t-1}$ bezogen, da dieses Kapital zu Beginn der Periode t zur Verfügung steht. Die Bezugsgröße K_{it} wurde deshalb vermieden, weil sie von der Investitionsentscheidung des Unternehmens abhängt, die jedoch gemäß unserer Annahme erst nach Kenntnis des Gewinns getroffen wird.

[56] Es wird dabei unterstellt, daß der Kapitalstock und die Investition in Realeinheiten (z. B. in Festpreisen) gemessen werden, um Wertänderungen im ruhenden Vermögen aus der Betrachtung auszuklammern. Desgleichen wird der Gewinn als um diese Scheingewinne berichtigt aufgefaßt.

[57] λ_i ist hierbei eine exogene Variable, die von den Unternehmen festgesetzt wird (Aktionsparameter der Unternehmer). (Sie wurde deshalb als exogen unterstellt, da wir keine homogene Verhaltensfunktion des Unternehmens annehmen.)

[58] Akzeptiert man *Chamberlins* These einer permanenten Überkapazität bei unvollkommenem Wettbewerb (siehe E. *Chamberlin*, The Theory of Monopolistic Competition, Cambridge (Mass.) 1936, S. 109), wäre der Kapitalkoeffizient entsprechend anders zu definieren. Hingegen sind schwankende Überkapazitäten hier per definitionem ausgeschlossen.

unterstellten Einproduktbetrieb die Produktionsmenge vom Kapitalstock und vom Kapitalkoeffizienten abhängig [Umkehrfunktion von (1)][59]:

$$q_{it} = \frac{K_{it}}{\beta_i} \tag{9}$$

Wir sind uns dessen durchaus bewußt, daß diese Produktionsfunktion eine starke Vereinfachung darstellt[60], doch glauben wir, diese Konzession an die Einfachheit des Modells machen zu dürfen, da bei Einbeziehung von Überkapazitäten kurzfristig die Schwankungen verstärkt würden, während sich langfristig wenig ändern würde.

Weiters unterstellen wir folgende Nachfragefunktion für den Sektor[61, 62]

$$X_t = \alpha\, p^{-\eta}\, e^{\int_0^t \omega(t)\, dt} \tag{10}$$

Die Gesamtproduktion des Sektors ergibt sich nun aus:

$$Q_t = \sum_{i=1}^{n} q_{i,\,t-1} + \sum_{i=1}^{n} \Delta\, q_{i,\,t-1} \tag{11}$$

wobei $\Delta\, q_{i,\,t-1}$ der Produktionszuwachs ist (der natürlich auch negativ sein kann).

---

[59] Es wird unterstellt, der Sektor könnte beliebig viele Arbeitskräfte bekommen, deren Kosten in c_{it} enthalten seien. Für eine makroökonomische Produktionsfunktion wäre diese Annahme allerdings sehr unrealistisch.

[60] *Chenery* hat bereits 1952 nachgewiesen, daß bei Berücksichtigung von Leerkapazitäten eine Nachfragesteigerung erst nach Überschreitung einer bestimmten Schwelle eine Steigerung der Investitionsgüternachfrage induziert. Vgl. H. B. *Chenery*, Overcapacity and the Acceleration Principle, in: Econometrica, Bd. 20 (1952), S. 1—28.

[61] Die Nachfragefunktion hat daher hyperbolischen Verlauf. Die Preiselastizität wurde (wie schon bei *Marshall*) positiv definiert und wird daher jetzt ein negativer Exponent.

[62] Die *Ursache* des Nachfragewachstums nach Produkten des Sektors wird hier nicht kausal erklärt; vielmehr ist die Wachstumsrate (wie in der gesamten Wachstumstheorie) als exogen bestimmt angesehen, wobei sie aber im Zeitablauf als einer bestimmten Gesetzmäßigkeit (ω zuerst monoton steigend und nach einem Kulminationspunkt monoton sinkend) folgend angenommen wird. Weiters wird auch unterstellt, daß die betrachtete Gesellschaft konsumwillig in dem Sinn sei, daß in der Volkswirtschaft Sektoren mit positiven Wachstumsraten vorhanden sind; das heißt also, die Gesellschaft bescheidet sich weder mit einem einmal erreichten Konsumniveau, noch wird je ein Zustand der Abundanz an Konsumgütern erreicht (affluent society). Diese Hypothese wird sowohl durch das Phänomen des „kompetitiven Konsums" gestützt (vgl. M. *Neumann*, Kapitalbildung, Wettbewerb und ökonomisches Wachstum, Berlin — Heidelberg — New York 1968, S. 5 ff.) als auch durch die Tatsache, daß sich die Wirtschaft mittels Werbung, Diversifikation usw. die gewünschte Nachfrageentwicklung selbst schafft bzw. sie entscheidend beeinflußt. (Die Nachfragekomponenten des Wirtschaftswachstums sind derart selbstverständlich nicht voll erklärt!)

Aus (11) ergibt sich unter Berücksichtigung von (7), (8) und (9):

(12) $$Q_t = \sum_{i=1}^{n} \frac{K_{i,t-1}}{\beta_i} + \sum_{i=1}^{n} \frac{\Delta K_{i,t-1}}{\beta_i} = \sum_{i=1}^{n} \frac{K_{i,t-1}}{\beta_i} + \sum_{i=1}^{n} \varepsilon_{it} \frac{K_{i,t-1}}{\beta_i}$$

(12a) $$Q_t = \sum_{i=1}^{n} \frac{K_{i,t-1}}{\beta_i} + \sum_{i=1}^{n} \frac{I_{it}}{\beta_i} = \sum_{i=1}^{n} \frac{K_{i,t-1}}{\beta_i} + \sum_{i=1}^{n} \frac{\lambda_i G_{it}}{\beta_i}$$

Aus (12) und (12 a) erhalten wir unmittelbar:

(13) $$\sum_{i=1}^{n} \varepsilon_{it} \frac{K_{i,t-1}}{\beta_i} = \sum_{i=1}^{n} \frac{\lambda_i G_{it}}{\beta_i}$$

Dabei gilt diese Beziehung auch für jeden einzelnen Summanden, wie (7) und (8) nahelegen:

(13a) $$\varepsilon_{it} \frac{K_{i,t-1}}{\beta_i} = \frac{\lambda_i G_{it}}{\beta_i}$$

Daraus läßt sich die Wachstumsrate isolieren:

(14) $$\varepsilon_{it} = \frac{\beta_i}{K_{i,t-1}} \cdot \frac{\lambda_i G_{it}}{\beta_i}$$

Unter Berücksichtigung von (3) ergibt sich hieraus[63]:

(15) $$\varepsilon_{it} = \frac{\lambda_i (p_i q_{i,t-1} - c_{it}}{K_{i,t-1}}$$

Von (10) läßt sich nun leicht die Umkehrfunktion finden und der Preis ausdrücken:

(16) $$p_t = \left(X_t e^{-\int_0^t \omega(t)\,dt} \alpha^{-1} \right)^{-\frac{1}{\eta}} = \left(\frac{e^{\int_0^t \omega(t)\,dt} \alpha}{X_t} \right)^{\frac{1}{\eta}}$$

Bei Beachtung von (1), (2) und (16) ergibt sich dann aus (15):

(17) $$\varepsilon_{it} = \lambda_i \left[\frac{1}{\beta_i} \left(\frac{e^{\int_0^t \omega(t)\,dt} \alpha}{X_t} \right)^{\frac{1}{\eta}} - \frac{f(q_{it})\, e^{\int_0^t \varphi_i(t)\,dt}}{K_{i,t-1}} \right]$$

---

[63] Es wird unterstellt, daß die kalkulatorischen Zinsen des Kapitals sowie die Fremdkapitalzinsen in c_{it} enthalten sind.

Daraus erhält man nach (12) die Produktion des Sektors in Periode t:

$$(18) \qquad Q_t = \sum_{i=1}^{n} \frac{K_{i,t-1}}{\beta_i} + \sum_{i=1}^{n} \frac{\lambda_i}{\beta_i} \left[\frac{K_{i,t-1}}{\beta_i} \left(\frac{e^{\int_0^t \omega(t)\,dt}\,\alpha}{X_t} \right)^{\frac{1}{\eta}} - f(q_{it})\, e^{-\int_0^t \varphi_i(t)\,dt} \right]$$

Die Profitquote schließlich ergibt sich aus (4) unter Berücksichtigung von (1), (2), (3) und (16):

$$(19) \qquad \varrho_{it} = \frac{1}{\beta_i} \left(\frac{e^{\int_0^t \omega(t)\,dt}\,\alpha}{X_t} \right)^{\frac{1}{\eta}} - \frac{f(q_{it})\, e^{-\int_0^t \varphi_i(t)\,dt}}{K_{i,t-1}}$$

woraus sich bei Vergleich mit (17) ergibt[64]:

$$(20) \qquad \varepsilon_{it} = \lambda_i\, \varrho_{it}$$

Damit zeigt sich, daß das Schicksal eines Betriebs kurzfristig von denselben Parametern (mit Ausnahme von λ) bestimmt wird, gleichgültig, ob seine Zielsetzung Gewinnmaximierung oder Wachstum (und damit Steigerung des Marktanteils) lautet. Langfristig wird ceteris paribus nur dann der Gewinn steigen, wenn auch $\lambda_i > O$, da nur dann die Produktionsmenge steigen kann, was, wie (3) und (10) zeigen, eine wesentliche Voraussetzung für die Gewinnsteigerung darstellt.

Das Wachstum des Sozialprodukts ist wohl nicht gleich dem gewogenen Wachstum (Bruttoprodukten) der Sektoren (da ja die intersektoralen Lieferungen ausfallen), doch kann unterstellt werden, daß zwischen diesen beiden Wachstumsraten eine hohe Korrelation besteht. Wir gelangen daher zu dem plausiblen Schluß, daß eine der wichtigsten Determinanten des Wachstums der Volkswirtschaft das Unternehmenswachstum ist, das jüngst sogar als ein dem Wettbewerb gleichgeordnetes Ordnungsprinzip angesehen wurde[65]. Es wäre aber wohl zu gewagt,

---

[64] Die Formel (20) wurde bereits von M. *Morishima* (Equilibrium, Stability and Growth. A Multi-sectoral Analysis, Oxford 1964, S. 145, bzw.: An Analysis of the Capitalist Process of Reproduction, in: Metroeconomica, Bd. 8 [1956], S. 171—185 [hier: S. 179—184]) dargestellt und bewiesen.

Es sei jedoch ausdrücklich darauf hingewiesen, daß unser Modell nicht zur Ableitung *dieser* Formel konstruiert worden ist, sondern zur Ableitung der noch folgenden Formel (17 a); Formel (20) [die auch unmittelbar aus (14) abgeleitet werden kann] soll nur die Verbindung zur allgemeinen ökonomischen Theorie deutlich dartun.

[65] *Cyert* und *George* sehen das interne Unternehmenswachstum als ein dem Wettbewerb gleichgeordnetes Ordnungsprinzip an, weil dadurch ein Suchprozeß initiert wird, der zu einer effizienteren Faktorkombination (technischer Fortschritt) oder zur Schaffung neuer Produkte (Innovation) führt. Hingegen

daraus unbedingt den wirtschaftspolitischen Schluß zu ziehen, daß das interne Unternehmenswachstum an sich zu fördern sei, da dies (obzwar langsamer als beim externen Unternehmenswachstum) zur Konzentration[66] und damit zur Machtanhäufung (deren Auswirkungen wir später diskutieren wollen) führt oder doch zu führen vermag. Für das Unternehmenswachstum ist freilich auch andererseits zu berücksichtigen, daß einzelne Sektoren einer wachsenden Wirtschaft relativ oder absolut schrumpfen werden, wenn die Nachfrage nach Produkten dieses Sektors zurückgeht, wie dies in einer expandierenden Wirtschaft die Regel sein wird[67, 68, 69]. Diesen Gesichtspunkt werden wir besonders zu beachten haben, wenn auf die Bestimmungsgründe des Unternehmenswachstums eingegangen wird.

Zuvor ist aber noch eine Klarstellung nötig: Die Nachfragemenge X_t, die in (10) Funktionswert war, wird in (16) und damit in (17) und (19) zum Argumentwert, liegt aber der Größe nach nicht fest, wenn wir weiterhin den Preis als variabel annehmen [da dieser nach (16) zum Funktionswert wird]. Wir treffen daher die Konvention (die langfristig durchaus annehmbar ist), daß die in der Vorperiode produzierte Menge in der Periode t am Markt angeboten wird[70]; das heißt, daß gilt:

$$X_t = Q_{t-1} \tag{21}$$

Es sind demnach die Formeln (17), (18) und (19) entsprechend zu berichtigen, was wir hier nur für (17) durchführen wollen:

$$\varepsilon_{it} = \lambda_i \left[\frac{1}{\beta_i} \left(\frac{e^{\int_0^t \omega(t)\,dt} \alpha}{Q_{t-1}} \right)^{\frac{1}{\eta}} - \frac{f(q_{it})\, e^{-\int_0^t \varphi_i(t)\,dt}}{K_{i,t-1}} \right] \tag{17a}$$

---

kann die optimale Allokation der Ressourcen und die Weitergabe des Mehrprodukts an die Gesellschaft durch das Kontrollinstrument des Wettbewerbs erfolgen. Vgl. R. M. *Cyert* und K. D. *George*, Competition, Growth and Efficiency, in: The Economic Journal, Bd. 79 (1969), S. 23—41.

[66] Vgl. J. *Steindl*, Random Processes and the Growth of Firms. A Study of the Pareto Law, London 1965, S. 68 ff.

[67] Vgl. dazu K. *Borchardt*, Die Veränderlichkeit der Konsumgüterstruktur in der wachsenden Wirtschaft, in: W. *Krelle* (Hrsg.), Theorien des einzelwirtschaftlichen und gesamtwirtschaftlichen Wachstums, Schriften des Vereins für Sozialpolitik, NF, Bd. 34, Berlin 1965, S. 113—130.

[68] Empirische Untersuchungen für die Bundesrepublik Deutschland stellte D. *Mertens*, Wachstumsindustrien, in: Vierteljahreshefte zur Wirtschaftsforschung, Jg. 1960, S. 282—296, an. *Mertens* kennt eine sehr feine Gliederung, die die Sektoren nach Wachstumsgesichtspunkten in 7 Industrien aufspaltet.

[69] Dieser Gedanke liegt auch den *Heuß*schen Marktphasen zugrunde.

[70] Wir schließen somit Lagerbestandsveränderungen aus.

Bei genauer Betrachtung dieser Formel können wir die Parameter des Unternehmenswachstums in 7 Gruppen von Einflußfaktoren untergliedern[71]:

(a) *Markt- und welfarebedingte Faktoren*

Dazu gehören die Wachstumsrate der Nachfrage $\omega(t)$ und der Niveauparameter α. Man sieht aus (17 a) deutlich, daß ceteris paribus ε_{it} um so höher ist, je höher $\omega(t)$ und α sind. α hängt von der Art des Sektors (der Industrie), der personellen Einkommensverteilung sowie der Größe und dem Wohlstand (Höhe des Sozialprodukts) der Volkswirtschaft ab und wird sich der Einflußnahme durch den Betrieb weitgehend entziehen.

$\omega(t)$ kann zunächst einmal als Maß der *Heuß*schen Marktphasen angesehen werden[72]:

(i) Experimentierungsphase:

$$\text{(22a)} \qquad \frac{d}{dt}\int_0^t \omega(t)\,dt = \omega(t) > 0$$

$$\frac{d^2}{dt^2}\int_0^t \omega(t)\,dt = \frac{d\,\omega(t)}{dt} > 0$$

(ii) Expansionsphase:

$$\text{(22b)} \qquad \omega(t) > 0$$

$$\frac{d\omega(t)}{dt} < 0$$

(iii) Ausreifungsphase:

$$\text{(22c)} \qquad \omega(t) = 0$$

(iv) Stagnations- bzw. Rückbildungsphase:

$$\text{(22d)} \qquad \omega(t) < 0$$

Die Unternehmung hat nun aber eine gewisse Einflußmöglichkeit auf $\omega(t)$. Einerseits kann dies durch die Werbung geschehen, die wir aber hier ausschließen, da kaum abgegrenzt werden kann, welcher Teil der

---

[71] Im folgenden werden die *länger*fristigen Wirkungen von Parameteränderungen untersucht; eine kurzfristige Analyse unterbleibt, da Anpassungen nicht sofort erfolgen.

[72] Wir unterstellen zunächst ein rasches Ansteigen und dann ein langsames Absinken von $\omega(t)$.

Werbungsausgaben den Markt tatsächlich erweitert und welcher Teil nur die Marktanteile zwischen den Unternehmungen verschiebt. Andererseits kann das Unternehmen auf das Wachstum seiner relevanten Nachfrage Einfluß nehmen, indem es den Sektor (die Industrie bzw. den Markt) wechselt oder indem es eine Heterogenisierung des Marktes durch Produktvariation (Innovation) vornimmt und sich somit einen (Teil-) Markt mit höherem Nachfragewachstum erschließt. Gleichzeitig damit wird das Unternehmen versuchen, den Markt so aufzuspalten (bzw. eine derartige Industrie zu wählen), daß Q möglichst klein wird. Zudem wird der Wechsel nur dann stattfinden, wenn der erwartete zusätzliche Gewinn die Umsteigekosten rechtfertigt bzw. wenn der Gewinn im eigenen Sektor sehr gering ist oder bereits Verluste auftreten. Wir sehen daraus deutlich den Zusammenhang von sektoralem Wirtschaftswachstum und Innovation[73].

(b) Technischer Fortschritt

Dieser wirkt erstens auf die Verringerung von β_i[74] und ist dann kapitalsparend im *Harrod*schen Sinn. (Je geringer β_i ist, desto höher ist ceteris paribus ε_{it}.) Zweitens wirkt der technische Fortschritt auch über $\varphi_i(t)$ auf die Verringerung der Produktionskosten. Hier wird in der Regel kapital- und arbeitssparender technischer Fortschritt gleichzeitig im Spiel sein. Daraus kann entnommen werden, wie bedeutsam nicht nur die Existenz des technischen Fortschritts, sondern auch seine konkrete einzelbetriebliche Anwendung für das Wirtschaftswachstum ist. Dazu können wir feststellen, daß auch hier ein Wettbewerbsprozeß wirksam wird, da es für den Betrieb wichtig ist, als erster den technischen Fortschritt einzuführen, weil er sich damit einen Wettbewerbsvorteil in Form einer höheren Gewinnrate [wie (19) zeigt] sichert.

(c) Sparquote

Es ist bereits darauf hingewiesen worden, daß der Betrieb nur wachsen kann, wenn ihm neue Mittel in Form von Investitionen[75, 76] zugeführt

---

[73] Die Fragen der Innovation werden im IV. Kapitel behandelt.

[74] Wir lassen damit die Prämisse des konstanten Kapitalkoeffizienten fallen und unterstellen, daß β_{it} teilweise von den Entscheidungen der Betriebe abhängt. Es sei nochmals daran erinnert, daß wir (da es sich hier nur um ein Unternehmenswachstumsmodell handelt) die Arbeitskraft nicht in unsere Produktionsfunktion eingeführt haben.

[75] Wir erinnern nochmals daran, daß wir Wertänderungen im ruhenden Vermögen aus der Betrachtung ausgeschlossen haben.

[76] Vom gesamtwirtschaftlichen Standpunkt betrachtet, haben Investitionen — wie bereits hervorgehoben — bzw. hat hohe Kapitalintensität positive externe Effekte (social benefits), die auf dem Lerneffekt des Kapitals beruhen. Diese Erträge finden in den Erfolgsbilanzen der Unternehmer teilweise keinen

werden[77]. Wir haben in (8) unterstellt, daß die Gewinne die einzige Finanzierungsquelle sind, was wieder eine starke Vereinfachung darstellt. Unsere Annahme wird allerdings dadurch gerechtfertigt, daß bei funktionierendem Kapitalmarkt nur gut rentierende Unternehmen Kredite erhalten, so daß das Finanzierungspotential, d. h. das Volumen der erreichbaren Kredite, sehr hoch mit ϱ korreliert ist[78]. Im Falle $\lambda_i > 1$ liegt zweifellos, zumindest teilweise, Fremdfinanzierung (im Sinne von Außenfinanzierung) vor. Diese erhöht aber gleichzeitig durch den Zinsendienst c_{it} in den nächsten Perioden. Die Fremdfinanzierung ist also nur dann sinnvoll, wenn sie die Differenz der beiden Ausdrücke in der Klammer in (17 a) nennenswert zu vergrößern vermag. Dabei kann sie auf alle hier besprochenen Faktoren wirken. Wenn wir den Einfluß auf Q ausschließen, der nur der restriktiven Angebotsbeschränkung dienen würde, bleibt allein die Beeinflussung von β_{it} bzw. $\varphi_i(t)$ (Institutionalisierung des technischen Fortschritts) oder von $\omega(t)$ (Wechsel der Industrie bzw. Diversifikation und Innovation). Kann die Differenz der beiden Ausdrücke nicht signifikant vergrößert werden, ist die temporäre Erhöhung der Wachstumsrate ε_{it} durch $\lambda_i > 1$ (dann und nur dann, wenn

$$\frac{1}{\beta_i}\left(\frac{e^{\int_0^t \omega(t)\,dt}\,\alpha}{Q_{t-1}}\right)^{\frac{1}{\eta}} > \frac{f(q_{it})\,e^{-\int_0^t \varphi_i(t)\,dt}}{K_{i,\,t-1}}$$

da im umgekehrten Fall ε_{it} mit steigendem λ_i immer kleiner würde) nicht gerechtfertigt. Sie bedeutet Kapitalfehlleitung und Vergeudung knapper Ressourcen.

(d) Betriebsgröße

Der Einfluß der Betriebsgröße kommt besonders in der Kostenhöhe zum Ausdruck: Je stärker die Kosten von der Betriebsgröße (economies

---

Niederschlag. Vgl. dazu („klassisch"): K. J. *Arrow*, The Economic Implications of Lerning by Doing, a.a.O., sowie: E. *Sheshinski*, Optimal Accumulation with Learning by Doing, in: K. *Shell* (Hrsg.) Essays on the Theory of Optimal Economic Growth, Cambridge (Mass.) — London 1967, S. 31—52.

[77] Die Bedeutung der Sparquote für den volkswirtschaftlichen Wachstumsprozeß wurde insbesondere von *Neumann* hervorgehoben. Desgleichen analysiert er die Wechselwirkung von Sparquote und Monopolgrad einerseits und von Sparquote und technischem Fortschritt andererseits, weshalb wir diese Beziehungen hier ausklammern und auf sein Referat verweisen: M. *Neumann*, Wachstumsorientierte Wettbewerbspolitik, in diesem Band, S. 222 ff.

[78] Die Meinung, daß die Investition — selbstverständlich neben anderen Determinanten — hauptsächlich gewinnabhängig und sicher weniger zinsabhängig ist, wird in der Literatur seit *Keynes* sehr häufig, unter anderen z. B. von *Föhl*, *Krelle* und *Tinbergen*, vertreten. Vgl. W. *Krelle*, Prognose der Anlageinvestition, in: E. *Schneider* (Hrsg.), Wirtschaftskreislauf und Wirtschaftswachstum, Festgabe für C. *Föhl*, Tübingen 1966, S. 101—113 (bes. S. 103, FN 8 und 9 auf S. 103 sowie S. 108).

of scale) abhängen, desto geringer werden bei kostenoptimaler Betriebsgröße ceteris paribus die Durchschnittseinheitskosten und damit nach (17 a) desto größer die Wachstumsrate sein[79]. Die kostenoptimale Betriebsgröße liegt offenbar bei dem Produktionsumfang, für den gilt:

$$\frac{d^2 f(q_{it})}{d\,q_i^2} = 0 \tag{23}$$

Wenn nun diese kostenoptimale Betriebsgröße relativ große Betriebseinheiten verlangt, treten im Zusammenhang damit Eintrittsprobleme auf, die wir später untersuchen wollen.

Die restlichen drei Determinanten des Unternehmenswachstums betreffen vornehmlich den Wettbewerb, weshalb sie ausdrücklich in eigenen Abschnitten behandelt werden. Es sind dies:

(e) die Wettbewerbsintensität,

(f) der Monopolgrad; und

(g) künstliche Monopole und Leistungsmonopole.

3. Wettbewerbsintensität

Der Begriff „Wettbewerbsintensität" gehört wohl zu den unklarsten und umstrittensten der gesamten Wettbewerbsliteratur, so daß es nicht wundernimmt, wenn er gelegentlich ohne operable Definition bzw. ohne Maßstab (der Wettbewerbsintensität) eingeführt wird[80]. Eine andere Gruppe von Autoren vertritt die Ansicht, daß die Wettbewerbsintensität — nach einer prägnanten Formulierung von *Niehans* — „an der Geschwindigkeit, mit der Vorsprungsgewinne, die der technische Fortschritt den Unternehmern einbringt, von der Konkurrenz wieder weggefressen werden"[81], gemessen werden könne[82]. Eine solche Wett-

[79] Es sei hier angemerkt, daß auch zwischen Betriebsgröße und technischem Fortschritt eine Wechselwirkung besteht, die wir hier nicht weiter verfolgen wollen. Vgl. jedoch dazu E. *Kaufer*, Die Ökonomie von Forschung und Entwicklung, in: Wettbewerb als Aufgabe — Nach zehn Jahren Gesetz gegen Wettbewerbsbeschränkungen, Bad Homburg — Berlin — Zürich o. J. (1968), S. 399—488 (hier: S. 446 ff.). Siehe auch: Gaps in Technology, OECD General Report, Paris 1968.

[80] So z. B. von A. E. *Ott*, Marktform und Verhaltensweise, a.a.O., S. 46; E. *Görgens*, Wettbewerb und Wirtschaftswachstum, Freiburg im Breisgau 1969, S. 100.

[81] J. *Niehans*, Das ökonomische Problem des technischen Fortschritts, in: Schweizerische Zeitschrift für Volkswirtschaft und Statistik, Bd. 90 (1954), S. 156.

[82] Zum Beispiel E. *Kantzenbach*, Die Funktionsfähigkeit des Wettbewerbs, Göttingen 1966, S. 42; *Niehans*' Schüler H. *Haerry*, Die Intensität des Wettbewerbs, Winterthur 1954, S. 95, hat auch ein Wettbewerbsmaß entwickelt, das dieser Idee entspricht.

bewerbsdefinition ist natürlich rein subjektiv, da sie von den Erwartungen der Unternehmer abhängt[83]. In unserem Modell ist diese Auffassung der Wettbewerbsintensität in die Gewinnrate und ihre Verminderung in der Zeit [Formel (19)] einbezogen. Da diese aber wieder von mehreren anderen Parametern abhängig ist, werden wir besser letztere analysieren und den Globalbegriff nicht länger verfolgen. Ein weiterer bedeutender Indikator für die Wettbewerbsintensität ist der Monopolgrad der Volkswirtschaft bzw. der Konzentrationsgrad der Industrie. Wir werden jedoch diesen Aspekt hier aussondern und in einem eigenen Abschnitt besprechen.

Im vorliegenden Abschnitt behandeln wir nur die Wettbewerbsintensität im engeren Sinn, die durch die verschiedenen Elastizitätsmaße ausgedrückt wird und in der Literatur ebenfalls stark verbreitet ist[84, 85]. Zur Vereinfachung der Analyse schließen wir den Einfluß von Kreuzpreiselastizitäten aus (diese Annahme ist auch implizit in unserem Modell gemacht): dazu nehmen wir an, die Kreuzpreiselastizität *zwischen* den Sektoren habe den Wert Null[86] und die Kreuzpreiselastizität *innerhalb* des betrachteten Sektors den Wert ∞. (Dies entspricht unserer früheren Annahme, daß der Sektor [vorläufig] ein homogenes Gut herstellt. Es ist somit auch plausibel, einen einheitlichen Preis dafür anzusetzen, wenn wir irrationale Präferenzen außer acht lassen.) Unsere Betrachtung beschränkt sich somit auf die Preiselastizität. Diese hat die Formel

$$\mu = \frac{\frac{dX}{X}}{\frac{dp}{p}} = \frac{dX}{dp} \cdot \frac{p}{X} = \frac{d \ln X}{d \ln p} \tag{24}$$

---

[83] Die Dekretierung einer (objektiven) über- bzw. unteroptimalen Wettbewerbsintensität (E. *Kantzenbach*, a.a.O., S. 45 ff. und S. 88) muß daher große Skepsis erwecken. Mit Recht bemerkt hierzu F. *Machlup*, Oligopol und Freiheit, in: ORDO, Bd. 18 (1967), S. 35—64 (hier S. 51): „In diesem Zusammenhang müssen einige Bemerkungen zum Begriff des ‚übermäßigen Wettbewerbs' gemacht werden, einem Begriff, der sich in manchen Kreisen großer Beliebtheit erfreut. Vom Standpunkt des einzelnen Unternehmens ist jeder Wettbewerb übermäßig in dem Sinne, daß die Gewinne größer und die Leben der Manager leichter sein würden, wenn der Wettbewerb beschänkt wäre. Vom Standpunkt eines Befürworters einer gut funktionierenden freien Marktwirtschaft gibt es aber überhaupt keinen übermäßigen Wettbewerb."

[84] Wir denken hier besonders an R. *Triffin*, E. *Küng*, L. *Zimmerman*, R. *Bishop* und S. *Weintraub*. Eine gute Zusammenfassung findet man bei H. *Haerry*, a.a.O., S. 44—51.

[85] Von Bedeutung ist auch die „Wettbewerbsgesinnung", die wir hier aber ausklammern müssen. Vgl. jedoch den kritischen Beitrag von T. *Scitovsky*, Monopoly and Competition in Europe and America, in: The Quarterly Journal of Economics, Bd. 69 (1955), S. 607—618.

[86] Nach diesem Kriterium grenzt auch *Heuß* seine „Märkte" ab (wenngleich es dort nicht so explizit ausgesprochen wird). Vgl. E. *Heuß*, Allgemeine Markttheorie, a.a.O., S. 23.

und gibt die Absatzmengenänderung an, die bei einer Preisänderung zu erwarten ist. Da steigende Preise sinkende Absatzmengen zur Folge haben, ist die Preiselastizität in der Regel[87] negativ, was auch in unserer Absatzfunktion (10) zum Ausdruck kommt. In unserer Formel der einzelwirtschaftlichen Wachstumsrate (17 a) gelangten wir durch einige Umformungen auf $\frac{1}{\eta}$, was der positiv genommenen Mengenelastizität entspricht. Diese gibt die Preisänderung an, die bei Variierung der Angebotsmenge (in unserem Fall von Q) eintritt. Ceteris paribus wird daher ε_{it} um so höher sein, je geringer der absolute Wert von η ist. Mit anderen Worten: Die Wachstumsrate des Unternehmens wird um so höher sein, je geringer das Sinken der Nachfrage bei Preiserhöhungen ist (d. h. je starrer die Nachfrage ist).

Es ist nun zweckmäßig, von der eingangs zur Vereinfachung des Modells gemachten Prämisse der Konstanz und funktionalen Unabhängigkeit von η abzugehen. Realiter wird nähmlich η eine Funktion der Wachstumsrate und diese ihrerseits eine Funktion der angebotenen Menge sein:

$$\eta = \eta \{\omega (t) [Q_{t-1}]\} \tag{25}$$

Intuitiv könnte man den Zusammenhang etwa folgendermaßen deuten: Solange das Nachfragewachstum, $\omega(t)$, sehr hoch ist, werden entweder Preiserhöhungen bei gleichbleibendem Angebot vom Markt verkraftet oder steigende Angebotsmengen bei unveränderten Preisen am Markt untergebracht. Da der letztere Fall der realistischere sein dürfte, wie empirische Untersuchungen nahelegen[88], können wir die Wirkung einer steigenden Nachfrage an Hand der Formel (24) prüfen. Das Nachfragewachstum vergrößert zunächst die Größe X; wir sahen aus (24) sofort, daß damit auch dX um denselben Prozentsatz wachsen kann, ohne daß sich η ändert, so daß bei unverändert niedriger Preiselastizität steigende Mengen am Markt untergebracht werden können.

Die Interaktion von $\omega(t)$ und Q lautet simplifiziert: die Wachstumsrate der Nachfrage ist der angebotenen Menge umgekehrt proportional. Tatsächlich wird die Wachstumsrate der Nachfrage um so geringer sein, je mehr der Markt bereits gesättigt ist, d. h. je größer die bereits angebotene Menge ist. Bei vielen Gütern (besonders langlebigen Konsumgütern) geht die Nachfrage nach erfolgter Marktsättigung absolut zu-

---

[87] Eine Ausnahme bildet lediglich das sogenannte *Giffen*sche Paradoxon. Vgl. dazu W. *Weber*, Artikel: Gut, in: Handwörterbuch der Sozialwissenschaften, Bd. 4 (1965), S. 735—741.

[88] *Mertens* weist in seiner empirischen Untersuchung für Zahlen der BRD von 1950—1959 besonders auf die bemerkenswerte Preisstabilität der Wachstumsindustrien hin. Vgl. D. *Mertens*, a.a.O., S. 294.

rück, da nur mehr der Ersatzbedarf wirksam wird. Diese Überlegungen führen zu folgendem Schluß: Wenn der Markt neu erschlossen wird, wird Q gering und $\omega(t)$ hoch sein; da außerdem die noch geringe Produktionskapazität in dieser Branche ΔQ stark limitiert, kann mit hoher Wahrscheinlichkeit geschlossen werden, daß η gering ist und es für einige Zeit auch bleibt[89]. Infolge der dadurch bedingten hohen Profitquote [vgl. (19)] und des raschen Nachfragewachstums wird nach (20) auch ε_{it} wachsen, wenn das Unternehmen nicht in einem florierenden, gewinnträchtigen Markt stagnieren will (d. h. wenn es $\lambda_i = o$ oder $o < \lambda_i \ll 1$ wählt). Mit hohem ε_{it} in den Unternehmen wächst aber auch Q, was auf $\omega(t)$ drückt und somit η steigert. Wie aus (17 a) ersichtlich ist, wirken alle drei Größen bei dieser Entwicklung in Richtung Senkung der Profitrate und damit Senkung der Wachstumsrate.

Es ist nun evident, daß diese Abfolge den Unternehmen höchst unbequem ist und sie einen Ausweg aus einer solchen Situation suchen werden. Dazu stehen ihnen offensichtlich die folgenden Möglichkeiten offen.

(i) Kollusionsverhalten:

Das letzte Ziel jeder Kollusion ist immer der Griff nach der Kontrolle der Angebotsmenge Q. Sie soll verringert oder konstant gehalten, unter keinen Umständen aber vergrößert werden. Nach (19) und unserer Hypothese über (25) ist dies auch die einzige Möglichkeit, die Gewinnrate zu retten und den beschriebenen circulus vitiosus abzubremsen. Die Konstanz (oder Verringerung) von Q bei gleichzeitig positivem ϱ impliziert jedoch nach (20), daß $\lambda_i = o$ oder zumindest sehr klein ist, da Q nicht nennenswert wachsen darf, was nach (12) Wachstumsraten ε_{it} voraussetzt, die im gewogenen Mittel den Wert Null haben. Da ein Unternehmen nur dann kollusionsbereit ist, wenn sein status quo zumindest erhalten bleibt, es also nicht schrumpft (in diesem Fall wäre $\varepsilon_{it} < o$), wird eine Kollusion in der Regel bedeuten: $\varepsilon_{it} \approx o$ $(i = 1, 2, ..., n)$. — Wir werden diesen Fragenkranz im nächsten Abschnitt eingehender erörtern. Hier sei noch angemerkt, daß auch Preisabsprachen als Ausdruck der Kollusion[90] auf Mengenbeschränkungen abzielen, wenngleich dies unmittelbar nicht so zum Ausdruck kommen mag. Formel (16) zeigt diese Feststellung recht deutlich.

---

[89] Da ja gemäß unserer Annahme X rasch wächst (vgl. Formel [24]).

[90] *Stigler* hat gezeigt, daß die Preisflexibilität mit sinkender Zahl der Oligopolisten (leichtere Verständigung!) abnimmt. Vgl. G. F. *Stigler*, The Kinky Oligopoly Demand Curve and Rigid Prices, in: The Journal of Political Economy, Bd. 55 (1947), S. 437—449; deutsch: Die geknickte Oligopol-Nachfragekurve und starre Preise, in: A. E. *Ott* (Hrsg.), Preistheoric, Köln — Berlin, o. J. (2. Aufl. 1965), S. 326—353 (siehe besonders die Tabelle auf S. 341).

(ii) Schaffung von Präferenzen:

Hier liegt zumeist keine konzertierte Aktion vor[91], sondern das einzelne Unternehmen trachtet, für sich Präferenzen zu schaffen, indem es entweder $\omega(t)$ zu erhöhen sucht (dieser Fall wurde bereits besprochen: Diversifikation, Innovation; Wechsel der Branche) oder η zu senken versucht. Die Mittel dazu sind ähnlich und beruhen hauptsächlich auf der Heterogenisierung der Produkte oder auf dem Wechsel der Branche.

(iii) Steigerung der Effizienz:

Das einzelne Unternehmen kann versuchen, einen Vorsprung vor seinen Konkurrenten zu gewinnen, indem es technisch bessere Verfahren einführt oder durch Rationalisierung (= bessere Kombination der Produktionsfaktoren) bzw. Betriebsgrößenvariation seine Kostensituation verbessert. Diese Möglichkeit wurde oben bereits besprochen.

Zusammenfassend betrachtet stehen dem Unternehmen also folgende Strategien offen: Es kann sich zu einem Abkommen bereit finden, den Markt teilweise (Heterogenisierung der Produkte) oder ganz verlassen, oder auch die Flucht nach vorn antreten. Diese letzte Variante kann unter Umständen die einzig sinnvolle sein, wenn eine Verabredung der Unternehmer nicht zustande kommt, da letztlich nur die effizientesten Unternehmen in der Branche bleiben. Aus (17 a) ist auch ersichtlich, daß einzelne besonders effiziente und durchrationalisierte Unternehmen noch immer eine befriedigende Wachstumsrate und gute Gewinne haben, obwohl andere Unternehmen derselben Branche nur mehr Verluste machen. Daraus wird auch erklärlich, warum tüchtige Unternehmer oftmals in total übersetzte Branchen einsteigen, sich über bestehende Konventionen (Kollusionen) hinwegsetzen und trotzdem hohe Gewinne erzielen (Diskonter im Handel).

4. Monopolgrad

Die Diskussion um den „Monopolgrad“ begann in den dreißiger Jahren; Vorschläge für Maße des Monopolgrades wurden insbesondere von *Rothschild, Morgan, Papandreou, Lerner, Bain, Schultz, Whitman, Kalecki* und *Weintraub* gemacht[92]. Wir werden auf diese Ansätze nicht eingehen, sondern hier nur die Vorschläge *Preisers* und *Brandts*, die neueren Datums sind, betrachten, zumal in diesen Untersuchungen die Wirkungen des Monopolgrades auf das Wirtschaftswachstum behandelt

[91] Ausnahme: Gemeinschaftswerbung.

[92] Zur Darstellung und Kritik dieser Monopolmaße vgl. insbesondere H. *Haerry*, a.a.O., S. 55 ff.; sowie A. *Nußbaumer*, Die konkurrenzwirtschaftliche Marktanpassung einzelner Unternehmungen innerhalb einer Industrie, in: Zeitschrift für Nationalökonomie, Bd. 19 (1959), S. 397—421.

werden[93]. Beide Autoren beschreiten denselben Weg. Sie definieren den Monopolgrad μ als Anteil der Gewinne G am Volkseinkommen Y:

$$\text{(i)} \qquad \mu = \frac{G}{Y}$$

Dann stellen sie ein System, bestehend aus einer Definitionsgleichung, einer Gleichgewichtsbedingung und einer Verhaltensgleichung, auf[94]:

$$\text{(ii)} \qquad Y = L + G$$

$$\text{(iii)} \qquad I = S$$

$$\text{(iv)} \qquad S = s_L\, L + s_G\, G$$

Aus (iii) und (iv) erhält man offensichtlich:

$$\text{(v)} \qquad L = \frac{I - s_G\, G}{s_L}$$

was, in (ii) eingesetzt, nach einigen elementaren Umformungen unter Berücksichtigung von (i) ergibt:

$$\text{(vi)} \qquad \frac{G}{Y} = \mu = \frac{I}{Y} \cdot \frac{1}{s_G - s_L} - \frac{s_L}{s_G - s_L}$$

Aus dieser Gleichung läßt sich nun Y ausdrücken:

$$\text{(vii)} \qquad Y = I \frac{1}{\mu\,(s_G - s_L) + s_L}$$

Daraus erkennt man sofort, daß bei unveränderter Investition eine Erhöhung des Monopolgrades zu einer Abnahme des Einkommens führt[95, 96].

Demgegenüber wurde von *Krelle*[97] eingewendet, daß in dem Modell Marktform und Nachfrageseite außer Betracht blieben. Sofern ein Preisbildungsmodell auf der Grundlage einer Kosten- und einer Nachfragefunktion explizit eingeführt würde, müßten sich nach Ansicht *Krelles* (die er leider formelmäßig nicht dargestellt hat) einige Ergebnisse dieses Modells ändern: eine Erhöhung des Monopolgrades würde

---

[93] E. *Preiser*, Wachstum und Einkommensverteilung, 2. Aufl., Heidelberg 1964; K. *Brandt*, Konkurrenzprobleme im wirtschaftlichen Wachstum, in: Zeitschrift für die gesamte Staatswissenschaft, Bd. 119 (1963), S. 218—238. — Wir folgen den Argumentationen nicht wörtlich, sondern verwenden z. T. eigene Symbole und bringen auch Zwischenschritte der Ableitungen.

[94] Die Symbole sind wie üblich definiert.

[95] E. *Preiser*, a.a.O., S. 34 ff.; K. *Brandt*, a.a.O., S. 220.

[96] Es sei denn, $s_G \leqq s_L$.

[97] W. *Krelle*, Wachstum und Einkommensverteilung, in: Zeitschrift für die gesamte Staatswissenschaft, Bd. 119 (1963), S. 147—151 (besonders S. 150).

die Wachstumsrate vergrößern und nicht verringern, da die Investitionen zumindest z. T. gewinninduziert seien und mit erhöhten Gewinnen steigen würden. Damit würde auch die Kapazität und — über den Multiplikator — die Nachfrage steigen. Das *Preiser*sche Ergebnis sei dadurch bedingt, daß die Investition als konstant angesehen werde.

Hier prallt Meinung auf Meinung, und wir werden uns mit dieser Frage daher ein wenig beschäftigen müssen. Die Ursache der verschiedenen Auffassungen mag in einer dualen Wirkung der Monopolisierung[98, 99] liegen, wenn man den Monopolgrad als $\frac{G}{Y}$ definiert.

(A) Die Monopolisierung kann als eine Art Zwangssparen der Konsumenten zur Investitionsfinanzierung dienen und wirkt dann offenbar wachstumsfördernd.

(B) Die Monopolisierung kann als Mittel der Einkommensverteilung[100] zugunsten der Unternehmer oder Gruppen von Unternehmen dienen und wirkt dann — wenn die Konsumneigung der Lohnempfänger die der Unternehmer übersteigt — wachstumshemmend, da mit der Nachfrage auch die Investitionsmöglichkeiten schwinden.

Um diese doppelte Wirkung erkennen zu können, wollen wir versuchen, den Monopolgrad an Hand unserer Formel (17 a) zu interpretieren. Dazu müssen wir feststellen, wie sich darin der Monopolgrad manifestiert. Ein positiver Monopolgrad nach der hier zugrunde gelegten Definition[101] ($\mu > o$) ergibt sich offenbar nur dann, wenn der Preis die Durchschnittskosten übersteigt. Je mehr er sie übersteigt, desto höher wird der Monopolgrad sein. Da nun, wenigstens prinzipiell, für jedes Unternehmen dieselbe (günstigste) Kostenfunktion erreichbar ist, können wir hier die Kosten außer Betracht lassen, und es bleibt der Preis, der durch (16) unter Beachtung von (21) gegeben ist. Weil aber, wie wir in (25) feststellten, sehr viel dafür spricht, daß η und ω eine Funktion von Q sind, wird der Monopolgrad in (17 a) durch die Höhe von Q repräsentiert; da λ_i ein Aktionsparameter ist, der von Unternehmen zu Unternehmen variiert, können wir hier nur sagen, daß nach (19) und (21) ϱ_i ceteris paribus um so höher ist, je niedriger Q ist.

[98] Vgl. hierzu auch Th. *Wessels*, a.a.O., S. 26 f., der ebenfalls die Bedeutung der Monopoleinkommen für das Wachstum betont.

[99] Diese bipolare Wirkung der Monopolisierung wurde bereits von *Neumann* aufgezeigt: M. *Neumann*, Kapitalbildung, Wettbewerb und ökonomisches Wachstum, a.a.O., S. 174 f. sowie S. 183.

[100] Mit der Frage der Umverteilung hat sich hier jüngst besonders E. *Weissel*, Umverteilung und wirtschaftliche Entwicklung, Berlin o. J. (1968), beschäftigt.

[101] Jetzt aber bezogen auf die einzelne Unternehmung bzw. auf den betrachteten Sektor, da unser Modell disaggregiert ist.

Von dieser Erkenntnis ausgehend, haben wir nun zu prüfen, wodurch Q relativ niedrig sein, werden, oder bleiben kann. Hier bieten sich (11) und (12) als Interpretation an: nach (12) ist Q bei gegebenem Kapitalkoeffizienten dann relativ niedrig, wenn K relativ niedrig ist, Q wird niedriger, wenn $\Delta K < o$, und bleibt unverändert, wenn $\Delta K = o$; nach (11) ist Q relativ niedrig, wenn $\sum_i q_i$ niedrig ist, Q wird niedriger, wenn $\sum_i \Delta q_i < 0$, und bleibt unverändert, wenn $\sum_i \Delta q_i = 0$. Mit anderen Worten: die Angebotsmenge ist entweder deshalb relativ niedrig, weil noch keine ausreichenden Produktionskapazitäten für dieses Gut bestehen (K und damit $\sum_i q_i$ sind niedrig) oder weil die Angebotsmenge künstlich (d. h. durch Übereinkunft) beschränkt wird. Der letztere Fall bedingt aber das Vorliegen einer Kollusion[102], da dann natürlich, wie wir im vorigen Abschnitt unter Punkt (i) ausführten, gelten muß: $\varepsilon_{it} \approx o$ (bzw. $\varepsilon_{it} \leq o$) und damit $\lambda_i \approx o$ (bzw. $\lambda_i < 0$). Wir erkennen in der ersteren Situation den Fall A und in der letzteren den Fall B und wollen im folgenden A als „Leistungsmonopol" und B als „künstliches Monopol" definieren[103]. Wir haben also damit die beiden entgegengesetzt wirkenden Komponenten des Monopolgrades herausgeschält, die wir im folgenden genauer beleuchten werden.

5. Künstliche Monopole und Leistungsmonopole

Über die Wirkung von Leistungsmonopolen und künstlichen Monopolen in unserer Diktion besteht Klarheit: Leistungsmonopole beschleunigen das Wirtschaftswachstum (unter der Prämisse, daß die Unternehmen nicht in einem expandierenden Markt stagnieren wollen), während es künstliche Monopole hemmen, da ihr Ziel letztlich immer Kontrolle der Angebotsmenge ist. Künstliche Monopole sind stets die Frucht offener oder stillschweigender Verabredungen und haben den Zweck, die Gewinnrate vor weiterem Absinken (bei Ausweitung der Kapazität) zu bewahren oder sie sogar zu steigern.

---

[102] Bei einem Quotenkartell würde etwa gelten: $q_i \leqq \bar{q}_i$, $\Delta q_i = 0$; Kapazitäten $K_i > \overline{K}_i$ wobei $\left(\frac{\overline{K}_i}{\beta_i} = q_i\right)$ wären Überkapazitäten. Bei einem Preiskartell würde gelten: $p_i \geqq \bar{p}$ und damit nach (10): $\sum_i q_i \leqq \overline{X}$. Zu Kartellfragen im Zusammenhang mit Wirtschaftswachstum äußert sich soeben E. *Heuß*, Wachstum und Wettbewerbsbeschränkungen, in: Wettbewerb als Aufgabe — Nach zehn Jahren Gesetz gegen Wettbewerbsbeschränkungen, a.a.O., S. 29—60 (hier S. 39 ff.).

[103] Wir entnehmen diese Begriffe der Literatur, ohne aber irgendwelche Werturteile mit ihnen zu verbinden. Vgl. H. *Arndt*, Schöpferischer Wettbewerb ..., a.a.O., S. 37; zum „künstlichen Monopol" vgl. den Begriff der „artificial scarcity" von F. *Machlup*, The Economics of Sellers' Competition, a.a.O., S. 267 ff.

Die Schwierigkeit liegt indessen in der Diagnose des Vorliegens von Leistungsmonopol oder künstlichem Monopol, da sich beide gleichermaßen durch einen hohen Monopolgrad auszeichnen. Von ihrer Unterscheidung hängt aber die Effizienz wirtschaftspolitischer Maßnahmen ab. Wir werden versuchen, ein Maß dafür zu finden, wozu jedoch einige Prämissen und einige Überlegungen nötig sein werden. Die erste dieser Überlegungen ist: wodurch kommt es zu einem künstlichen Monopol? Hier sind 2 Gründe wahrscheinlich: (I) die Gewinnrate der Branche wird über der Gewinnrate bei unbeschränktem Wettbewerb gehalten; (II) die Gewinnrate ist wohl nicht sehr hoch, doch wollen immobile (innovationsfeindliche) Unternehmer durch Eintrittsschranken für initiative Unternehmer verhindern, aus dem volkswirtschaftlichen Produktionsprozeß ausgeschieden zu werden. Kombinieren wir die Gewinnrate mit der Wachstumsrate, lassen sich tendenziell 4 Fälle unterscheiden:

(i) Sowohl Gewinnquote als auch Wachstumsrate sind beide gleichermaßen hoch: es liegt ein Leistungsmonopol vor.

(ii) Die Gewinnquote ist hoch; die Wachstumsrate ist sehr gering: es liegt ein künstliches Monopol der Art I vor.

(iii) Gewinnquote und Wachstumsrate sind beide relativ gering: es liegt entweder ein künstliches Monopol der Art II oder eine Branche (die nicht zu den Wachstumsindustrien zählt) ohne Wettbewerbsbeschränkungen vor.

(iv) Die Gewinnquote ist niedrig; die Wachstumsrate ist hoch: dieser Fall ist irreal.

Es bietet sich nun der Korrelationskoeffizient als quantitatives Unterscheidungskriterium an: im Falle (i) wird sich eine hohe positive Korrelation ergeben[104], während Wachstumsrate und Gewinnquote im Falle (ii) nur schwach korreliert sein werden. Leider ist der Korrelationskoeffizient aber mitunter sehr unzuverlässig[105]: im Falle (iii) kann sich rein zufällig ebenfalls ein relativ hoher, oder auch ein geringer Korrelationskoeffizient ergeben, so daß sich (i) und (ii) von (iii) nicht abgrenzen lassen. „Es muß ... darauf hingewiesen werden, daß der Korrelationskoeffizient nur *ein* Erkenntnismittel neben vielen anderen darstellt und daß er an und für sich nicht genügt, um die ... bestehenden Zusam-

---

[104] „hoch" muß in diesem Zusammenhang relativ, d. h. im Verhältnis zum durchschnittlichen Korrelationskoeffizienten der Volkswirtschaft, gesehen werden.

[105] Vgl. besonders die Darstellung der Gefahren von Fehlurteilen bei O. *Anderson*, Probleme der statistischen Methodenlehre in den Sozialwissenschaften, 5. Aufl., Würzburg 1965, S. 194 f.

menhänge ausreichend zu beschreiben[106, 107]. Praktisch wird man Querschnittsbetrachtungen durchführen, Streudiagramme aufstellen, Regressionsfunktionen errechnen und eventuell noch andere Hilfsmittel heranziehen.

Hier soll auch der Eindruck vermieden werden, daß bei Leistungsmonopolen keine Wettbewerbsbeschränkungen vorliegen; vielmehr ist es durchaus möglich, daß auch in diesem Fall die bestehenden Firmen allein die expandierende Nachfrage erfüllen wollen, wenngleich dies nur ausnahmsweise vorkommen wird. Im allgemeinen dürfte gelten: „Die stärksten Momente, die eine wachstumsabhängige Monopolisierung einer Industrie oder Marktgruppe begünstigen, sind ... fehlende Verfahrensneuerungen, mangelnde Produktneuschaffung und schrumpfendes Wachstum der Nachfrage ... Mit Verlangsamung des Nachfragewachstums ... droht der Industrie die Stagnation. Gegenüber neu aufkommenden Industrien ist die stagnierende in die Phase der Verletzbarkeit gekommen. In der Industrie selbst aber verlagert sich die Zielsetzung der Unternehmungen vom Wachstumswettbewerb hin zum Schutz gegen Konkurrenten"[108]. Es ist in dieser Sicht durchaus die Regel, daß Leistungsmonopole bei sinkender Nachfrage (und gegebenen Kapazitäten) in künstliche Monopole transformiert werden[109].

Letztlich ist noch der Fall von Firmen mit heterogenem Produktionsprogramm zu behandeln: diesen Unternehmen steht die Möglichkeit offen, Monopolgewinne aus einem Sektor in ihre Produktion von Gütern eines anderen Sektors zu investieren und so infolge der Akkumulation von Leistungsmonopolrente und Rente aus künstlichem Monopol ein verstärktes Wachstum in den Wachstumsindustrien zu erreichen.

III. «Wachstum ohne Wettbewerbsbeschränkungen»

Wir haben im vorigen Kapitel ein allgemeines Modell entwickelt und einige wesentliche Einflußfaktoren für Wirtschaftswachstum in ihrem Zusammenhang analysiert. Die Ergebnisse reichen freilich nicht aus, um einen Katalog wirtschaftspolitischer Schlußfolgerungen oder gar Empfehlungen für eine wachstumsbezogene Wettbewerbspraxis zu entwerfen. Vielmehr sind — unterstellt man als ökonomische Zielsetzungen (und damit als exogen gegebene Werturteile) maximales bzw. optimales Wirtschaftswachstum, optimale Allokation der Ressourcen

---

[106] O. *Anderson*, a.a.O., S. 195.

[107] Darüber hinaus kann bekanntlich der Korrelationskoeffizient nur das Bestehen linearer Zusammenhänge aufzeigen.

[108] K. *Brandt*, a.a.O., S. 237.

[109] M. *Neumann*, Kapitalbildung ..., a.a.O, S. 178 f., beschreibt diesen Prozeß.

und Weitergabe der Ersparnisse aus Effizienzsteigerungen an die Gesellschaft als Ganzes[110] — wohl lediglich folgende Aussagen möglich:

1. Ungehinderte Mobilität der Betriebe ist anzustreben; es muß sowohl für etablierte Unternehmen als auch (insbesondere) für Außenseiter die Möglichkeit bestehen, in einen Markt mit hohem $\omega(t)$ und niedrigem η einzusteigen. Ebensowenig dürfen auf stagnierenden Märkten potentiell effizientere Produzenten vom Marktzugang ausgeschlossen werden (künstliche Monopole II), da effizientere Betriebe nach (17 a) auch auf sonst stagnierenden Märkten noch Wachstumsraten erzielen können[111].
2. Künstliche Beschränkungen der Angebotsmenge Q (künstliche Monopole I) bewirken Senkung des Wirtschaftswachstums (da $\lambda_i \approx o$ *bei* $\varrho_i > o$), Fehlallokation der Ressourcen (es werden für dieses Gut zu wenig Ressourcen verwendet) und allgemeine Wohlstandsminderung (es wird von einem Gut absichtlich zu wenig bei zu hohen Preisen angeboten).
3. Ist die Produktionskapazität bei realisiertem technischen Fortschritt und optimaler Betriebsgröße (d. h. bei optimaler Kostensituation) größer als die Inlandsnachfrage zum Preis: durchschnittliche Produktionskosten plus Mindestprofit, und kann der Produktionsüberschuß nicht exportiert werden, so muß die Kapazität gesenkt werden. Dies geschieht am besten durch Ausscheiden der ineffizientesten Unternehmen. Wirtschaftspolitische Stützungsmaßnahmen sind ökonomisch nur gerechtfertigt, wenn die Unternehmen die Branche wechseln wollen und dazu eine Starthilfe benötigen.

Diese Schlußfolgerungen sind indessen ökonomisch (bzw. z. T. ökonomisch einseitig) orientiert und berücksichtigen nicht, daß in den (verbandswirtschaftlich organisierten) westlichen Industriestaaten heute das Konzept maximaler Produktivität zugunsten sozialer Sicherheit und auch längerfristiger Stabilität erhebliche Abstriche politisch hinnehmen muß. Als Modellpostulate aus Kapitel II können die angeführten Maßnahmen jedoch nicht bestritten werden.

Wie verhält sich dieses Ergebnis zu den wachstumsrelevanten Schlußfolgerungen der *traditionellen* Wettbewerbstheorie? Klassik und Neoklassik haben die These von der (Pareto-)Optimalität des freien Tauschverkehrs bzw. präziser der vollkommenen Konkurrenz entwickelt: „If nothing suppresses competition, progress will continue forever“, sagt

---

[110] Vgl. R. M. *Cyert* und K. D. *George*, a.a.O., S. 23.

[111] D. *Mertens*, a.a.O., S. 287, fand in seiner Untersuchung, daß Wachstumsindustrien nicht immer junge Industrien sind.

etwa *J. B. Clark*[112]; eine Aussage, die in dieser Unbedingtheit niemals unbestritten war. Heute können wir sagen, daß sie nur unter recht einschränkenden Bedingungen gilt, von denen die schwerstwiegenden etwa die folgenden sein mögen[113]:

1. Es ist nicht bewiesen, daß unter allen denkbaren Pareto-Optima der Fall, in dem keine Einkommensübertragungen statfinden, „besser" ist als die anderen.
2. Ein Pareto-Optimum im Sinne eines maximalen Produktionswerts ist in der Regel — wie erwähnt — nicht das alleinige Ziel der Wirtschaftspolitik. Ohne explizite Angaben oder Annahmen über die Einkommensverteilung kann gar keine Optimalsituation abgeleitet werden.
3. Die These hat statischen Charakter; um Instabilität im dynamischen Anpassungsprozeß zu vermeiden oder zu korrigieren, sind Abweichungen von der freien Preisbildung notwendig.
4. Für Güter, die unter sinkenden Grenzkosten hergestellt werden, sind monopolistische Organisationsformen unvermeidlich.
5. Bei dauerhaften Gütern und Komplementärgütern von kostenmäßig untergeordneter Bedeutung ist die Preiselastizität der Nachfrage in der Realität niemals unendlich.

Trotz solcher Einschränkungen darf die Bedeutung der These nicht unterschätzt werden. Daß ihr bestimmte Grenzen gesetzt sind, heißt nicht, daß das ganze Konzept aufzugeben ist. Für die Wirtschaftspolitik geht es vielmehr darum, die notwendigen Modifikationen einer Politik unbeschränkter Handlungsfreiheit abzustecken[114], wobei der Rahmen individueller Entscheidungsfreiheit in sozialistischen Ländern zwar enger gesteckt ist als in Marktwirtschaften westlichen Typs, keineswegs aber ganz beseitigt wird (wie gerade jüngere Wirtschaftsreformen des Ostblocks beweisen)[115].

Für eine konkrete wachstumsbezogene Wettbewerbspolitik lassen sich aus der Optimumthese allein freilich keine unmittelbaren Direktiven gewinnen. Auch auf die Marktform der alten Wettbewerbstheorie (als

---

[112] Zitiert nach H. F. *Gatter*, Wachstumstheoretische Ansätze in der neoklassischen Theorie, Basel 1968, S. 22 f.

[113] Eine instruktive Besprechung der Optimumthese findet sich bei J. *Tinbergen*, Wirtschaftspolitik (deutsche Übersetzung), Freiburg/Brsg. 1968, S. 75 ff.

[114] J. *Tinbergen*, a.a.O., S. 77.

[115] Mit diesem Problemkreis befaßt sich (eingehend) speziell und unter theoretischer Fundierung ein Referat des Verfassers für den Ausschuß zum Vergleich der Wirtschaftssysteme im Verein für Sozialpolitik mit dem Titel: „Zur Problematik einer sogenannten Konvergenz von Wirtschaftssystemen" (Schriften des Vereins für Socialpolitik [im Druck]).

mechanisch gezählte Besetzungsdichte des Marktes) wird weniger Gewicht zu legen sein, und zwar weder im Hinblick auf „atomistische“ Konkurrenz noch im Hinblick auf bestimmte, angeblich wettbewerbsoptimale Formen des Oligopols[116] (so, undifferenziert: *Kantzenbach;* konträr, differenziert: *Heuß*). Die Marktform einer Industrie sagt ja in der Regel wenig über die Intensität des Wettbewerbs auf den von ihr belieferten Gütermärkten aus[117]. Viel wichtiger ist es offenbar — und dies im Sinne einer jüngeren Wettbewerbstheorie —, den aktuellen und potentiellen Marktteilnehmern wirtschaftliche Alternativen und Entscheidungsmöglichkeiten offenzuhalten und ihren rivalisierenden Einsatz zu gestatten bzw. zu fördern. Im einzelnen läuft dies u. E. auf folgendes wettbewerbspolitisches Rahmenprogramm hinaus:

1. Sicherung der Entscheidungsfreiheit aller aktuellen und potentiellen Anbieter und Nachfrager hinsichtlich des Einsatzes ihrer marktstrategischen Aktionsparameter[118].
2. Sicherung der Chancengleichheit im Einsatz dieser Aktionsparameter, d. h. insbesondere Sicherung eines freien Zugangs zum Markt (freedom of entry) sowie Gleichbehandlung der im Markt befindlichen Wirtschaftsobjekte.
3. Korrektur unerwünschter Folgen der unbeschränkten Entscheidungsfreiheit.

Nahezu alle wettbewerbspolitischen Maßnahmen marktwirtschaftlich orientierter Staaten können unter einen dieser 3 Punkte subsumiert werden. Das Programm ist im einzelnen offen und läßt politisch begründete Modifikationen nach mancher Richtung zu.

Es ist in diesem Rahmen unmöglich, auch nur die Elemente einer wachstumsbezogenen und wachstumswirksamen Wettbewerbspolitik zu analysieren, zumal die Zusammenhänge vielfach doch recht unsicher bzw. noch wenig erhellt sind. Wir befassen uns daher nur mit *einem,* freilich sehr wichtigen Punkt, der zugleich Demonstrationsobjekt für die Schwierigkeiten weitergehender Analysen und exakter Aussagen

---

[116] Anders bei den "Reaktionsmodellen" in der neueren Oligopoltheorie. Vgl. W. *Krelle,* Preistheorie, a.a.O., S. 247 ff.; T. *Seitz,* Bemerkungen zur Dyopoltheorie Krelles, in: Jahrbücher für Nationalökonomie und Statistik, Bd. 174 (1962), S. 430 ff.; A. E. *Ott,* Gewinnmaximierung, Reaktionshypothese und Gleichgewichtsgebiet beim unvollkommenen Dyopol, in: Jahrbücher für Nationalökonomie und Statistik, Bd. 175 (1963), S. 428 ff.; A. *Heertje,* Zur Obligopoltheorie, in: Zeitschrift für Nationalökonomie, Bd. 30 (1970) (im Druck).

[117] Vgl. P. Munthe, Freedom of Entry into Industry and Trade, OEEC, Paris, 1958, S. 51.

[118] Vgl. dazu E. *Tuchtfeldt,* Wettbewerb und langfristige Wirtschaftspolitik, in: Zeitschrift für Nationalökonomie, Bd. 27 (1967), S. 2.

sein mag: dem *freien Marktzutritt*. Dabei wollen wir vollständigen freien Marktzutritt (perfect freedom of entry) im homogenen Markt dann als gegeben ansehen, wenn ein Unternehmen Zugang zu denselben Produktions- und Vertriebsverfahren und zu denselben Ressourcen hat wie die bereits im Markt befindlichen Unternehmen, und zwar zu denselben Bedingungen wie diese[119].

Freier Marktzutritt in diesem Sinn führt — dies ist einigermaßen empirisch belegt — zu besserer (Re-)Allokation der Ressourcen und zu verstärkter Innovation und damit zu Produktivitätssteigerungen[120]. Beseitigt man Marktzutrittsschranken, so besteht überdies große Wahrscheinlichkeit, daß andere Beschränkungen (etwa hinsichtlich des Preises, der Angebotsmenge oder der Produktionskapazität) gar nicht mehr Platz greifen können. Dem stehen freilich auch Nachteile gegenüber. Die empirisch belegten hohen Konkursraten bei neugegründeten Firmen deuten darauf hin, daß freier Marktzutritt nicht selten zu Fehlinvestitionen führt. Hier kommt es zu volkswirtschaftlichen Verlusten, die sich nur entwickelte Volkswirtschaften „leisten" können, während für Entwicklungsländer schon aus diesem Grund ein Konzept der Unternehmermobilität nicht ohne Abstriche akzeptabel erscheint.

Unter den Faktoren, die offenbar einen Einfluß auf die Freiheit des Marktszutritts ausüben, können wir ganz allgemein rechtliche bzw. administrative Maßnahmen einerseits, betriebswirtschaftliche Faktoren andererseits unterscheiden. Unter den rechtlichen nimmt das Patentwesen einen besonderen Platz ein, da seine Handhabung gewichtige ökonomische Implikationen beinhaltet; es soll im folgenden daher gesondert behandelt werden.

1. Patentschutz

Nicht umsonst ist das Patentwesen ein Paradoxon genannt worden, das zwar einerseits den technischen Fortschritt bremst, ihn aber gerade dadurch beschleunigt[121]. Die Befürworter des Patentschutzes stützen sich auf 4 Hauptargumente[122]: auf die Naturrechtstheorie (Eigentumsrecht an Ideen), auf die Belohnungstheorie (Belohnung der für die Allgemeinheit geleisteten Dienste), auf die Anspornungstheorie (Beschleunigung des technischen Fortschritts) und auf die Vertragstheorie

[119] Vgl. P. *Munthe*, a.a.O., S. 12.
[120] Einzelheiten bei P. *Munthe*, a.a.O., S. 43 ff.
[121] Vgl. J. *Robinson*, Die Akkumulation des Kapitals (deutsche Übersetzung), Wien o. J., S. 109.
[122] Nach F. *Machlup*, Die wirtschaftlichen Grundlagen des Patentrechts, Weinheim/Bergstraße 1961, S. 20 f. Vgl. auch F. *Machlup*, Artikel: Patentwesen (II), in: Handwörterbuch der Sozialwissenschaften, Bd. 8 (1964), S. 240—252.

(der Erfinder offenbart sein geheimes Wissen und schließt dafür mit der Allgemeinheit einen Vertrag ab, daß sie ihm einen zeitlich befristeten Ausschließlichkeitsschutz für die gewerbliche Verwertung dieses Wissens einräumt).

Diese Argumente wurden — vielleicht mit Ausnahme der Anspornungstheorie — in der Folgezeit alle widerlegt[123]. „Die Anspornung durch das Patentwesen, die zu Erfindungen und Neuerungen führen soll, die ihrerseits wieder eine Zunahme der Gesamterzeugung der Volkswirtschaft nach sich ziehen kann, ist das Ergebnis von Gewinnerwartungen, die auf Beschränkungen der Produktionsmenge gegründet sind, welche unter Benutzung der patentierten Erfindung hergestellt wird. Diese Erzeugnisbeschränkungen sind der wahre Kern des Patentwesens, denn nur durch eine Beschränkung der Produktion unter das Wettbewerbsniveau kann das Patent seinem Inhaber eine Rente sichern ... Die Produktionsbeschränkungen, die sich auf Patente gründen, sind Primäreffekte und können geprüft werden; die Anspornungswirkungen gehören zu den Sekundäreffekten und sind eher mutmaßlicher Art“[124].

Es ist nun möglich, einen volkswirtschaftlichen Nutzen-Kosten-Vergleich anzustellen und dem volkswirtschaftlichen Nutzen des Patentschutzes seine volkswirtschaftlichen Kosten im Hinblick auf Wohlfahrtsverluste gegenüberzustellen[125]. Diese Versuche scheitern aber alle an der Unmöglichkeit der Quantifizierung des volkwirtschaftlichen Nutzens des Patentrechts, was auch mit Einschränkungen auf die volkswirtschaftlichen Kosten zutrifft. Trotzdem kann allgemein folgender Zusammenhang zwischen volkswirtschaftlichen und einzelwirtschaftlichen Kosten und Erträgen des Patentwesens aufgezeigt werden: „Neue Erfindungen sind im allgemeinen das Ergebnis eines beträchtlichen Einsatzes von produktiven Leistungen und großen Geldausgaben. Die volkswirtschaftlichen Kosten der Produktion von Erfindungen sind daher hoch und die betriebswirtschaftlichen Kosten manchmal sogar noch höher. Der betriebswirtschaftliche Nutzen von Erfindungen ist jedoch, wenn der Staat nicht durch Gewährung von Patentschutz interveniert, oft viel geringer und kann schon nach kurzer Zeit — bei scharfem Wettbewerb — auf Null fallen“[126].

---

[123] Vgl. die umfangreiche Literaturdiskussion bei F. *Machlup*, Die wirtschaftlichen Grundlagen des Patentrechts, a.a.O., S. 29 ff.

[124] F. *Machlup*, Die wirtschaftlichen Grundlagen des Patentrechts, a.a.O., S. 136 f.

[125] Ein derartiger Vergleich wurde etwa von *Machlup* unternommen (vgl. F. *Machlup*, Artikel: Patentwesen (II), a.a.O., S. 247 ff.).

[126] F. *Machlup*, Die wirtschaftlichen Grundlagen des Patentrechts, a.a.O., S. 95.

Das Patentsystem versucht daher, die einzelwirtschaftlichen Erträge dem volkswirtschaftlichen Nutzen anzupassen. Dabei geht es aber unlogisch vor: „It offers the same reward to all inventors, irrespective of the intellectual merits of their inventions[127] ... The patent system slacks logic ... The system, too, is wasteful. It gives protection for sixteen years (or thereabouts) whilst in fact over nine — tenths of the patents do not remain active for the whole of this period[128]. It is dangerous in that the monopoly it confers can often be widened by its owner into fields and forms which was never intended he should possess“[129].

Um hier etwas Klarheit zu schaffen, ist die Einteilung der Erfindungen in „intensive Erfindungen“ (Verbesserungserfindungen) und „grundlegende Erfindungen“ nützlich[130]. Intensive Erfindungen würden wahrscheinlich auch ohne Patentschutz gemacht[131], während die hohen einzelwirtschaftlichen Kosten und das hohe Risiko von grundlegenden Erfindungen (bzw. deren Verwirklichung) von den Firmen nur dann getragen werden, wenn ein Stimulus in Form des Patentschutzes besteht. Es spricht daher viel dafür, das Patent nur für grundlegende Erfindungen zu reservieren, die noch dazu sehr häufig von unabhängigen Erfindern, öffentlichen Institutionen (Hochschulen), oder kleineren Unternehmen gemacht werden[132]. Das Patentsystem hat hier seine Berechtigung: „... for the individual inventor or the small producer struggling to market a new idea, the patent right is crucially important. It is the only resource he possesses and, fragile and precarious as his rights may be, without them he would have nothing by which to establish a claim to a reward for his work. The sale of his ideas directly or the

---

[127] Diesen Einwand bringt auch *Penrose*. Vgl. E. T. *Penrose*, The Economics of the International Patent System, Baltimore 1951, S. 30 f.

[128] Vgl. auch die Untersuchung über die Lebensdauer der deutschen Patente, die *Heuß* anführt: E. *Heuß*, Allgemeine Markttheorie, a.a.O., S. 27 f. K. *Büchel*, Die Verwendung gewerblicher Schutzrechte, in: Die Industrie, Heft 16 vom 18. April 1969, S. 13—17 (hier S. 14), gibt — ohne Quelle — an, daß 50 % aller Patente überhaupt nicht benutzt werden.

[129] J. *Jewkes*, D. *Sawers*, R. *Stillerman*, The Source of Invention, London — New York 1960, S. 252 f.

[130] Nach A. F. *Ravenshear*, The Industrial and Commercial Influence of the English Patent System, London 1908, S. 52 ff. (hier zitiert nach F. *Machlup*, Die wirtschaftlichen Grundlagen des Patentrechts, a.a.O., S. 50 f.).

[131] Dazu sei die bekannte Tatsache genannt, daß es etwa in einer Monopolsituation beim Preiswettbewerb gefährlich ist, den ersten Schritt zu tun, während es beim Qualitätswettbewerb gefährlich ist, ihn nicht zu tun und zurückzubleiben.

[132] Vgl. die Untersuchungen von D. *Hamberg*, Invention in the Industrial Research Laboratory, in: The Journal of Political Economy, Bd. 71 (1963), S. 95 bis 115 (besonders auch die dort angegebene Literatur); J. *Jewkes*, D. *Sawers*, R. *Stillermann*, a.a.O., S. 261 ff. Vgl. auch J. *Schlegel*, Technischer Fortschritt und „weites Oligopol“, in: Schmollers Jahrbuch für Gesetzgebung, Verwaltung und Volkswirtschaft, Bd. 87 (1967), S. 45—54.

raising of capital for exploiting the ideas would be hopeless without the patent"[133].

Leider ist apriori eine Unterscheidung von grundlegenden Erfindungen und intensiven Erfindungen nicht möglich. Es wird auch kaum möglich sein, das Patentsystem durch ein System staatlicher Prämien abzulösen, wie dies vorgeschlagen wurde[134]. Eine prinzipielle Lösung kann hier nicht gegeben werden, doch scheint die Einführung der Zwangslizenzierung — sofern es gelingt, das Problem der Höhe der Lizenzgebühren zu lösen — sowie die Verkürzung der Schutzdauer ein geeigneter Weg zu sein, den Monopoleffekt der Patente zu entschärfen. Eine generelle Beseitigung des Patentrechts wird hingegen wohl keine operable Lösung sein: an die Stelle des Patents (das neben dem Schutz des Erfinders auch die Veröffentlichung der Erfindung gewährleistet) würde die Geheimhaltung der Erfindung treten[135], so daß die Verbreitung des technischen Fortschritts stark gehemmt wäre[136].

2. Sonstige rechtliche und administrative Marktschranken

Rechtliche und administrative Marktschranken[137] finden sich in drei Erscheinungsformen:

(1.) Der Staat unterläßt es, tatsächliche Ungleichheiten zwischen potentiellen Konkurrenten zu beseitigen.

(2.) Der institutionelle Rahmen, den der Staat dem Wettbewerb setzt, das eigentliche Wettbewerbsrecht also, führt zu einer faktischen Diskriminierung der noch nicht im Markt befindlichen Wirtschaftssubjekte.

(3.) Der Staat setzt bewußt diskriminierende Maßnahmen zugunsten der bereits im Markt befindlichen Wirtschaftssubjekte.

ad (1.) Eine völlige Chancengleichheit ist faktisch nicht herzustellen. Sieht man von den ohnehin unbeeinflußbaren persönlichen Eigenschaften und Interessen ab, so beschränkt sich der Staat für die westlichen Marktwirtschaften in der Regel auf eine höchst begrenzt wirksame Vermögensumverteilung (via direkte Steuern), ohne ansonsten

---

[133] J. *Jewkes*, D. *Sawers*, R. *Stillerman*, a.a.O., S. 253.

[134] Z. B. von M. *Polonyi*, Patent Reform, in: Review of Economic Studies, Bd. 11/12 (1943—1945), S. 61—76.

[135] Wie das bereits z. T. jetzt schon aus Kostengründen gehandhabt wird. Vgl. K. *Büchel*, a.a.O., S. 16.

[136] Vgl. auch die Ausführungen *Neumanns* über das Patentwesen: M. *Neumann*, Wachstumsorientierte Wettbewerbspolitik, a.a.O., S. 234 ff.

[137] Ein Überblick über sämtliche *in Österreich* gehandhabten Wettbewerbsbeschränkungen und Marktschranken findet sich bei W. *Weber*, H. G. *Ruppe*, Probleme einer Wirtschaftsplanung. Das österreichische Beispiel, in: J. H. *Kaiser* (Hrsg.), Planung III, Baden-Baden 1968, S. 229 ff.

die Unterschiede in der privaten Verfügungsmacht über Produktionsfaktoren in entscheidendem Maße zu nivellieren. Größere Aussicht auf Erfolg, weil politisch weniger heikel, bieten Reformmaßnahmen im Erziehungs- und Ausbildungssystem; eine Problematik, die nicht nur ausreichende Bereitstellung finanzieller Mittel (Stipendien, Umschulungsaktionen), sondern vor allem radiale Aufklärungsarbeit erfordert.

ad (2.) Das geltende Wettbewerbsrecht schützt regelmäßig — wenn auch z. T. unbeabsichtigt — den im Markt befindlichen Unternehmer gegenüber potentiellen Konkurrenten. Die Zulassung von geschützten Handelsmarken etwa führt zu einem heterogenen Markt, zu dem der Zutritt ex definitione ausgeschlossen ist. — Formale Erfordernisse, die für die Ausübung eines bestimmten Berufs oder Gewerbes aufgestellt werden (Befähigungsnachweise in jeder Form) schützen bestehende Gewerbe vor einem plötzlichen Andrang von Außenseitern. Problematisch werden sie, wenn die Erweiterung eines Befähigungsnachweises auf verwandte Gewerbe ohne ersichtlichen sachlichen Grund erschwert wird. — Allgemeine Sicherheitsvorschriften, Bestimmungen über eine bestimmte Mindestkapitalausstattung u. dgl. müssen hingegen als sinnvoll akzeptiert werden, soweit sie in der Tat durch legitime Interessen der Konsumenten oder der Öffentlichkeit gedeckt sind.

Schließlich ist unter diesem Punkt noch die Außenhandelspolitik zu erwähnen. Auf die wohlfahrtsmindernden Effekte einer protektionistischen Zollpolitik, von Importkontingenten und ähnlichen Maßnahmen hat das einschlägige Schrifttum stets hingewiesen. Ihre Wachstumsrelevanz stellt ein eigenes komplexes Problem dar, das hier nicht behandelt werden kann.

ad (3.) Die Grenzen zwischen 2. und 3. sind nicht klar zu ziehen. Maßnahmen, die mit Gründen des „allgemeinen Besten" gerechtfertigt werden, stellen sich nicht selten als eindeutig protektionistische Maßnahmen im Interesse bestimmter pressure groups heraus. Die äußere Form dieser bewußt diskriminierenden Maßnahmen ist verschieden. Da die Erwerbsfreiheit und damit auch der freie Marktzutritt in westlichen Demokratien regelmäßig ein mit Verfassungsrang ausgestattetes Grundrecht ist, bedarf es immerhin einiger Erfindungsgabe, um wirksame und doch verfassungskonforme Beschränkungen einzuführen und durchzuhalten[138]. Der Erfindungsreichtum ist in der Tat beachtlich. Absolute Verbote des Marktzutritts sind freilich selten. Als Marktzutrittsschranken können sie nur dann bezeichnet werden, wenn mindestens ein Unter-

---

[138] Besonders instruktiv ist das sogenannte Apotheken-Urteil des Deutschen Bundesverfassungsgerichts, BVerfGE 7, 377; in Österreich wird der Grundsatz der Erwerbsfreiheit durch einen Gesetzesvorbehalt und durch das Fehlen einer „Wesensgarantie" zu einer leeren Formel.

nehmen im Markt etabliert ist. Der wichtigste Fall sind die Staatsmonopole. — Der Marktzutritt kann weiter von einem irgendwie definierten Bedarf abhängig gemacht werden. Damit wird eine monopolistische Marktstruktur sanktioniert; Preisregelungen sind in diesem Fall unvermeidlich. Musterbeispiel sind die Apotheken, zum Teil — nämlich hinsichtlich der Passivgeschäfte — auch die Kreditwirtschaft.

Eine besonders problematische und wirksame Form der Marktzutrittsschranken stellen jene Normen dar, in denen der Staat es den im Markt befindlichen Unternehmen überläßt, über die Zulassung neuer Wettbewerber zu entscheiden. Dies geschieht u. a. dadurch, daß den *Zwangs*zusammenschlüssen der Unternehmer (Kammer, trade associations) bestimmte (Selbstverwaltungs-)Kompetenzen übertragen werden. Die österreichischen Handelskammern etwa haben das Recht, Gutachten über das Vorliegen eines Lokalbedarfs und damit über die Erwünschtheit eines neuen Wettbewerbers abzugeben[139]. Andererseits kann der Staat durch die mehr oder weniger tolerante Gestaltung des Kartellgesetzes *freiwillige* Abreden der im Markt befindlichen Unternehmer sanktionieren, womit wieder den bereits vorhandenen Marktteilnehmern die Entscheidung über den Zutritt neuer Wettbewerber überlassen ist.

Die Gründe, die zur Errichtung derartiger Marktschranken veranlassen, sind vielfältig und theoretisch nicht zu klassifizieren. Je nach dem Standpunkt des Betrachters wird man gewisse Maßnahmen als noch notwendige oder als schon zu weitgehende Einschränkungen der totalen Handlungsfreiheit ansehen; so vor allem, wenn es darum geht, bestimmte soziale Strukturen auf Kosten der Gesamtwohlfahrt zu konservieren. Prononcierter Wachstumsfetischismus wäre hier sicher verfehlt; die Entscheidung pro Wettbewerb fällt ja in der Realität nur zum Teil im Hinblick auf optimale Produktivität, zum Teil aber unter dem

---

[139] Überhaupt ist die Österreichische Gewerbeordnung ein äußerst lehrreiches Beispiel für die Aushöhlung des Grundsatzes des freien Marktzutritts: Nachdem durch das kaiserliche Patent vom 20. Dezember 1859, RGBl. Nr. 227 (das nur freie und einige wenige konzessionierte Gewerbe kannte) die Gewerbefreiheit im wesentlichen eingeführt worden war, ist seither deutlich eine Tendenz zu beobachten, sie wieder abzuschaffen. Die Gewerberechtsnovelle 1883 brachte die Einführung der handwerksmäßigen Gewerbe (Befähigungsnachweis!); die Novelle 1907 dehnte den Befähigungsnachweis auch auf Handelsgewerbe aus; die Novelle 1934 führte schließlich die gebundenen Gewerbe ein (Erschwerung des Gewerbeantritts durch einen sogenannten „kleinen Befähigungsnachweis"), erhöhte das für den Antritt aller Gewerbe vorgeschriebene Mindestalter auf 24 Jahre und erklärte die Meisterprüfung für den Antritt handwerksmäßiger Gewerbe für obligatorisch. — Die gegenwärtig noch in Österreich bestehenden freien Gewerbe (nach § 1 c Abs. 4 der Gewerbeordnung) sind praktisch irrelevant.

Für vergleichende internationale Daten, zu Beweiszwecken herangezogen, siehe das Buch von E. *Görgens*, a.a.O.

Gesichtspunkt einer „freiheitlichen und sozial befriedigenden Wirtschafts- und Gesellschaftsordnung“[140]. Es ist dann Sache des politischen Entscheidungsprozesses, einen gesellschaftlich und zugleich effizienzmäßig befriedigenden *Ausgleich* zwischen den einander widersprechenden Zielvorstellungen zu finden und die Wachstumsgewinne den Verlusten an Wettbewerbsfreiheit wertend gegenüberzustellen.

3. Betriebswirtschaftliche Einflußfaktoren

Ehe wir uns den Faktoren zuwenden, die auf der einzelwirtschaftlichen Ebene wirken, wollen wir die Derterminanten der Firmenmobilität betrachten. Hier helfen uns zwei Hypothesen *Mansfields*[141] weiter, die er an empirischen Daten testete und für die er signifikante Parameterwerte errechnete. Die Markteintrittsrate bestimmt sich aus[142]:

(26) $$E_{it} = \alpha_0 \Pi_{it}^{\alpha_1} C_{it}^{-\alpha_2} Z_{it}$$

wobei: E_{it} Anzahl der in Industrie i in Periode t eingetretenen Firmen (die bis zum Ende der Periode t noch bestanden), als Anteil der ursprünglichen Firmenzahl ausgedrückt (d. h. E_{it} ist die Zuwachsrate)

Π_{it} durchschnittliche Gewinnrate in Industrie i in Periode t

C_{it} Investitionsbetrag, der erforderlich ist, um ein Unternehmen minimaler Größe in Sektor i in Periode t zu gründen

Z_{it} Irrtumsglied

Da die Gewinnerwartung direkt und die erforderliche Kapitalhöhe indirekt auf den Eintritt wirken, ergeben sich daraus sinngemäß die Vorzeichen der Elastizitätskoeffizienten (Exponenten) in (26). *Mansfield* untersucht vier Branchen[143] und gelangt zu folgender Schätzung:

(26a) $$\ln E_{it} = 0{,}49 + \underset{(0{,}43)}{1{,}15} \ln \Pi_{it} - \underset{(0{,}14)}{0{,}27} \ln C_{it}$$

Zu beachten ist aber, daß sich wegen des geringen Umfangs der Erhebung relativ hohe Standardfehler der Schätzung ergeben.

---

[140] So die Stellungnahme der Deutschen Bundesregierung zum Tätigkeitsbericht des Bundeskartellamts; vgl. „Bericht des Bundeskartellamtes über seine Tätigkeit im Jahre 1968“, Drucksache des Deutschen Bundestages 5. Wahlperiode, V/4236 vom 23. Mai 1969, S. 2.

[141] E. *Mansfield*, Gibrat's Law, Innovation and the Growth of Firms, in: The American Economic Review, Bd. 52 (1962), S. 1023—1051.

[142] E. *Mansfield*, a.a.O., S. 1025.

[143] E. *Mansfield*, a.a.O., S. 1026.

Die Marktaustrittsrate bestimmt sich aus[144]:

(27) $$R_{it}(S) = \nu_0 \left(\frac{S}{\hat{S}_{it}}\right)^{-\nu_1} \Pi_{it}^{-\nu_2} Z'_{it}$$

wobei: $R_{it}(S)$ Anteil der Firmen der Größe S, die während der Periode t austreten,

$\hat{S}_{it}$ wirtschaftlich minimale Unternehmensgröße

Z'_{it} Irrtumsglied

Diese Hypothese besagt, daß die Abgangsrate um so größer ist, je kleiner die erwarteten Gewinne sind und je größer die wirtschaftliche Mindestgröße eines Unternehmens in der Branche ist. — Bei Annahme einer log-Normalverteilung der Firmengröße erhält man aus (27):

(28) $$R_{it} = \nu_0 \left(\frac{\overline{S}_{it}}{\hat{S}_{it}}\right)^{-\nu_1} \left(1 - V_{it}^2\right)^{\frac{\nu_1(\nu_1 + 1)}{2}} \Pi_{it}^{-\nu_2} Z'_{it}$$

wobei: $\overline{S}_{it}$ mittlere Firmengröße

V_{it}^2 Variationskoeffizient der Streuung der Firmengröße

Dieser Ansatz lieferte befriedigende Ergebnisse bei der Prüfung empirischer Daten.

Die Veränderungsrate der Firmen einer Branche ergibt sich schließlich als Differenz zwischen Zugangs- und Abgangsrate:

(29) $$D_{it} = E_{it} - R_{it}$$

Sie wird nach (26) und (27) bestimmt von:

(i) der Gewinnerwartung der Branche,

(ii) der Höhe des für den Eintritt erforderlichen Kapitals, und

(iii) der wirtschaftlichen Mindestgröße[145] eines Unternehmens in der jeweiligen Branche.

Eintrittsschranken werden sich also vor allem nach diesen Determinanten der Veränderungsrate der Firmen richten. Daneben scheint uns noch ein Ansatzpunkt für „barriers to entry“ von Bedeutung: die aus-

---

[144] E. *Mansfield*, a.a.O., S. 1028 f.

[145] Steigt die wirtschaftliche Mindestgröße eines Betriebs in einer Branche, so bleibt den bereits bestehenden, nun zu kleinen Unternehmen nur der Weg der Kooperation, um nicht aus dem Markt ausgeschieden zu werden. In diesen technologisch bedingten Fällen müßte die Wirtschaftspolitik die zwischenbetriebliche Kooperation fördern (bzw. dürfte sie nicht verhindern).

reichende Versorgung der newcomers mit Produktionsfaktoren. Wir werden im folgenden daher diese vier Punkte kurz streifen.

(a) Gewinndiffusion

Darunter wollen wir verstehen, daß hohe Gewinnerwartungen in einer Branche nicht geheim bleiben, sondern sich herumsprechen. Hier taucht notwendigerweise der Begriff der Markttransparenz[146] auf, ferner die Frage, inwieweit die Markttransparenz den Wettbewerb fördert. Dazu kann auf eine Studie von *Woll*[147] verwiesen werden, in der die Marktinformation auf der Nachfrageseite (Qualitätstransparenz) und die Marktinformation auf der Angebotsseite (die er in Bedingungstransparenz und Erwartungstransparenz untergliedert) unterschieden werden. Die Qualitätstransparenz bezeichnet *Woll* dann als optimal, wenn durch weitere Informationen über die Beschaffenheit der Ware keine Änderung der Kaufentscheidung herbeigeführt werden kann. Erst die Qualitätstransparenz ermöglicht eine rationale Konsumwahl; deshalb wird es unter anderem Aufgabe der Wettbewerbspolitik sein sie zu fördern. Die Bedingungstransparenz kann wettbewerbshemmend (z. B. bei sogenannten identifizierenden Preismeldestellen[148]) oder wettbewerbsfördernd (z. B. bei sogenannten statistischen Preismeldestellen[149]) sein. Die Erwartungstransparenz wirkt als wettbewerbsbedrohende Beseitigung der Ungewißheit und Unsicherheit, da vollkommene Voraussicht auf alle Handlungen lähmend wirkt[150]: Wenn Menschen in Wettbewerb untereinander treten[151], so ist er nur unter der stillschweigenden Vor-

---

[146] Der Begriff geht auf E. *v. Beckerath* zurück; vgl. H. *v. Stackelberg*, a.a.O., S. 12.

[147] A. *Woll*, Zur wettbewerbspolitischen Bedeutung der Markttransparenz, in: H. *Besters* (Hrsg.) Theoretische und institutionelle Grundlagen der Wirtschaftspolitik, Festgabe für Th. *Wessels*, Berlin o. J., S. 199—217 (hier S. 205 ff.).

[148] Zum Begriff vgl. E. *Hoppmann*, Preismeldestellen und Wettbewerb, a.a.O., S. 110 ff.

[149] Vgl. zur Problematik der Preismeldestellen auch E. *Hoppmann*, Preismeldestellen: Kartelle oder Marktstatistik?, in: Wettbewerb in Recht und Praxis, H. 9 (1966), S. 300—305; A. *Woll*, a.a.O., S. 201 ff.; E. *Tuchtfeldt*, Organisierte Markttransparenz und Wettbewerb, in: Schweizerische Zeitschrift für Volkswirtschaft und Statistik, Bd. 102 (1966), S. 42—62 (hier S. 49 ff.).

[150] Ein Beispiel dafür ist das bekannte Morgenstern-Paradoxon von Sherlock Holmes und seinem Gegner Moriarty. Vgl. O. *Morgenstern*, Wirtschaftsprognose. Eine Untersuchung ihrer Voraussetzungen und Möglichkeiten, Wien 1928, S. 98; sowie ders., Vollkommene Voraussicht und wirtschaftliches Gleichgewicht, in: Zeitschrift für Nationalökonomie, Bd. 6 (1935), S. 337—357 (hier S. 343 f.).

[151] Und zwar ist Wettbewerb dann eben die Chance, sich gegenseitig im Wirtschaftserfolg zu beeinflussen, indem man durch Inaussichtstellung möglichst günstiger Geschäftsbedingungen nach Geschäftsverbindungen mit Dritten trachtet.

aussetzung denkbar, daß im voraus noch nicht feststeht, wer Sieger und wer Verlierer ist[152].

Für die Wettbewerbspolitik ergibt sich hieraus die Forderung, die Bedingungstransparenz nur dort zu fördern, wo sie nicht identifizierend wirkt (da sonst vorstoßender Wettbewerb teilweise unterbleibt) und die Erwartungstransparenz möglichst einzuschränken (da dann jeder vorstoßene Wettbewerb unterbleibt, weil keine Leistungsmonopolrente mehr gewährleistet wird).

(b) Unternehmertypen, Versorgung mit Produktionsfaktoren und Mobilität der Arbeitskraft

Die Grundvoraussetzung jedes Firmeneintritts in erfolgversprechende Märkte ist zweifellos, daß es auch genügend initiative Unternehmer (im Sinne von *Schumpeter* und *Heuß*) gibt, die eine profitable Produktion aufnehmen. Da an einem solchen Unternehmertypus in den USA kein fühlbarer Mangel besteht, konnte *Mansfield* diese Determinante in seinen Hypothesen vernachlässigen, doch müßten für andere Länder derartige Größen in Ansatz kommen.

Gleichermaßen muß es einem initiativen Unternehmer auch möglich sein, die für den Eintritt nötigen Produktionsfaktoren zu erhalten. Neben Anlagegütern und Materialien spielen hier besonders Kapital (das wir im nächsten Punkt behandeln) und Arbeitskraft[153] eine große Rolle: Es muß einem initiativen Unternehmer möglich sein, die nötigen Arbeitskräfte zur Aufnahme der Produktion zu gewinnen. Diese Forderung läuft bei unelastischem Arbeitskräfteangebot auf die Präsenz ausreichender Mobilität der Arbeitskräfte hinaus[154]. Dabei sind u. a. besonders folgende Faktoren zu beachten:

(1) Es muß genügend Umschulungsstätten geben, und bei den Arbeitnehmern muß genügend Umschulungswille und -interesse vorhanden sein.

(2) Erleichterung der räumlichen Mobilität der Arbeitskräfte (Mietrechtsreform; Grunderwerbsteuerbegünstigungen usw.).

---

[152] Nach E. *Heuß*, Allgemeine Markttheorie, a.a.O., S. 251. Vgl. auch A. A. *Alchian*, Uncertainty, Evolution and Economic Theory, in: The Journal of Political Economy, Bd. 58 (1950), S. 211—221; wiederabgedruckt in: R. B. *Heflebower* und G. W. *Stocking* (Hrsg.), Readings in Industrial Organization and Public Policy, Homewood (Ill.) 1958, S. 207—219.

[153] Mit dieser Frage hat sich jüngst O. E. *Williamson*, Wage Rates as a Barrier to Entry: The Pennington Case in Perspective, in: The Quarterly Journal of Economics, Bd. 82 (1968), S. 85—116, beschäftigt.

[154] Es sei denn, es könnten Fremdarbeiter in genügender Zahl angeworben werden.

(3) Verbot gewerkschaftlicher restriktiver Praktiken (closed shop system).

(4) Information der Arbeitnehmer über die Arbeitsmöglichkeiten und -bedingungen in anderen Branchen.

(5) Milderung der sozialen Diskriminierung zwischen „gelernten" und „angelernten" Arbeitskräften.

(c) Kapitalbeschaffung

Die Überlebenschance eines neugegründeten Unternehmens ist praktisch Null, wenn es eine bestimmte — nach Branche verschiedene — Mindestbetriebsgröße, die *Albach* als „Wachstumsschwelle" bezeichnet[155], unterschreitet[156]. Dazu kommt noch, daß die Kapitalknappheit eines der wichtigsten Wachstumshemmnisse eines Unternehmens ist[157]. Hieraus ergibt sich die wirtschaftspolitische Forderung, daß den potentiellen Wettbewerbern, besonders in den Wachstumsbranchen, fehlendes Kapital zur Verfügung gestellt werden muß, was grundsätzlich die Existenz eines funktionsfähigen Kapitalmarkts[158] und — damit verbunden — eine effiziente Kapitalzuteilung voraussetzt. Dies würde bedeuten, daß Nettoinvestitionen nur über den Kapitalmarkt finanziert würden und nicht unter Ausschaltung des Kapitalmarkts erfolgen sollten.

Vielfach wird auch die Ansicht vertreten, daß bei starker Selbstfinanzierung[159] der Unternehmen das Kapital nicht in die Wirtschaftsbereiche, die den höchsten Ertrag gewährleisten, ströme, sondern den Anlegern (z. B. Aktionäre) vorenthalten und in den eigenen Betrieb investiert werde, wo es dann oft einen geringeren Ertrag bringe. Dem ist aber entgegenzuhalten, daß ein hohes Wirtschaftswachstum bei gleichzeitig hoher Konsumneigung (und damit niedriger Sparneigung) nur mit starker Selbstfinanzierung möglich ist[160] (wie auch das Beispiel des deut-

[155] H. *Albach*, Zur Theorie des wachsenden Unternehmens, in: W. *Krelle* (Hrsg.), Theorien des einzelwirtschaftlichen und gesamtwirtschaftlichen Wachstums, a.a.O., S. 10. Vgl. auch J. S. *Bain*, Economies of Scale, Concentration, and the Condition of Entry in Twenty Manufacturing Industries, in: The American Economic Review, Bd. 44 (1954), S. 15—39, wiederabgedruckt in: R. B. *Heflebower* und G. W. *Stocking* (Hrsg.), a.a.O., S. 46—68. Siehe besonders die Tabelle 7 auf S. 66 (in der Ausgabe *Heflebower* und *Stocking*), die das Mindestkapital für 20 Industrien für die USA enthält, das z. T. sehr hoch ist.

[156] Siehe auch Angaben über empirische Untersuchungen bei H. *Albach*, a.a.O., S. 10, Fußnoten 5 und 6.

[157] So auch H. *Albach*, a.a.O., S. 26.

[158] Für einen funktionsfähigen Kapitalmarkt ist die Konkurrenzsituation im Kreditgewerbe selbstverständlich von großer Bedeutung.

[159] Als wirtschaftspolitische Mittel zur Bekämpfung der Selbstfinanzierung werden u. a. empfohlen: gespaltene Körperschaftsteuersätze, Verbot der willkürlichen Legung stiller Reserven, genaue Prüfung der steuerlichen Anerkennung von Rückstellungen und ähnliche Maßnahmen.

[160] Vgl. R. *Jochimsen*, Artikel: Selbstfinanzierung, in: Staatslexikon. Recht, Wirtschaft, Gesellschaft, Freiburg, Bd. VII (1962), S. 34—39 (besonders S. 38 f.).

schen Wiederaufbaus nach dem letzten Krieg zeigt). Die Haltung gegenüber der Selbstfinanzierung hängt also wesentlich von der gegebenen Situation ab.

(d) Betriebsgröße

Die Betriebsgröße ist sowohl für den Eintritt (Höhe des aufzubringenden Kapitals) als auch für den Austritt (wirtschaftliche Mindestbetriebsgröße) ein maßgebender Einflußfaktor, wie (26) und (27) zeigen. Darüber hinaus beeinflußt die wirtschaftliche Mindestbetriebsgröße auch die Marktstruktur: Es entstehen Oligopole, wobei die Oligopolisten in der Regel erheblichen Einfluß auf das Marktgeschehen nehmen können. Die wirtschaftliche Mindestbetriebsgröße ist aber nur *ein* Grund des Entstehens einflußreicher Oligopolisten.

Fellner unterscheidet drei Fälle des Entstehens marktdominierender Unternehmungen oder Organisationen[161]: (1) Großbetriebe haben reale Kostenvorteile gegenüber kleineren. (2) Der Kostenanteil größerer Betriebseinheiten wird durch andere Vorteile (durch größere Monopolmacht) einzelwirtschaftlich mehr als aufgewogen[162]. (3) Eine Vielzahl kleinerer Unternehmer wird durch eine Instanz quasi-monopolistisch organisiert.

Es ist nun klar, daß marktdominierende Unternehmungen oder Institutionen (Kartelle, Großkonzerne, Syndikate) in der Regel eine oligopolistische Verhaltensweise an den Tag legen, da ihre Gewinne bei Koordination höher als auf dem Wettbewerbsniveau sein werden[163]. In den Fällen 2 und 3 können die einzelwirtschaftlichen Vorteile dieser Organisation nur dann wahrgenommen werden, wenn neue Wettbewerber am Eintritt in den Markt gehindert werden[164].

---

[161] W. *Fellner*, Competition Among the Few, New York 1949, S. 44 ff.

[162] Für ein großes Unternehmen sprechen auch Sicherheitsüberlegungen: „Die Überlebenswahrscheinlichkeit ist eine Funktion der Unternehmensgröße" (H. *Albach*, a.a.O., S. 12).

[163] *Harberger* und *Schwartzmann* stellten wohl in empirischen Untersuchungen fest, daß der „welfare loss" durch Monopolgewinne nicht sehr groß sei, doch muß gegen die Art der Untersuchung eingewendet werden, daß nicht der Gewinn, der den „Normalgewinn" übersteigt, allein der „welfare loss" ist, sondern daß auch die Produktionsbeschränkung „welfare loss" ist, was in den Untersuchungen nicht zum Ausdruck kommt. Vgl. A. C. *Harberger*, Monopoly and Resource Allocation, in: The American Economic Review, Bd. 64 (1954), S. 77—87; D,. *Schwartzmann*, The Effect of Monopoly on Price, in: The Journal of Political Economy, Bd. 67 (1959), S. 352—362.

[164] Z. B. konnten die kleinen Zigarettenproduzenten in den USA ihren Marktanteil von 1,5 % Mitte 1931 auf 22 % Ende 1932 erhöhen, weil sie die Preiserhöhung der „Big Three" nicht mitmachten. Vgl. J. W. *Markham*, The Nature and Significance of Price Leadership, in: R. B. *Heflebower* und G. W. *Stocking* (Hrsg.), a.a.O., S. 176—189 (hier S. 188).

Es ist hier nicht der Ort, alle Maßnahmen aufzuzählen, die von marktdominierenden Unternehmungen angewandt wurden, um Außenseiter fernzuhalten (sie reichen von der Beschränkung der Absatz- und Beschaffungswege bis zu gesetzwidrigen Aktionen). Die Organisation dieser Institutionen kann offen (Kartelle, Preisbindung zweiter Hand, Syndikate, Konzerne) oder latent (Absprachen, gentleman's agreements, Frühstückkartelle) sein. Nicht umsonst wurden derartige Gebilde von der Rechtsordnung bekämpft (Entflechtung der Standard-Oil of New Jersey; Entflechtung der I. G. Farben; Antitrust-[165] und Antikartellgesetzgebung), doch gibt es streng genommen kein Allheilmittel gegen den Mißbrauch wirtschaftlicher Macht, wenn man „dirigistische Eingriffe" in die Wirtschaft vermeiden will[166]. Die einzige erfolgversprechende Maßnahme liegt wohl darin, den freien Marktzutritt potentieller Wettbewerber zu schützen, was längerfristig zu einer Zerschlagung der Marktmacht führen kann.

In diesem Zusammenhang existiert eine interessante Hypothese des Oligopolverhaltens[167] bei freiem Marktzutritt für newcomers. Sie beruht auf der plausiblen Annahme, daß Unternehmer nur dann in einen Markt eintreten werden, wenn der Preis zumindest die geforderte Mindestgewinnrate gewährleistet. *Sylos-Labini* bestimmte seinen „entry-preventing price" nach folgender Formel[168]:

$$p_c < p_m = \left(\frac{k}{x} + v\right)(1 + \gamma_m) \tag{30}$$

wobei:	p_c	entry-preventing price der Industrie
	p_m	Preis, der die Mindestgewinnrate auf die Kosten, γ_m gewährleistet
	k	Fixkosten
	x	Produktionsmenge
	v	variable Stückkosten

Sylos-Labini meint nun, daß die Oligopolisten bei freiem Marktzutritt ihren Preis, p_c, unter p_m halten werden, um newcomers nicht zum

---

165 Im Tobacco-Fall wurde auch das Parallelverhalten (Preisführerschaft) verurteilt. Vgl. J. W. *Markham*, The Nature and Significance of Price Leadership, a.a.O., S. 176 f.

166 Vgl. dazu S. L. *Gabriel*, Mißbrauch wirtschaftlicher Macht: Kriterien, Verfahren, Maßnahmen, in: Wirtschaft und Wettbewerb, Jg. 1968, S. 581—603, besonders S. 600 ff.

167 Sie wurde im wesentlichen von P. *Sylos-Labini*, Oligopoly and Technical Progress, Cambridge (Mass.) 1962 (amerikanische Übersetzung), aufgestellt und von F. *Modigliani*, New Development on the Oligopoly Front, in: The Journal of Political Economy, Bd. 66 (1958), S. 215—232, weiterentwickelt.

168 P. *Sylos-Labini*, a.a.O., S. 40.

Eintritt zu ermutigen. Diesem Konzept hält *Modigliani* entgegen, daß initiative Unternehmer selbst dann vom Eintritt in einen Markt abgehalten werden, wenn der Preis *nach* ihrem Eintritt nicht mehr die geforderte Mindestgewinnrate gewährleistet, was bei *Sylos-Labini* nicht zum Ausdruck komme. Der Einwand *Modiglianis* trifft besonders dann zu, wenn die wirtschaftliche Betriebsgröße relativ groß ist, da dann die Produktionsmenge (und damit die Angebotsmenge) auf dem betreffenden Markt signifikant erhöht wird, was eine deutliche Preissenkung zur Folge haben wird.

Nach *Modigliani*[169] erzeugen daher die Oligopolisten so viel (entry-preventing output), daß nach Eintritt eines Konkurrenten der neue Preis nicht mehr den „Mindestgewinn" erbringen würde.

Falls diese nur geringfügig voneinander abweichenden Hypothesen stimmen[170], hat dies folgende Konsequenz: Allein die Gefahr potentieller Konkurrenz bewirkt, daß Preis und Produktionsmenge trotz marktdominierender Unternehmen nahe am Wettbewerbsniveau sind — ein Ergebnis, das höchst beachtenswert erscheint und die Bedeutung des freien Marktzutritts besonders unterstreicht.

Gesetzt den Fall, die marktdominierenden Unternehmungen könnten ihrer Möglichkeit, den Marktzutritt zu erschweren, nicht beraubt werden. Während nun in *Fellners* Fall 2 und 3 klare wirtschaftspolitische Schritte unternommen werden können, stößt man im Fall 1 auf Schwierigkeiten: einerseits bringt der größere Betrieb economies of scale[171], während er andererseits steigende wirtschaftliche Macht erhält, die er auch mißbrauchen kann[172].

---

[169] Vgl. F. *Modigliani*, a.a.O., S. 218 f. (Die Formeln können dort nachgelesen werden.)

[170] Ihre empirische Relevanz wurde nach unserem Wissen noch nicht getestet.

[171] Obwohl es möglich ist, daß bei sehr großen Betrieben diseconomies of scale auftreten (besonders im Bereich der Vertriebskosten), kann es doch als sehr wahrscheinlich erachtet werden, daß ceteris paribus steigende Betriebsgrößen mit sinkenden Durchschnittseinheitskosten verbunden sind. Empirische Untersuchungen brachten wegen der Schwierigkeit der Materie zwar noch keine eindeutigen Resultate, aber es leuchtet das Argument ein, daß alle kostensenkenden Maßnahmen kleinerer Betriebe auch von Großbetrieben wahrgenommen werden können, was umgekehrt nicht unbedingt der Fall sein muß.

Vgl. zu dieser Problematik auch C. A. *Smith*, Survey of the Empirical Evidence on Economies of Scale, in: Business Concentration and Price Policy, Princeton 1955, S. 213—230; J. S. *Bain*, Economies of Scale, Concentration and the Condition of Entry in Twenty Manufacturing Industries, a.a.O.; F. T. *Moore*, Economies of Scale: Some Statistical Evidence, in: The Quarterly Journal of Economics, Bd. 73 (1959), S. 232—245.

[172] Es mag in diesem Zusammenhang von Bedeutung sein, daß das deutsche Bundeskartellamt und die deutsche Bundesregierung neuerdings die Meinung vertreten, daß die optimale Betriebsgröße von den meisten Firmen bereits erreicht sei. Vgl. Bericht des Bundeskartellamtes über seine Tätigkeit

Hier spielt auch die Frage der Konzentration herein: Man unterscheidet horizontale (gleichartige Unternehmen), vertikale (Unternehmen verschiedener Produktionsstufe) und heterogene (Konzerne, die unterschiedliche Produkte erzeugen) Konzentration[173, 174]. Die heterogene[175] und zum Teil auch die vertikale Konzentration entspringt dem Sicherheitsstreben der Unternehmen oder dem Streben nach Marktmacht, während economies of scale häufig die Ursache für horizontale und z. T. auch für vertikale[176] Konzentration bilden[177].

Danach stellt sich die Frage, wie wirtschaftspolitisch vorzugehen ist: Soll die Konzentration[178] bekämpft und sollen Großbetriebe zerschlagen werden, oder ist eine wirtschaftspolitische Mißbrauchsaufsicht[179] vorzuziehen? Es wird wohl zweckmäßiger sein, im vorliegenden Zusammenhang nicht ordnungspolitischen Idealen nachzustreben, und sich vielmehr für die zweite Form der wirtschaftspolitischen Intervention zu entscheiden. Dies ermöglicht die Realisierung von economies of scale, auf die sonst verzichtet werden müßte.

Abschließend streifen wir noch die Problematik der Wettbewerbsregeln: es handelt sich hierbei um Normen der Gestaltung des Wettbewerbs. Vom wirtschaftlichen Standpunkt ist die Forderung nach der

---

im Jahre 1968 sowie über Lage und Entwicklung auf seinem Aufgabengebiet, und die beigefügte Stellungnahme der Bundesregierung zu diesem Bericht, Drucksache V/4236, a.a.O., S. 2 und S. 8 ff.

[173] Vgl. A. *Reuter*, Konzentration und Wirtschaftswachstum, Köln — Opladen 1967, S. 17 f.

[174] Nur die horizontale und die vertikale Konzentration erhöhen gleichzeitig den Monopolgrad. Vgl. dazu K. *Brandt*, Konzentration und wirtschaftliche Entwicklung, in: H. *Arndt* (Hrsg.), Die Konzentration in der Wirtschaft, Bd. III: Wirkungen und Probleme der Konzentration, Schriften des Vereins für Socialpolitik, NF Bd. 20/III, Berlin 1960, S. 1471—1521 (hier S. 1471).

[175] Eine Ausnahme bildet die Verbundproduktion.

[176] Z. B. wenn „in einer Wärme" gearbeitet wird, usw.

[177] Es ist gegenwärtig in allen entwickelten Industrieländern ein Konzentrationsprozeß zu beobachten. Für Österreich vgl. H. *Durstberger*, Versuche einer Anwendung von Konzentrationsmaßen in Österreich, in: Quartalshefte der Girozentrale, Heft 3, September 1968, S. 69—83.

[178] Auf die Schwierigkeit der Konzentrationsmessung verweist besonders K. *Brandt*, a.a.O., S. 1486 ff.: Ein Zugang von Firmen, die nach oben oder unten von der durchschnittlichen Betriebsgröße abweichen, erhöht die Streuung und damit die Konzentration (da die Streuung als Maß der Konzentration angesehen wird). Verlassen umgekehrt nur kleine oder sehr große Firmen die Branche, sinkt die Streuung und damit die Konzentration.

[179] Besonders F. W. *Dörge*, Konzentration und Kooperation in der wachsenden Wirtschaft, in: Hamburger Jahrbuch für Wirtschafts- und Gesellschaftspolitik, Bd. 6 (1961), S. 109—141 (hier S. 114), weist darauf hin, daß es für Verbände sehr nachteilig ist, vor das Kartellamt geladen zu werden. Und auch *Andreae* tritt bei Mißbrauch monopolistischer Stellungen für eine Staatsaufsicht ein; vgl. C. A. *Andreae*, Machtkonflikt und Machtkonkurrenz in der Marktwirtschaft, in: C. A. *Andreae* und *W. Glahe*, Das Gegengewichtsprinzip in der Wirtschaftsordnung (I), Bd. I: Wirtschaftliche Macht und Wettbewerb, Köln — Berlin — Bonn — München 1966, S. 27—71 (hier S. 66).

Einführung von „Wettbewerbsregeln" mit Skepsis zu verfolgen, da „neben dem Wunsch, bestimmte betrügerische und wettbewerbsbeschränkende Praktiken auszuschließen, vielfach beabsichtigt ist, den Wettbewerbsdruck zu vermindern"[180].

Wettbewerbsregeln werden hauptsächlich von Wirtschaftsverbänden gefordert, die einerseits den Preiswettbewerb und andererseits den Nebenleistungswettbewerb unter ihre Kontrolle bringen wollen[181].

IV. Marktstruktur und technischer Fortschritt

Bisher haben wir einmal verschiedene wettbewerbstheoretische Ansätze auf ihre Fruchtbarkeit für unser Thema geprüft, zum anderen Zusammenhänge zwischen Wettbewerbsbeschränkungen aller Art und Gewinn- sowie Wachstumsrate einer Unternehmung bzw. einer Branche aufzuzeigen gesucht — wobei der technische Fortschritt zwar mehrfach angesprochen, aber die Rolle, die er für unsere Problemstellung spielt, noch nicht analysiert wurde. Wir wollen diese Problemstellung genau umreißen; in diesem letzten Kapitel wird versucht, eine Antwort auf folgende Frage zu finden: Gibt es Evidenz dafür, daß der technische Fortschritt (Schaffung neuer bzw. qualitativ verbesserter Produkte bzw. Einführung effizienter Produktionsverfahren) in signifikant größerem Ausmaß von bestimmten Marktstrukturen getragen wird[182]?

1. A-priori-Argumente

a) Die theoretische Spekulation vermag auf diese Frage keine definitive Antwort zu geben. Bekanntlich hat *Schumpeter* behauptet, realisierte bzw. zukünftig erwartete Monopolprofite und die hierdurch gefestigte Marktmacht einer Unternehmung seien Voraussetzung dafür, Risiken eingehen zu wollen und die Unsicherheit innovatorischer Aktivitäten auf sich zu nehmen[183].

---

180 H. *Oehler*, Wettbewerbsregeln als Instrument der Wettbewerbspolitik, Marburg 1968, S. 37.

181 Vgl. H. *Oehler*, a.a.O., S. 38 f.

182 Hierzu vor allem, mit umfangreichen Literaturzitaten, E. *Kaufer*, Die Ökonomie von Forschung und Entwicklung, in: Wettbewerb als Aufgabe, a.a.O., insbesondere Abschnitt VII („Unternehmensgröße, Marktstruktur und technischer Fortschritt"), S. 445 ff.

183 J. A. *Schumpeter*, Theorie der wirtschaftlichen Entwicklung (1912), zitiert nach: 6. Aufl., Berlin 1964, S. 100 f.; ders., Kapitalismus, Sozialismus und Demokratie, a.a.O., S. 135; vgl. auch folgende Zusammenfassung des *Schumpeter*schen Arguments: „His central notion was that some degree of market power provided both the finance and the ‚breathing space' which made possible the risky investments in innovation, and also provided the rewards ... which were necessary to stimulate others to innovate" (C. *Kaysen* und D. F. *Turner*, Antitrust Policy, Cambridge [Mass.] 1959, S. 83).

Es ist zu beachten, daß *Schumpeter* nicht so interpretiert werden darf, als

Galbraith[184] vertritt eine ähnliche Meinung, die vornehmlich auf folgende Argumente gestützt wird: (i) Nur große Unternehmungen verfügen über die nötigen Ressourcen, Innovationen durchführen zu können. (ii) Nur große Unternehmungen sind imstande, vielfältige Forschungsvorhaben durchzuführen, deren Verluste und Gewinne sich zumindest ausgleichen würden. (iii) Eine Innovation „lohnt" sich nur dann, wenn eine Unternehmung einen hinreichend großen Marktanteil kontrolliert, der es gestattet, die Innovation wirtschaftlich voll auszubeuten.

b) Den konträren Standpunkt nimmt die klassische (neoklassische) Konkurrenzhypothese ein. Unter der stillschweigenden Annahme, daß Betriebsgrößenvorteile rasch ausgeschöpft sein würden, behauptet sie, daß nur der (vollständige) Wettbewerb für starkes Wirtschaftswachstum sorge. Er leite die knappen, für Investitionen bereitgestellten Ressourcen sukzessiv in Verwendungen höchster Kapitalproduktivität, wobei einerseits die erwarteten Profite als Triebfeder einer raschen Diffusion des technischen Fortschritts wirken, andererseits der Wettbewerb sicherstellt, daß: erstens wegen der Gefahr der Verdrängung vom Markt die Erfindungsanstrengungen forciert und Innovationen durchgeführt werden, und zweitens die Vorteile der wirtschaftlichen Entwicklung einer technischen Idee nicht auf den Innovator beschränkt bleiben, sondern schließlich den Konsumenten zugute kommen, indem die Preise der Konsumgüter auf die minimalen Durchschnittskosten der (allen Wettbewerbern zugänglichen) optimalen Betriebsgröße sinken. „Im Wechselspiel zwischen der im Vollzug technischer Fortschritte möglichen Produktdifferenzierung und der immer wieder wirksam werdenden Kostennivellierung wird die für hohes Wachstum notwendige hohe Investitionsrate bei gleichzeitig niedrigem Kapitalkoeffizienten hervorgebracht"[185]. Damit ist eine Beziehung zwischen dem Wettbewerbsargu-

---

ob akkumulierte Profite stets innovatorischer Aktivität zugeführt würden und andere Alternativen nicht zur Verfügung ständen. Ferner ist *Schumpeters* „Durchsetzung neuer Kombinationen" sachlich weiter gefaßt als technischer Fortschritt im Sinne von A. E. *Ott*, denn „Innovation" meint bei *Schumpeter* auch die Erschließung neuer Absatzmärkte, die Eroberung neuer Bezugsquellen und die Schaffung neuer Organisationsformen (z. B. Fusionen). Die etwas später anzuführenden Regressionsanalysen zwischen Aufwendungen für Forschung und Entwicklung (im folgenden kurz als „F- und E-Aufwendungen" bezeichnet) und Firmengröße, Konzentrationsverhältnissen oder anderen mehr minder adäquaten Indikatoren von Marktmacht „erklären" deshalb höchstens einen Teil der statistischen Beziehungen zwischen *Schumpeters* „Innovation" und Monopol- bzw. Marktmacht (J. W. *Markham*, Market Structure, Business Conduct and Innovation, in: The American Economic Review, Bd. 55 [1965], S. 324).

[184] J. K. *Galbraith*, American Capitalism, Boston 1952, S. 93: „There must be some element of monopoly in an industry if it is to be progressive".

[185] K. *Brandt*, Konkurrenzprobleme im wirtschaftlichen Wachstum, a.a.O., S. 219; vgl. ferner etwa C. F. *Carter* und B. R. *Williams*, Investment in Inno-

ment und dem *Harrod-Domar*-Wachstumsmodell hergestellt. Einwendungen gegen eine Realinterpretation dieses Modells wurden bereits in Kapitel I erhoben, hier geht es allein um die Beziehung zwischen Marktstruktur und technischem Fortschritt bzw. um mögliche marktstrukturelle Determinanten der hinter diesem Kürzel verborgenen mikroökonomischen Innovations- und Wachstumsprozesse.

Beide Thesen leiden an einer Unbestimmtheit der Aussage, die es nicht erlaubt, verläßliche Therapien und Prognosen hinsichtlich des Einflusses der Marktstruktur bzw. des Marktverhaltens auf Verwirklichung und Ausbreitung des technischen Fortschritts zu machen. Insbesondere markieren sie nur Grenzfälle, nämlich daß sogenannte vollständige (vollkommene) Konkurrenz nicht zum technischen Fortschritt beitrage, bzw. das gegenteilige Argument. Doch wie steht es um den innovatorischen Beitrag der Marktstrukturen zwischen Monopol und vollständiger (vollkommener) Konkurrenz; sind insbesondere Oligopole Garanten technischer und organisatorischer Progressivität?

c) In *Schumpeter's* Nachfolge haben spätere Autoren, vor allem *Villard,* einen eindeutigen (nicht bloß hypothetischen, das ist als Voraussetzung einer möglichen Verhaltensweise) monoton steigenden Zusammenhang zwischen den realisierten Profiten (bzw. einem anderen Indikator der Marktmacht, z. B. der Größenklasse gemessen in Beschäftigungszahlen) und innovatorischer Aktivität postuliert[186].

Es wird sich zeigen, daß diese These in solcher Allgemeinheit nicht aufrechterhalten werden kann. Doch bevor wir ihre Zurückweisung theoretisch zu rechtfertigen versuchen, wenden wir uns empirisch-ökonomischen Untersuchungen der postulierten Zusammenhänge zu, indem wir über eine Auswahl referieren. Zu beachten ist, daß diese

---

vation, London 1958, S. 46 f.: „For the greater the degree of competition, the smaller the margin of profit is likely to be, and the greater the pressure to find really productive projects and the more stress there is on research and on evaluation, the more information there will be available as the basis for decisions, and the more people there will be with an interest in ensuring that a ‚rational' choice is made". Einige Einschränkungen werden aber doch für nötig gehalten: „Competition may lead to technical progress if it is supported by an appropriate provision for research and development, and if its stimulating effects are not outweighed by the uncertainty it creates. Without these conditions, however, one may have keen competition but continuing technical backwardness" (S. 48).

[186] H. H. *Villard,* Competition, Oligopoly, and Research, in: The Journal of Political Economy, Bd. 65 (1958), S. 483—497, betrachtet „competitive oligopoly" als die innovatorischer Aktivität „günstigste" Marktstruktur: „Oligopoly" mit der Begründung, daß diese Marktform Risikoverteilung durch breit gefächerte Produktvariation und einen längeren zeitlichen Planungshorizont erlaube; „competitive" mit dem Argument, daß nur der Wettbewerb zu Forschung und Entwicklung antreibe. Anderer Ansicht ist J. *Schmookler,* Bigness, Fewness, and Research, in: The Journal of Political Economy, Bd. 67 (1959), S. 628—632; Antwort von *Villard,* a.a.O., S. 633—635.

Studien auf Grund von Daten des „manufacturing sector" der USA angestellt wurden und die gewonnenen Ergebnisse (sowohl zeitlich wie örtlich) nicht unbesehen verallgemeinert werden dürfen; berücksichtigt man andererseits den von der nordamerikanischen Volkswirtschaft auf die westeuropäischen Volkswirtschaften ausgehenden spezifischen „effet de domination" *(Perroux)*, so wird man doch diesen amerikanischen Untersuchungen allgemeinen Erklärungswert nicht absprechen dürfen.

Zunächst liegt die Vermutung nahe, daß größere Firmen mehr für industrielle Forschung und Entwicklung aufwenden werden als kleine. Nach den Daten der National Science Foundation waren und sind in den USA die F und E Aufwendungen in hohem Maße in großen und größten Unternehmungen konzentriert. 1953 besaßen nur 4 v.H. aller Unternehmungen mit weniger als 500 Beschäftigten eigene Forschungs- und Entwicklungsabteilungen, bei Firmen mit mehr als 5000 Beschäftigten betrug dieser Prozentsatz dagegen 80 v.H.; ferner waren 72 v.H. der industriellen F und E Aufwendungen auf sie vereinigt, während ihr Anteil an der Beschäftigtenzahl des „manufacturing business" nur 40 v.H. betrug. 1961 führten insgesamt etwa 11 800 Unternehmungen F und E durch; 391 (das sind 3,3 v.H. dieser Firmen) beschäftigten 5000 und mehr Arbeitnehmer und vereinigten 80 v.H. der nicht-staatlich finanzierten F und E Aufwendungen auf sich[187]. Ferner zeigt sich, daß F und E in einigen Branchen stark konzentriert sind, und zwar naheliegenderweise in solchen, in denen technologische und Produktverbesserungen die größte Chance haben: Chemie (19 v.H.), Elektrische und elektronische Ausrüstung (19 v.H.), Motorfahrzeugbau und Transporteinrichtungen (14 v.H.), Maschinenbau (13 v.H.), Flugzeug- und Raketenbau (8 v.H.) vereinigten 75 v.H. aller selbstfinanzierten F und E Aufwendungen auf sich[188].

---

[187] R. *Caves*, a.a.O., S. 101; J. W. *Markham*, Market Structure ..., a.a.O., S. 326 f.

[188] Wie insbesondere *Schmookler* (J. *Schmookler*, Invention and Economic Growth, Cambridge [Mass.] 1966) dargelegt hat, hängt die Allokation der Gewinne und Abschreibungen einer Unternehmung auf die Produktion bereits am Markt eingeführter Güter, auf Werbung (Verschiebung der Nachfragekurve) und/oder schließlich auf F und E (Prozeß- und/oder Produktinnovation) — neben den Nachfragebedingungen, der Konjunkturphase u. ä. — in entscheidendem Maße „von ihrer Position in der Matrix der produktmäßigen und technologischen interindustriellen Beziehungen ab. Ob eine Unternehmung für die Strategie der Forschung und Entwicklung optiert oder nicht, hat zunächst einmal mit dieser Position und nicht mit ihrer Größe oder der Marktstruktur zu tun" (E. *Kaufer*, Ökonomie von Forschung und Entwicklung, a.a.O., S. 447).

Neben den technologischen Möglichkeiten und dem großen Marktanteil dieser Firmen darf zur Begründung der angeführten starken Konzentration allerdings nicht vergessen werden, daß die amerikanische Regierung ihre Aufträge bevorzugt größeren und großen Unternehmungen zukommen läßt. Die staatliche Forschungsfinanzierung betrug 1961 in der Flugzeug- und Raketenindustrie 91 %, in der Elektroindustrie 66 % der jeweiligen F- und E-Aufwen-

Gefragt wird nun, ob die F und E Aufwendungen der größeren und großen Unternehmungen einer „Industrie" überproportional mit der Firmengröße zunehmen. *Worley* hat 8 Industriegruppen der USA ausgewählt und in den jeweils nach der Höhe ihrer Beschäftigtenzahl gereihten 25—30 größten Unternehmungen jeder Branche den Umfang des F und E Personals je 1000 Beschäftigten für 1955 zusammengestellt[189]. Er fand nicht nur — was zu erwarten war — große interindustrielle Unterschiede, sondern vor allem auch enorme Spannweiten innerhalb einer Branche:

F und E Personal pro 1000 Beschäftigte
in großen Unternehmungen 8 ausgewählter Industriezweige

Industriezweig	Anzahl der Firmen	Mittel	F- und E-Personal pro 1000 Beschäftigen	
			Median	Spannweite
Nahrungsmittel	25	11,6	8,1	0,4— 43,5
Chemische Produkte	29	50,3	44,7	9,0—109,4
Petroleum	24	27,8	27,6	4,7— 58,5
Steine, Glas, Erden	16	14,6	9,6	2,7— 39,6
Primärmetalle	24	5,8	3,6	1,2— 23,6
Maschinen (ausg.: elektrische)	26	22,1	10,4	3,0— 95,0
Elektroindustrie	25	48,8	36,0	3,3—201,1
Transporteinrichtungen	29	25,5	21,4	1,4— 91,8

Quelle: J. S. *Worley*, a.a.O., S. 185.

„Comparison or rank order of research-and-development personnel per thousand employers with rank order of employment size reveals no strong relationship. Instead, there appears a tendency for firms near the middle of the distribution to hire relatively more research-and-development personnell then do firms at either end, and in four of the eight industries the firm employing the relatively greatest number of research-and-development personnel is smaller in size then the firm employing the relatively smallest number"[190].

dungen (D. *Hamberg*, Size of Firm, Oligopoly and Research: The Evidence, in: The Canadian Journal of Economics and Political Science, Bd. 30 [1964], S. 64).

[189] J. S. *Worley*, Industrial Research and the New Competition, in: The Journal of Political Economy, Bd. 69 (1961), S. 183—186.

[190] J. S. *Worley*, a.a.O., S. 185.

Auch Regressionsanalysen für jeden einzelnen Industriezweig konnten keinen statistisch signifikanten Beweis dafür erbringen, daß in der Regressionsgleichung

$$Y_i = AX_i^b \quad \text{bzw.} \quad \log Y_i = \log A + b \log X_i$$

(Y_i = Anzahl des Forschungspersonals in Unternehmung i, X_i = Gesamtbeschäftigung dieser Unternehmung, A = Konstante), b, die Elastizität des Forschungspersonals in bezug auf die Betriebsgröße, größer als 1 ist[191]. *Worley* warnt aber zu Recht davor, dieses Resultat zu verabsolutieren. So mag die Firmengröße in anderer Weise für die F und E Aufwendungen bestimmend sein: Es können etwa „economies of scale" in F und E eine bestimmte Mindestgröße der Laboratorien bedingen, die sich aber nicht unbedingt in einer überproportionalen Vermehrung des F und E Personals ausdrücken muß. *Worley* teilt die Meinung *Nutter's*, daß „research has come to be centered in industrial giants partly because the giants were there, ready to welcome the advances of science and the advantages of having scientists in their employ. Restricting the size of these giants by one means or another might merely shift the location of research without seriously hindering it"[192].

Große E und F Aufwendungen garantieren noch nicht an sich die Realisierung technischen Fortschritts. Andere Studien versuchen deshalb, die Effektivität der E und F Aufwendungen in bezug auf Firmengröße und Marktmacht zu erfassen. Gesetzt, wir messen Marktmacht durch das sogenannte Konzentrationsverhältnis, also den Anteil C_i der vier größten Firmen am Umsatz der Industrie i[193], und die Effektivität

---

[191] W. S. *Comanor*, Market Structure, Product Differentiation and Industrial Research, in: The Quarterly Journal of Economics, Bd. 81 (1967), S. 639—657, berechnet auf Grund dieses Regressionsansatzes u. a. Elastizitäten des Einsatzes von wissenschaftlichem Personal in bezug auf die Unternehmungsgröße für 21 Industrien der USA. Seine Ergebnisse scheinen nur in zwei Branchen (Erdöl und Elektrische Ausrüstung) Elastizitätskoeffizienten, die signifikant größer als 1 sind, zu ergeben.

[192] G. W. *Nutter*, Monopoly, Bigness and Progress, in: The Journal of Political Economy, Bd. 64 (1956), S. 526.

Es ist anzumerken, daß die hier referierten Untersuchungen für die USA in der Regel nur auf Daten derjenigen Unternehmungen einer Industrie basieren, die bereits so groß sind, daß sie eine formelle F und E Organisation besitzen und in den Statistiken der National Academy of Science — National Research Council (NAS-NRC) aufgeführt sind.

Das reiche Spektrum der Forschungs- und Entwicklungstätigkeit in kleineren Unternehmungen bestimmter Branchen, wie etwa der Elektro- und elektronischen oder der chemischen Industrie, ist nicht berücksichtigt.

[193] Zur Problematik der Messung der Marktmacht durch das sogenannte Konzentrationsverhältnis vgl. J. W. *Markham*, Market Structure ..., a.a.O., S. 324, der hervorhebt, es repräsentiere „after all only one of the many possible points on the cumulative concentration curve and not a summary index of the entire curve. Accordingly, even if industries identically monopolistic

der F und E Aufwendungen durch die Anzahl der in demselben Zeitraum durchgeführten (nach Meinung von Branchenkennern) „wichtigen" Innovationen, so müßten wir zur Unterstützung von *Schumpeters* und verwandten Thesen $P_i/C_i > 1.0$ finden, wobei P_i für den verhältnismäßigen Anteil der Innovationen der vier größten Firmen an der Gesamtheit der „wichtigen" Innovationen der „Industrie" *i* steht. *Williamson*[194] fand unter Benutzung von Angaben *Mansfield's*[195] für die amerikanische Stahl-, Petroleum- und Kohlenindustrie, daß P_i/C_i ab einem „kritischen" Konzentrationsverhältnis kleiner als 1 wird. Das kritische C_i betrug nach den verwendeten Daten 50 v.H.; der Korrelationskoeffizient zwischen C_i und P_i/C_i errechnete sich zu r = 0,985[196].

Andere Autoren haben als Indikator der Effizienz von F und E Aufwendungen die einer Unternehmung in einem bestimmten Jahr verliehenen Patente[197] benutzt[198]. *Scherer* gelangt in einer Studie, der als Stichprobe die 500 im Jahre 1955 nach „Fortune" größten Industrieunternehmungen der USA zugrunde lagen, zu folgender Beziehung

---

by a true measure of monopoly always earned identical monopoly-profits, one would surely still expect to find what we in fact find: considerable variation in reported profits among industries having concentration ratios of roughly the same magnitude".

[194] O. E. *Williamson*, Innovation and Market Structure, in: The Journal of Political Economy, Bd. 72 (1965), S. 67—73.

[195] E. *Mansfield*, Size of Firm, Market Structure, and Innovation, in: The Journal of Political Economy, Bd. 71 (1963), S. 556—576, registrierte wichtige Erfindungen für die im Text angeführten Industriezweige und errechnete für 1919—1938 (bzw. 1939—1958) *Pi/Ci* für Erdöl zu 1,42 (1,26), für Kohle zu 2,46 (2,31), dagegen für Stahl nur zu 0,48 (0,68). Mithin hatten die führenden Unternehmen der Stahlindustrie einen weitaus geringeren Anteil an wichtigen Innovationen aufzuweisen, als ihrem Marktanteil entsprach. *Mansfield* schloß daraus, daß die „optimale Betriebsgröße" der Stahlindustrie erheblich unter der Betriebsgröße der größten Firmen dieser Branche liegen müssen.

[196] Das zugrunde liegende Regressionsmodell lautete:

$$R_{it} = \alpha_0 + \alpha_1 C_{it} + U_{it} \qquad \begin{array}{lll} (R_{it} & = & P_{it}/C_{it} \\ t & = & \text{Zeitindex} \\ U_{it} & = & \text{Irrtumsglied} \\ \alpha_0, \alpha_1 & = & \text{Parameter)} \end{array}$$

Dieser Ansatz ergab folgendes Resultat:

$$R_{it} = 2{,}73 - \underset{(0.0027)}{0.0354}\, C_{it}$$

Ein alternativer Regressionsansatz:

$$R_{it} = \beta_0\, C_{it}^{\beta_1}\, V_{it} \qquad \begin{array}{lll} (\beta_0, \beta_1 & = & \text{Parameter} \\ V_{it} & = & \text{Irrtumsglied)} \end{array}$$

lieferte:

$$\ln R_{it} = 2{,}77 - \underset{(0.145)}{0.809}\, \ln C_{it}$$

und ein „kritisches" Konzentrationsverhältnis von sogar nur 30 % (O. E. *Williamson*, a.a.O., S. 69/70).

zwischen der in Umsatzerlösen von 1955 gemessenen Größe S_i dieser Firmen und der Anzahl der ihnen 1959 verliehenen Patente P_i:

$$P_i = 10.65 + \underset{(4.09)}{73.81}\, S_i \quad r^2 = 0.422$$

Das sogenannte „demand pull"-Argument, nämlich daß „the greater the sales of a firm in any given market, the more incentive and resources the firm has to generate patentable inventions related to that market"[199], vermag also für diese Stichprobe nur 42 v.H. der Gesamtvarianz von P_i zu erklären. Es gelang, durch Einführung von signifikanten „intrafirm differences" die „rein" zufallsbedingte „unerklärte" Varianz von P_i auf 16 v.H. einzuschränken. Diese signifikanten „intrafirm differences" bestehen vornehmlich in (i) unterschiedlichen Gelegenheiten der einzelnen Industriezweige, technologische Verbesserungen vorzunehmen[200] („Erklärungsbeitrag" dieser „technical push hypothesis": 30 v.H.) und (ii) in der unterschiedlichen Neigung, Erfindungen patentieren zu lassen („Erklärungsbeitrag": 12 v.H.).

---

[197] Erworbene Patente sind ebenfalls nur ein relativ grobes Maß der Effizienz von F und E Aufwendungen. Denn erstens wird nur auf die Anzahl und nicht auf die Qualität (technische Bedeutung der Patente) abgestellt, und zweitens sind Patente nicht das einzige Mittel, einer Unternehmung den wirtschaftlichen Erfolg einer Erfindung zu sichern. Da Geheimhaltung (Betriebsgeheimnis) und der — in seiner zeitlichen Länge allerdings von Marktstruktur und Marktverhalten abhängige — Vorsprung unter Umständen ähnlich wirken, haben Interviews und Fragebogenaktionen mit amerikanischen Unternehmen eher unterschiedliche Antworten auf die Frage „Forschungsanreiz durch Patente" erbracht: Die elektronische, chemische und Arzneimittelindustrie machen starken Gebrauch von Patenten; nicht so die Automobil-, Papier-, Gummi-, Maschinenbauindustrie oder die Luftfahrtindustrie. Letztere, deren Forschungsvorhaben hauptsächlich im Auftrag der Bundesregierung durchgeführt und von ihr finanziert werden, erwirbt deshalb seltener Patente, weil die Kontraktbestimmungen ihr bezüglich einer Erfindung in der Regel vorschreiben, entweder die Ausschließlichkeitsrechte der US-Regierung zu überlassen oder der Industrie gebührenfreie Lizenzen zu erteilen.

Ferner scheint auch die Firmengröße eine Rolle zu spielen, da vor allem kleine Firmen des Patentschutzes zu bedürfen scheinen. (Vgl. A. E. *Kahn*, The Role of Patents, in: J. P. *Miller* (Hrsg.), Competition, Cartels and their Regulation, Amsterdam 1962, S. 319—323). Letzteres ist durch das theoretische Argument gestützt, daß scharfer Wettbewerb den Marktpreis eines neuen Produkts bald (unter allfälliger Berücksichtigung eines „Normalprofits") auf seine Herstellungskosten herabdrücken würde, in denen die spezifischen Erfindungs- und Entwicklungskosten, die ja nur dem Erfinder bzw. Innovator entstanden, nicht enthalten sind; mit anderen Worten: Ein ausreichender Ertrag zur Deckung der Aufwendungen für eine neue technische Lehre scheint in diesen Fällen ohne Patentschutz nicht gewährleistet (F. *Machlup*, Patentwesen [II], a.a.O., S. 241).

[198] F. M. *Scherer*, Firm Size, Market Structure, Opportunity and the Output of Patented Inventions, in: The American Economic Review, 55 (1965), S. 1097 bis 1125.

[199] F. M. *Scherer*, a.a.O., S. 1100.

Ähnlich *Worley* und *Williamson* zieht auch *Scherer* aus seinem Material die Schlußfolgerungen, „that inventive inputs (R und D employment) and outputs (patents) increase less than proportionally with sales" (S 1104), und daß „the data suggest that smallness is not necessarily an impediment to the creation of patentable inventions and may well be an advantage" (S 1105). Das Hauptergebnis aller erwähnten Studien ist also, daß bis zu einer bestimmten, von Industrie zu Industrie variierenden Firmengröße das Verhältnis von F und E zu einem Index der Firmengröße bzw. Marktmacht mehr als proportional mit der Firmengröße wächst; dann wird ein Wendepunkt erreicht, und sehr große Firmen weisen keine signifikanten Zuwächse an innovatorischer Aktivität mehr auf, ja, sie haben unter Umständen sogar einen Rückgang zu verzeichnen[201]. Ferner: „Inventive output does not appear to be systematically related to variations in market power, prior profitability, liquidity, or (when participation in fields with high technological opportunity is accounted for) degree of product line diversification"[202].

3. Einige Folgerungen

Forschung und Entwicklung, die „Produktion" neuer Technologien, sind zutreffend als sequentielles Suchverfahren beschrieben worden, das, je weiter es erfolgreich fortschreitet, in Zonen steigender Ausgaben, aber in der Regel abnehmender Unsicherheit vorstößt[203]. Die Frage nach der für die Vorantreibung des technischen Fortschritts optimalen Unternehmungsgröße läßt sich nicht eindeutig beantworten, weder a priori, noch auf der Basis empirischer Evidenz[204]. Da ferner die Deter-

---

[200] Vgl. oben S. 211 f. Große Möglichkeiten dieser Art bestehen z. B. in der Elektro- und elektronischen, in der chemischen und in der Erdölindustrie (E. *Mansfield*, Rates of Return from Industrial Research and Development, in: The American Economic Review, Papers and Proceedings, Bd. 55 [1965], S. 319, hat für die USA [1945—1958] die Rendite zusätzlicher Forschungsaufwendungen in der chemischen Industrie auf 30 %, in der Erdölindustrie sogar auf 40—60 % geschätzt, gering dagegen u. a. in der Textil- und Bekleidungs-, der Papier- und der Nahrungsmittelindustrie).

[201] So E. *Mansfield*, Industrial Research and Development Expenditures: Determinants, Prospects, and Relation of Size of Firm and Inventive Output, in: The Journal of Political Economy, Bd. 62 (1964), S. 334, für das Verhältnis der F und E Aufwendungen zum Umsatz der nach letzterem Merkmal geordneten größten Unternehmungen der Petroleum-, Arzneimittel- und Glasindustrie der USA im Vergleich mit „somewhat smaller firms".

[202] F. M. *Scherer*, a.a.O., S. 1121.

[203] E. *Kaufer*, Ökonomie von Forschung und Entwicklung, a.a.O., S. 422 ff.

[204] E. *Kaufer*, a.a.O., S. 447: „Am sehr unsicheren Anfang eines Projekts werden mit geringen Mitteln ganz andere Informationen erworben als am wenig ungewissen, jedoch teureren Ende. Wird ein F- und E-Projekt in die einzelnen Schritte der Informationssammlung zerlegt, so variiert die optimale Unternehmensgröße von Phase zu Phase. Kleine Unternehmen mögen großen in den ersten Phasen von F- und E-Vorhaben überlegen sein. Doch fehlen ihnen unter Umständen die Mittel, eine Erfindung durch die kostspie-

minanten von F und E eine komplexe Vielfalt aufweisen, in der u. a. technologische Möglichkeiten, Institution und Inspiration der Wissenschafter, Gewinnerwartungen sowie der Unternehmertypus zusammenwirken, ist es nicht einfach, vertretbare generelle (nämlich unabhängig von detaillierten Industriestudien, die dann in erster Linie für die betrachtete Industrie Geltung beanspruchen) Folgerungen hinsichtlich der Bedeutung der Marktstruktur für F und E zu ziehen.

Mehrfach wurde die ökonomische Ausnutzung technologischer Möglichkeiten als bedeutsames Entscheidungsmotiv für die Investition in F und E angesprochen. Dieser Aspekt legt es nahe, „ältere", d. h. in diesem Zusammenhang: technologisch ausgereifte Industrien von „jüngeren", sich wenigstens zum Teil noch in einer technologischen Experimentierungs- und Expansionsphase befindlichen Industrien zu unterscheiden. Oligopolistische Unternehmungen in „älteren" Industrien verfügen über einen bedeutenden technologischen Erfahrungsschatz, der z. T. durch Patente abgesichert ist. Man arbeitet in der Regel nur an gewissen technischen Vervollkommnungen der bewährten Produktionsprozesse und/oder beschränkt sich auf die Entwicklung von Produktvariationen. Wenn man in Betracht zieht, daß in den USA schätzungsweise 75 v.H. der industriellen F und E Budgets der Entwicklung neuer bzw. verbesserter Produkte gewidmet werden und nur etwa 25 v.H. der Entwicklung kostensenkender Produktionsprozesse bereits bekannter Produkte dienen[205], so erklärt dies vielleicht, daß Produktinnovationen neben „Werbung und Qualitätskontrolle oft eine symbolische Bedeutung für die Oligopolisten haben: Sie sind das Zeichen der Zusicherung friedlicher Koexistenz und der Enthaltung vom Preiskampf. Die Kosten der intensiveren Reklame oder der Qualitätsverbesserung machen selten einen so hohen Prozentsatz vom Verkaufswert aus wie eine Preisherabsetzung, die einem Anbieter zwar viele Kunden gewinnen könnte, wenn die Konkurrenten sich dies ruhig gefallen ließen, die aber für ihn so gut wie ‚hinausgeworfenes Geld' ist, wenn die Konkurrenten mit der gleichen Preissenkung antworten"[206].

---

ligen Endphasen hindurchzutragen. Ihre Ideen werden dann von großen Unternehmen aufgegriffen. Wie die optimale Unternehmensgröße während des Ablaufs eines konkreten Projekts variiert, so wechselt sie auch in der Menge aller Vorhaben einer Industrie. Die Häufigkeitsverteilung der Projektkosten aller F- und E-Vorhaben ist schief. Die meisten Projekte drängen sich am Ende der niedrigen Projektkosten zusammen, und ein schmaler Ausläufer reicht weit in den Bereich hoher Kosten hinein. Einige Projekte übersteigen selbst die Finanzkraft sehr großer Unternehmen; viele Vorhaben bleiben jedoch innerhalb der finanziellen Reichweite auch recht kleiner Unternehmen."

205 W. E. *Gustafson*, Research and Development, New Products, and Productivity Change, in: The American Economic Review, Papers and Proceedings, Bd. 52 (1962), S. 177—185.

206 F. *Machlup*, Art. Oligopol, in: Handwörterbuch der Sozialwissenschaften, Bd. 8 (1964), S. 92.

Diese Märkte, die sich in der „Ausreifungs-" bzw. „Sättigungsphase" *(Heuß)* mit nahezu stationärer Technik befinden, werden von ihren Teilnehmern durch Marktschranken verschiedenster Art, Fusionen und eine vielleicht nach der *Modigliani*schen These zu erklärende Absatzpolitik abgesichert: nämlich, die Ausbringung quasiverabredungsgemäß gerade so zu dimensionieren, daß der Preis durch Eintritt eines neuen Unternehmens infolge des zusätzlichen Angebots unter die von der Branche als angemessen betrachtete Mindestgewinnrate gedrückt würde[207]. Die Innovationen solcher Industrien haben also zumeist produktdifferenzierenden Charakter, über dessen ökonomischen Wert die Meinungen oft geteilt sind[208]. Es sprechen Gründe dafür, daß diese Art von Innovationen von einem volkswirtschaftlichen Standpunkt aus gesehen in gewissem Sinne Vergeudung sind, zu der ein Oligopolist gegenüber seinen Konkurrenten „verpflichtet" ist, und die eine Wettbewerbssituation schaffen, die von den anderen Oligopolisten in der Regel nicht als aggressiv empfunden wird.

Eine von der eben skizzierten sehr verschiedene Situation treffen wir in „jungen" Industrien an. Sie befinden sich noch in der Experimentierungs- bzw. Expansionsphase; Pioniere oder spontan imitierende Unternehmerpersönlichkeiten prägen dann der Branche ihren Stempel auf. Die angewandten Produktionsverfahren sind technologisch noch nicht voll ausgereift, die Einführung neuer Produkte beginnt vom Stadium zögernder, versuchsweiser Verwendung in das Stadium der allgemeinen Verwendung vorzustoßen[209]. Die Aussicht auf hohe Gewinne gewährleistet eine progressive technologische Entwicklung und beschleunigt die Diffusionsrate neuer, erfolgversprechender Erfindungen[210]. Die Va-

---

207 Vgl. Kapitel III, Punkt 3, lit. (d). Vorausgesetzt ist, daß der potentielle Konkurrent das nötige Kapital zu beschaffen vermag, um die technologisch und ökonomisch bestimmte Mindestkapazität erstellen zu können; das Argument ist, daß eben diese Kapazität nicht ausgenutzt werden kann, ohne daß der Absatzpreis aufhören würde eine bestimmte Mindestgewinnrate zu sichern („entry preventing output"-Hypothese). Sollte die neu zu errichtende Unternehmung hingegen über kostensenkende Prozeßinnovationen verfügen, so ist das Argument hinfällig, da dann der bisherige Absatzpreis sinken und trotzdem noch eine angemessene Mindestprofitrate gewährleisten kann.

208 Beispiele bieten etwa die Nahrungs- und Genußmittelindustrie oder die Automobilindustrie. Für letztere wurden die jährlichen Kosten, die in den USA aus Modelländerungen seit 1949 entstanden, auf ca. 5 Mrd. $ geschätzt (F. M. *Fisher*, Z. *Griliches*, C. *Kaysen*, The Costs of Automobile Model Changes since 1949, in: The Journal of Political Economy, Bd. 70 [1962], S. 433—451).

209 A. E. *Ott*, Art. Technischer Fortschritt, a.a.O., S. 312.

210 Versuche, die Determinanten der Diffusionsrate von Erfindungen zu bestimmen, haben (i) die erwartete Profitabilität und (ii) den durch die Innovation absorbierten Anteil an den Ressourcen einer Unternehmung als strategische Faktoren ausgewiesen (E. *Mansfield*, Industrial Research and Technological Innovation, New York 1968, Teil IV, Kap. 7—9, insbesondere S. 144). Aus Daten *Manfields* hat S. J. *Prais* (The Economic Journal, Bd. 77 [1968], S. 678) für zwölf Innovationen in vier Industriezweigen der USA (Kohle, Stahl,

riabilität der Wachstumsrate von Unternehmungen einer „jungen" Industrie ist in der Regel bedeutend größer als jene einer „alten" Industrie[211]. Da nun aber wesentliche wachstumsbestimmende Faktoren, wie insbesondere F und E Vorhaben, gerade in der Experimentierungsphase starken Zufallskomponenten unterliegen, kann dies in Verbindung mit stark unterschiedlichen individuellen Wachstumsraten in nicht zu langer Zeit zu einer beachtlichen Marktkonzentration führen: „Einige kleine Unternehmen stoßen unter günstigen Umständen in die Gruppe der großen vor, andere scheiden aus oder überleben in unbedeutenden Ecken des Marktes ... Diese Konzentration ist *Ergebnis* eines intensiven F und E Wettbewerbs, hingegen nicht seine Voraussetzung. Solche Industrien sind nicht progressiv, weil sie oligopolistisch organisiert sind. Sie sind vielmehr oligopolistisch organisiert, weil sie in der Vergangenheit das reiche Potential ausschöpfen konnten, das ihnen von der stürmisch sich entfaltenden technisch-wissenschaftlichen Basis geboten wurde"[212].

Die Frage nach dem Beitrag, den große Unternehmungen auf oligopolistischen Märkten für die Vorantreibung des technischen Fortschritts leisten, ist nach wie vor schwierig definitiv zu beantworten. Die empirische Evidenz legt jedoch nahe, ihre innovatorische Effizienz nicht zu überschätzen, zumal in wachstumsintensiven Sektoren wie z. B. der Elektronik neben Großprojekten (Großrechenanlagen) eine enorme Anzahl von Vorhaben mit niedrigen oder mäßigen Kosten existiert, deren erfolgreiche Durchführung aber gerade Erfindungsgabe und hochqualifizierte Präzisionsarbeit verlangt (Meß-, Test- und optische Instrumente, Hörgeräte, medizinische Geräte, Radargeräte, Nachrichtenübermittlung). Hier finden in erster Linie kleine Unternehmungen, denen es etwa aus dem Grunde unbürokratischer Betriebsführung oder landschaftlich reizvoller Lage gelingt, fähige Leute an sich zu ziehen, ein erfolgreiches Betätigungsfeld[213].

Brauereien, Eisenbahnen) folgende Elastizitätskoeffizienten der Diffusionsrate errechnet: 2 in bezug auf Profitabilität und 0,1 in bezug auf die absorbierten Ressourcen: „So profitability appears to be the most sensitive factor."

Hervorzuheben ist, daß der erwarteten Profitabilität, nicht den in der Vergangenheit akkumulierten Profiten hervorragende Bedeutung zukommt; andere Faktoren, wie die technische Lebensdauer von Maschinen, die durch die Innovation vorzeitig schrottreif würden, die Wachstumsrate der Industrie, die Phase des Konjunkturzyklus, die Liquidität, das Alter des Firmenpräsidenten u. a. fand *Mansfield* auf der Grundlage seiner Daten weder für das Datum der ersten Einführung noch für die Diffusion einer Innovation statistisch signifikant. Eine besondere Innovationsfreudigkeit großer und größter Unternehmungen ist *Mansfields* Resultaten nicht zu entnehmen.

[211] E. *Mansfield*, Entry, Gibrat's Law ..., a.a.O.

[212] E. *Kaufer*, Die Ökonomie von Forschung und Entwicklung, a.a.O., S. 456 und S. 464.

[213] E. *Kaufer*, a.a.O., S. 477 f. berichtet, daß auf dem Markt der Meß- und Testinstrumente der USA weit über hundert Firmen anbieten, von denen die größte nur etwa 10 % und die 20—50 größten nur etwa 75 % Marktanteil halten.

Die Hypothese, große Unternehmungen in oligopolistischen Märkten seien generell als Antrieb des technischen Fortschritts zu werten, darf also als nicht haltbar verworfen werden. Viele Entwicklungen in diesen Industrien sind, zumal wenn wir es mit technologisch „reifen" Branchen zu tun haben, „Verbesserungserfindungen", bei denen ein enger Zusammenhang mit den E und F Aufwendungen (bzw. E und F Personal) noch am ehesten verständlich ist. Zahlreiche Marktvorteile, die Verfügbarkeit gesicherter Rohstoffbasen, der Patentschutz, das ausgebaute Absatznetz ermöglichen es sogar, wie etwa im Falle der US-Stahlindustrie, in den F und E Anstrengungen nachzulassen. Sollten kleineren Unternehmungen wirklich bahnbrechende technologische Neuerungen gelingen, so werden diese, wenn den „Großen" ihre Einführung „nötig" erscheint, durch Ankauf günstig erworben[214]. Erfindungen, die neue technologische Fronten eröffnen, sind, insbesondere auf dem biologischen, chemischen und chemotherapeutischen Sektor, viel weniger „planbar": „Research is always something like a gamble; attempts to make it systematic do not guarantee results. Chance has played a great part in the inventive achievements of industrial research laboratories particular in the chemical field"[215]. Dazu kommt das Moment, ob die Unternehmensleitung fähig und gewillt ist, die Bedeutung einer neuen Erfindung zu erkennen und die Mittel für ihre Entwicklung freizugeben[216].

Es überrascht nicht, daß viele wichtige Erfindungen nicht in den Laboratorien der Riesenunternehmungen, sondern in kleinen Unternehmungen oder von unabhängigen Erfindern gemacht wurden. J. *Jewkes* u. a. untersuchten beispielsweise 61 „wichtige Erfindungen" des 20. Jahrhunderts (40 v.H. davon seit 1940) und fanden, daß nur zwölf davon aus Großunternehmungen, aber 33 von unabhängigen Erfindern herrührten. Ähnliche Proportionen fanden J. *Peck* für die amerikanischen Aluminiumindustrie, D. *Hamberg* für die amerikanische Stahlindustrie, J. L. *Enos* für die Entstehung sieben wichtiger Erfindungen in der Erdöl-

---

[214] Ein aufschlußreiches Beispiel ist die Diffusion des von den Vereinigten österreichischen Eisen- und Stahlwerken in Linz und Donawitz 1952 auf Grund von Vorarbeiten deutscher und schweizerischer Hochschullehrer entwickelten LD-Sauerstoff-Blasverfahrens. Die VOEST sind ein nach internationalen Maßstäben sehr kleines Unternehmen. Der erste amerikanische Lizenznehmer war die Kaiser Steel Company (1 % des US-Stahlmarkts), der erste Imitator die McLough Steel Company (1954), von ähnlich unbedeutender Größenordnung. Die Stahlgiganten United States Steel, Bethlehem Steel (1964), Republic Steel (1965) folgten erst mit einer Verzögerung von zwölf Jahren, und vieles spricht dafür, daß nur der von den „Kleinen" ausgehende Konkurrenzdruck sie dazu bewegt hat, das „neue" Stahlgewinnungsverfahren einzuführen [vgl. hierzu W. *Adams* und J. B. *Dirlam*, Big Steel, Invention and Innovation, in: The Quarterly Journal of Economics, Bd. 80 (1966), S. 167 bis 189, insbesondere S. 175 ff.].

[215] J. *Jewkes*, D. *Sawers*, R. *Stillerman*, The Sources of Invention, a.a.O., S. 129 f.

[216] J. *Jewkes*, et.al., a.a.O., S. 143 ff.

Raffinerie, also sämtlich Branchen von hohem Konzentrationsgrad[217]. Daß Grundlagenerfindungen relativ selten aus der Industrie herrühren, läßt sich ökonomisch u. a. begründen, daß (i) „moving from the applied-science end of the spectrum to the basic-science end, the degree of uncertainty about the results of specific research projects increases“[218], (ii) die sozialen Gewinne der Grundlagenforschung gewöhnlich die privaten erheblich übertreffen (Argument für staatliche Initiativen in der Grundlagenforschung), und (iii) die Unternehmen eine eher kurzfristige Amortisation ihrer Innovationen wünschen[219].

Die staatliche Forschungspolitik sollte daher langfristige Grundlagenforschung entweder durch staatliche Stellen, Universitäten oder andere wissenschaftliche Institute durchführen lassen oder auch den Laboratorien privater Unternehmungen gegen Aufwandserstattung in Auftrag geben. Die Ergebnisse dieser Forschung sind kostenlos zur Verfügung zu stellen, um eine im Sinne des technologischen Fortschritts optimale Nutzbarmachung ihrer Ergebnisse zu gewährleisten. Die staatliche Wettbewerbspolitik sollte u. a. das Ihre dazu beitragen, daß die Chance der Durchsetzung neuer, kostensenkender Technologien in der Industrie möglichst groß gehalten wird, indem sie dynamischen, initiativen Unternehmern positiv den Marktzutritt — etwa durch geeignete Patentgesetzgebung, Kapitalbeihilfen, Entgegenkommen bei der Standortsuche oder den behördlichen Formalitäten u. ä. — weitestgehend erleichtert und negativ leistungsfremde Abwehrpraktiken der etablierten Unternehmungen, wie wir sie in Kapitel III, Punkt 2 analysiert haben, unterbindet.

---

[217] Vgl. National Bureau of Economic Research, The Rate and Direction of Invention Activity, Economic and Social Factors, Princeton, N. J. 1962; ferner: Subcommittee on Antitrust and Monopoly of the Committee on the Judiciary, United States Senate „Economic Concentration“. Hearings, Part 3: „Concentration, Invention and Innovation“, Washington 1965, sowie H. O. *Lenel*, Die Bedeutung der großen Unternehmungen für den technischen Fortschritt, Tübingen 1968.

[218] R. R. *Nelson*, The Simple Economics of Basic Scientific Research, in: The Journal of Political Economy, Bd. 67 (1959), S. 302.

[219] D. *Hamberg*, Invention in the Industrial Research Laboratory, a.a.O., für empirische Evidenz einer überwiegend drei- bis fünfjährigen Amortisations-(pay-back-)Periode.

Wachstumsorientierte Wettbewerbspolitik[1]

Von Professor Dr. *Manfred Neumann* (Erlangen — Nürnberg)

In diesem Beitrag soll keine systematische Darstellung einer wachstumsorientierten Wettbewerbspolitik versucht werden, vielmehr werden nur einige ausgewählte Fragen grundsätzlicher Art behandelt. Aus diesem Grunde wird auch meist ganz summarisch vom Grad des Wettbewerbs und vom Monopolgrad in einer Volkswirtschaft gesprochen[2]. Es soll dagegen darauf verzichtet werden zu untersuchen, in welcher Weise einzelne Formen von Wettbewerbsbeschränkungen sich auf das Wachstum auswirken.

Im ersten Abschnitt behandeln wir auf der Grundlage der neoklassischen Wachstumstheorie das Problem der Beeinflussung der Wachstumsrate durch die Sparquote, die ihrerseits vom Monopolgrad einer Wirtschaft abhängig ist. Im zweiten Abschnitt wird durch eine Berücksichtigung des bekannten Harrodschen Unstabilitätstheorems[3] diskutiert, unter welchen Voraussetzungen eine Zunahme des Monopolgrades auf dem Wege über eine Erhöhung der Sparquote die Stabilität des Wachstumsgleichgewichtes beeinflußt. Im dritten Abschnitt gehe ich auf das von mir an anderen Stellen[4] ausführlicher behandelte Problem der Beeinflussung des technischen Fortschrittes durch den Wettbewerb ein. Die ersten drei Abschnitte bilden inhaltlich insofern eine Einheit, als stets makroökonomische Zusammenhänge analysiert werden. Im vier-

---

[1] Der Verfasser ist den Mitgliedern des Wirtschaftspolitischen Ausschusses des Vereins für Socialpolitik für Kritik und Anregungen zu Dank verpflichtet.

[2] Dabei soll der Monopolgrad durch die Maße von Lerner oder von Rothschild definiert werden. Vgl. A. P. *Lerner*, Der Begriff des Monopols und die Bestimmung der Monopolmacht, abgedruckt in: Preistheorie, Herausgeber A. E. *Ott*, Köln — Berlin 1965; K. W. *Rothschild*, The Degree of Monopoly, Economica N. S. 9, 1942. Häufig wird man praktisch zwar nicht in der Lage sein, diese Maße zu verwenden und dann faute de mieux auf die Zahl der Anbieter oder den Konzentrationsgrad zurückgreifen, dieses Verfahren ist aber nicht völlig unberechtigt, weil zwischen dem Konzentrationsgrad und den genannten Monopolmaßen eine gewisse Korrelation zu bestehen scheint. Vgl. dazu J. S. *Bain*, Industrial Organization, 2nd ed. New York 1968, S. 430 ff., und D. *Schwartzman*, The Effect of Monopoly on Price, Journal of Political Economy 67, 1959.

[3] R. F. *Harrod*, Towards a Dynamic Economics, London 1948, S. 85 ff.

[4] M. *Neumann*, Kapitalbildung, Wettbewerb und ökonomisches Wachstum, Berlin, Heidelberg, New York 1968; ders., Stabilisierung des Wachstumsgleichgewichts durch induzierten Strukturwandel und die Rolle des Wettbewerbs, Jahrbücher für Nationalökonomie und Statistik 182, 1968.

ten Abschnitt wird dagegen eine mikroökonomische Fragestellung aufgegriffen und untersucht, ob durch gewisse institutionelle Entwicklungen der jüngsten Zeit, die Diversifikation und die Ausgliederung einer selbständigen Erfindungsindustrie aus der Anwendungsindustrie, eine Verstetigung des Wachstumsprozesses erreicht werden kann.

I. Monopolgrad und Wachstumsrate bei Gleichgewicht von Investieren und Sparen

1. Ein heute allgemein bekanntes Theorem der neoklassischen Wachstumstheorie besagt, daß unter der Voraussetzung eines Gleichgewichtes von Investieren und Sparen bei Vollbeschäftigung eine Erhöhung der Sparquote nur vorübergehend zu einer Erhöhung der Wachstumsrate führen kann und daß langfristig die Wachstumsrate ausschließlich vom Bevölkerungswachstum und von der Rate des technischen Fortschrittes abhängig ist. Dabei haben neuere Überlegungen gezeigt, daß man bei der wohl nicht unrealistischen Annahme eines kapitalgebundenen technischen Fortschrittes damit rechnen kann, daß nach einer Änderung der Sparquote die Anpassung an die langfristige, die natürliche Wachstumsrate normalerweise in einer Zeitspanne von wenigen Dezennien praktisch vollständig vollzogen ist[5]. Die langfristige Unabhängigkeit der Wachstumsrate von der Sparquote hängt damit zusammen, daß bei einer Veränderung der Sparquote der durchschnittliche Kapitalkoeffizient auf Grund des Gesetzes vom fallenden Ertragszuwachs sukzessive im gleichen Maße wie die Sparquote verändert wird.

Dieses Theorem der neoklassischen Wachstumstheorie liefert nun eine Basis für die Beurteilung des Einflusses eines zunehmenden Monopolgrades. Man kann davon ausgehen, daß bei einem gewissen vorhandenen Monopolgrad nicht das gesamte Volkseinkommen als Faktoreinkommen ausgeschüttet wird. Vielmehr stellt ein Teil des Volkseinkommens den Monopolgewinn dar. Es ist sicher nicht unrealistisch anzunehmen, daß der Monopolgewinn weitgehend den Kapitaleigentümern zufällt. Da die Empfänger von Kapitaleinkommen gewöhnlich eine höhere Sparquote realisieren als die übrigen Bevölkerungskreise, wird durch die Zunahme des Monopolgrades, durch die sich der Anteil des Monopolgewinnes am Volkseinkommen erhöht, ein Steigen der volkswirtschaftlichen Sparquote herbeigeführt. Man erinnere sich nun daran, daß in der neoklassischen Wachstumstheorie ein ständiges Gleichgewicht von Sparen und Investieren unterstellt wird. Wenn wir an dieser Annahme für den Augenblick festhalten, so hat eine Erhöhung des Monopolgrades und damit einhergehend der Sparquote eine Zunahme

[5] K. *Sato*, On the Adjustment Time in Neo-Classical Growth Models, Review of Economic Studies 33, 1966.

der Wachstumsrate der Wirtschaft zur Folge. Sie steigt jedoch nur vorübergehend, am Ende setzt sich wieder die natürliche Wachstumsrate durch[6].

Ein besonderes Problem taucht dabei dadurch auf, daß die temporäre Erhöhung der Wachstumsrate letztlich auf einen gestiegenen Monopolgrad zurückgeht. Man könnte geneigt sein anzunehmen, daß durch die Zunahme des Monopolgrades noch eine zum Wirken des Gesetzes vom abnehmenden Ertragszuwachs zusätzliche Erhöhung des Kapitalkoeffizienten eintritt, weil ein höherer Monopolgrad zu vermehrter Fehlallokation von Produktionsfaktoren führt. Die Anpassung der Wachstumsrate an die natürliche Wachstumsrate würde dann beschleunigt und die Auswirkung der erhöhten Sparquote vermindert. Diese Vermutung ist jedoch nur beschränkt zutreffend. Eine Verschwendung von Produktionsfaktoren durch die Existenz eines Monopolgrades tritt dann nicht auf, wenn Vollbeschäftigung herrscht und wenn die Monopolisten ihr Gewinnmaximum realisieren. Es ist ein wohlbekannter Satz der Wohlfahrtsökonomik, daß durch die Existenz von Monopolen allein das Effizienzprinzip bei der Allokation von Produktionsfaktoren nicht verletzt wird. Nichtoptimal ist infolge des Monopolgrades lediglich die Zusammensetzung des Güterbündels.

Nicht einfach zu beantworten ist die Frage, ob durch das Vorliegen von Monopolen die Tendenz zur Realisierung der Gewinnmaxima der Unternehmen abgeschwächt wird. In einigen Monopolfällen, besonders solchen mit relativ sicheren Eintrittsbeschränkungen, mag die Vermutung einer Abschwächung des Rationalverhaltens durchaus gerechtfertigt sein. In diesen Fällen wird das manchmal zu unbequemen Entscheidungen zwingende Rationalprinzip jedenfalls nicht wie in der Konkurrenz erzwungen, so daß sich eine Neigung des Festhaltens am Hergebrachten und Gewohnten durchsetzen kann. Ein nicht rationales Verhalten hat man auch in manchen Kartellen beobachten können.

Da im Kartell im Gegensatz zur Konkurrenz Grenzbetriebe nicht zum Ausscheiden aus dem Markt gezwungen werden, so daß sich unterschiedliche Kostensituationen in den Betrieben der Kartellmitglieder erhalten können, wird ein Kartell tendenziell eine Erhöhung des Kapitalkoeffizienten mit sich bringen[7]. Es ist also keineswegs ratsam, die für den Monopolfall unter den strengen Bedingungen der Theorie abgeleiteten Ergebnisse unbesehen auf bestimmte konkrete Fälle der Wettbewerbsbeschränkung anzuwenden, ohne sich vorher zu vergewissern,

---

[6] Vgl. W. *Krelle*, Volkswirtschaftliche Kriterien zur Beurteilung von Kartellen, Schweizerische Zeitschrift für Volkswirtschaft und Statistik 104, 1968.

[7] Vgl. zu diesem Punkt auch E. *Heuß*, Wachstum und Wettbewerbsbeschränkungen, in: Wettbewerb als Aufgabe, Homburg v. d. H. 1968, S. 49.

in welchem Ausmaß die Bedingungen der Theorie auch wirklich erfüllt sind. Die theoretische Aussage ist nur als Annäherung zutreffend, die mancherlei Ergänzungen bedarf.

Auf die Frage, ob durch eine Erhöhung des Monopolgrades eine Tendenz zur Unterbeschäftigung ausgelöst wird, durch die sich auf dem Wege über eine Minderausnutzung des Kapitalstocks der Kapitalkoeffizient erhöht, werden wir im nächsten und übernächsten Abschnitt ausführlich eingehen. Einstweilen soll die Annahme der Vollbeschäftigung aufrechterhalten werden.

2. Das Theorem von der Unabhängigkeit der natürlichen Wachstumsrate von der Sparquote, von dem wir am Anfang ausgingen, beruht auf der Annahme, daß der technische Fortschritt autonom gegeben ist und insbesondere von der Höhe der Sparquote nicht beeinflußt wird. Diese Annahme ist allerdings nicht notwendig zutreffend.

Eine Erhöhung der Spar- und Investitionsquote bedeutet, daß in jeder folgenden Periode die Kapitalgüterproduktion größer ist als bei einer geringeren Sparquote. Durch die Zunahme des Monopolgrades, die zu einer höheren Investitionsquote führt, nimmt deshalb die Größe der Kapitalgüterindustrie zu. Dadurch können Größeneffekte ausgelöst werden, die zum Teil vorübergehender und zum Teil dauerhafter Art sind. Wenn in der größeren Kapitalgüterindustrie eine stärkere Spezialisierung der Produktionsfaktoren eintritt, so daß deren Effizienz zunimmt, so kann durch die Erhöhung der Sparquote eine größere Ergiebigkeit des Produktionsapparates der Volkswirtschaft erreicht werden. Wenn die Sparquote aber nicht mehr weiter zunimmt, kommt die auf Grund einer Spezialisierung eintretende Erhöhung der Leistungsfähigkeit der Produktionsfaktoren zum Stillstand. Nur eine laufende Erhöhung der Sparquote könnte zu einer fortgesetzten Steigerung der Effizienz des Produktionsapparates führen. Mathematisch ausgedrückt ist die Rate des technischen Fortschrittes eine Funktion der Veränderung der Sparquote.

Darüber hinaus sind aber andere Effekte von größerer Dauerhaftigkeit denkbar. In einer größeren Kapitalgüterindustrie können die Konstrukteure selbst eine größere Spezialisierung erreichen, durch die sie bessere Einsichten in die technologischen Zusammenhänge erlangen, als sie dem Allround-Konstrukteur einer kleineren Kapitalgüterindustrie zugängig sind[8]. Von den weitergehend spezialisierten Ingenieuren kann man vermuten, daß sie Jahr für Jahr einen größeren Ausstoß von technischem Wissen produzieren. Auf Grund der andersartigen Organisation des Forschungsbetriebes in der größeren Kapitalgüterindustrie kann

[8] N. *Rosenberg*, Capital Goods, Technology and Economic Growth, Oxford Economic Papers 15, 1963.

die *Rate* des technischen Fortschrittes erhöht werden. Eine solche, auf einer Erhöhung der Sparquote basierende Steigerung der Fortschrittsrate kann auch durch eine Erhöhung des Monopolgrades ausgelöst werden.

Wahrscheinlich wird man jedoch damit rechnen müssen, daß auch eine Zunahme der Fortschrittsrate durch weitergehende Spezialisierung der Forscher nur mit abnehmenden Ertragszuwächsen einhergeht. Nach dem Erreichen eines gewissen Niveaus der Spezialisierung wird der Gewinn durch eine weitere Spezialisierung nur noch gering sein. Aus diesem Grunde hat die vorgetragene Argumentation nur eine beschränkte Bedeutung. Man muß berücksichtigen, daß die meisten Länder, soweit sie nicht selbst schon recht groß sind, doch infolge des internationalen Handels in der Kapitalgüterindustrie eine solche Größe und/oder Spezialisierung erreicht haben, daß der Grenzertrag einer weiteren Spezialisierung vermutlich recht gering wäre.

3. Als Folge einer Zunahme des Monopolgrades bleibt dann im wesentlichen die temporäre Erhöhung der Wachstumsrate der neoklassischen Wachstumstheorie. Es ist nun jedoch keineswegs sicher, daß eine solche Steigerung der Wachstumsrate auch immer wünschenswert ist. Wir wollen dazu gar nicht auf die zahlreichen Einwände prinzipieller Art eingehen, die in der von J. S. Mill eröffneten Linie gegenüber einer Wachstumspolitik erhoben worden sind, vielmehr wollen wir uns auf den rein ökonomischen Kontext beschränken. Berücksichtigt man, daß als das letzte Ziel des Wirtschaftens in diesem Zusammenhang der Konsum gelten muß, so ist es durchaus zweifelhaft, ob eine Zunahme der Wachstumsrate, die durch eine Erhöhung der Sparquote erkauft werden muß, diesem Ziel dienlich ist. Einen exakten Maßstab zur Beurteilung einer Erhöhung der Wachstumsrate durch die Steigerung der Sparquote liefert die „goldene Regel der Kapitalakkumulation"[9]. Verfolgt die Wirtschaftspolitik das langfristige Ziel der Maximierung des Pro-Kopf-Konsums, so muß die Sparquote mit der Produktionselastizität des Kapitals übereinstimmen. Langfristig ist eine Erhöhung der Sparquote über diesen Wert hinaus nicht vertretbar. Kurzfristig mag man Gründe finden, eine höhere Sparquote zu realisieren. Das gilt insbesondere dann, wenn man aus einer unteroptimalen Situation heraus möglichst rasch das Optimum erreichen will. Sinnvoll ist ein derartiges Vorgehen allerdings nur dann, wenn man nach dem Erreichen des Optimums in der Lage ist, das Programm des forcierten Sparens abzubrechen. Es ist nun jedoch sehr fraglich, ob dazu eine Erhöhung des

---

[9] Vgl. E. S. *Phelps*, The Golden Rule of Capital Accumulation, American Economic Review 51, 1961; C. C. v. Weizsäcker, Wachstum, Zins und optimale Investitionsquote, Basel 1962.

Monopolgrades die richtige Methode ist; denn es ist sehr unwahrscheinlich, daß man eine einmal eingeleitete Monopolisierung von einem bestimmten Punkt an wieder umkehren kann. Gewöhnlich ist die Zunahme des Monopolgrades ein kaum reversibler Prozeß.

Ein Blick auf die Verhältnisse in der Bundesrepublik zeigt darüber hinaus, daß eine Erhöhung der Sparquote unter dem Gesichtspunkt der „goldenen Regel der Kapitalakkumulation" kaum vertretbar ist. In der folgenden Tabelle sind für die Zeit von 1950 bis 1967 für verschiedene Zeitspannen die Durchschnittswerte für die Profitquote und die Investitionsquote zusammengestellt. Es wird nicht falsch sein anzunehmen, daß die Produktionselastizität des Kapitals in der Nähe der Profitquote liegt. Die Profitquote wird infolge der Existenz von Monopolgewinnen die Produktionselastizität eher über- als unterschreiten. Wenn wir daher die Profitquote vorläufig mit der Produktionselastizität des Kapitals identifizieren, so schätzen wir diese sicher nicht zu hoch ein.

Profitquote und Investitionsquote in der Bundesrepublik Deutschland von 1950—1967

Zeitraum	Profitquote[a)]	Investitionsquote[b)]
1950—55	17,9	17,8
1956—60	20,5	20,8
1960—65[c)]	19,3	22,4
1966—67[d)]	17,0	16,8

a) Profitquote ist das Komplement zur Lohnquote. Als Lohn wurde erfaßt das Durchschnittseinkommen aus unselbständiger Tätigkeit, multipliziert mit der Zahl der Erwerbstätigen (Selbständige plus Unselbständige).
b) Nettoinvestitionsquote = Nettoanlageinvestitionen plus Lagerveränderungen, dividiert durch Volkseinkommen.
c) ab 1960 einschließlich Saarland.
d) vorläufige Zahlen.
Quelle: Statistische Tabellen im Jahresgutachten 1968 des Sachverständigenrates zur Begutachtung der gesamtwirtschaftlichen Entwicklung, Bundestagsdrucksache V/3550/1968.

Die Tabelle zeigt nun, daß die Investitionsquote praktisch mit der geschätzten Produktionselastizität des Kapitals übereinstimmt. Man kann daher mit allen Vorbehalten, die gegenüber dem statistischen Ausgangsmaterial am Platze sind, wohl sagen, daß die Investitionsquote in der Bundesrepublik in etwa der durch die „goldene Regel" vorgeschriebenen Höhe entsprach.

Es ist deshalb im höchsten Maße fraglich, ob eine Erhöhung der Investitionsquote zu einer Verbesserung des Wohlstandes der Bevölkerung beiträgt. Daher ist auch die Forderung nach einer Zunahme des Monopolgrades auf der Basis der neoklassischen Wachstumstheorie nicht vertretbar.

II. Destabilisierende Wirkung einer höheren Sparquote

1. In der neoklassischen Wachstumstheorie wird ein ständiges Gleichgewicht von Investieren und Sparen bei Vollbeschäftigung unterstellt. Nun ist es zwar legitim, diese Annahme zu treffen, um gewisse analytische Aussagen abzuleiten. Diese Aussagen sind interessant und auch geeignet, einen Beitrag zur Erklärung der wirklichen Welt zu liefern. Das gilt jedoch nur insoweit, wie wir berechtigt sind, eine tendenzielle Stabilität des Gleichgewichts von Investieren und Sparen anzunehmen. Die Stabilität des Gleichgewichtes wird damit zum entscheidenden Kriterium für die tendenzielle Gültigkeit der aus der neoklassischen Wachstumstheorie abgeleiteten Sätze. Dieser Frage wenden wir uns in diesem und dem folgenden Abschnitt zu. Wir lassen dabei die Annahme unbestritten, daß sich auf Grund einer Zunahme des Monopolgrades einer Volkswirtschaft die Sparquote erhöht. Kritisch ist die Frage, ob auch die Investitionsquote in gleicher Weise steigt, oder ob die Zunahme des Sparens lediglich zu einer Vergrößerung der Haltung liquider Mittel führt. Dieser Fall wird gewöhnlich als der einer deflatorischen Lücke bezeichnet. Die Frage, der wir uns jetzt zuwenden, ist deshalb darauf gerichtet zu erforschen, ob der erhöhte Monopolgrad mit der größeren Sparquote die Tendenz zu einer deflatorischen Lücke entstehen läßt.

Das Gleichgewicht von Investieren und Sparen kann man mit Harrod als die Übereinstimmung von befriedigender und tatsächlicher Wachstumsrate beschreiben. Harrod hat nun gezeigt, daß bei gelegentlichen Abweichungen zwischen der tatsächlichen und der befriedigenden Wachstumsrate unstabile Entwicklungen auftreten. Wenn die tatsächliche Wachstumsrate kleiner (größer) ist als die befriedigende Wachstumsrate, so kommt es zu einer sich weiter vom Gleichgewicht entfernenden deflatorischen (inflatorischen) Entwicklung[10]. Da das von Harrod zur Ableitung dieses Unstabilitätstheorems unterstellte Verhalten der Unternehmer recht plausibel ist, können wir davon ausgehen, daß die von ihm beschriebene Unstabilität wenigstens tendenziell vorhanden ist.

Unsere weitere Überlegung muß nun darauf gerichtet sein zu untersuchen, in welcher Weise sich durch eine Veränderung des Monopolgrades das Verhältnis zwischen tatsächlicher und befriedigender Wachstumsrate entwickelt. Da annahmegemäß durch eine Erhöhung des

[10] R. F. *Harrod*, a.a.O.; eine mathematische Formulierung des Unstabilitätstheorems von Harrod findet sich bei R. G. D. Allen, Macroeconomic Theory, London, New York 1967, S. 187 ff.

Monopolgrades die Sparquote steigt, so führt eine Zunahme des Monopolgrades zu einem Steigen der befriedigenden Wachstumsrate. Damit Gleichgewicht erhalten bleibt, muß auch die tatsächliche Wachstumsrate steigen.

2. Harrod hat darauf hingewiesen, daß zwischen der tatsächlichen Wachstumsrate und der natürlichen Wachstumsrate in der Realität ein recht enger Zusammenhang besteht, wenn diese beiden Raten auch keineswegs immer identisch sind. In vielen Fällen bildet die natürliche Wachstumsrate die Hauptdeterminante für die obere Schranke des Wachstums[11].

Ausgehen können wir zur Ableitung des Zusammenhanges von einer Situation, in der die tatsächliche und die befriedigende Wachstumsrate mit einer gegebenen Zuwachsrate der Bevölkerung übereinstimmt. Vom technischen Fortschritt, der bei einer Neutralität der Erfindungen im Sinne Harrods mit einem Bevölkerungswachstum äquivalent ist, soll vorerst abstrahiert werden. In der Ausgangssituation haben wir dann ein horizontales Wachstum.

Wenn jetzt die Sparquote steigt und in gleicher Weise die Investitionsquote zunehmen würde, so könnte sich auch die tatsächliche Wachstumsrate des Volkseinkommens entsprechend der Produktionselastizität des Kapitals erhöhen. Dabei würde die Kapitalintensität steigen und der Zinssatz abnehmen. In dem Modell der neoklassischen Wachstumstheorie wird schlicht angenommen, daß die Erhöhung der Kapitalintensität reibungslos vonstatten geht. Ein Blick auf die Wirklichkeit zeigt jedoch, daß dieser Prozeß mit zahlreichen Veränderungen in der Wirtschaftsstruktur eines Landes verbunden ist, die sich nicht immer ohne Widerstände durchsetzen lassen. Auf der einen Seite werden relativ weniger Konsumgüter nachgefragt und auf der anderen Seite müßten zur Aufrechterhaltung des Gleichgewichtes relativ mehr Kapitalgüter nachgefragt werden. Wenn man zur Vereinfachung unterstellt, daß die Kapitalintensität bei gegebenem Lohn-Zins-Verhältnis in beiden Industriezweigen die gleiche ist, so ist eine relative Einschränkung der Investitionstätigkeit in der Konsumgüterindustrie und eine Zunahme der Investitionen in der Kapitalgüterindustrie erforderlich. Die Abnahme der Investitionen in der Konsumgüterindustrie wird sich angesichts der verringerten Nachfrage meist rasch einstellen. Schwieriger zu erreichen ist die erforderliche Zunahme der Investitionen in der Kapitalgüterindustrie. Bei ihrem Ausbleiben ist die tatsächliche Wachstumsrate geringer als die befriedigende und der von Harrod abgeleitete deflatorische Prozeß tritt ein.

---

[11] R. F. *Harrod*, a.a.O., S. 87 ff.

Nehmen wir zunächst an, daß die zur Umstrukturierung der Wirtschaft notwendigen Faktorwanderungen zwischen den beiden betrachteten Wirtschaftszweigen sich glatt vollziehen würden, so ist dennoch nicht sicher, daß auch für die Unternehmer ausreichende Investitionsanreize vorhanden sind. Infolge der Zunahme der Kapitalintensität würde der Realzins sinken. Da der einzelne die Zusammenhänge nicht völlig überblicken kann, ist ein Anstieg der Liquiditätsneigung, die Keynes für den Fall sinkender Zinssätze annahm, nicht unwahrscheinlich[12]. In diesem Fall sinkt der Geldzins weniger stark, als der Realzins bei einer Investition in Höhe des zusätzlichen Sparens sinken würde. Bei einer Übereinstimmung von Geldzins und Realzins wird daher weniger investiert als gespart. Die tatsächliche Wachstumsrate ist niedriger als die befriedigende Rate.

Zu einem ähnlichen Ergebnis kommt man, wenn Mobilitätshemmnisse insbesondere der Arbeit in Betracht gezogen werden. In diesem Falle müßte zur Erreichung einer tatsächlichen Wachstumsrate, die der gestiegenen befriedigenden Wachstumsrate entspricht, die Kapitalintensität in der Kapitalgüterindustrie stärker steigen als bei vollständiger Mobilität der Arbeit. Dadurch sinkt dort der Realzins stärker als in der Konsumgüterindustrie. Das führt dazu, daß in der Kapitalgüterindustrie weniger investiert wird, als zur Erreichung des Gleichgewichtes erforderlich ist.

Für das Eintreten des Harrodschen Deflationsprozesses genügt es, wenn die dargestellten Anpassungsprobleme nur zu einem temporären Zurückbleiben der tatsächlichen hinter der befriedigenden Wachstumsrate führen.

Zu einem anderen Ergebnis kommen wir, wenn auch noch nach dem Steigen der Sparquote ein horizontales Wachstum möglich ist, weil zuvor die natürliche Wachstumsrate zugenommen hat. Die erhöhte Sparquote kann bei konstantem Kapitalkoeffizienten, gleichbleibender Kapitalintensität und unverändertem Zins dazu dienen, die hinzutretenden Arbeitskräfte mit den bei ungeänderter Technik erforderlichen Kapitalgütern auszurüsten. Da nennenswerte Strukturwandlungen der Volkswirtschaft nicht erforderlich sind, ist ein ungestörter Ablauf des Wachstumsprozesses recht wahrscheinlich.

3. Nachdem wir die Grundzüge des Harrodschen Ungleichgewichtsmodells dargestellt haben, sind wir jetzt in der Lage, eine differenziertere Beurteilung der Zunahme des Monopolgrades vorzunehmen. Entscheidend für die relative Störungsfreiheit des Wachstums ist die Be-

---

[12] J. M. *Keynes*, The General Theory of Employment, Interest and Money, London 1936; ferner A. Leijonhufvud, Keynes and the Keynesians: A Suggested Interpretation, American Economic Review 58, 1968.

ziehung zwischen der Entwicklung von befriedigender und natürlicher Wachstumsrate. Während bei gegebener oder sinkender natürlicher Wachstumsrate die Gefahr des Eintritts einer deflatorischen Entwicklung stets virulent ist, braucht man bei einer gestiegenen natürlichen Wachstumsrate mit einer solchen Gefahr auf Grund einer Zunahme des Monopolgrades kaum zu rechnen.

Eine solche Situation, in der von der erhöhten Sparquote kaum destabilisierende Wirkungen ausgingen, lag wahrscheinlich im letzten Drittel des vorigen Jahrhunderts in den USA vor, als auf Grund einer starken Einwanderung aus den süd- und südosteuropäischen Ländern die natürliche Wachstumsrate gestiegen war. In dieser Zeit war die auf Grund der starken Konzentrationsbewegung um die Jahrhundertwende und früher einsetzende Zunahme des Monopolgrades relativ unproblematisch. Mit Hilfe des dargelegten Zusammenhanges wird auch verständlich, weshalb in Japan ein zunehmender Monopolgrad die außerordentlich hohe Wachstumsrate der Nachkriegszeit anscheinend nicht beeinträchtigt hat. Japan zählt heute zwar nicht mehr zu den Ländern mit einer außergewöhnlich hohen Wachstumsrate der Bevölkerung, auf Grund der dualen Wirtschaftsstruktur ist die Industrie aber in der Lage, ständig Arbeitskräfte aus der traditionellen Landwirtschaft und dem Kleingewerbe abzuziehen, so daß die für das Wachstum ausschlaggebende Wachstumsrate der industriellen Arbeiterzahl weit höher ist als die der Gesamtbevölkerung. In einer solchen Ausgangssituation ist eine Erhöhung der Sparquote vermutlich wachstumsfördernd. Ein relativ unproblematisches horizontales Wachstum ist möglich. Es ist deshalb wohl nicht falsch, wenn gelegentlich zwischen dem hohen Konzentrationsgrad in Japan und der hohen Wachstumsrate ein kausaler Zusammenhang behauptet worden ist.

Im Lichte des diskutierten Modells erscheint es auch plausibel, weshalb in der Nachkriegszeit in der Bundesrepublik trotz des auf Grund der steigenden Konzentration wahrscheinlich zunehmenden Monopolgrades eine erstaunliche Stabilität des Wachstums zu beobachten war. Der große Zuwachs der industriellen Arbeitsbevölkerung infolge der Einwanderung aus den ehemaligen Ostgebieten, aus Mitteldeutschland und der Abwanderung aus der Landwirtschaft und dem Kleingewerbe ließ lange Zeit ein horizontales Wachstum zu[13].

Die natürliche Wachstumsrate kann auch auf Grund eines raschen technischen Fortschrittes hoch sein. Der technische Fortschritt sorgt

---

[13] Vgl. dazu auch C. P. *Kindleberger*, Europe's Postwar Growth. The Role of Labor Supply, Cambridge, Mass. 1967, und E. F. *Denison*, Why Growth Rates Differ. Postwar Experience in Nine Western Countries, Washington, D. C., 1967.

dafür, daß das bei steigender Kapitalintensität sonst auftretende Absinken des Realzinses unterbleibt, so daß auch in diesem Falle die Gefahr einer deflationsfördernden Zunahme der Liquiditätsneigung nicht eintritt. Wahrscheinlich trug auch dieser Faktor im Nachkriegsdeutschland und in Japan zur Stabilität des Wachstums bei, denn auf Grund eines großen, durch den Krieg entstandenen Nachholbedarfs gegenüber der amerikanischen Wirtschaft war die Möglichkeit zu Innovationen auf einer Vielzahl von Gebieten zunächst außergewöhnlich hoch.

Wenn die natürliche Wachstumsrate nicht mehr zunimmt und durch endogene Faktoren keine Stabilisierung erreicht wird, kann die Zunahme der Sparquote durch einen erhöhten Monopolgrad zu einer kritischen Situation führen. Die Gefahr deflatorischer Prozesse wird virulent. Wenn die erforderlichen Investitionen unterbleiben, kommt es auch nicht zu der temporären Erhöhung der Wachstumsrate, die von der neoklassischen Wachstumstheorie für den Fall einer Erhöhung der Sparquote vorausgesagt wird.

III. Einfluß des Monopolgrades auf Strukturwandel und Fortschritt

1. Im vorigen Abschnitt haben wir unsere Aufmerksamkeit auf die Frage konzentriert, ob und in welchen Situationen ein hoher Monopolgrad für die Entstehung einer Krise verantwortlich sein kann. In diesem Abschnitt soll uns das Problem beschäftigen, ob durch die Höhe des Monopolgrades einer Wirtschaft ihre Fähigkeit beeinträchtigt wird, eine eingetretene Krise zu überwinden. Die Erholung der Wirtschaft aus einer Krise nun ist regelmäßig mit einem Strukturwandel und mit technischem Fortschritt verbunden.

An anderen Stellen[14] habe ich ausführlich gezeigt, daß es bei einem Nachfragerückgang zu einem induzierten Strukturwandel kommt, sofern der Realzins auf Grund von bestehenden Fortschrittsmöglichkeiten steigen kann. Junge Produktionsrichtungen, in denen auf Grund überdurchschnittlicher Fortschrittsmöglichkeiten ein weiterer Kapitaleinsatz zu einem Steigen der Profitraten führt, sind in der Lage, bisher in anderen älteren Produktionsrichtungen gebundene Produktionsfaktoren anzuziehen. Die Investitionen in den expandierenden Sektoren können dann via Multiplikator zu einem neuen Aufschwung führen.

An den zitierten Stellen habe ich nachgewiesen und durch empirisches Material zu belegen versucht, daß es zu diesem Prozeß des induzierten Strukturwandels nur mit geringerer Wahrscheinlichkeit kommt, wenn in der Wirtschaft ein höherer Monopolgrad besteht. Es ist dann wahr-

[14] M. *Neumann*, Kapitalbildung, ..., a.a.O.; und ders., Stabilisierung des Wachstumsgleichgewichtes ..., a.a.O.

scheinlicher, daß in einer Krise allgemein der Realzins sinkt und dabei auf Grund einer zunehmenden Liquiditätsneigung die Nachfrage nach Produktionsfaktoren geringer bleibt als zur Wiederherstellung des Gleichgewichtes erforderlich ist.

Auf Grund dieser Zusammenhänge kann man bei Konkurrenz und ausreichenden Fortschrittsmöglichkeiten in jungen Produktionsrichtungen mit einem ständigen Strukturwandel rechnen, so daß sich in gelegentlich eintretenden Krisen verhältnismäßig rasch eine Erholung durchsetzt. Bei einem höheren Monopolgrad dagegen wird man oft mit längeren Stockungen rechnen müssen. Wenn man nun weiter berücksichtigt, daß aus der Anwendung neuen technischen Wissens gewöhnlich auch durch Lernen aus der Erfahrung eine Erweiterung des Wissens folgt, so ist klar, daß die Stockung in der Anwendung von Neuerungen bei einem hohen Monopolgrad auch die Rate des technischen Fortschrittes mindert.

2. Bei der positiven Beurteilung eines hohen Wettbewerbsgrades hatten wir unterstellt, daß stets junge Produktionsrichtungen mit hohen potentiellen Fortschrittsraten vorhanden sind. Man muß nun damit rechnen, daß sich im Laufe des Wachstumsprozesses die Wachstumsmöglichkeiten der vorhandenen Produktionsrichtungen allmählich erschöpfen. Das geschieht einmal deswegen, weil die Einkommenselastizitäten der Nachfrage sukzessive abnehmen[15] und zum anderen, weil sich — oft in Verbindung mit dem ersten Faktor[16] — die Rate des technischen Fortschrittes vermindert. Würden nicht ständig neue Produktionsrichtungen eröffnet, so müßte die Wirtschaft ihr Wachstumstempo allmählich verringern. An sich sind in einer Gesellschaft mit kompetitivem Konsum[17] die Möglichkeiten für die Eröffnung neuer Produktionsrichtungen durchaus gegeben. In einer Wirtschaft mit einem hohen Wettbewerbsgrad, der insbesondere in weitgehender Eintrittsfreiheit von Unternehmen zum Ausdruck kommt, werden sich wahrscheinlich auch stets Unternehmer finden, die zur Aufnahme neuer Produktionsrichtungen bereit sind. Weniger wahrscheinlich ist das bei einem hohen Monopolgrad in den älteren Branchen. Das eingesetzte Kapital erzielt dort unter Einschluß des Monopolgewinnes meist eine höhere Verzinsung, als sie in den gewöhnlich unter Wettbewerbsdruck stehenden jungen Branchen zunächst möglich ist. Für den Unternehmer in älteren Branchen besteht deshalb eine begreifliche Abneigung, Kapital in neuen Produktionsrichtungen zu investieren. Geschützt von Ein-

---

[15] Vgl. M. *Neumann*, Strukturwandel und harmonisches Wachstum, in: Theoretische und institutionelle Grundlagen der Wirtschaftspolitik, Theodor Wessels zum 65. Geburtstag, Berlin 1967.

[16] J. *Schmookler*, Invention and Economic Growth, Cambridge, Mass. 1966.

[17] M. *Neumann*, Kapitalbildung, ..., a.a.O., 1. Kapitel.

trittsbarrieren ist für ihn die Investition in der risikoreichen neuen Produktionsrichtung wenig attraktiv. Erst müssen die Zinssätze infolge einer Krise oder einer allgemeinen Erschöpfung der Gewinnmöglichkeiten in den alten Branchen stark sinken, ehe Kapital für die jungen Produktionsrichtungen zur Verfügung steht. Diese Beharrungstendenz würde sich abschwächen, wenn wagemutige Bankiers die Investition in den neuen Produktionsrichtungen unterstützen würden. Daran fehlt es aber gewöhnlich, besonders dann, wenn die bestehenden Banken in engen Geschäftsverbindungen mit den alten Industrien stehen.

IV. Verstetigung des Wachstumsprozesses

1. Auf Grund der oben geschilderten Beharrungstendenz des Kapitals in alten Produktionsrichtungen kann sich langfristig in der Aufeinanderfolge von Produktionsrichtungen ein Rhythmus von Aufschwungs- und Stockungsspannen herausbilden. Diese Entwicklung ist eng mit der Entstehung und Aufrechterhaltung von Eintrittssperren in etablierten Produktionsrichtungen verbunden. Soweit es den Unternehmen einer Produktionsrichtung gelingt, durch die Errichtung von Eintrittssperren neue Konkurrenten abzuwehren, wird sich im Laufe der Entwicklung einer Produktionsrichtung mit größter Wahrscheinlichkeit der Monopolgrad erhöhen. Infolge der Beharrungstendenz des Kapitals in etablierten Produktionsrichtungen nimmt dann auch der Monopolgrad der gesamten Wirtschaft zu. Dabei mag es dann zunächst auf Grund des von der neoklassischen Wachstumstheorie aufgedeckten Zusammenhanges zu einer temporären Erhöhung der Wachstumsrate kommen. Mit zunehmendem Monopolgrad jedoch nimmt die Stabilität des Wachstumsprozesses ab, so daß sich allmählich eine Stockungsspanne einstellt. Es ist möglich, durch diesen Zusammenhang den in den USA beobachteten Kuznetszyklus und ebenso die in Deutschland aufgetretenen Wachstumsschwankungen zu erklären[18].

Das Problem, das dabei für die Wettbewerbspolitik auftaucht, besteht darin, die Zunahme des Monopolgrades zu verhindern oder doch einzudämmen. Eine wirtschaftsimmanente Eindämmung der Monopolisierung hat sich in jüngerer Zeit durch die Auswirkungen der Diversifikation und der damit einhergehenden multiplen Konkurrenz ergeben. Die Eintrittsbarrieren, die unter der Herrschaft der einfachen Konkurrenz, in der Unternehmer- und Verbrauchermarkt zusammenfielen, zu der Entstehung hoher Monopolgrade beitrugen, haben zumindest im Kreis der diversifizierten Großunternehmen ihre Wirksamkeit weitgehend verloren. Versuchen zu einer willkürlichen, über das technologisch notwen-

[18] M. *Neumann*, Kapitalbildung, ..., a.a.O., S. 187 ff.

dige Maß hinausgehenden Monopolbildung, bleibt deshalb ein nachhaltiger Erfolg versagt. Es könnte sein, daß die Entstehung der multiplen Konkurrenz zu einer gewissen Verstetigung des Wachstumsprozesses beigetragen hat.

Während sich durch diese Entwicklung für die Wettbewerbspolitik manches anders und sicher weniger schwierig darstellt, sind andere Probleme aufgetaucht. Es ist nicht ausgeschlossen, daß die Großunternehmen Absprachen treffen, die wegen ihres informellen Charakters nur sehr schwer greifbar sind. Gemildert wird dieses Problem dann, wenn durch die Öffnung der Märkte im internationalen Handel die Zahl der konkurrierenden Großunternehmen zunimmt.

2. Auf eine Quelle von Eintrittshemmnissen und ihren möglichen Abbau wollen wir jetzt noch etwas genauer eingehen, es handelt sich um das Patentwesen. In der Nationalökonomie wird gegenwärtig auf diesem Gebiet praktisch ohne prinzipielle Kritik das Schumpetersche Innovationsmodell akzeptiert. Es besagt, daß ein gewisser temporärer Schutz des Innovators erforderlich ist, um einen Anreiz für die Erfindung und ihre Anwendung zu schaffen. Wenn es diesen Schutz nicht gäbe, so wird argumentiert, würden weniger Menschen die Mühe der Entwicklung neuer Produktionsverfahren oder neuer Güter auf sich nehmen. Bei allgemeiner Freiheit der Imitation würden die Kosten der Entwicklung nicht durch den Preis des mit dem neuen Wissen produzierten Gutes gedeckt werden. Durch das erteilte Patent soll dem Innovator beim Verfahrensfortschritt eine gewisse Zeit der Genuß des intramarginalen Vorsprungsgewinnes garantiert werden und bei einem neuen Gut der Monopolgewinn, der ihm als dem einzigen Anbieter zufließt. Das Charakteristische dieser Argumentation besteht nun darin, daß die Forderung nach einem Schutz des immateriellen Eigentums, das das Patent gewährt, auch auf den Innovator übertragen wird, d. h. auf ein Unternehmen, das die Erfindung verwendet. Diese Übertragung, die dem Patentwesen an sich nicht immanent ist, erfolgte wohl nicht zuletzt deswegen, weil man beobachtete, daß in jüngerer Zeit häufig Erfindung und Anwendung in ein und demselben Unternehmen anzutreffen waren.

Die Folge eines solchen Schutzes für den Innovator besteht natürlich in einer zeitweiligen Lokalisierung des technischen Fortschrittes. Würde allen Produzenten eines bestimmten Gutes das beste Produktionsverfahren zugänglich gemacht, so würden zweifellos die Produktionskosten erheblich gesenkt werden können. Demgegenüber wird von den Vertretern dieses Modelles ins Feld geführt, daß man die zeitweilige Beschränkung der Anwendung des neuen technischen Wissens hinnehmen müsse, wenn man einen ständigen Strom des Fortschrittes haben wolle. Der Ausweg wird von den konkurrierenden Unternehmen dann gewöhnlich darin gesucht, kompetitive Erfindungen zu machen, um auf einem technisch äquivalenten Wege das gleiche Ziel zu erreichen. Der Wettbewerb nimmt dann die Form der Konkurrenz mit neuen Gütern und Produktionsverfahren an. Weil jedoch nur Großunternehmen in der Lage sind, Forschungs- und Entwicklungsabteilungen zur Realisierung dieser Art des Wettbewerbs zu unterhalten, entstand in der jüngeren Diskussion die Forderung, die Entstehung von Großunternehmen zu begünstigen.

Ein anderer häufig beschrittener Weg stellt die Lizenzvergabe dar. Sie ist jedoch gewöhnlich mit irgendwelchen Wettbewerbsbeschränkungen verknüpft, die auch ganz verständlich sind, wenn man berücksichtigt, daß der Innovator das von ihm benutzte Patent einem Konkurrenten zur Verfügung stellt. Mit der Lizenzvergabe ist in der Regel eine geographische Beschränkung des Absatzgebietes verbunden, so daß die Lokalisierung der Anwendung des neuen Wissens durch die Lizenzvergabe prinzipiell gar nicht berührt wird.

Der wirkliche Grund für die unkritische Erweiterung des Erfinderschutzes zu einem Innovatorschutz ist darin zu suchen, daß man sich über die ökonomischen Zusammenhänge nicht klar genug Rechenschaft abgelegt hat. Daran liegt es, daß man eine historisch zufällig eingetretene Konstellation des Zusammenfallens von Erfindung und Anwendung in einem Unternehmen für die einzig mögliche gehalten hat oder für diejenige Konstellation, auf die die Entwicklung mit Notwendigkeit hinsteuert. Keines von beiden ist richtig. Diese Einsicht kann man leicht gewinnen, indem man sich klar macht, daß die Erfindung ein ökonomisches Gut darstellt, dessen Produktion und Anwendung ganz ähnlichen Gesetzen unterliegt, die bei jedem anderen beliebigen ökonomischen Gut gültig sind. Die Erfindung stellt ein immaterielles Kapitalgut dar, das wie alle übrigen Produktionsfaktoren einen Beitrag zur Produktion zu leisten in der Lage ist. Technischer Fortschritt besteht dann darin, daß das Angebot dieses Gutes und seine Verwendung zunimmt. Die Rolle des Patentwesens sollte bei dieser Sicht der Dinge darin bestehen, eine abgrenzbare Gutseigenschaft zu konstituieren, und die Rolle der Wettbewerbspolitik müßte darin bestehen, Beschränkungen des Angebotes dieses Gutes zu verhindern.

Diese etwas ungewohnte, obgleich keineswegs neue Betrachtungsweise wollen wir, ehe wir weitergehen, noch etwas näher erläutern. Wenn neues technisches Wissen ein Kapitalgut darstellt, so ist das gesamte vorhandene technische Wissen ein Bestandteil des Kapitalstocks einer Nation. Man muß dann diesem immateriellen Kapital einen Teil des Produktionsergebnisses materieller Art zurechnen können. Das ist in bezug auf das materielle Produktionsergebnis durch die Berechnungen von Solow und anderen in negativer Weise versucht worden, indem man den übrigen Produktionsfaktoren, nämlich dem physischen Kapital und der Arbeit ihre Produktionsbeiträge zurechnete und einen Rest ermittelte, der dann unter anderem dem immateriellen Kapital zugeschrieben werden konnte. Bei dieser Interpretation liegt es nahe, dem immateriellen Kapital auch eine Grenzproduktivität zuzuschreiben. Mit Hilfe der Grenzproduktivität des immateriellen Kapitals würde sich dann auch ein Preis für das einzelne Kapitalgut ermitteln lassen. Das ist jedoch nicht in allen Fällen ohne Schwierigkeiten möglich. Es gibt nämlich zahlreiche Erfindungen, besser spricht man in diesen Fällen von Entdeckungen, die für viele Bereiche der Anwendung einen Nutzen stiften, so daß das gesellschaftliche Grenzprodukt dieser Güter größer ist als das private Grenzprodukt. Es können also externe Effekte auftreten. In der Wohlfahrtsökonomik ist nachgewiesen worden, daß in solchen Fällen eine staatliche Subvention zur Beseitigung einer nichtoptimalen Faktorallokation beitragen kann. Aus diesen Überlegungen ergibt sich jetzt schon eines ganz klar. Es kann gar keine Rede davon sein, daß zur Hervorbringung von Erfindungen, die externe Effekte verursachen, die Bildung einer Monopolstellung des Innovators erforderlich ist.

Die Verneinung einer Notwendigkeit der Monopolgewährung an den Innovator ergibt sich nun aber noch aus einem weiteren Grunde. Wir kommen dabei auf die eingangs geübte Kritik an der Erweiterung des Erfinderschutzes zu einem Innovatorschutz zurück. Im Gegensatz zu der in der jüngeren wettbewerbspolitischen Diskussion häufig anzutreffenden stillschweigenden Unterstellung der Notwendigkeit einer Lokalisierung von Forschungsaktivitäten in den Unternehmen der Anwendungsindustrie wollen wir jetzt zeigen, daß sich eine umgekehrte Tendenz zur Herauslösung von Forschungsaktivitäten aus den Unternehmen der Anwendungsindustrie nachweisen läßt.

Nachdem wir einmal erkannt haben, daß neues technisches Wissen ein ökonomisches Gut darstellt, das produziert werden muß, liegt es nahe, die bei der Diskussion um die vertikale Integration und Disintegration gewonnenen Einsichten auch für den Fall der Produktion von technischem Wissen zu verwenden[19]. Um nun aber nicht den Eindruck entstehen zu lassen, die Argumentation bewege sich im luftleeren Raum, soll vorweg auf einige konkrete Beispiele verwiesen werden. Der wohl hervorragendste Fall der Herauslösung der Produktion von technischem Wissen aus den Unternehmen der Anwendungsindustrie stellt der Maschinenbau dar, der heute fast vollständig in selbständigen Unterneh-

---

[19] Vgl. dazu M. *Neumann*, Vertikale Integrationsprozesse in der Industrie, Schmollers Jahrbuch 86, 1966, und die dort zitierte Literatur.

men durchgeführt wird. In der Maschinenbauindustrie wird neues technisches Wissen erarbeitet, in Maschinen verkörpert und in dieser Form an die Anwendungsindustrie verkauft. Das war keineswegs immer so. In den Anfängen der Industriewirtschaft wurden die Maschinen durchweg in den Unternehmen der Anwendungsindustrie selbst gebaut. Es hätte nahe gelegen, daß man damals immer größere Unternehmenseinheiten der Anwendungsindustrie gefordert hätte, damit sie in der Lage gewesen wären, immer bessere Maschinen selbst zu produzieren. Wie wir alle wissen, ist die Entwicklung einen anderen Weg gegangen. Einen zweiten Fall stellt die heute verbreitete Aktivität selbständiger Unternehmensberatungsfirmen dar, die als technisches Wissen organisatorische Kenntnisse und Fähigkeiten verkaufen, die früher fast ausschließlich in den Unternehmen selbst erarbeitet wurden. Ein dritter Fall, der besonders in den USA eine gewisse Bedeutung erlangt zu haben scheint, ist die Entstehung von unabhängigen naturwissenschaftlichen Forschungsinstituten, die auf kommerzieller Basis arbeiten und ihre durch Patente geschützten Kenntnisse an die Anwendungsindustrie verkaufen. In den USA hat man diese selbständigen kommerziellen Forschungsaktivitäten als Wissenschaftsindustrie bezeichnet. Zutreffender ist aber wohl die im folgenden verwendete Bezeichnung dieser Aktivitäten als Erfindungsindustrie[20]. Diese kurzen Hinweise mögen zur Illustration genügen.

Zu einer vertikalen Herauslösung von Forschungsaktivitäten, die der Anwendung vorgelagert sind, kommt es dann, wenn der Preis (oder die Grenzausgaben) für die von der Erfindungsindustrie angebotenen Güter niedriger ist als die Grenzkosten ihrer Produkte, die in der Anwendungsindustrie entstehen würden. Dieser Fall kann eintreten, wenn durch die Zusammenfassung mehrerer Forschungsaktivitäten in einem selbständigen Unternehmen Größenersparnisse auftreten, die dem einzelnen Unternehmen der Anwendungsindustrie auf Grund seiner beschränkten Größe nicht zugänglich sind. Die Verbilligung des Angebotes von technischem Wissen auf Grund der Größenersparnisse in der selbständigen Erfindungsindustrie kann jedoch wieder beseitigt werden, wenn in der Erfindungsindustrie auf Grund bestehender Monopolgrade der Preis erheblich über den Grenz- und Durchschnittskosten liegt. Eine Verselbständigung der Erfindungsindustrie tritt deshalb dann ein, wenn der Bedarf an Ergebnissen der Forschung einen solchen Umfang erreicht hat, daß infolge des Auftretens von Größenersparnissen und ausreichender Konkurrenz in der Erfindungsindustrie eine Verbilligung des Angebotes gegenüber der „Eigenproduktion" in der Anwendungsindustrie erreicht wird. Die Verselbständigung einer Erfindungsindustrie setzt

[20] Diese Bezeichnung verdanke ich einem Vorschlag von Prof. Ch. Watrin.

daher ein verhältnismäßig hohes Niveau der wirtschaftlichen Entwicklung voraus.

Wenn es zur Ausgliederung der Forschungsaktivitäten aus der Anwendungsindustrie gekommen ist, bietet die kommerzialisierte Erfindungsindustrie das technische Wissen allen potentiellen Anwendern an, und zwar in der Form von Patentlizenzen. Falls unter den Anbietern der Erfindungsindustrie vollständige Konkurrenz herrschen würde, erhielten die Anbieter im Preis gerade ihre Produktionskosten vergütet. Dabei gehören zu den Produktionskosten die direkten Kosten, die bei der Entstehung eines bestimmten Wissensgutes aufgewendet werden mußten, wie auch die Gemeinkosten, die durch die Vielzahl ergebnisloser Experimente entstanden sind. Es besteht bei dieser Konstruktion auch kein zwingender Grund, das Patent einer zeitlichen Begrenzung zu unterwerfen. Vielmehr wird ein Patent, ein immaterielles Kapitalgut, wie jedes andere Kapitalgut durch den technischen Fortschritt allmählich seinen ökonomischen Wert verlieren. In den Anwendungsindustrien erhalten die Produktionsfaktoren eine Vergütung, die gerade ihren Produktionsbeiträgen entspricht.

Wettbewerbspolitisch gesehen besteht der größte Vorteil einer selbständigen Erfindungsindustrie darin, daß es auf Grund des technischen Wissens in der Anwendungsindustrie keine Eintrittsbarrieren mehr geben kann, die eine vertikale Integration gewöhnlich mit sich bringt. Durch die Verselbständigung der Erfindungsindustrie wird deshalb auch der Wettbewerbsgrad in der Anwendungsindustrie erhöht. Darüber hinaus verschwindet die temporäre Lokalisierung des technischen Fortschrittes. Es wird eine maximale Diffusion des technischen Wissens erreicht.

Soweit externe Vorteile seitens der Erfindungsindustrie verursacht werden, sollten Subventionen an die Erfindungsindustrie die Herauslösung der Forschungsaktivitäten aus den Unternehmen der Anwendungsindustrie fördern.

Aus den dargestellten Überlegungen ergibt sich die Konsequenz, daß die in der Gegenwart erhobene Forderung nach einer Unterstützung der Bildung von Großunternehmen, soweit die Begründung mit Hilfe der Notwendigkeit der Forschung reicht, weitgehend verfehlt ist. Richtiger ist vielmehr, die Tendenz zur Entstehung einer selbständigen Erfindungsindustrie nach Kräften zu unterstützen.

Wirtschaftspolitische Planung und Wirtschaftswachstum

Von Prof. Dr. Dr. *Wilhelm Meinhold* (München und Innsbruck)

A. Planung des Wirtschaftswachstums

1. Spontanes und wirtschaftspolitisch aktiviertes Wachstum

Vielfältigkeit und Dringlichkeit der Motive, welche das Ziel einer relativ hohen Zuwachsrate des realen Bruttosozialprodukts (pro Kopf der Bevölkerung) in den Vordergrund der neueren Wirtschaftspolitik geschoben haben, bedingen, auch in Ländern mit liberalistischer Tradition, eine faktische Hinwendung zu einer in verschiedensten Graden möglichen planmäßigen Lenkung des Gesamtwirtschaftsprozesses. Denn alle produktionellen Bedingungen und strukturellen Beziehungen, die für das Wachstum von erkennbarer Bedeutung sind, verlangen, jedenfalls soweit sie zeitlich getrennte Ereignisse betreffen, vorausschauende Überlegung und planvollen Einsatz, wenn ihnen der Zufallscharakter genommen und wenn auf spontanes Wachstum nicht bloß hoffend vertraut werden soll. Die höhere globale Wachstumsrate wird nicht schicksalhaft den Launen des Marktmechanismus überlassen, sondern durch planerische Strategien und Instrumente exakt auszumessen und bewußt herbeizuführen versucht. Die Erhebung des Wirtschaftswachstums zum wirtschaftspolitischen Programm macht eine zielstrebige und konsequente Entfaltung von Anstrengungen erforderlich, eine aktive wachstumsorientierte Wirtschaftspolitik. Mögen auch Meinungsverschiedenheiten darüber bestehen, ob solches Wachstum beliebig gesteuert oder dosiert werden kann im Sinne einer Regulierung „nach Maß", ob es „machbar"[1] ist, so besteht heute doch Einhelligkeit bezüglich seiner *grundsätzlichen* Beeinflußbarkeit, und sei es nur in dem Mindestmaß, „die verfügbaren Ressourcen so im Zeitablauf auf die verschiedenen möglichen Zwecke zu verteilen, daß die Wirtschaft aus sich heraus selbst weiterwachsen kann"[2]. Wenn die praktische Wirtschaftspolitik zum Mittel der aktiven Lenkung und Planung greift, dann tut sie dies in

---

[1] Vgl. etwa: C. *Föhl* und K. H. *Oppenländer*, Wieweit ist Wirtschaftswachstum machbar? (Sonderschrift des IFO-Instituts für Wirtschaftsforschung Nr. 37). Berlin und München 1968.

[2] W. F. *Stolper*, Planungsprobleme der wirtschaftlichen Entwicklung (Kyklos Vol. XX, Basel 1967, S. 843).

der Überzeugung, daß bessere Wachstumsergebnisse erzielt werden können, sobald der wirtschaftliche Eigenmechanismus korrigierend überwacht, manipuliert oder, wie im Falle der totalen Zentralverwaltungswirtschaft, äußerstenfalls ganz suspendiert wird.

Daß die Wachstums*theorie* trotz ihrer namentlich in den beiden letzten Jahrzehnten erzielten Fortschritte noch keine widerspruchsfreien, empirisch überprüfbaren und vor allem praktisch anwendbaren Ergebnisse von Analysen der im langfristigen Expansionsprozeß zusammenwirkenden Trieb- und Bremskräfte liefern konnte, schließt für die Gegenwart weder eine wissenschaftliche Beschäftigung mit der Wachstums*politik* noch eine Praktizierung derselben aus. Es „ist sogar wahrscheinlich, daß die Theorie von wirtschaftspolitischen Erörterungen und Maßnahmen in der Regel ebensoviel profitiert wie umgekehrt die Wirtschaftspolitik und die Theorie der Wirtschaftspolitik von der positiven Ökonomik“[3]. Obwohl noch keine erschöpfende Klarheit über die Wachstumsdeterminanten herrscht, die sich zwar hilfsweise im simplifizierten, mit wenigen Parametern arbeitenden (und damit für Erkenntniszwecke handlichen) Modell, nicht aber realiter zu einer einzigen gesamtwirtschaftlichen Produktionsfunktion verdichten lassen, und obwohl über die relative Gewichtung dieser Wachstumsfaktoren und über einen realisierbaren Ansatz noch keine Übereinstimmung besteht, so ist die praktische Wachstumspolitik einstweilen dennoch ein Faktum. Sie wird ausgeübt, national und international, und sie hat sogar Erfolge aufzuweisen. Die wissenschaftliche Wirtschaftspolitik kann bereits deren Ursachen nachspüren und damit der weiteren Entwicklung der Wachstumstheorie vielleicht zusätzliche Anregungen geben.

2. Pluralismus der Wachstumskomponenten und ihre Aufspaltung

Die Hinwendung des Wirtschaftspolitikers von den logisch attraktiven Analysen und mitunter hochfliegende Wunschträume nährenden Modellen der Wachstumstheorie zur wachstumspolitischen Tat wirkt zunächst desillusionierend. Er muß sich damit abfinden, daß

a) eine isolierende Zerlegung des Wirtschaftswachstums nach dessen interdependenten Kernkomponenten praktisch nicht möglich ist und daß

b) der Einfluß der Randbedingungen, unter welchen jene Komponenten in der Wirtschaftswirklichkeit stehen, faktisch nicht ausgeschaltet werden kann, sondern in das Handeln mit einbezogen werden muß.

[3] H. *Giersch*, Strategien der Wachstumspolitik (Zeitschrift für die gesamte Staatswissenschaft Bd. 119, Tübingen 1963, S. 241).

ad a) Wachstum ist kein additiver Prozeß, sondern die Frucht des kombinierten Zusammenwirkens aller stimulierenden Faktoren, die überdies in gegenseitigen Wechselbeziehungen stehen. Den spezifischen Wachstumseffekt der einzelnen Wachstumsursachen durch eine anteilige Zerlegung des Wachstumsergebnisses ermitteln zu wollen, scheitert an der mangelnden Zurechnungsmöglichkeit. Deshalb beschränken sich die bisher entwickelten Verfahren der *Wachstumskomponentenzerlegung*[4] notgedrungen entweder auf elementare produktionstheoretische Modelle oder auf sektoral und zeitlich minimierte empirische Situationen. Von einer trennenden Freilegung aller direkten und indirekten Wachstumsbedingungen kann noch keine Rede sein. „Man muß sich bei der Beurteilung derartiger Zerlegungsschemata vergegenwärtigen, daß die Zerlegung des statistisch ermittelten Wachstums nach verschiedenen Ursachen nur gedanklich vollzogen werden kann. In der Realität wirken sämtliche Ursachen simultan“[5].

Demzufolge kann auch die thematische Wachstumsrelevanz wirtschaftspolitischen *Planens* empirisch nicht isolierend unter Beweis gestellt werden. Der Wachstumseffekt von Planungsmethoden ist zwar logisch begründbar und kann prinzipiell nicht geleugnet werden. Aber er läßt sich in der Realität nicht abspalten und rechnerisch ausweisen. Hierzu bedürfte es einer komparativen Analyse, die bei tatsächlich völlig gleichen Ausgangssituationen unterschiedliche Planungsmethoden nebeneinander oder nacheinander zur Anwendung bringt und deren spezifischen, isolierten Effekt in Wachstumsprozenten ausdrückt. Solche Situationen bietet die Wirklichkeit nicht; sie können nur angenommen werden, so daß diesbezügliche Analysen nur im Modellverfahren möglich erscheinen.

ad b) Die praktische wachstumsorientierte Wirtschaftspolitik entbehrt sodann einer gesicherten theoretischen Fundierung insofern, als die *Gesamtheit* wachstumsrelevanter Tatbestände noch nicht erfaßt worden ist. Eine Beschränkung auf die rein wirtschaftlichen Wachstumsfaktoren (Produktion, Nachfrage, technischer Fortschritt) wird aber der Wirtschaftswirklichkeit nicht gerecht. Es gibt auch nichtökonomische Sachverhalte, wie z. B. Organisation der Staatstätigkeit, soziale und politische Systeme, Institutionalisierung der wirtschaftspolitischen Planung, von deren besserer Koordinierung eine Erhöhung

---

[4] Vgl. z. B.: W. *Vogt*, Makroökonomische Bestimmungsgründe des wirtschaftlichen Wachstums der Bundesrepublik Deutschland von 1950—1960. Tübingen 1964.

[5] P. *Schönfeld*, Zur Ermittlung der Wachstumskomponenten des Produktionsprozesses (Konjunkturpolitik, Zeitschrift für angewandte Konjunkturforschung, Jg. 11, Berlin 1965, S. 313).

der Wachstumseffizienz erhofft werden darf[6]. Nicht zuletzt kann die sozialpsychologische Wachstumsmentalität ausschlaggebend sein; denn „wenn alle zum Wirtschaftswachstum entschlossen sind, wie uneins über politische Fragen sie auch sein mögen, wird die Politik der Regierung zum Wachstum führen“[7]. Alle diese Neben- und Randbedingungen des Wachstums müssen im Wege von Einzeldarstellungen einmal ins Licht gerückt werden, um ihre mitbestimmende Rolle erkennen und sie wachstumpolitisch gezielt zum Einsatz bringen zu können. „Angesichts der Heterogenität der Wachstum verursachenden Faktoren wäre es eine unzulässige Problembegrenzung, wenn diese Ursachen ausschließlich im Ökonomischen gesucht würden. Man sollte sich vielmehr nicht scheuen, in den soziologischen, individual- und sozialpsychologischen Bereich, sogar in den administrativen und politischen Bereich, einzudringen, um brauchbare Hypothesen über die empirischen Ursachen des Wachstumsphänomens zu gewinnen“[8].

Dem Wirtschaftspolitiker ist keinesfalls damit gedient, wenn solche außerökonomischen Impulse und qualitativen Bestimmungsgründe des Wachstums wegen ihrer (wahrscheinlichen) Nichtquantifizierbarkeit als langfristig vorgegebene und als konstant behandelte Rahmendaten auf das ceteris-paribus-Abstellgleis geschoben werden. In der wachstumspolitischen Praxis können und dürfen sie nicht neutralisiert werden[9], zumal sie das Wachstum u. U. so entscheidend zu begünstigen vermögen, daß dieses sogar „ohne weiteres bei nichtoptimaler Allokation der Ressourcen im Sinne der marginalen Optimumbedingungen der (stationären) Welfare-Theorie möglich“ ist. „Ein Beispiel dafür ist das rasche Wachstum vieler Planwirtschaften bei gleichzeitig höchst mangelhafter Allokation“[10].

Es versteht sich von selbst, daß mit zunehmender Einbeziehung solcher wachstumsträchtiger Bedingungen (Organisation und Struktur der Wirtschaft, Geldwert, Außenwirtschaft, Bildung, politisches System, soziale und kulturelle Gegebenheiten, Mentalität, Verwaltung, Planungsmethoden) die Wahrscheinlichkeit immer geringer wird, mit dem Marktmechanismus als einzigem Lenkungssystem zur Erzielung wachs-

---

[6] Vgl. etwa: G. C. *Moodie* (Hrsg.), Government Organization and Economic Development. Paris 1966.

[7] Ch. P. *Kindleberger*, Economic Growth in France and Britain 1851—1950. London 1964, S. 208.

[8] H. K. *Schneider*, Wirtschaftspolitisch relevante Ergebnisse der Wachstumstheorie. In vorliegendem Band S. 46.

[9] Vgl. etwa: M. *Dobb*, Ökonomisches Wachstum und Planung. Frankfurt am Main 1968, S. 5: Ihre Nichtberücksichtigung macht erklärlich, warum in der praktischen Wirtschaftspolitik „viele der gängigen Lehrbuchregeln über Wachstum zumindest ungenügend sind“.

[10] B. *Frey*, Eine politische Theorie des wirtschaftlichen Wachstums (Kyklos Vol. XXI, Basel 1968, S. 77 und 99).

tumspolitischer Effekte auszukommen. „Ob diese Öffnung für weitere wachstumtheoretisch relevante Informationen allerdings noch im Rahmen der neoklassischen Wachstumstheorie möglich sein wird, muß bezweifelt werden“[11], ist aber in der wirtschaftspolitischen Praxis angesichts sonstiger weitgehender Eingrifflichkeiten und Dirigismen auch in marktwirtschaftlichen Systemen nicht von grundsätzlicher Bedeutung.

Wenn in der vorliegenden Abhandlung unter Absehung von Planinhalten das Augenmerk lediglich auf die Anwendung *planerischer Methoden* in der praktischen Wachstumspolitik gerichtet werden soll, dann dürfen dieselben zwar als eigenständige Wachstumsdeterminanten, nicht aber als kardinale Komponenten verstanden werden. Als Randbedingung sind sie nur Bestandteil eines ganzen Komplexes von vielfältigen Wachstumsbemühungen. Aber die Ergebnisse diesbezüglicher Analysen versprechen wachstumspolitisch und wachstumstheoretisch nützliche, ergänzende Einsichten zu liefern für differenzierende Verfeinerungen bereits entwickelter Wachstumsverfahren. So hat denn auch die praktische Rolle des Planens (Methoden, Institutionen) in der neueren Zeit das Interesse „der Ökonomen an Fragen des Wirtschaftswachstums“ wiedererweckt, insbesondere angeregt „durch die Diskussionen um die Entwicklungspläne der unterentwickelten Länder und die Vergleiche der Wachstumsraten im kapitalistischen und sozialistischen Sektor der Welt“[12]. Sodann läßt sich die Einbeziehung von Planungswirkungen in den Forschungsbereich der theoretischen Wachstumspolitik auch aus der arteigenen Planungsempfänglichkeit des Wachstums selbst erklären, das kraft seiner Natur die Planung geradezu anspricht. Denn Wachstumsprozesse sind langfristig, und die sie tragenden Bedingungsänderungen erfolgen nicht unvermittelt und abrupt, sondern relativ stetig und zu dynamischer Gleichförmigkeit tendierend; sie sind deswegen gleichsam prädestiniert für planerische Gestaltung. Im Wachstumsdenken der Gegenwart findet die wirtschaftspolitische Planung Auftrieb, Ansatzpunkte und Möglichkeiten der eigenen Rechtfertigung. Es ist dem zu beeinflussenden Objekt adäquat, wenn die „unsichtbare Hand“ als Symbol marktmechanistischer Eigengesetzlichkeiten durch einen „sichtbaren Plan“ zu unterstützen oder gar zu ersetzen versucht wird.

3. Die Wachstumsrelevanz wirtschaftspolitischer Planungsmethoden

a) Nichtmeßbarkeit von Planungseinflüssen auf das Wachstum

Daß in der praktischen Wirtschaftspolitik die entscheidenden Kernbedingungen des Wachstumprozesses nicht durch quantifizierbare und

---

[11] H. K. *Schneider*, a.a.O., S. 47.
[12] M. *Dobb*, a.a.O., S. 7.

beliebig variierbare Instrumente dosierend, gezielt und treffsicher beeinflußt werden können, engt generell die Anwendung des Mittels der wirtschaftspolitischen Planung ein, trotz ihres rechenhaften Charakters. Nur was sich in einen mathematischen Ausdruck übersetzen läßt, kann im Wachstumsplan zum Ansatz kommen. Dadurch wird natürlich auch eine quantitative Ermittlung des Effektes wachstumspolitischer Planungsmethoden verhindert. Die Zusammenhänge zwischen wirtschaftspolitischer Planung und Wirtschaftswachstum lassen sich mithin weder isolieren noch quantifizieren. Darunter leidet ihre empirische Beweisbarkeit.

Dies gilt erst recht für jene planerischen Maßnahmen der makroökonomischen Prozeßpolitik, die von Hause aus nicht auf das Wachstum zielen, es aber fördernd oder hemmend tangieren. So sind beispielsweise die ohnehin umstrittenen spezifischen Wachstumswirkungen der Geldpolitik trotz des weitgehend quantitativen Gepräges ihrer Instrumente zahlenmäßig nicht faßbar. Auch „die verschiedenen wachstumsrelevanten Effekte der Verteilungspolitik sind kontrovers oder empirisch nicht hinreichend abgesichert. Allein das Gebiet der Fiskalpolitik kann bereits als so gut durchforscht angesehen werden, daß quantitative Aussagen von verhältnismäßig großer Exaktheit über lange Zeiträume hinweg gemacht werden können. Der unzureichende Stand der Forschung sollte jedoch nicht als Vorwand benutzt werden, es in dieser Hinsicht jeglicher Aktivität ermangeln zu lassen“[13].

Die Nichtquantifizierbarkeit der Wachstumswirkungen wirtschaftspolitischer Planungsmethoden wird insbesondere dann bedauert, wenn unter Hinweis auf eindrucksvolle Wachstumserfolge bestimmten Methoden der Planung eine Vorrangstellung zu verschaffen versucht wird. Nicht einmal der Vergleich planender und planungsfreier Methoden (innerhalb ein und desselben wirtschaftspolitischen Systems) hinsichtlich ihrer Wachstumsträchtigkeit kann auf quantifizierender Basis durchgeführt werden.

Wenn etwa vielfach behauptet wird, das in Frankreich praktizierte Verfahren der Planifikation garantiere ob ovo eine auf die Dauer höhere globale Wachstumsrate und zugleich eine stetigere Wirtschaftsexpansion als eine nicht geplante Marktwirtschaft, dann läßt sich eine solche behauptete wachstumsfördernde Wirkung der Programmierung quantitativ nicht erhärten und verifizieren. Dazu bedürfte es einer großen Zahl von Beispielen. Die allgemeine Aussage, daß durch die *planification* das Wirtschaftswachstum erhöht werde, kann nicht auf einen nach Einmaligkeit einer Planungsmethode und einer historischen Situation speziellen Fall gestützt werden. „Auch eine Gegenüberstellung mit dem im gleichen Zeitraum in anderen Ländern zu verzeichnenden Wachstum kann nicht Grundlage für eine Beurteilung sein. Die Wachstumsbedingungen (Bevölkerung, natürliche Ressourcen, Kapitalausstattung, Stand der technischen Entwicklung

[13] K. *Köstner*, Gesamtwirtschaftliche Planung in einer gemischten Wirtschaftsordnung. Göttingen 1966, S. 74.

usw.) sind von Land zu Land so verschieden, daß jede Folgerung aus einem solchen Vergleich zu einer gefährlichen ... Fehleinschätzung der Wirkung und Bedeutung des in Frankreich gehandhabten wirtschaftspolitischen Verfahrens führen kann"[14]. Überdies gibt es keine Methode, dessen Effizienz überzeugend und objektiv zu messen.

Eine rechnerische Herausschälung jenes etwa in Prozenten ausdrückbaren Teiles des gesamtwirtschaftlichen Wachstums, welcher rein und ausschließlich die Folge einer bestimmten wirtschaftspolitischen Planungsmethode ist, scheitert auch daran, daß jede Sozialproduktzunahme auch anderen als spezifisch wachstumspolitischen Anstrengungen mit zugeschrieben werden muß, so etwa, wenn die Wachstumskomponenten auch konjunkturellen und strukturellen Einflüssen ausgesetzt sind. Die oft ausgesprochene Warnung vor einer identifizierenden Verwechslung konjunktureller Bewegungen oder Strukturveränderungen mit Veränderungen der trendmäßigen Wachstumsrate bleibt solange fiktiv, als es nicht möglich ist, diese Vorgänge und die ihnen zugrundeliegenden Maßnahmen zu trennen. Diese nämlich greifen ineinander über, beeinflussen sich gegenseitig, und insbesondere die realen Konjunkturentwicklungen sind bisher „fast durchweg mit einem beträchtlichen wirtschaftlichen Wachstum einhergegangen"[15]. Das übergreifende wirtschaftspolitische Planen unter Zerlegung seiner komplexen Wirkungszusammenhänge soweit aufzuspalten, daß das reine Wachstumplanen gleichsam als eigenständiges Element der Wachstumspolitik ausgegliedert und isoliert gefaßt werden kann, ist faktisch ausgeschlossen. Weder im Einsatz noch in der Wirkung kann eine quantifizierende Abgrenzung desjenigen Teiles der gesamtwirtschaftspolitischen Planung vollzogen werden, der gezielt als ausgesprochen wachstumspolitisches Instrument zum Einsatz gebracht worden ist.

b) *Indirekte Wirksamkeit*

Aus der Gesamtheit der aktiven Wachstumsbedingungen die Einflüsse der angewandten Planungsmethoden eliminieren zu wollen, ist Ausdruck des Bemühens, durch Erfassung möglichst aller Aktionsparameter immer weitere Wurzeln des Wachstums freizulegen, zumal dasselbe als ausschließliches Produktions- oder Absatzproblem in der Praxis nicht gemeistert werden kann. Obwohl nicht durch Faktorinputs produzierbar, also auch nicht nach wachstumstheoretischer Gepflogenheit auf solche zurückführbar, sind auch Planungsmethoden (einschließlich ihrer institutionellen Verankerung) motorische Triebkräfte (freilich auch

[14] L. *Müller-Ohlsen*, Wirtschaftsplanung und Wirtschaftswachstum in Frankreich. Tübingen 1967, S. 123.

[15] J. *Werner*, Zum Verhältnis von Wachstumspolitik und Konjunkturpolitik (Jahrbuch für Sozialwissenschaft Bd. 19, Göttingen 1968, S. 67 ff).

potentielle Bremskräfte) langfristiger Expansionsprozesse. Sie vermögen eigenständige wachstumspolitische Effekte, wenn auch nicht in Gestalt von Primäreffekten, auszulösen. Sie sind autonome, wegen ihrer ordnungspolitischen Bestimmtheit allerdings nicht originäre Impulsträger, von denen nach Art und Intensität unterschiedliche Wachstumswirkungen ausgehen. In dirigistischen und zentralverwaltungswirtschaftlichen Systemen der Wirtschaftspolitik wird den Planungsmethoden sogar eine dominierende (nicht bloß randbedingungsmäßige) Bedeutung zugesprochen. Jedenfalls dürfte es kaum möglich sein, in solchen praktizierten wirtschaftspolitischen Systemen sich vollziehende Wachstumsprozesse mit Hilfe von Wachstumstheorien zu erklären, die das wirtschaftliche Wachstum nur auf Kapitalkoeffizienten und/oder Arbeitseinsatz (makroökonomische Produktionsfunktion) im Verband mit einer noch nirgends genügend definierten Restgröße (meist technischer Fortschritt genannt) zurückzuführen bestrebt sind. Um so wichtiger sind Analysen der Randbedingungen institutioneller und ordnungspolitischer Art, zu denen auch das wirtschaftspolitische Planen gehört. Dieses ist ein ordnungspolitisch vermitteltes, kein ursprüngliches Instrument, das mithin auch für Zwecke der Wachstumspolitik aus der obwaltenden Wirtschaftsordnung abgeleitet werden muß.

Überdies ist die Wachstumswirkung des wirtschaftspolitischen Planens keine Direktwirkung. Durch den Plan werden *wachstumsrelevante Verhaltensweisen* (z. B. unternehmerische Investitionsentscheidungen) beeinflußt. Planungsmaßnahmen wirken letztlich über die Begünstigung oder auch Beeinträchtigung der übrigen Wachstumskomponenten, deren Wachstumseffizienz es nach wie vor zu wecken gilt. Zu diesem Zwecke müssen planerische Anreize „so gestaltet sein, daß das, was für das Unternehmen rentabel ist, sich mit dem deckt, was von den allgemeinen Planzielen her gesehen auch gesellschaftlich wünschenswert ist (oder damit zumindest nicht ernstlich kollidiert)“[16]. Der Planungsmethode als solcher ist keine spontane und unvermittelte Wachstumseffizienz immanent. Aber sie vermag Bedingungen zu aktivieren und einzelwirtschaftliche Entscheidungsparameter zu manipulieren, die das Wachstum steuern.

Der Wachstumseffekt der wirtschaftspolitischen Planung läßt sich somit lediglich erfassen durch die Größen-, Richtungs- und Intensitätsänderungen jener planbezogenen und planbedingten Daten und Komponenten, die ihrerseits direkt wachstumsrelevant sind. Dieses sachgegenständlich vorgezeichnete Umwegverfahren, den gesamtwirtschaftlichen Expansionsprozeß aus ihm vorgelagerten Änderungen von Verhaltens-

[16] M. *Dobb*, a.a.O., S. 93 f.

weisen der Wirtschaftssubjekte zu erklären, hat immerhin den Vorteil der empirischen Nachprüfbarkeit.

c) *Planungsmethodenwechsel*

Die Wachstumspolitik hat sich nicht nur mit den Wachstumseffekten der jeweils praktizierten Planungsmethode zu beschäftigen, sondern auch mit den möglichen wachstumsrelevanten Wirkungen eines bloßen Wechsels von Planungsmethoden[17]. Denn die zeitliche Aufeinanderfolge verschiedener Wachstumsetappen innerhalb einer Wachstumsperiode zwingt zu permanenten anpassenden Planungsänderungen, wofür etwa die Entwicklungsländer Beispiele bieten. Derartige Übergänge vermögen das Wachstum ebenfalls zu tangieren. Es ist also nicht nur der geänderte Planinhalt als solcher, der ein sich bereits vollziehendes Wachstum selbstverständlich entscheidend beeinflußt, sondern grundsätzlich auch das formale Ereignis des bloßen Wechsels (Änderungseffekt, push), dessen Wachtumsrelevanz (auf dem Umweg über Verhaltensweisen und Entscheidungsprozesse) nicht von vornherein bestritten werden kann. Denn Wachstumseffekte lassen sich auch ableiten aus dem Wiederanstoß, aus der Perpetuierung stimulierender Anregungen, wie sie durch Planungsmethodenwechsel ausgelöst werden, dergestalt, daß langfristig ein vergleichsweise stärkeres oder weniger von Spannungen beeinträchtigtes Wachstum gewährleistet werden kann. Indessen ist hierbei auch die Möglichkeit der Beeinträchtigung bereits in Gang gebrachter Wachstumsprozesse nicht ausgeschlossen.

4. Verfügbare Planungsmethoden

Eine Bewertung der Vielzahl tatsächlicher[18] und möglicher Planungsmethoden nach Maßgabe ihres Tauglichkeitsgrades zur Erreichung von Wachstumszwecken ist wegen ihres Charakters partieller Randbedingungen ausgeschlossen. Außerdem ist die Planungsmethode kein Präzisionsinstrument, mit dem der Wachstumspolitiker gradmäßige Fein-

[17] *Anm.:* Darunter ist hier *nicht* die Planungs*technik* zu verstehen, also das weite Feld technisch-instrumentaler Vorkehrungen des Planens, wie z. B. Aufbereitung der Informationen durch Apparate, Erweiterung der herkömmlichen Entscheidungsverfahren durch Simulation und Planspiel, technische Planung von Zeitablauf und Koordination. Denn diese Instrumentarien entspringen nicht spezifisch dem wirtschafts- und ordnungspolitischen Gehalt der Planungsmethode, sondern gehören dem allgemeinen Bereiche moderner Führungs- und Managementtechniken an.

[18] Einen Überblick über die „Spielarten der europäischen Praxis" gibt etwa: A. *Shonfield,* Geplanter Kapitalismus. Köln — Berlin 1968, S. 207 ff. — Vergleichende Gegenüberstellungen für Westeuropa bringt: K. *Kleps,* Langfristige Wirtschaftspolitik in Westeuropa. Freiburg i. Br. 1966.

regulierungen mit ablesbaren Wirkungen vornehmen könnte. Keinesfalls gibt es eine Patentmethode, die an der Spitze einer solchen Bewertungsskala stehen könnte.

Da die Planungsmethoden auch der Wachstumspolitik durch das jeweils herrschende wirtschaftspolitische System vorgezeichnet sind, lassen sie sich sinnvoll nach ordnungspolitischen Gesichtspunkten einteilen (Planungszwang, induzierte Planung usw.), die zwar keine ontologischen Kriterien des Wachstumsphänomens sind, aber zu einer für dasselbe aufschlußreichen Klassifizierung jener Methoden verhelfen können. Stets wird durch den ordnungspolitischen Rahmen der wirtschaftspolitischen Planung die *Freiheit der Entscheidung* der Einzelwirtschafter berührt. In Extremfällen wird dieselbe entweder durch autoritären Planzwang total ausgeschaltet oder durch Beschränkung auf unverbindliche, lediglich orientierende Rahmensetzung grundsätzlich und weitestgehend[19] respektiert. In der praktischen Wachstumspolitik, die sich als Realität immer nur in einer gemischten Wirtschaftsordnung abspielen kann, gilt es, kombinierende Methoden der Wachstumsplanung zur Anwendung zu bringen, die zwischen diesen beiden Extremen liegen.

So wird selbst in Zentralverwaltungswirtschaften übertriebener Zentralismus in der Planung als „Hindernis auf dem Wege der schnellen Entwicklung der Produktivkräfte"[20] bezeichnet. Der Totalitätsanspruch zentralisierter Wirtschaftsplanung kann sich eben niemals völlig über die Notwendigkeit einer Dezentralisierung wirtschaftlicher Entscheidungen hinwegsetzen. Umgekehrt versucht die Wachstumsplanung in marktwirtschaftlichen Systemen durch die Vorgabe von Rahmendaten und mancherlei incentivs (organisatorisch, administrativ, psychologisch, ökonomisch) den freien Unternehmer zu einem wachstumseffizienten Verhalten zu verlocken. Änderungen von Planungsmethoden zum Zwecke der Wachstumsbeeinflussung erfolgen also immer im Wege der ordnungspolitisch markierten Variierung einzelwirtschaftlicher Entscheidungsspielräume.

Planungstechnisch findet das für solche Varianten verfügbare Feld seinen Ausdruck in der Spanne von umrißhaften *Tendenzplänen* bis zu stubil durchaggregierten *Ziffernplänen*. Obwohl bei beiden Arten (selbstverständlich auch bei allen kombinierbaren gemischten Planungsverfahren) die künftige makroökonomische Entwicklung durch ein System kohärenter Zahlenangaben projiziert und eine dementspre-

---

[19] Denn auch „die sog. ‚Indikativplanung', d. h. ein System, bei dem eher auf wünschenswerte Ziele hingewiesen, statt befohlen wird, sie zu erreichen, kann nur verläßlich funktionieren, wenn es einen zentralen Kern bedeutender Unternehmungen gibt, die auf die Wünsche des Staates mehr eingehen als die übliche private Firma" (A. *Shonfield*, a.a.O., S. 97).

[20] D. *Wassilev*, Die Wirtschaftsentwicklung der Volksrepublik Bulgarien nach dem Zweiten Weltkrieg (Weltwirtschaftliches Archiv Bd. 99, Hamburg 1967, S. 164).

chende Verhaltensweise (je nach Verbindlichkeitsgrad) empfohlen oder befohlen wird, um das gesteckte Wachstumsziel zu erreichen, wird dasselbe auf unterschiedlichen Wegen angesteuert. In der losen Form der Globalsteuerung wird zwar auch mit Ziffern gearbeitet, aber diese stellen nur „einen allgemeinen Leitfaden dar, der die Ziele der offiziellen Politik erklärt, und nicht etwa eine Sammlung von Vorschriften“[21]. Es ist in erster Linie die Lückenhaftigkeit der Kenntnisse über die wachstumsbedeutsamen ökonomischen Wirkungszusammenhänge und die daraus resultierende Unmöglichkeit einer quantifizierenden Feinsteuerung, die eine verstärkte Hinwendung zu Planungstechniken ohne detailliertes Ziffernwerk angezeigt erscheinen läßt. Die bloß rahmenhafte makroökonomische Planung, die sich unter Verzicht auf verbindliche Einzelziffern auf die langfristige Lenkung genereller Sachverhalte beschränkt, spekuliert auch auf die wachstumsfördernde Wirksamkeit der Privatinitiative und des Marktautomatismus.

Solche Planungsverfahren werden heute auch in Ländern, die bisher einer „detail-direktiven Auffassung der Planung“ (Ziffernplansystem) verhaftet waren, gefordert, um „der selbständigen Produktionsleitung in den Betrieben und somit den Marktbeziehungen“[22] Raum zu geben, und zwar ausdrücklich aus wachstumspolitischen Motiven. „Die Entwicklung einiger Seiten der Produktionstätigkeit, die eben von dem Zentralorgan nicht genau genug vorausbestimmt (infolge ungenügender Erkenntnis der voraussichtlichen Entwicklung), also auch weniger mit Hilfe zentral bindender Kennziffern gesichert werden kann, deren schnellste Entwicklung aber hinsichtlich ihres Zusammenhangs mit anderen Prozessen notwendig ist, muß indirekt, mit Hilfe bestimmter geplanter materieller Stimuli gelenkt werden“[23].

B. Wachstumspolitisch bedingte Änderungen der Planungsmethoden

1. Änderungsnotwendigkeiten

a) *Gesamtwirtschaftlicher Spezialisierungsprozeß*

Da der Gesamtwirtschaftsprozeß auch unabhängig von den durch wirtschaftspolitische Planung herbeigeführten Wachstumsbewegungen autonomen Wandlungen unterliegt, werden fortgesetzt anpassende Planungsänderungen erforderlich. So vervielfältigen sich insbesondere mit der verbessernden Verfeinerung der volkswirtschaftlichen Arbeitsteilung (Rationalisierung, Spezialisierung, Produktionsdifferenzierung) auch die Kombinationsmöglichkeiten der wachstumsrelevanten Faktoren und Tatbestände. „Je mehr Produktionseinheiten bestehen, desto schwie-

---

[21] A. *Shonfield,* a.a.O., S. 149.
[22] O. *Šik,* Plan und Markt im Sozialismus. Wien 1967, S. 10.
[23] O. *Šik,* a.a.O., S. 354.

riger wird aber ihre Koordination, d. h. die Herstellung der notwendigen Kombinationen zwischen ihnen. Tatsächlich wachsen die möglichen Kombinationen innerhalb einer Volkswirtschaft nicht proportional zur Zahl der produzierenden Einheiten, sondern proportional ihrem Quadrat. Damit wird aber die Koordination selbst, d. h. die Planung, ständig komplizierter. Der Planungsapparat müßte, gleichbleibende Leistungsfähigkeit unterstellt, in ähnlicher Rate anwachsen. Da das aber aus rein mathematischen Erwägungen nur eine sehr begrenzte Zeit hindurch möglich wäre, ergibt sich die Notwendigkeit einer Rationalisierung des gesamten Planungssystems zwangsläufig"[24]. Methoden der Wachstumsplanung müssen dem permanenten gesamtwirtschaftlichen Spezialisierungsprozeß elastisch Rechnung tragen, d. h. ständig abgewandelt werden.

b) *Unbekannte Ausgangsgrößen*

Daß in jeden zu realisierenden Wachstumsplan die Wirkungsmöglichkeiten auch unbekannter Größen von vornherein mit einkalkuliert werden müssen, macht wegen der Langfristigkeit aller Wachstumspolitik spätere Planungsänderungen zu praktischen Bedingungen des Erfolges. Ein starrer, infolge der Begrenztheit des Zeithorizonts ohnehin mit Risiken des Gelingens behafteter Ausgangsplan erlaubt keine flexible Anpassung an eingangs noch nicht bekannte oder erst nachfolgend sich ändernde Größen, so daß schließlich „die Unbekannten in der Problemstellung zu groß werden, um eine Planung lohnend zu machen oder immerhin, wenn man dennoch plant, groß genug, um das Erreichen der Planziele zu verhindern"[25]. Wie bei aller wirtschaftspolitischen Planung, so ist insbesondere und vornehmlich bei der stets langfristigen Wachstumsplanung „die Zahl der Unbekannten so groß, die Berechenbarkeit fremder Handlungen und überhaupt die Möglichkeit akkurater Vorhersage so gering, daß das Prinzip der gewollten Veränderlichkeit, des ‚trial and error', geradezu das einzig brauchbare ist. Das Resultat des eigenen Handelns im Lichte nicht berechenbarer Umstände muß abgewartet und das Fortsetzen oder Ändern dieses Handelns danach eingerichtet werden. Der Irrtum, die Änderung des Plans nach den mit seiner fortschreitenden Verwirklichung gemachten Erfahrungen, ist hier keine Ausnahme, sondern sie ist ein unentbehrlicher sich selbst legitimierender Bestandteil jedes vernünftigen Wirtschaftsplanens. Und da man für unrealistisches Planen meistens schon

---

[24] G. *Leptin*, Langfristige Wandlungen im Wirtschaftswachstum und in der Wachstumspolitik der Sowjetunion, in: K. C. *Thalheim* (Hrsg.), Wachstumsprobleme in den osteuropäischen Volkswirtschaften Bd. 1, Berlin 1968, S. 67 f.

[25] M. *Dobb*, a.a.O., S. 20.

bald die Folgen zu spüren bekommt, so fallen selbst dogmatisch-starre Planvorhaben über kurz oder lang unter das Gesetz der erfahrungsbedingten Notwendigkeit, den Plan zu variieren“[26].

c) *Geschätzte Erwartungsgrößen*

Planungsänderungen durch nachträglichen Einbau von ursprünglich überhaupt nicht faßbaren oder nicht voraussehbaren, aber erforderlichen Informationen in einen insofern lückenhaften Ausgangsplan sind zu unterscheiden von Planrevisionen, die dann notwendig werden, wenn wachstumsrelevante Größen wenigstens erwartet, schätzungsweise in das erste Konzept aufgenommen und später korrigiert werden können. Die unsichere Planung wird auf diese Weise durch sukzessive Ergänzung bloßer Erwartungsgrößen in eine realistische und dann auch sorgfältiger zu handhabende Planung übergeführt. Anfangs ist jedes wachstumspolitische Produktionsprogramm „zum großen Teil ein Exerzitium in Hoffnungen; es kann nicht als eine genaue mengenmäßige Feststellung verstanden werden, es zeigt lediglich die allgemeine Größenordnung der Dinge, die man in der Wirtschaft zu erreichen hofft. Wie annäherungsweise das Programm aber auch sein mag, sollte es doch auf seine innere Folgerichtigkeit geprüft werden ... Es ist in solchen Dingen besser, sich auf Zahlen und Vermutungen (hunches) zu verlassen, als auf das letztere allein, selbst wenn die Zahlen ihrerseits zum Teil wiederum auf einer Art Schätzung beruhen“[27].

Die aus Schätzungen und Erwartungen resultierende Unbestimmtheit zahlreicher bei der Wachstumsplanung zu berücksichtigender Information (Bevölkerungs- und Einkommensentwicklung, technischer Fortschritt, Weltmarktpreise, internationale Handelsbeziehungen) zwingt in der Folge zu kontinuierlichen Überprüfungen und Ergänzungen der mehrjährigen Pläne und damit faktisch zu permanenten Revisionen von Planinhalt und Planmethode (rollende Planung).

> „Es ist klar, daß bei einem wesentlichen Auseinanderfallen von Projektion und Wirklichkeit die Basis für den früheren Entscheid zugunsten des jetzt geltenden ‚Konzepts‘ nicht mehr besteht. Es ist eine neue Situation eingetreten, bei der neue Entschlüsse gefaßt werden müssen. Ihnen wird aber nun wiederum eine Reihe von Projektionen der Folgen alternativer Maßnahmen vorausgesehen, so daß man aus ihnen die günstigste Kombination auswählen kann ... Der Plan, für den man sich dann entschieden hat, gibt nunmehr wiederum einerseits die erwarteten Folgen der eingeleiteten wirtschaftspolitischen Maßnahmen an, anderseits auch die

---

[26] W. *v. Simson*, Planänderung als Rechtsproblem, in: J. H. *Kaiser* (Hrsg.), Planung I, Baden-Baden 1965, S. 419.

[27] W. A. *Lewis*, Die Theorie des wirtschaftlichen Wachstums. Tübingen — Zürich 1956, S. 439.

erwünschte zukünftige Entwicklung, weil ja aus allen realisierbar erscheinenden zukünftigen Entwicklungen die ‚beste' herausgesucht wurde"[28].

d) *Wandlungen des Planungsobjektes*

Planungsmethoden sind ununterbrochen auch dem nichtkonstanten Planungsobjekt anzupassen, nämlich der wachsenden Wirtschaft, die ex definitione selbst in Wandlung begriffen ist. Im Zuge jeder Planrealisierung werden *neue Tatsachen* erst geschaffen, die als hinzutretende Voraussetzungen und zusätzliche Daten in den Plan noch einzufügen sind, wenn die Reststrecke zum Planziel realistisch ausgeschildert und erfolgreich zurückgelegt werden soll. „Der Plan muß leben, das heißt er bedarf ständiger Adjustierung", eines Verfahrens „der kontinuierlichen Adaption"[29]. Bei solcherart nach Daten und Methode bedingten Planungsänderungen handelt es sich um „dynamisches Programmieren. Das beruht darauf, daß man einen Plan macht und beobachtet, wie der Plan sich in der Durchführung auswirkt. Man macht dann einen sogenannten feedback, eine ‚Rückkoppelung', das heißt man führt jetzt die Veränderungen nicht der Annahmen, sondern der Teilergebnisse des Planes, die durch Zufallsschwankungen und dergleichen eingetreten sind, wieder in den Plan ein"[30]. Durch laufende Konfrontierung der Plandaten mit den geschaffenen Fakten werden weitere Einsichten und Beurteilungsmöglichkeiten gewonnen, die zur Sicherung der noch zu absolvierenden restlichen Wachstumsstrecke benutzt werden können. Die irrtümlich unterlassene oder infolge einer starren Planungsmethode nicht mögliche Vornahme solcher Änderungen könnte das Wirksamwerden jener Triebkräfte des Wachstums unterdrücken, die erst in fortgeschrittenen Planungsphasen entscheidend werden. Indessen ist bei solcher dynamischer Methodenanpassung an Wachstumsprozesse mit Schwierigkeiten zu rechnen:

1. Ob angesichts der Vielzahl möglicher und nach Maßgabe der Elastizität unterschiedlicher Planungsmethoden auf Anhieb immer die jeweils optimale gefunden werden kann, ist fraglich. Wahrscheinlich ist nur ein *experimentierendes Herantasten* möglich, das notgedrungen mit Verzögerungen und Einbußen verbunden ist.

2. Da mit zunehmender Planungsintensität die Bereitschaft zu Planungsänderungen abnimmt, wird jedenfalls bezüglich der wirtschaftspolitischen Extremform einer Planwirtschaft manchmal behauptet, sie

---

[28] W. *Krelle*, Programmiertes Wachstum (Der Volkswirt Jg. 17 Nr. 51/52, Frankfurt 1963, S. 77).

[29] G. *Bombach*, Rahmenplan oder Zahlenzwang, in: A. *Plitzko* (Hrsg.), Planung ohne Planwirtschaft, Basel — Tübingen 1964, S. 54.

[30] O. *Morgenstern*, Diskussionsbeitrag, in: Planung ohne Planwirtschaft, a.a.O., S. 224.

„neige dazu, die Glieder eines Wirtschaftssystems erstarren zu lassen und es mehr konservativ, mehr *resistent gegenüber Änderungen* (Hervorhebung vom Verf.) zu gestalten als der elastischere Mechanismus der dezentralisierten und marktorientierten Entscheidungen. Zu einer derartigen Starrheit können sehr wohl große bürokratische Verwaltungseinheiten neigen, ob sie nun privater oder staatlicher Natur sind“[31].

3. *Sozialpsychologisch* sind Widerstände gegen permanente Änderungen dadurch zu erklären, daß Revisionen seitens der Betroffenen grundsätzlich für planschädlich gehalten werden, weil sie als unvermeidliches Eingeständnis einer ursprünglich eben doch fehlerhaften Fassung mißdeutet werden können. Insbesondere nichtdetaillierte Rahmenpläne werden deswegen mitunter skeptisch aufgenommen und ihre phasenhaft revidierten Fassungen stoßen in Erwartung weiterer „Berichtigungen“ erst recht auf Mißtrauen. Es ist dann nicht ausgeschlossen, daß die gesetzten Planziele durch bewußte Gegenaktionen verfälscht werden.

4. Daß schließlich Planungsänderungen in der Regel mit methodischen und administrativen Änderungen verbunden sind, führt zu Konflikten mit der *Beharrungstendenz,* die jedem Plan innewohnt. Kraft seines Eigenlebens, das immer institutionell verankert ist, vermag er sich noch zu behaupten, wenn er durch die Tatsachen bereits überholt ist, insbesondere wenn die Planungsorgane aus Gründen der Selbsterhaltung stärker an einem Planungs*verzug* interessiert sind als an einem dynamischen Planungs*vollzug* ohne unnötige Zeitverluste. In solchen Situationen ist es ein schwacher Trost, daß die Macht der geänderten tatsächlichen Verhältnisse auf die Dauer nicht niedergehalten werden kann.

e) *Wiederbelebung der Planungsaktivität*

Während der fortschreitenden Realisierung verliert jeder erfolgreiche Wachstumsplan an Wirksamkeit. Denn die erzielten Teilerfolge und die geweckten Wachstumskräfte entfalten eigene Aktivität und treten insoweit an die Stelle der Initiativkräfte des Planes. Es findet eine Art Substitution statt zwischen den externen Impulsen des Planes und den objektinternen Antrieben des Wachstums, die durch den Plan mobilisiert worden sind. Nach erfolgter Wachstumsankurbelung und erzielten Wachstumsfortschritten erscheint ein teilweiser Verzicht auf Planinterventionen möglich, da sich das Wachstum zunehmend automatisch, aus eigenen Kräften vollzieht. Die optimale Wachstumspolitik besteht darin, „d'abandonner petit à petit tout ce mécanisme du plan“[32].

---

[31] M. *Dobb,* a.a.O., S. 16.

[32] *Stein,* Diskussionsbeitrag, in: CEPES (französische Gruppe), Planification et stratégie des investissements. Paris o. J., S. 41; zitiert nach K. *Kästner,* a.a.O., S. 88.

Allerdings sind gegen solchen Optimismus zwei Einwendungen möglich:

1. Ob die geweckten eigenmotorischen Impulse allein ausreichen, um das Wachstumsziel voll zu erreichen, ist nicht gesichert. Es bedarf dann mitunter einer planerischen, mit Methodenänderungen einhergehenden Nachhilfe, um erneute Anstoßwirkungen auszulösen.

2. Sodann wirft das durch Wachstumsfortschritte zunächst ermöglichte Nachlassen planerischer Wachstumsanstrengungen „neue Probleme auf, die sich nur durch eine geplante strukturell orientierte Wachstumspolitik lösen" lassen. Zumindest bleibt die Frage offen, ob die neuen Probleme „mit den gleichen Instrumenten gelöst werden können, die bei den Problemen von gestern Erfolg gehabt haben"[33].

Jedenfalls sind sowohl der infolge verminderter Wirksamkeit von erfolgssicheren Wachstumsplänen im weiteren Vollzug mögliche Abbau von Planungsumfang und Planungsintensität als auch das Nachschicken neuer Planinitiativen zum Zwecke des Wiederanstoßes und der Wiederbelebung des Wachstumsprozesses regelmäßig verbunden mit Änderungen der Planungsmethode.

f) *Höhere Wachstumsrate*

Auch das Anstreben einer erhöhten Wachstumsrate des Sozialprodukts ist an eine Abwandlung der anfänglich praktizierten Planungsmethode geknüpft. Dieselbe erscheint angesichts des weiter gesteckten Zieles vielfach nicht mehr ergiebig genug. Nicht immer äußern sich solcherart motivierte Planungsänderungen in einer Verschärfung und Straffung des bisherigen Verfahrens, also in einem Übergang zu intensivierten Planungsmethoden. So wird heute (nicht nur gelegentlich) gerade in zentralverwaltungswirtschaftlichen Systemen versucht, durch Auflockerung (Liberalisierung) des Planungsverfahrens höheren Wachstumsraten den Weg zu ebnen. Dies soll an zwei aktuellen Beispielen gezeigt werden:

1. *Bulgarien* hat seit dem 2. Weltkriege im Zeichen zentraler Planung (Jahres- und Perspektivpläne) eine durchschnittliche Steigerung des Volkseinkommens von 8,3 v.H. pro Jahr erzielt. Wenn nunmehr in den nächsten Etappen der wirtschaftlichen Entwicklung des Landes „schnellere Wachstumsraten" vorgesehen sind, dann erscheint es aus Erfahrungsgründen erforderlich, „neue und vollkommenere Führungsmethoden" anzuwenden, „die der dynamischen Entwicklung der modernen progressiven Wissenschaft und Technik gewachsen sein sollen ... Die verbesserten Planungsmethoden finden nach dem neuen Führungssystem ihren Ausdruck darin, daß der Zentralismus hinsichtlich der Planung und der Verwaltungsmethoden abgeschwächt, der Subjektivismus bei der Zusammensetzung

[33] K. *Kästner*, a.a.O., S. 89.

und Durchführung der Pläne abgeschaft (werden) ... Nun sind alle objektiven Voraussetzungen für eine noch raschere Entwicklung der bulgarischen Wirtschaft vorhanden"[34].

2. In der *Tschechoslowakei* erhob sich angesichts der seit dem Jahre 1960 einsetzenden Wachstumsschwierigkeiten (Verringerung des Zuwachses der Gesamtproduktion, der Arbeitsproduktivität und des Nationaleinkommens bis zur Entwicklungsstagnation) die Frage, inwieweit „eine solche Entwicklung von dem System der planmäßigen Leitung abhängen"[35] könne. Dieser eingebürgerten Planungsmethode wird vorgeworfen, daß sie nur das extensive Wachstum (Erweiterung der Produktionsquellen) begünstige, nicht aber das intensive (Verbesserung der gesellschaftlichen Arbeitsproduktivität). „Man kann die langjährige negative extensive Entwicklung unserer Produktion nur verstehen, wenn man sie als notwendiges Ergebnis des alten administrativen Leitungssystems und der Unterdrückung der Marktbeziehungen sieht, die nur eine extensive Entwicklung zuließen"[36].

Ob Bemühungen um Erhöhung der Wachstumsrate lediglich durch eine Zuspitzung auf eine Änderung der wirtschaftspolitischen Planungsmethode zum Erfolg führen, erscheint wegen deren Rolle einer bloßen Randbedingung des Wachstums fraglich, ist aber im vorliegenden Zusammenhang nicht von Bedeutung. Vielmehr soll an dieser Stelle nur gezeigt werden, daß erhöhtes Wachstumsstreben ebenfalls ein Motiv der Änderung von Planungsmethoden sein kann.

g) *Nutzbarmachung der Marktkräfte*

Die Wachstumsrelevanz von Planungsänderungen zum Zwecke der Steigerung der Zuwachsrate des Sozialprodukts besteht in der Reaktivierung von nachlassenden oder in der Freilegung von zusätzlichen Wachstumskräften. Werden solche speziell in der Privatinitiative und in den Konkurrenzimpulsen des Marktmechanismus erblickt, dann führt die Absicht, denselben zum Durchbruch zu verhelfen, generell, d. h. auch unabhängig von der Ansteuerung einer vorgefaßten Wachstumsrate, ebenfalls zu Änderungen von Planungsmethoden. In zwangswirtschaftlichen Systemen werden diesbezügliche Verfahren meist als Reform bezeichnet. Materiell liegt lediglich eine bewußte Einbeziehung von marktwirtschaftlichen Elementen in den zentralistischen Wachstumsplan vor.

Begründet werden solche Planungsänderungen in der Regel mit der Behauptung, die Triebkräfte des Wachstums müßten nachlassen, weil sie nicht mehr genug Nahrung finden könnten, wenn der Zwang zur Selbsterhaltung der Wirtschaftssubjekte durch das bequemere Schreiten auf markierten Pfaden ersetzt werde. „Die Unterschätzung der persönlichen

[34] D. *Wassilev*, a.a.O., S. 164 ff.
[35] O. *Šik*, a.a.O., S. 43.
[36] O. *Šik*, a.a.O., S. 80.

Interessen und der übrigen Wirtschaftsanreize schränkten in beträchtlichem Maße die rasche Entwicklung der Wirtschaft ein. Die Praxis gebot daher die Einführung eines neuen Systems der Volkswirtschaftsführung"[37]. „Das administrative Leitungssystem" engt „die Selbständigkeit der Betriebe ein und untergräbt ihre optimale Initiative"[38]. „Ohne eine grundsätzliche Änderung im Leitungssystem, die die notwendige Existenz der sozialistischen Marktbeziehungen respektiert und eine grundsätzlich andere Auffassung der sozialistischen Planmäßigkeit aufzeigt, kann sich keine positive Entwicklung durchsetzen"[39].

Solche Kritik an der Nichtausnutzung ökonomischer Gesetzmäßigkeiten, an der Schädlichkeit des Planziffernsystems und der direkten Befehle ist keineswegs Ausdruck der Absicht, auf Planung des Wachstums schlechthin zu verzichten. Die „Rehabilitierung der Marktbeziehungen" darf „nicht als eine Schwächung des Prinzips der gesamtgesellschaftlichen Planmäßigkeit aufgefaßt werden"[40]. Es soll vielmehr ein funktionsfähiger Kompromiß, gewissermaßen ein modus vivendi zwischen den vom aufgestellten Plan und den vom Markt ausgehenden Wachstumskräften gefunden werden, wie denn auch umgekehrt in marktwirtschaftlichen Systemen „in einer expandierenden Volkswirtschaft neben den Marktmechanismus gleichberechtigt politische Kräfte treten, die ... ein langfristiges Wachstum sichern"[41].

Daß lediglich im engeren Bereich der Wachstumspolitik vorgenommene Änderungen der Planungsmethoden allgemeine ordnungspolitische Konsequenzen nach sich ziehen können, liegt auf der Hand, mag es befürchtet, hingenommen oder bestritten werden. Solche möglichen Fernwirkungen sind indessen nicht Gegenstand der vorliegenden Abhandlung.

2. Wachstumsrelevanz von Planungsänderungen

Kein Plan kann inhaltlich so umfassend sein, daß er in jedem Zeitpunkt des Vollzuges allen erforderlichen Wachstumsbedingungen nach Art und Gewichtung Genüge leistet. Die Akzente verschieben sich während des Wachstumsprozesses, so daß jeweils jene Daten durch den Plan effektuiert werden müssen, die in den aufeinanderfolgenden Planungsphasen ausschlaggebend sind. Die durch gebotene Planungsänderungen ausgelösten Wirkungen (gewollte und ungewollte) sind vielfältig.

---

[37] D. *Wassilev*, a.a.O., S. 164.
[38] O. *Šik*, a.a.O., S. 95.
[39] O. *Šik*, a.a.O., S. 42.
[40] O. *Šik*, a.a.O., S. 335.
[41] B. *Frey*, a.a.O., S. 99.

a) *Wachstumsbeeinträchtigung*

Es ist zu beachten, daß Planungsabwandlungen auch wachstumsschädlich sein können. Das Wachstum kann durch sie, auch wenn materiell keine Fehlplanung vorliegt, gestört, unterbrochen oder sogar unterbunden werden; denn ein Planungssystemwechsel stellt die Konstanz jeder Ablaufspolitik zumindest in Frage. Die bloße Tatsache vorgenommener oder auch nur angekündigter Änderungen des Planungsverfahrens kann lähmend wirken und unerwünschte Reaktionen auslösen. Unruhe und Bewegung im Planungsbereich sind dem Wachstum nicht unbedingt zuträglich. Die praktische Wachstumspolitik hat ihr Augenmerk gleichzeitig auf die positiven und möglichen negativen Wirkungen von Planungsänderungen zu richten.

b) *Rechtswirkungen*

1. Bei *Verbindlichkeit* des Planvollzuges (Imperativplanung) lösen Planungsänderungen Rechtswirkungen auf seiten der Betroffenen aus. Wenn dadurch Rechte verletzt werden, die bereits vor der Planänderung erworben wurden, können Schadenersatzansprüche geltend gemacht werden. „Denn derartige Rechtsbeeinträchtigungen sind geschützt, ob sie nun auf einer Planänderung oder auf einer originären Planung beruhen“[42]. Dieser Umstand kann dazu führen, daß wachstumspolitisch zweckmäßige Planungsänderungen grundsätzlich unterlassen werden, um nicht kostspielige Rechtswirkungen heraufzubeschwören oder konträren Einstellungen Nahrung zu geben. Anders verhält es sich hinsichtlich der wachstumspolitischen Konsequenz mit dem „zusätzlichen Recht, welches der durch die Planänderung Betroffene erst durch den geänderten ursprünglichen Plan erworben haben mag — eine Stellung des Betroffenen also, die einem ursprünglichen Plan gegenüber *keinen* Rechtsschutz genossen hätte, und der nur als Folge des einmal gefaßten Planes der hier zu erörternde Rechtsschutz zukommt“[43]. Die Schaffung zusätzlicher schutzwürdiger Rechtspositionen bildet kein notwendiges Hemmnis gegenüber beabsichtigten Änderungen der Planung.

2. Besteht hingegen *keine autoritäre Verbindlichkeit* des Planvollzuges (Indikativplanung), dann ist die rechtspolitische Frage, wer das Risiko von Planänderungen zu tragen hat, stets von hohem wachstumspolitischen Interesse. „Zur Planung gehört, wenn man sie nicht in zentral gelenkter, sondern in freiheitlich bestimmter Wirtschaftsform durchführen will, die Beteiligung vieler verschiedener, auf die eigene Existenz und Rentabilität angewiesener privatwirtschaftlicher Verant-

---

[42] W. *v. Simson,* a.a.O., S. 407.
[43] W. *v. Simson,* a.a.O., S. 407.

wortungskomplexe. So erfolgt die Finanzierung, die Personalauswahl, die Einzelplanung, die Erfahrungsauswertung oft auf privater Ebene, steht aber im Dienst des öffentlichen Wirtschaftsplanens. Diese Beteiligung verlangt einen gewissen Vertrauensschutz, wo ein Vertrauen ermutigt wurde. Es gehört daher zu den Gestaltungsaufgaben der Wirtschaftsplanung, hier nach rechtlichen Modalitäten der Planverwirklichung zu suchen. Sie müssen dem Umstand Rechnung tragen, daß das Risiko der Änderung in vieler Hinsicht als ein Risiko des Gesamtplanes und nicht als ein Risiko der an einer Einzelphase Beteiligten ... zumutbar sein soll"[44]. Indessen kann einstweilen und vermutlich aus Gründen, die dem Wesen dieser nichtautoritären Planungsmethode entsprechen, kein Rechtsanspruch aus Planungsänderungen abgeleitet werden. Die mit solchen Änderungen verbundenen Risiken von Fehlentscheidungen und einzelwirtschaftlich nachteiligen Fehlmaßnahmen sollen beabsichtigt beim Unternehmer bzw. Nichtunternehmer verbleiben; denn ihm steht es ja frei, ob er sich plankonform verhalten und von der ihm gebotenen Orientierungshilfe Gebrauch machen will oder nicht. Diese Risikoverteilung zwischen Planträger und Betroffenen, mag sie rechtspolitisch aus Gründen der Zumutbarkeit zu Bedenken Anlaß geben, ist wirtschaftspolitisch dennoch vertretbar. Denn sie „spricht eher für eine größere Sorgfalt bei der eigenverantwortlich erstellten einzelwirtschaftlichen Planung, von der die auf den privatwirtschaftlichen Bereich Bezug nehmende ... ‚Fremdplanung' zu unterscheiden ist"[45]. Sie spricht aber auch zumindest nicht gegen die wirtschaftspolitische Wachstumsplanung[46] und die durch dieselbe vorgenommenen Planungsänderungen. Deren Wachstumswirksamkeit nämlich hängt ohnehin nicht von der rechtlichen Lösung der Risikofrage ab, sondern von dem Einsatz ökonomischer und sonstiger Anreize, die bei Planungsänderungen neu und effektvoll dosiert werden können.

c) Erhöhte Ausnutzung der Wachstumsfaktoren

Alle Änderungen von wachstumspolitischen Planungsmethoden entspringen dem Motiv, die Effizienz der Wachstumskräfte mindestens zu erhalten, nach Möglichkeit zu steigern. Zwecks Erhöhung des Ausnutzungsgrades der verfügbaren Produktionsfaktoren und damit der Wachstumsraten werden überkommene Planungsmethoden allenthalben verbessernd abgewandelt.

---

[44] W. *v. Simson*, a.a.O., S. 419 f.
[45] K. *Kleps*, a.a.O., S. 469.
[46] *Anm.:* Daß der planende Staat kein Risiko für Planirrtümer und Fehlplanungen trägt, kann freilich zu mangelnder Sorgfalt auch bei der wirtschaftspolitischen Wachstumsplanung verleiten; denn das Bewußtsein, daß die Kosten für Fehldispositionsfolgen dem Planenden nicht angelastet werden, kann zu verminderter Umsicht Anlaß geben.

1. Selbst in *zentralverwaltungswirtschaftlichen* Systemen, die zu totaler und starrer Planung neigen, werden unentwegt neue Varianten der Wachstumsplanung entwickelt, obwohl behauptungsgemäß das planwirtschaftliche Prinzip gerade in der Wachstumspolitik dem marktwirtschaftlichen Prinzip von Hause aus weit überlegen sei. Es sei von einer Wachstumsträchtigkeit, wie sie mit Methoden der wirtschaftspolitischen Planung in marktwirtschaftlichen Systemen niemals erreicht werden könne. Da der größte Teil der relevanten Einzelentscheidungen durch einige wenige Grundsatzentscheidungen der allein kompetenten zentralen Instanzen ersetzt werde, kämen die Wachstumsdeterminanten zu konzentriertem Einsatz und könnten nicht zerflattern.

„In der sowjetischen Wirtschaftspolitik führte die Diskrepanz zwischen dem vorhandenen Potential und den ständig hochgespannten Wachstumszielen zu dem Bestreben, das Potential so ausgiebig wie möglich ... auszunutzen. Man wird infolgedessen annehmen können, daß in aller Regel der Ausnutzungsgrad des sachlichen Produktionsapparates in den Ländern des sowjetischen Wirtschaftssystems höher ist als in den ‚kapitalistischen' Ländern ... Dabei wird allerdings ... übersehen, daß eine derartig intensive Nutzung der sachlichen Produktionsmittel möglicherweise zu ihrem vorzeitigen Verschleiß führen kann"[47].

2. Diesen der Faktursubstanz nicht zuträglichen Möglichkeiten der Erzielung von (wenigstens kurzfristigen) Wachstumserfolgen steht die Behauptung von langfristig gesicherten Wachstumsratenzunahmen durch Planungsmethoden *marktwirtschaftlicher* Systeme gegenüber. Wenn ein Wachstumsplan dieser Art allerdings nicht nur nach seinem „Informationspotential für die privaten Wirtschaftssubjekte, sondern auch nach seinem Lenkungswert, nach der Möglichkeit, mit seiner Hilfe die im Plan konkretisierten Ziele zu erreichen, beurteilt werden"[48] muß, dann bedarf es auch einer wertenden Mitberücksichtigung jener Reizmittel und Nachhilfen, ohne die ein plankonformes Verhalten nicht erwartet werden kann (z. B. Begünstigung der Gewinne und der Selbstfinanzierung, Kreditexpansion, Zinspolitik[49]). Es sind mithin weniger die Änderungen von Planungsmethoden, denen in marktwirtschaftlichen Systemen eine direkte Wachstumsrelevanz innewohnt, als vielmehr Änderungen des den Planvollzug begleitenden und unterstützenden Komplexes der verhaltenslenkenden incentivs. Die Finanzpolitik des Staates sowie die Geld- und Kreditpolitik bieten eine Fülle von Möglichkeiten, den Wirtschaftsablauf im privaten Bereich und die einzel-

---

[47] K. C. *Thalheim*, Besonderheiten des Wirtschaftswachstums in den kommunistisch regierten Ländern, in: K. C. *Thalheim* (Hrsg.), Wachstumsprobleme in den osteuropäischen Volkswirtschaften, 1. Bd., Berlin 1968, S. 19.

[48] K. *Kästner*, a.a.O., S. 108.

[49] Vgl. etwa: E. *Dürr*, Wachstumspolitisch relevante Ergebnisse der Wachstumstheorie. Im vorliegenden Band S. 5.

wirtschaftlichen Präferenzen nach vorgefaßten Wachstumsplänen zu gestalten und zu steuern. Insbesondere das finanzwirtschaftliche System unmittelbarer Anreize und ökonomischer Zwänge zwecks Orientierung privater Einzelpläne an einem wirtschaftspolitischen Wachstumsplan erlaubt eine solche Vielzahl von Differenzierungen, daß praktisch jeder geänderten Plankonstellation Rechnung getragen werden kann.

d) Investitionsförderung

Wenn es angesichts der Mehrzahl von im Zeitablauf unterschiedlich bedeutsamen Wachstumsdeterminanten darauf ankommt, wechselnd verschiedene Planungsmethodenvarianten anzuwenden, durch welche die jeweils ausschlaggebenden Determinanten aktiviert und zum dominierenden Einsatz gebracht werden, dann verfolgt die Änderung von Planungsmethoden insofern lediglich den Zweck, einen gezielten Wechsel in der Rangfolge der Determinanten auszulösen. Da über alle derartigen Umproportionierungen hinweg den Investitionen (nach Art, Umfang und Zeitpunkt) wegen ihres Einkommens- und Kapazitätseffektes vielfach erfolgssichere Wachstumswirkungen zugesprochen werden, setzen Wachstumspläne den Hebel vorzugsweise an der Investitionsförderung an. Demzufolge unterscheiden sich die verschiedenen Planungsmethoden durch die Art, „die Investitionen auf bestimmte Sektoren der Wirtschaft aufzuteilen, die sich entscheidend auf den Entwicklungspfad der Wirtschaft, das Tempo dieser Entwicklung, vielleicht auf die bloße Möglichkeit bestimmter Entwicklungen und in manchen Fällen überhaupt auf die Chance einer Entwicklung auswirken kann. Die Wirtschaftsplanung besteht in dem Versuch, *ex ante* einen Komplex koordinierter Investitionsentscheidungen — vor der endgültigen Zweckwidmung der Ressourcen — zu erreichen, an Stelle jener Investitionsstruktur, die in erster Linie das Resultat von Annahmen und Erwartungen einer Vielzahl unabhängiger Personen (Unternehmer) ist und langfristig durch die *ex-post*-Bewegungen der Marktpreise ‚revidiert' wird“[50]. So wird beispielsweise den französischen Planifikateuren nachgerühmt, „daß sie sich nicht ausschließlich auf eine *allgemeine* Erhöhung des Investitionsniveaus verließen, um ihre Ziele zu erreichen, sondern im nationalen Maßstab eine Strategie entwickelten, um diese Investition an den Punkten anzusetzen, wo sie den höchsten Ertrag erbrachte“[51].

Obwohl es sicherlich zutrifft, daß keine zwingende Proportionalität zwischen Investitionsquote und Wachstumsrate besteht, ja, „daß die Maßnahmen, die der Erhöhung der Investitionsquote dienen, gleichzeitig den Kapitalkoeffizienten vergrößern, so daß u. U. der Wachstumseffekt

---

[50] M. *Dobb*, a.a.O., S. 11 f.
[51] A. *Shonfield*, a.a.O., S. 265.

der wachstumsorientierten Investitionspolitik ... sogar negativ ist"[52], können mittelbare Wirkungszusammenhänge zwischen Investitions- und Wachstumspolitik grundsätzlich nicht bestritten werden. Die wirtschaftspolitische Planung des Wachstums muß mit ihnen rechnen und kann sie durch geeignete Planungsmethoden zu nutzen versuchen. Deren Änderungen schlagen über die Beeinflussung der Möglichkeit des Investors, sich am planerisch vorgegebenen Wachstumstrend zu orientieren, immer auch wachstumspolitisch zu Buche. „Der hauptsächliche Wert eines Planes für das investierende Unternehmen ist daher in erster Linie darin zu sehen, daß er eine allgemein anerkannte *Entwicklungshypothese* für die Richtung des gesamtwirtschaftlichen Wachstums abgibt." Damit wird „die Chance größer, daß sich komplementäre Investitionen ‚im Gleichschritt' entwickeln und das Wachstum nicht unnötig durch das Warten eines Investors auf den anderen gebremst wird"[53]. Es versteht sich von selbst, daß eine Verfeinerung des globalen Verfahrens, Investitionsentscheidungen am volkswirtschaftlichen Wachstum schlechthin zu orientieren, durch eine Differenzierung nach Maßgabe vorgeplanten Branchenwachstums nicht ohne diesbezügliche Änderung der Planungsmethoden erfolgen kann.

e) Grenzen der Wachstumsplanbarkeit

Die erkennbaren Einflußmöglichkeiten wirtschaftspolitischer Planungsmethoden und ihres Wechsels auf das Wachstum berechtigen niemals zur Behauptung, diese seien ein Universalmittel der Wachstumspolitik. Zwar vermag die elastisch gehandhabte Planungsmethode Wachstumskräfte zu wecken und denselben zum Durchbruch zu verhelfen; aber ihre wachstumsrelevanten Ansatzpunkte bleiben begrenzt. Viele Wachstumsbedingungen, und zwar nicht nur außerökonomische Randbedingungen, sind überhaupt nicht planbar. Dies gilt vor allem für die Beschleunigung des technischen und organisatorischen Fortschritts; Neuerungsprozesse (Produktionsmethoden, Erdenken neuartiger Güter oder Dienstleistungen) lassen sich nicht befehlen[54] und entziehen sich der Erzwingbarkeit mittels planerischer Initiativen, wenn auch ihre Umsetzung in die Tat planvoll zu geschehen hat. Sodann findet alle Wachstumsplanbarkeit deutliche Grenzen in der Nichtlinearität ökonomischer Entwicklungsprozesse und in der mangelnden Quantifizierbarkeit wachstumsrelevanter Faktoren, von Fehlerquellen und unbekannten Größen ganz abgesehen. Eine exakte und treffsichere Steuerung des jährlichen Sozialproduktzuwachses im Sinne einer rationalen Wachs-

---

[52] E. *Dürr,* a.a.O., S. 2.
[53] K. *Kästner,* a.a.O., S. 106.
[54] Vgl. etwa: C. *Föhl,* a.a.O., S. 15.

tumspolitik wäre nur dann möglich, wenn Ausmaß und Tempo genau definiert und die zu ergreifenden planerischen Mittel nach Art, Stärke und Wirkung ebenso genau vorausbestimmt werden könnten. Es ist sicherlich übertrieben, wenn in bewußter Überspitzung gesagt wird: „Wirtschaftliche Wohlfahrt ist ein Gebiet, auf dem Genauigkeit und Feinheit mehr als nutzlos sind. Was wir für die Praxis brauchen, ist eine grobe Theorie oder der gesunde Menschenverstand"[55]. Denn trotz aller Grenzen, die von einer realistischen Wachstumsplanung natürlich gesehen und wohlweislich respektiert werden müssen, vermag dieselbe als Randbedingung nützliche Dienste zu leisten.

C. Literatur

Dobb, M., Ökonomisches Wachstum und Planung. Frankfurt a. M. 1968.

Dürr, E., Wirtschaftspolitisch relevante Ergebnisse der Wachstumstheorie (Referat im Wirtschaftspolitischen Ausschuß des Vereins für Socialpolitik auf der Tagung vom 7./8. Juni 1968 in München-Solln). In vorliegendem Band S. 1—31.

Föhl, C., Wieweit ist Wirtschaftswachstum machbar? (Sonderschrift des IFO-Instituts für Wirtschaftsforschung Nr. 37, Berlin — München 1968, S. 5 ff.).

Frey, B., Eine politische Theorie des wirtschaftlichen Wachstums (Kyklos, Internationale Zeitschrift für Sozialwissenschaften Vol. XXI, Basel 1968, S. 70 ff.).

Giersch, H., Strategien der Wachstumspolitik (Zeitschrift f. d. ges. Staatswissenschaft Bd. 119, Tübingen 1963, S. 239 ff.).

Kästner, K., Gesamtwirtschaftliche Planung in einer gemischten Wirtschaftsordnung. Göttingen 1966.

Kindleberger, Ch. P., Economic Growth in France and Britain 1851—1950. London 1964.

Kleps, K., Langfristige Wirtschaftspolitik in Westeuropa. Freiburg i. Br. 1966.

Krelle, W., Programmiertes Wachstum (Der Volkswirt, Wirtschafts- und Finanz-Zeitung, Jg. 17 Nr. 51/52, Frankfurt 1963, S. 77).

Leptin, G., Langfristige Wandlungen im Wirtschaftswachstum und in der Wachstumspolitik der Sowjetunion (in: K. C. *Thalheim* [Hrsg.], Wachstumsprobleme in den osteuropäischen Volkswirtschaften 1. Bd., Berlin 1968, S. 45 ff.).

Lewis, W. A., Die Theorie des wirtschaftlichen Wachstums. Tübingen — Zürich 1956.

Little, J. M. D., A Critique of Welfare Economics. Oxford 1957.

Meinhold, W., Planifikation und Planwirtschaft (Zeitschrift für Politik NF Jg. 13, Köln — Berlin 1966, S. 145 ff.).

Meinhold, W., Räumliche und wirtschaftspolitische Planung (Raumforschung und Raumordnung Jg. 25, Köln — Berlin — Bonn — München 1967, S. 241 ff.).

Moodie, G. C. [Hrsg.], Government Organization and Economic Development. Paris 1966.

---

[55] L. M. D. *Little,* A Critique of Welfare Economics. Oxford 1957, S. 279.

Müller-Ohlsen, L., Wirtschaftsplanung und Wirtschaftswachstum in Frankreich (Kieler Studien Nr. 80). Tübingen 1967.

Oppenländer, K. H., Wieweit ist Wirtschaftswachstum machbar? (Sonderschrift des IFO-Instituts für Wirtschaftsforschung Nr. 37, Berlin — München 1968, S. 21 ff.).

Plitzko, A. [Hrsg.], Planung ohne Planwirtschaft. Frankfurter Gespräch der List Gesellschaft, 7.—9. Juni 1963. Basel — Tübingen 1964.

Schneider, H. K., Wachstumspolitisch relevante Ergebnisse der Wachstumstheorie (Korreferat im Wirtschaftspolitischen Ausschuß des Vereins für Socialpolitik auf der Sitzung vom 7./8. Juni 1968 in München-Solln). In vorliegendem Band S. 32—49.

Schönfeld, P., Zur Ermittlung der Wachstumskompenenten des Produktionsprozesses (in: Konjunkturpolitik, Zeitschr. f. angewandte Konjunkturforschung Jg. 11, Berlin 1965, S. 309 ff.).

Shonfield, A., Geplanter Kapitalismus. Köln — Berlin 1968.

Šik, O., Plan und Markt im Sozialismus. Wien 1967.

v. Simson, W., Planänderung als Rechtsproblem (in: J. H. Kaiser [Hrsg.], Planung I. Baden-Baden 1965, S. 405 ff.).

Stolper, W. F., Planungsprobleme der wirtschaftlichen Entwicklung (Kyklos, Internationale Zeitschrift für Sozialwissenschaften Vol. XX, Basel 1967, S. 841 ff.).

Thalheim, K. C., Besonderheiten des Wirtschaftswachstums in den kommunistisch regierten Ländern (in: K. C. Thalheim [Hrsg.], Wachstumsprobleme in den osteuropäischen Volkswirtschaften 1. Bd., Schriften d. Vereins f. Socialpolitik NF Bd. 50/I, Berlin 1968, S. 1 ff.).

Vogt, W., Makroökonomische Bestimmungsgründe des wirtschaftlichen Wachstums der Bundesrepublik Deutschland von 1950—1960 (Kieler Studien 66). Tübingen 1964.

Wassilev, D., Die Wirtschaftsentwicklung der Volksrepublik Bulgarien nach dem zweiten Weltkrieg (Weltwirtschaftl. Archiv Bd. 99, Hamburg 1967, S. 138 ff.).

Werner, J., Zum Verhältnis von Wachstumspolitik und Konjunkturpolitik (Jahrbuch für Sozialwissenschaft Bd. 19, Göttingen 1968, S. 66 ff.).

FSC
www.fsc.org
MIX
Papier | Fördert gute Waldnutzung
FSC® C083411

Kolibri 360 GmbH
Ferdinand-Jühlke-Straße 7
99095 Erfurt, Deutschland
produktsicherheit@kolibri360.de

Druck:
CPI Druckdienstleistungen GmbH
im Auftrag der
Kolibri 360 GmbH
Ferdinand-Jühlke-Str. 7
99095 Erfurt